Rossana Rossanda
Über die Dialektik von Kontinuität und Bruch

Zur Kritik revolutionärer Erfahrungen –
Italien, Frankreich, Sowjetunion, Polen, China, Chile

Ins Deutsche übersetzt von Burkhart Kroeber

Suhrkamp Verlag

edition suhrkamp 687
Erste Auflage 1975
© 1969, 1970, 1971, 1973, 1974 by Rossana Rossanda; © der deutschen
Ausgabe: Suhrkamp Verlag, Frankfurt am Main 1975. Deutsche Erstausgabe.
Printed in Germany. Alle Rechte vorbehalten, insbesondere das des öffentlichen
Vortrags und der Übertragung durch Rundfunk und Fernsehen, auch
einzelner Teile. Satz, in Linotype Garamond, Druck und Bindung bei
Georg Wagner, Nördlingen. Gesamtausstattung Willy Fleckhaus.

Inhalt

1 Die Entstehung von *Il Manifesto* aus der Krise des Kommunismus in Italien*

1. Die Geschichte der Gruppe *Il Manifesto* ist die Geschichte einer kommunistischen Abspaltung. Man kennt die Fakten. Zum ersten Mal seit 1929 ist im Zentralkomitee der KPI, der größten Kommunistischen Partei Westeuropas, eine offene Krise ausgebrochen. Im Frühjahr 1969 beschließen drei Mitglieder des ZK – Aldo Natoli, Luigi Pintor, Rossana Rossanda –, zusammen mit dem jungen Theoretiker Lucio Magri eine politisch-theoretische Monatsschrift herauszugeben, um die Positionen und Analysen zu entfalten, mit denen sie vor den 12. Parteikongreß der KPI getreten waren und ihre Enthaltung bei der Abstimmung über die Schlußresolution begründet hatten. Nach einer breiten Diskussion und drei Sitzungen des Zentralkomitees (Ende Juli, Mitte Oktober und Ende November) werden sie nach der Formel der Tilgung aus der Partei ausgeschlossen.

Die Zeitschrift, die sofort eine Auflage von 50-60 000 Exemplaren erreicht, hat um die vier Dissidenten eine breite und zunehmende Anhängerschaft entstehen lassen. Im Zentralapparat und in verschiedenen Städten werden weitere Mitglieder der Partei und Angehörige der regionalen Führungskomitees aus den Listen gestrichen, ausgeschlossen oder treten von selber aus. Es ist keine Spaltung, es ist eine regelrechte Blutung, die nicht zur Ruhe kommen will. Die Mehrheit der Führungsgruppen hält sich zwar abseits (außer im Verband von Bergamo und in der Gewerkschaftszentrale von Novara), doch eine Minderheit ist überall davon betroffen: Es ist wie ein Fieber, das sich in der gesamten Organisation schnell ausbreitet. Zu dieser Feststellung gelangt auch das Zentralkomitee, als es im November 1970 erklärt, *Il Manifesto* sei die einzige Gruppe der äußersten Linken, zu der die Partei

* Dieser Text, geschrieben im März 1971 als Einleitung zu einer Dokumentation der politischen Arbeit von *Il Manifesto*, ist bisher nur in Frankreich erschienen: Il Manifesto, *Analyses et thèses de la nouvelle extrême-gauche italienne, présentées par Rossana Rossanda*, Paris, Editions du Seuil, 1971, S. 9-39. Anm. d. Üb.

keinerlei Kontakt haben dürfe, denn das Handeln der Gruppe sei »destruktiv und zersetzend«.

Tatsächlich hat *Il Manifesto* ein Jahr nach dem Parteiausschluß in mehreren Städten seine »Zentren« aufgebaut, unter anderem in Rom, Neapel, Florenz, Pisa, Bologna, Turin, Mailand, Venedig, Padua, Bergamo, Genua. In diesen Zentren versammeln sich Kommunisten, aktive Genossen aus der Studentenbewegung oder aus dem PSIUP, Angehörige anderer Formationen der außerparlamentarischen Linken. Sie bilden offen organisierte Gruppen, nehmen an politischen und gewerkschaftlichen Kämpfen in den Betrieben teil, tragen die aktive Kritik in die Gewerkschaften, vor allem in die kommunistisch geführte Metallergewerkschaft FIOM. In den antiimperialistischen Demonstrationen entwickeln sie einheitliche Aktionsformen mit anderen »linksradikalen« Gruppen (*Potere operaio, Lotta continua, Avanguardia operaia* etc.). Während der Demonstrationen im Dezember 1970 ist die Mobilisierung dieser äußersten Linken – trotz häufiger Zusammenstöße mit der Polizei – sogar zahlenmäßig stärker als die der traditionellen Organisationen der Arbeiterbewegung. Die Zeitschrift hat ihre Auflage halten können, die Zahl der verkauften Exemplare liegt im Durchschnitt bei 40 000 – zehnmal so viel wie die mittlere Auflage politischer Monatsschriften der KPI. Im September 1970 verbreitete *Il Manifesto 200 Thesen für den Kommunismus** als Grundlage einer Debatte mit dem Ziel einer Umgruppierung der revolutionären Kräfte; diese Debatte ist zur Zeit noch im Gange. Außerdem bereitet sich *Il Manifesto* auf die Herausgabe einer politischen Tageszeitung vor, die vier Seiten Umfang haben, im ganzen Lande verbreitet und allein von der Basis finanziert sein soll**. Und es stellt sich auch das Problem einer weniger informellen Strukturierung der Bewegung.

Zum ersten Mal in der Geschichte des italienischen Kommunismus ist eine abgespaltene Gruppe nicht einfach verküm-

---

* Eine erste und rasche Übersetzung erschien Anfang 1971 unter dem Titel *Notwendigkeit des Kommunismus – Die Plattform von »Il Manifesto«* im Berliner Merve Verlag. *Anm. d. Üb.*

** Diese Zeitung erscheint unter dem Titel *Il Manifesto – quotidiano comunista* seit Ende April 1971. Sie hat derzeit (Oktober 1974) eine gedruckte Auflage von 65 000, davon 40-50% täglich verkauft. *Anm. d. Üb.*

mert oder verschwunden: Sie baut eine Bewegung auf, langsam, aber stetig wachsend. Wie ist das möglich? Gewiß kann
man die Gründe nicht begreifen und den wirklichen Sinn des
Vorgehens von *Il Manifesto* nicht verstehen, wenn man den
italienischen Kontext der sechziger Jahre und die Beschaffenheit der KPI außer acht läßt. Doch ebenso gewiß ist, daß diese
Abspaltung – wie stets in der kommunistischen Bewegung –
eng mit den supranationalen Koordinaten dieser Bewegung
zusammenhängt, mit ihrer Geschichte, ihrer Ideologie, ihrer
Sprache. Wenn heute im Ausland eine Auswahl von Texten
und Thesen des *Manifesto* erscheint, so kommt es darauf an,
sie richtig einzuordnen: Die Versuchung, gleiche Worte auf
verschiedene Situationen anzuwenden, könnte sonst leicht das
Verständnis verfälschen, ebenso den möglichen Gebrauch im
Kampf.

2. *Il Manifesto* ist eine Abspaltung nach links. Obwohl schon
im Laufe der sechziger Jahre reif geworden, erreicht sie den
Bruchpunkt erst im Moment der Arbeiter- und Studentenbewegung 1968/69. Doch was bezeichnete dieser Moment? Eine
Krise des Regimes oder eine Krise des Systems?

Eine *Systemkrise*, so behaupten die Initiatoren des *Manifesto:* Die Revolution steht im Westen wieder auf der Tagesordnung, man kann wieder sagen: »Ein Gespenst geht um in
Europa.« Die Partei muß, wenn sie die Niederlage der Bewegung und ihr eigenes Ende vermeiden will, den Aufbau eines
revolutionären Blocks beschleunigen, ihre Strategie den
Bedürfnissen anpassen, die in jedem »Siedepunkt« der gesellschaftlichen Kämpfe deutlich zum Ausdruck kommen, das
Heranwachsen gesellschaftlicher Avantgarden zum Protagonisten des Kampfes bewußt fördern, sie muß nicht nur ihre
eigene Linie in Frage stellen, sondern sich selbst als Institution: Die Partei braucht eine »Kulturrevolution«.

Eine Krise des *Regimes,* erwidert darauf die Kommunistische
Partei: Der aktuelle gesellschaftliche Konflikt entzündet sich
nur an einer bestimmten Existenzweise des Kapitalismus, sein
einzig möglicher Ausweg ist eine »fortschrittlichere« demokratische Lösung, begründet auf den »Reformen« und auf
einer Verschiebung der Gleichgewichte in der Regierung. Die
Bewegung wird verstanden als Stoßkraft, die einer rein »poli-

tischen« Operation zugute kommt – einer Operation zwischen Parteien, die es neu zusammenzusetzen gilt, in neuen Bündnissen und mit anderen Gleichgewichten; die Bewegung zwingt zu einer Beschleunigung, nicht zu einer Veränderung der traditionellen KP-Strategie.

Dieselbe Kluft zeigt sich auch auf internationaler Ebene. Die Invasion der Tschechoslowakei durch die Armeen des Warschauer Pakts beweist, so *Il Manifesto,* daß der Rückstand der kommunistischen Bewegung international seine Wurzeln in der Krise des europäischen sozialistischen Blocks hat. Diese Krise ist der logische Ausdruck der Sackgasse, in der sich jenes System inzwischen verfangen hat und aus der es nur durch eine Umkehrung seiner Strategie wieder herausfindet, durch einen revolutionären Aufschwung der Massen, eine Umformung seiner Strukturen, seiner Zielsetzungen und seiner Machtformen.

»Nein«, erwidert darauf die KPI, »diese Invasion war ein tragischer Fehler, aber durchaus im Rahmen einer Reihe von Errungenschaften und politischen Zielsetzungen, mit denen wir weiterhin solidarisch bleiben.«

Der Gegensatz ist also tief: Kein Wunder, daß er die Einheit sprengte, die auf einer breiten, für die italienische KP der Nachkriegszeit so charakteristischen Toleranz begründet war. Gewisse oppositionelle Gruppen im Ausland, bei den Kommunisten oder anderen Parteien der Linken, haben diesen Riß beklagt – als ob »ein bißchen mehr Demokratie« auf seiten der KPI-Führung oder ein »bißchen weniger Starrsinn« auf seiten des *Manifesto* ihn hätten vermeiden können. In Wirklichkeit war das, was *Il Manifesto* selbst der Partei zum Vorwurf machte, weniger mangelnde Toleranz als eine *Veränderung ihres Wesens,* indem sie eine Opposition aus ihren Reihen verdrängte, die tiefe Wurzeln in der Parteigeschichte selbst hatte. Es war in der Tat keine Frage der Methode: Die italienischen Kommunisten standen unversehens vor dem Zwang, Schluß zu machen mit der inzwischen unerträglich gewordenen Ambivalenz ihrer Position auf halbem Wege zwischen Reformismus und Revolution.

Darum haben Verdammung und Ausschluß des *Manifesto* die KPI in eine tiefe Krise gestürzt. Es wäre falsch, zu meinen, die voraufgegangene monatelange Diskussion bezeuge ein

Entgegenkommen der KP-Führung gegenüber ihren traditionellen politischen Gesprächspartnern, eine besorgte Bemühung, das gute demokratische Gewissen zu bewahren. Die Sozialisten und die katholische Linke haben sich, wie man alsbald sehen konnte, mit dem Ausschluß einer derart unbequemen inneren Opposition schnell abgefunden – mußte er doch früher oder später die Teilnahme der Kommunisten an der Regierung begünstigen. Dagegen kann man wohl sagen, daß es die Gesamtheit der Partei war, die sich betroffen fühlte und über die zu treffenden Entscheidungen zerstritt: *Il Manifesto* hatte in radikalster Form einen Prozeß zum Ausdruck gebracht, der seit 1967 die Basis und die mittleren Kader erfaßt hatte – eben jene, die sich zum ersten Male »links überholt« sahen von einer breiten Bewegung – Aktionen der Studenten, Kämpfe der Arbeiter, die sich jeder Kontrolle entzogen –, die zum ersten Male gezwungen waren, sich selbst in Frage zu stellen, ihre bislang unbestrittene Fähigkeit zur Führung anzuzweifeln. Langsamer und nicht so heftig wie der »Mai« in Frankreich, hinterließen die beiden »roten« Jahre 1968/69 in Italien gleichwohl tiefere Korrosionsspuren im Innern der Gewerkschaft und der Partei. *Il Manifesto* stellte sich vor als Versuch, die historischen und ideologischen Inhalte des italienischen Kommunismus mit jenem neuen Verständnis von Politik und militantem Handeln zu vereinigen, das 1968 deutlich geworden war. Dies ist der Grund, warum ein bedeutender Teil der Kommunisten eine Zeitlang den Ausdruck seiner Probleme, seiner Hoffnungen und seiner Bedürfnisse darin erkannte.

Aus dem gleichen Grund unterscheidet sich die Geschichte des *Manifesto* von anderen Spannungsmomenten im Innern der italienischen Kommunistischen Partei. Tatsächlich gab es nur einen einzigen Moment der Krise in der politischen Einheit, der sich mit dem heutigen inhaltlich vergleichen ließe: die Debatte unmittelbar vor und nach der Gründung der KPI im Jahre 1921. Der letzte Konflikt, der mit der Abspaltung des *Manifesto* vergleichbar ist, fand 1929 statt. Die Ausschlüsse oder Austritte der einen oder anderen Gruppe von Genossen nach dem Kriege hatten einen anderen Charakter, da sie niemals das Verhältnis der KPI zur Arbeiterklasse in der spezifisch italienischen Situation ihrer Zeit betrafen. Es handelte sich um Spannungen, die aus den plötzlichen Umschwüngen der internationalen kommunistischen Bewegung herrührten: 1948 war es Prag, 1949 die jugoslawische Frage, 1956 waren es der »Geheimbericht« auf dem 20. Parteitag der KPdSU, die Oktoberereignisse in Polen und der Aufstand in Ungarn, schließlich, obschon weniger spektakulär, der Aderlaß zu Beginn der sechziger Jahre durch den Konflikt zwischen der Sowjetunion und China.

In all diesen Fällen hat die Partei zwar oft teuer bezahlt, aber es ist ihr stets gelungen, klar zu unterscheiden zwischen ihren Passiva – daß sie mit den Fehlern, den Tränen und dem Blut der ganzen internationalen kommunistischen Bewegung behaftet ist – und ihren Aktiva: daß sie, im Guten wie im Schlechten, das einzige Instrument darstellte, in dem die Arbeiterklasse sich wiederzuerkennen vermochte, sogar bis hin zur Idee der italienischen Revolution. Ohne Zweifel wurden die Passiva des Stalinismus durch die Geschicklichkeit Togliattis verringert: Die Fehler der UdSSR wurden verdammt und exorziert als nicht aus ihrem historischen Kontext zu lösende Realitäten, mit denen der italienische Kommunismus nichts zu tun hatte. Ihm blieb die Objektivität der Existenz eines sozialistischen Lagers, die Kraft eines internationalen Systems – und China aus diesem System und Lager auszuschließen hat sich die KPI, im Namen eben desselben »Historismus«, stets geweigert. Alle Stöße von außen konnten in dieser Weise gedämpft und abgefangen werden.

Doch vor allem wird man entdecken, wenn man wirklich die Geschichte der Beziehungen zwischen Arbeiterklassen, Parteien und Gewerkschaften in Europa studiert, insbesondere in Frankreich und Italien, daß diese Beziehungen nicht durch eine *ideologische* Krise in Frage zu stellen sind, weder eine rechte noch eine linke. Diese Strukturen, in denen die Arbeiterklasse sich zugleich in ihren Möglichkeiten und in ihren Zweideutigkeiten wiedererkennt, lassen sich nur durch eine andere *effektive Praxis* erschüttern, eine Bewegung, die von der Arbeiterklasse selbst erfahren wird und ihr eine Reflexion über die eigenen Ziele und die eigenen Mittel aufzwingt. In breitem Maße ist etwas derartiges nur 1967-69 geschehen: In diesem Moment entsprach die Herausforderung durch *Il Manifesto* einer plötzlichen und verallgemeinerten Bewußtwerdung. Als die Partei die Dissidenten ausschloß, trennte sie sich daher nicht, wie in der Vergangenheit, von einem »Auswuchs«, um danach im wesentlichen unverändert weiterzubestehen: Sie mußte zum ersten Mal an sich selbst operieren, tiefer einschneiden und also *anders* werden.

Um diesen italienischen Riß richtig zu verstehen, muß jedoch auch geklärt werden, worin er sich von den Krisen unterscheidet, die zur selben Zeit in anderen Kommunistischen Parteien aufgetreten sind, namentlich in der französischen und in der österreichischen. Für die österreichische KP, die von keiner vergleichbaren gesellschaftlichen Krise erschüttert wurde, galt die Invasion der Tschechoslowakei nur als größere Neuauflage der Erfahrungen von 1956: Eine Führungsgruppe alter Schulung, mit markanten Persönlichkeiten wie Ernst Fischer oder Franz Marek, trennte sich von der Partei wegen einer »auswärtigen« ideologischen Entscheidung – wegen der Politik der UdSSR und zur Verteidigung der tschechoslowakischen Erfahrung unter Dubček. Es war dies, zweifelsohne zusammen mit der Affäre in der spanischen KP, die letzte heftige Krise in der Folge des Stalinismus.

Die französische Kommunistische Partei hatte zwei harte Stöße auszuhalten, den des »Mai« und den des August 1968. Doch gerade die Schnelligkeit der »Mai-Ereignisse« und des Rückflusses im Juni ersparte der Partei einen Bruch ihres bürokratischen Gebälks: Eine gründliche Diskussion über sich selbst und über ihr Verhältnis zu den Massen, vergleichbar jener, von der die KPI zwischen dem Frühjahr 1968 und dem Frühjahr 1969 erfaßt worden war, hat in der französischen KP gar nicht erst begonnen. Der Dissens kam zum Ausdruck in einer gewissen Verminderung der Mitgliederzahl an der Basis, einer Einbuße, die um so weniger Resonanz hatte, als sie in der KPF vergleichsweise häufig vorkommt (in der italienischen KP sind die »Austritte« immer selten gewesen, denn das Verhältnis des einzelnen Mitglieds zur Organisation ist, dank einer toleranten Grundhaltung, zugleich elastischer und besser »integriert«). Deshalb konnte es geschehen, als zwei Monate nach dem »Mai« die Invasion der ČSSR das Problem des »Stalinismus« erneut auf die Tagesordnung setzte, daß die Debatte sich sofort und in unlöslichen Begriffen auf den Autoritarismus der französischen KP-Führung konzentrierte. In den anfänglichen Positionen von Roger Garaudy blieb das Problem des Verhältnisses zwischen Partei und Arbeiterklasse im Frankreich von 1968 gewissermaßen ausgeklammert – und zwar nicht bloß, weil, wie er selbst in seiner Stellungnahme zu den *Thesen* erklärte, es nicht die »Innenpolitik« der KPF war, an der sich die Meinungsverschiedenheiten entzündeten, sondern vielmehr weil die ganze Existenzweise der KPF nochmals und fast wie von selbst die Diskussion auf die Frage des »Modells« abdrängte, des Modells heute der Partei und morgen des Staates.

In Italien, wo die Kommunistische Partei einen eher befriedigenden inneren Arbeitsstil pflegte und bereits ein Stück weit von den politischen Entscheidungen der UdSSR abgerückt war, hatte sich der Schwerpunkt der Diskussion schon seit Jahren von der Frage der Methode auf die der *Substanz* verlagert, sowohl im Hinblick auf die italienische Politik wie auch auf die internationale kommunistische Bewegung. Zustimmung oder Bruch konnten sich daher nur an den entscheidenden Grundfragen herausbilden. So markierte die *Manifesto*-Affäre im Jahre 1968 die Koinzidenz eines zehnjährigen politischen Kampfes in der Partei, zugespitzt durch die stürmische Entfaltung der Massenbewegung, mit der Krise des »sozialistischen Lagers«.

3. Der zentrale Punkt dieses politischen Kampfes war die Frage nach der Möglichkeit der italienischen Revolution – erstmals wieder seit den zwanziger Jahren und seit Gramscis Thesen von Lyon.

In der Tat steht außer Zweifel – was auch die Hagiographie eines gewissen »Linksradikalismus« verkünden mag, für den die Kommunistischen Parteien bis 1956 allesamt revolutionär waren und danach revisionistisch geworden sind, und was auch die kommunistische Hagiographie erwidert, der zufolge die Partei immer revolutionär ist, ungeachtet der »objektiven Bedingungen«, die sie an der Realisierung ihrer Projekte hindern –, daß sich das Problem der Revolution in der italienischen KP *nur zweimal* wirklich gestellt hatte: erstens nach dem Ersten Weltkrieg und der Revolution in Rußland 1917, zweitens gegen Ende der fünfziger Jahre angesichts der Erschütterung aller traditionellen politischen und gesellschaftlichen Gleichgewichte in Italien. Kein Zufall, daß dies die beiden Perioden sind, in denen die Stoßkraft des italienischen Kommunismus am stärksten war und die gründlichste theoretische Arbeit über die Revolution im Westen geleistet wurde: in den zwanziger Jahren der Beitrag Gramscis, zwischen 1958 und 1959 die Entfaltung einer Reflexion und eines internen politischen Kampfes, dessen Thema erneut die Bedingungen der Revolution in Italien waren.

Zu anderen Zeiten konnte dieses Thema auch gar nicht in den Vordergrund rücken. Der triumphierende Faschismus mit seinen Ausnahmegesetzen hatte bereits 1926 der Arbeiterklasse jede Möglichkeit zu dem genommen, was Gramsci einen »Bewegungskrieg« nannte. Nach dem Scheitern der westeuropäischen Revolutionen und den katastrophalen Operationen der Dritten Internationale blieb ihr nur noch der Widerstand – zunächst im engen Rahmen der Theorie vom »Sozialfaschismus«, dann im Rahmen jener Revision der Analysen und der Strategie, die den *Volksfronten* zugrunde lag. Es war in der Tat *diese zweite* Erfahrung, in deren Verlauf sich die europäischen Kommunistischen Parteien zu dem entwickelt haben, was sie heute noch sind, mit ihrer spezifischen Physiognomie, ihrer Struktur, ihrem Bewußtsein und ihrer charakteristischen Erinnerung an sich selbst.

Die Volksfrontpolitik konnte gar nicht auf Eroberung der Macht aus sein: Sie war eine defensive, antifaschistische Konzeption, in der – paradoxerweise – gerade die Zurückstellung der explizit revolutionären Zielsetzungen schließlich einem Maximum an Prestige und Hegemonie der Kommunisten entsprach. Ihre organisatorischen Fähigkeiten, ihre hartnäckige Entschlossenheit, ihr Opfergeist, all diese Qualitäten, die ihnen gleichwohl nicht dazu verhelfen konnten, die gesellschaftliche Krise nach dem Weltkrieg richtig zu interpretieren und ihr durch eine Ausweitung der Russischen Revolution auf das übrige Europa zu begegnen, erwiesen sich nun als unersetzlich beim Aufbau einer antifaschistisch-nationalen Front, eines Bündnisses, das in der schematischen Interpretation der Klassengesellschaft eine solide Stütze fand: Zu schnell hat man in letzter Zeit auf eine bürgerliche Hegemonie im Innern der Volksfronten geschlossen; es war eher das Gegenteil der Fall.

Dies erklärt im übrigen auch, warum die Zahl der KP-Anhänger sich vervielfachte. Die französische Partei, die Ende der zwanziger Jahre kaum 30 000 Mitglieder hatte, zählte auf dem Höhepunkt der Volksfront mehr als eine halbe Million. Und in Italien begann die Partei ihren Wiederaufbau, ausgehend von dem Netz, das im Landesinnern aufrechterhalten worden war, genau in der Zeit, als die antifaschistischen Verbände gegründet wurden und die Begeisterung für die *Resistenza* aufkam. So beruhte die Bildung dieser beiden Parteien, die zu den größten KPs in Westeuropa werden sollten, von Anfang an auf einer Ambivalenz: einerseits ein radikal klassenbetontes und antagonistisches Selbstbewußtsein, strukturiert nach einer starren Ideologie und in einer nicht minder starren Organisation, andererseits eine Praxis, deren zentrale Zielsetzungen weder kurz- noch langfristig zu antikapitalistischen werden *konnten*.

Diese Ambivalenz hat die KPI über lange Zeit geprägt. Von ihr hat man auszugehen, wenn man die politischen Entscheidungen der Partei rekapitulieren will, ohne in Mythologie zu verfallen. Die italienischen Kommunisten haben diese Verdoppelung – die Togliatti später »Doppelzüngigkeit« nennen sollte – noch schroffer und konfuser als andere durchlebt.

Als die Partei entstand, war sie bewaffnet mit großer Erfahrung im Partisanenkrieg und hatte zahlreiche Arbeiterkader, die im Norden des Landes bestimmend geworden waren und sie vielleicht tiefer als in jedem anderen europäischen Land beeinflußt haben. Die Arbeiter hatten den Widerstand nicht nur auf den Bergen und mit bewaffneten Aktionen in Städten praktiziert, sondern auch in den Fabriken – bis hin zu jenem großen Streik, der im März 1944, mitten in der Periode der deutschen Besatzung, ganz Norditalien paralysierte. Die »Befreiungskomitees«, zustandegekommen in Gipfelgesprächen zwischen den Führern der politischen Parteien aus der Zeit vor dem Faschismus, waren an der Basis tatsächlich Organe einer neuen Demokratie; und die Kommunisten hatten ihre Autorität nicht bloß aufgrund ihrer organisatorischen Fähigkeiten und ihrer Kampfbereitschaft, sondern auch aufgrund einer klassenbewußten Sicht und Darstellung des tragischen italienischen Abenteuers. Gerade weil in Italien, anders als in Frankreich, nicht allein gegen die Deutschen, sondern eben auch *gegen die Faschisten* gekämpft wurde, war die italienische Résistance mehr als bloß ein nationaler Befreiungskrieg: Sie war auch eine Revolution gegen die gesellschaftlichen Wurzeln des Faschismus als einem spezifischen Produkt des italienischen Kapitalismus.

Nach der Niederlage der Faschisten und dem Ende des Zweiten Weltkriegs repräsentierte die Kommunistische Partei eine enorme Masse von Arbeitern, Intellektuellen und Bauern. Im Kopf die Erinnerung an den Partisanenkampf und das Bildnis von Stalingrad, in der Tasche den *Kurzen Lehrgang der Geschichte der KPdSU(B),* bildeten sie die bei weitem robusteste und dynamischste politische Kraft im Lande, zudem die kompakteste, denn der Faschismus hatte sie sozusagen bewahrt vor den großen Zerreißproben und Rissen, die für die anderen, nicht von Illegalität geschlagenen Parteien prägend gewesen waren, aber kaum das reduzierte Untergrundnetz der in Italien gebliebenen Kommunisten erreichen konnten. Togliatti, der begriff, wie wichtig dieser neue Typus von Massenbildung war, setzte darum eher auf dieses Neue als auf wirkliche historische Kontinuität. So entstand eine Verbindungslinie eher idealer als historisch exakter Natur von Gramsci, dem »Gründer der Partei«, zum heroischen Widerstand gegen die faschistische Unterdrückung, zum Spanischen Bürgerkrieg, zum nationalen Befreiungskampf. In solcher Tradition konnte die junge Partei sich wiedererkennen und eine andere, nur von den Parteiführern im Exil miterlebte Geschichte erfolgreich ausklammern – den Bruch zwischen Leninismus und Stalinismus, die Schwierigkeiten mit der Internationale, die trotzkistische Spaltung, die noch Gramsci bis zum Vorabend seiner Verhaftung nachhaltig beunruhigt hatte. Zu ihrer Rechten fand die KPI 1945 eine einheitliche Sozialistische Partei, die stark von der Aktionseinheit mit den Kommunisten geprägt worden war (so stark, daß sie die Trennung erst nach 1956 vollenden sollte); links neben ihr war niemand. Die Trotzkisten hatten wegen ihrer zunächst unklaren und dann schwachen Haltung während der Résistance weder Gewicht noch Glaubwürdigkeit in den Augen jener Kämpfer, die ihre kommunistische Überzeugung mit dem Gewehr in der Hand entdeckt hatten.

Diese Partei stellte sich nicht das Problem der Revolution.

Der Krieg hatte zu einer starren Einteilung der Welt in Einflußzonen geführt, unter Zustimmung oder Duldung der UdSSR in den Konferenzen von Teheran und Jalta; allein Jugoslawien konnte sich dieser Absprache entziehen. Nach der Niederlage des Faschismus entfaltete die KPI, ähnlich wie die KPF, ein Modell, das sie bereits im antifaschistischen Kampf entwickelt hatte: das »nationale« Modell des »demokratischen Wiederaufbaus«. Es dauerte nicht lange, bis die ersten Spannungen sich zeigten, vor allem in Norditalien, wo eine im Partisanenkampf erfahrene Arbeiterbasis, die von Natur aus nach links tendierte, die sich geweigert hatte, ihre Waffen abzugeben, und die noch 1948 in der Besetzung der Stadt Mailand sich behauptete, sehr bald in Gegensatz zu einer Praxis geriet, die ganz innerhalb der Regeln des demokratischen Spiels verblieb. Noch heftigere Spannungen traten auf, als die Einheit der Antifaschisten auseinanderplatzte. Unversehens sah sich die Partei in einen harten Klassenkonflikt hineingezogen – im Inland die Umgestaltung und kapitalistische Rekonstruktion, draußen der Kalte Krieg –, ohne eine Radikalisierung ihres Kampfes und eine revolutionäre Zielsetzung ernstlich ins Auge fassen zu können, es sei denn um den Preis (wie sich in Griechenland zeigte) eines Bruches mit der Strategie Stalins.

Kein ernsthafter Anhaltspunkt erlaubt die Annahme, daß ein solcher Schritt an der Spitze der KPI diskutiert worden wäre. Niemand in der Führungsgruppe kritisierte die Perspektive der Volksfront und des nationalen Aufbaus, niemand setzte das Problem der Revolution auf die Tagesordnung. Bis 1948 erhoffte man sich alles von der Volksfronttaktik, jenem Gemisch aus Elektoralismus und Maximalismus; und nach der Niederlage von 1948, als die Christdemokraten die absolute Mehrheit erlangten, fanden die Diskussionen in Spitze und Basis der Partei ein Ventil in der Frage nach der Art, wie die Partei *beschaffen* sein sollte: Sollte sie eine »Partei neuen Typs« sein, wie Togliatti es forderte, d. h. eine Massenpartei, strukturiert im Hinblick auf offene Aktivitäten des gesellschaftlichen Eingriffs, eingebettet in die Arbeiterklasse und ihre Verbündeten, oder hatte man sie vor allem als einen Verband aktiver Kämpfer zu begreifen, mit eigenen Gesetzen und mit der fast naturwüchsigen Tendenz zur doppelten

Organisation, einmal offen und einmal clandestin, einmal legal und einmal illegal, einmal mit und einmal ohne Waffen? Während die Partei angesichts der Repression und der harten Arbeiterkämpfe faktisch dazu neigte, sich immer mehr in sich selbst zu verschließen, dabei zugleich ihr »Anderssein« und das Ende ihrer Isolierung zu suchen, konnte es nicht ausbleiben, daß die Diskussion bis zur Führungsspitze durchschlug. Die letzte Episode dieses politischen Kampfes dürfte wohl der Versuch im Jahre 1951 gewesen sein, Togliatti aus der Parteispitze zu verdrängen – als fast die gesamte Führungsgruppe für seine Versetzung zum Kominform stimmte. Er allein war dagegen. Wenn er sich dennoch gegen fast alle anderen durchzusetzen vermochte, so gewiß deshalb, weil seine Position – mochten auch die Hypothesen der »klassischen« Partei und der Partei des »neuen Typs« während der ganzen Dauer des Kalten Krieges nebeneinander fortbestehen – die bei weitem realistischer war.

In Wahrheit aber haben offenbar weder die Mitglieder der Partei noch die Kommentatoren von außen bemerkt, daß *beide* Konzeptionen der Partei, trotz ihrer scheinbaren Verschiedenheit, Ausfluß *derselben* Strategie waren: nicht der Strategie einer Konstruktion des revolutionären Prozesses, sondern der einer »Eroberung der Macht« mit Hilfe der Wahlmechanismen und/oder der internationalen Konjunktur. Hierin lag die Schwäche jener »Linken«, die für die rigide Form der Organisation eingetreten war, für eine wenn schon nicht in den Taten, so doch wenigstens im Geiste militarisierte. Ihrer Idee von der parallelen Organisierung hatte niemals eine parallele Strategie entsprochen; und es wäre in der Tat unmöglich gewesen, sie in Form eines Staatsstreichs zu konzipieren; andererseits aber war niemand imstande, eine völlig neue Sicht der sozialen Revolution in Italien auszudrücken – wie es Mao für China getan hat. Als 1956 die »Doppelzüngigkeit« verurteilt wurde, im Namen einer Partei, die sich gänzlich und vorbehaltlos in ihren öffentlichen Entscheidungen und ihrem erklärten politischen Tun zum Ausdruck bringen sollte, da gab es in Wahrheit keine »Wende«: Die parallele Organisation war schon vorher gestorben, und die Waffen, die man 1945 nicht den Alliierten abgeliefert, sondern vergraben hatte, wurden von den Bulldozern der großen urbanen Expansion des Nordens zutage gefördert – ebenso verrostet wie die Hypothese, um derentwillen man sie versteckt hatte. Siegreich blieb die einzige effektive, historisch wirksame Realität der italienischen KP: die gründliche Rekonstruktion der materiellen Gegebenheiten und der politischen Physiognomie des Landes. Ohne Zweifel hat das Handeln der KPI sämtliche Daten der italienischen Politik verändert, die alten Gruppierungen aus der Zeit vor dem Krieg und dem Faschismus umgewälzt, die tiefe Verankerung der Partei in den Massen ermöglicht – was bewiesen wird durch ihre Kraft, die mehr als die einer bloß zahlreichen Wählerschaft ist. Doch solange die Konjunktur der Nachkriegszeit anhielt, war sie dazu verdammt, eine große oppositionelle Partei zu bleiben, wohl imstande, Erschütterungen von äußerster Heftigkeit zu provozieren, aber ohne ein revolutionäres Programm und folglich schon bald den ersten Erosionen ausgesetzt.

Dieser widersprüchliche Charakter der KPI konnte allerdings erst zum Vorschein kommen, als sich der internationale und innenpolitische Rahmen veränderte, in dem die Partei bislang operiert hatte, als eine strategische Entscheidung nicht nur möglich, sondern in gewissem Grade sogar *zwingend* wurde: als mit dem Nachlassen des Kalten Krieges, mit dem Tode Stalins, mit der Perspektive der friedlichen Koexistenz und schließlich mit der Krise von 1956 es allmählich unmöglich wurde, die internationale Funktion der Kommunisten mit der vorbehaltlosen Verteidigung der UdSSR und des sozialistischen Lagers gleichzusetzen; als in Italien unter dem doppelten Druck der Produktionsentwicklung und der Klassenbewegung erste Risse in jenem zentristischen Block – Fabrikherren und Klerus – auftraten, der die kapitalistische Rekonstruktion seit der Krise der antifaschistischen Einheitsregierungen gesteuert hatte; kurzum, als die entscheidende Trennungslinie in den Augen der Massen nicht mehr zwischen Krieg und Frieden, Demokratie und Faschismus verlief, sondern zwischen der Arbeiterklasse und dem Großkapital in seiner »demokratischen« und »koexistierenden« Ausdrucksform. Diese Trennungslinie trat in Italien gegen Ende der fünfziger Jahre klar hervor.

4. Die beiden gesellschaftlichen Gruppen, in denen der Schock dieser neuen Realität und das Bedürfnis nach einer Veränderung am frühesten verspürt wurden, waren die Arbeiter und die Jugendlichen. Der bei weitem komplexeste Prozeß entfaltete sich im Innern der Arbeiterorganisationen und dauert heute noch an; und da der direkte Zusammenstoß der Klassen damals wie heute Sache der Gewerkschaft – oder besser, einiger Gewerkschaften – war, hat er die CGIL und die katholische CISL tiefgreifenden Veränderungen unterworfen.

Die CGIL war seit jeher das Aktionsfeld der Kommunisten sowie der Sozialisten (die 1948 ihre Rechte losgeworden waren); weder damals noch heute hat es je eine innerbetriebliche Organisation der Partei gegeben, die mehr als lediglich propagandistische Funktionen gehabt hätte. Die Formel vom »Transmissionsriemen« hatte in Wirklichkeit bereits den Sinn einer regelrechten *Identifikation* angenommen, und so war es denn der Rahmen der Gewerkschaft, in dem die Kommunisten von 1948 bis in die ersten fünfziger Jahre eine äußerst beengte Schlacht gegen die kapitalistische Umstrukturierung durchgefochten hatten. Freilich hatten diese Jahre des heftigen Kampfes den Kommunisten keinen Sieg gebracht, im Gegenteil, ihre Kraft war geschwächt – und in einigen Fällen sogar die Präsenz ihrer Organisation in berühmten Arbeiterhochburgen wie bei Fiat, bei Breda und bei Innocenti. Nach den Fabrikkämpfen kam die Zeit der großen Straßendemonstrationen, z. B. gegen den US-General Ridgeway*: Man vergißt heute leicht, weil die Jungen es nicht erfahren haben und die Kommunistischen Parteien nicht gern davon sprechen, welche Dimensionen die Klassenaktionen der Arbeiter in jenen Jahren angenommen hatten: Stellenweise bewaffnet, hatten sie Augenblicke, die nicht als Stadtguerrilla, sondern als regelrechter *Krieg in der Stadt* zu bezeichnen waren. Kein Wunder, daß ein großes Schweigen nachfolgte: Tausende von Industriearbeitern, die während der Umstrukturierung entlassen worden waren, wurden nun wieder eingestellt, als der schnell einsetzende industrielle »Boom« neue Arbeitsplätze bereitstellte; nach den Niederlagen der großen Bauern- und

---

* Siehe dazu unten, Fußnote auf S. 126. *Anm. d. Üb.*

Landarbeiterkämpfe im Mezzogiorno emigrierten Millionen von Bauern in den Norden, wo sie sich mühsam und stockend zu Arbeitern verwandelten. Die großen Aufstandshoffnungen aus der ersten Nachkriegszeit waren erloschen, in den Fabriken war eine autoritäre Herrschaft von extremer Härte restauriert worden, und die Arbeiterklasse war geteilt; das einzige, was ihr erspart blieb – außer bei Fiat –, war die Bildung einer von Unternehmern gesteuerten Gewerkschaft. Im übrigen entsprach der Beginn des »Wirtschaftswunders« einer Phase allgemeiner Stagnation der Bewegung und ihrer Kämpfe. Erst im Jahre 1957, als der »Boom« seinen Höhepunkt erreicht hatte – und gegen alle damals gängigen Hypothesen über eine Krise bei den Kommunisten als Folge der Ereignisse von 1956 und des zusammenbrechenden Stalinmythos –, begann in Italien wieder eine neue Periode von Arbeiterkämpfen, die seither ständig angewachsen sind und bis heute nicht nachgelassen haben. Diese neue Periode blieb nicht ohne Folgen für die Organisationen der Arbeiterklasse. Für die Partei markierte sie den Anfang des Prozesses, der zu ihrem großen Wahlerfolg von 1963 und zu ihrem Wiederaufbau führen sollte, und in der Gewerkschaftsorganisation setzte sie, weniger spektakulär, eine Kritik am traditionellen Konzept des »Transmissionsriemens« in Gang. Doch anders als mancher wohl erwartet hatte, war dieses Ende der gewerkschaftlichen Identifikation mit den Arbeiterparteien Ausdruck eines Moments von *Radikalisierung*: die Freisetzung einer autonomen Arbeiterorganisation mit eigenen Merkmalen, befreit von den Konditionierungen durch eine politische Partei, die sie ihrer Linie unterworfen hatte, ohne ihr dabei einen revolutionären Ausweg zu zeigen, so daß die Hilfe am Ende auf allzu viele Beschränkungen hinauslief. Die Kritik präsentierte sich mithin, wenngleich nicht explizit so genannt, unter »linkem« Vorzeichen; sie erzeugte gleich zu Beginn ein permanentes Schwanken zwischen einer anarcho-syndikalistischen Neigung, die in verschiedenen Nuancen der kommunistischen Gewerkschaftslinken und später des PSIUP vorhanden war, und ihrem Pendant, dem »Trade-Unionismus«. Es ist hier nicht möglich, sämtliche Entwicklungslinien einer Gewerkschaftsgeschichte nachzuzeichnen, die gleichwohl sehr interessant ist und die Elastizität der italienischen Gewerkschaftsbewegung heute erklärt, ihre Fähigkeit zu effektiver Selbstveränderung, zur Aufnahme und Beeinflussung der antikapitalistischen Strömungen der Jahre 1967/68. Worauf es hier ankommt, ist, festzuhalten, daß diese Erfahrungen gegen Ende der fünfziger und zu Anfang der sechziger Jahre im Innern der KPI zu der, freilich vorsichtigen, Andeutung eines strategischen Wandels führte. Hier haben wir den Hintergrund des »Ingraismus«, jenes mit dem Namen Ingrao verbundenen Versuches, die Achse der Alternative »Wahlen oder Aufstand« anders auszurichten, sie nicht nur durch Momente des *je einzelnen Zusammenstoßes* verlaufen zu lassen, sondern durch solche der *permanenten Organisierung* von Inhalten, die eine Entscheidung gegen das System repräsentieren sollten.

Dieser perspektivische Wandel erfaßte auch die FGCI, den kommunistischen Jugendverband. Als die Bewegung rückläufig war, in den Jahren 1950-55, konstatierten die jungen Genossen, die weder den Partisanenkrieg noch die nachfolgenden gesellschaftlichen Kämpfe miterlebt hatten, daß ihre Organisation eingezwängt blieb in bloße Propaganda und Organisierung der Freizeit. Im gleichen Maße, wie die aus der Produktionsentwicklung und der ländlichen Krise resultierende soziale Umschichtung die Arbeiterschaft verjüngte und die Zahl der Studenten vergrößerte, im gleichen Maße auch, wie die Jugendlichen ihren Protest gegen die herrschende Moral verstärkten, enthüllte die FGCI ihren Mangel: die Unfähigkeit der Kommunisten, *dieser* Jugend eine politische Stimme zu verleihen. Vor allem hatten die jungen Kommunisten der FGCI das unklare Gefühl, daß die Partei, wenn sie nun am Ende dieser schwierigen, aber immer noch »heroischen« Periode des Kalten Krieges ihre legalistische und traditionell demokratische Physiognomie hervorhob, mit diesen neuen Jugendlichen nichts anzufangen wußte und für sie nicht attraktiv war. Frei vom Trauma des Stalinismus, den sie ja nicht erlebt hatten, waren die Aktiven der FGCI die ersten, die intuitiv erfaßten, daß eine rein liberale Kritik der Stalinphase zu einer Schwächung des Klassencharakters der Partei führen könnte. Während die »italianisierenden« Jungkommunisten anderer KPs sich auf die »chruschtschowsche« Seite der

Front schlugen, begab sich der Jugendverband der italienischen Partei auf die Suche nach einem dritten Weg zwischen Stalinismus und Sozialdemokratie: die FGCI engagierte sich für einen revolutionären Weg.

Zunächst freilich sah sie sich in der Partei isoliert. Das änderte sich erst, als die Ereignisse im Juli 1960 – markanter Ausdruck der definitiven Krise des Zentrismus – ihr einen Trumpf in die Hand gaben: *Diese* Jugendlichen, die man für »entpolitisiert« gehalten hatte, diese »Halbstarken im T-Shirt«, die man niemals in den Sektionen der Partei sah, *sie* waren es nun, die mit der Straßenguerrilla begonnen hatten, die als erste Molotow-Cocktails warfen, in Genua, Reggio, Mailand, Palermo. Eine antifaschistische Jugend? Oder eher eine, die offensichtlich meint, daß das Problem einer radikaleren Umwälzung der Gesellschaft sich hier und jetzt stellt? Die FGCI vertrat die zweite Hypothese. Es waren die letzten Jahre Togliattis: In der ZK-Sitzung, die sich mit den Fragen der Jugend zu befassen hatte, trat der alte Parteiführer plötzlich und unerwartet für die jungen Genossen ein und übernahm ihre Thesen. Ja, die Jugendlichen des Juli 1960 hatten das Problem eines grundlegenden gesellschaftlichen Wandels aufgeworfen. Aber war die Partei imstande, diesem Bedürfnis Ausdruck zu geben?

Der Kommunistische Jugendverband radikalisierte sich rasch. Zu seinen kühnsten Formulierungen gelangte er in den Jahren 1963-66, in der Zeit zwischen dem 10. und dem 11. Parteikongreß. Im Unterschied zur gewerkschaftlichen Linken brachte die FGCI ihre Radikalisierung in ideologischen Begriffen zum Ausdruck, die nicht immer frei von übertriebenen Abstraktionen waren: auf internationaler Ebene in der Berufung auf die revolutionären Kräfte, vor allem auf Vietnam, auf Kuba und auf die Befreiungsbewegungen (wodurch die Polemik gegen die Vorstellung von der friedlichen Koexistenz nicht ganz so scharf klang, als wenn die jungen Genossen sich die Sache Chinas zu eigen gemacht hätten), auf innenpolitischer Ebene in einem Ansatz zur Thematisierung der *politischen* Autonomie der Klasse und ihrer *direkten* Selbstbestimmung. An diesem Punkt entdeckte die FGCI einen »anderen« Gramsci als den, der von der Partei für gewöhnlich beansprucht wird: Der Jugendverband entdeckte den »rätekommunistischen« Gramsci des *Ordine Nuovo*[*] und stützte sich auf ihn, um eine politische Plattform in Opposition zur offiziellen Parteilinie zu entwerfen. Togliatti war tot, der interne Kampf – wir kommen darauf zurück – hatte voll eingesetzt. Als die Jungkommunisten ihre Plattform vorlegten – in Form von »Thesen« zu ihrem Kongreß, der Anfang 1966, wenige Monate vor dem 11. Kongreß der Partei stattfinden sollte –, kam es zu einer schonungslosen Kontroverse. Die Thesen wurden zurückgewiesen, der Verbandskongreß zuerst verschoben, dann zu einer weniger kompromittierenden »Debatte« degradiert. Gleich danach begann die vorbereitende Phase des Parteikongresses: Als er dann stattfand, waren die Jungkommunisten geschwächt, und da ihr Zusammenstoß mit der Parteiführung ziemlich rüde gewesen war, hatten sie auch keine wirkliche Unterstützung von den Ingrao-Anhängern erhalten (weshalb sie diese ihrerseits auf dem Kongreß nicht verteidigten). Besiegt und geschlagen, warfen die Jungkommunisten nun das Steuer herum und traten den Rückzug an. Das wiederum hinderte sie daran, den Sinn der ersten studentischen Bewegungen des Jahres 1967 richtig zu erfassen. Im Gegenteil, die FGCI wurde nun sogar repressiv: Die ansteigende Revolte brach über ihr zusammen und schlug sie praktisch auseinander. Ein letzter Versuch zu politischer Differenzierung, zu antikapitalistischer Radikalisierung, begonnen im Herbst 1968 von der Verbandsführung, wurde seinerseits rasch unterdrückt. Der Jugendverband der KPI hatte seine politische Laufbahn beendet.

Die Geschichte der »Ingrao-Linken« war vielschichtiger. In ihr – in ihrem Wert wie in ihren Grenzen – findet man die kohärenteste kritische Reflexion, die je die Partei über sich selbst angestellt hat, den vollendetsten und zugleich dramatischsten Versuch, eine Veränderung der Strategie von innen heraus zu bewerkstelligen – betraf sie doch direkt die Führungsgruppe selber, in der Person eines ihrer angesehensten und gewiß bei den Arbeitern an der Basis und den jungen Genossen am ehesten gehörten Mitgliedes, Pietro Ingrao. Und genau aus diesem Grunde war sie auch die am meisten von den Umständen bedingte Erfahrung: Es ist durchaus kein

---

[*] Siehe dazu unten, S. 121 mit Anmerkungen 17 und 18.

Zufall, daß sie ihre schärfsten Konturen erlangte, als Togliatti Anfang der sechziger Jahre mehr Raum für die interne Diskussion ließ und zugleich selbst – als einziger unter allen Männern der Internationale – eine kritische Sichtung – der Geschichte der KPI und der internationalen kommunistischen Bewegung der Jahre 1920-30 aufnahm. Togliatti war in der Tat, anders als in dem Bild, das sich die Kommunistischen Parteien im Ausland von ihm zu machen pflegen, und ganz im Gegensatz zu jener Vorstellung der neuen revolutionären Gruppen, die den »Togliattismus« zum Inbegriff der revisionistischen »Wende« erheben, der geschmeidigste und zugleich kohärenteste Erbe der Volksfrontstrategie aus der Stalinzeit. Ihre Intelligenz und Konkretheit, ihre vorurteilslose Neigung zu einer *Realpolitik** hatte er sich bis zuletzt bewahrt und ihr mit seiner Konzeption des »Historismus« als absolutem Relativismus noch eine zusätzliche Stütze gegeben. Togliatti hatte aus der Volksfrontstrategie ein wirksames Instrument zur Transformation der gesamten politischen Szenerie des Nachkriegsitalien gemacht; aber sein Realismus ließ ihn sehr wohl auch die Grenzen spüren, als die Grundlagen dieser Strategie auf internationaler und innerer Ebene *sich selbst* transformierten, als die Partei im Angesicht der neuen Bedingungen des gesellschaftlichen Kampfes gezwungen war, ihr Programm und ihre Ziele – waren sie demokratisch oder sozialistisch? –, mithin auch sich selbst in ihrer Gesamtheit zu überprüfen. Und als der Konflikt zwischen China und der Sowjetunion deutlich wurde, war Togliatti nicht bereit, ihn zu kaschieren (im Gegenteil, auf dem 10. Parteikongreß der KPI stellte er ihn voll ins Licht), ja er weigerte sich, die Exkommunizierung der VR China zu ratifizieren. Dies sicher nicht, weil er auch nur im geringsten für die chinesischen Thesen gewesen wäre (was ihn daran hinderte, war freilich weniger sein »Liberalismus« als seine politische Erziehung unter Stalin), sondern weil er ein klares Bewußtsein von der Krise der sowjetischen Hegemonie hatte, desgleichen von der unauslöschbaren Realität der Chinesischen Revolution und von den wirklichen historischen Ursachen ihres Konflikts mit der Sowjetunion. Diese Ambivalenz Togliattis verschaffte der Partei Raum zur

* Im Original deutsch. *Anm. d. Üb.*

Entfaltung einer Dialektik, die sich an ihren extremen Polen bald in zwei (übrigens recht willkürlich herausgegriffenen) Namen personifizieren sollte: auf der einen Seite *Amendola*, d. h. die logische Entwicklung der Volksfrontstrategie unter heutigen Bedingungen, also eine sehr eindeutig radikaldemokratische Entscheidung für die Einheit der *traditionellen* Linken; auf der anderen Seite, mit *Ingrao*, der Versuch zum Aufbau eines antikapitalistischen Blocks, zur Ausarbeitung einer sozialistischen Strategie. Eine Diskussion zwischen diesen beiden Polen konnte genau in dem Maße stattfinden, in dem Togliatti sie durch seine Vermittlung garantierte; er jedenfalls stand dafür ein, daß sie nicht zu einem Zusammenstoß wurde, der die Einheit der Partei hätte zerreißen können. Als Togliatti starb und niemand seine Autorität als Vermittler für sich beanspruchen konnte, hörte die Auseinandersetzung auf, ein bloßer Ideenkonflikt zu sein, und wurde schnell zum Kampf um die politische Linie und die Macht in der Partei. Jedes verschleiernde Element verschwand, und die interne »Linke«, deren bisherige Immunität nun aufgehoben war, mußte zeigen, ob sie wirklich imstande war, sich als Faktor der Erschütterung und des Bruches zu behaupten. Das Problem des »Ingraismus« war nicht mehr, »sich auszudrücken«, sondern zu siegen oder besiegt zu werden.

Er wurde besiegt, und zwar aus mancherlei Gründen. Zunächst aus solchen der *Methode:* Der »Ingraismus« war niemals eine organisierte Richtung gewesen, eher ein Block von Positionen, die sich auf verschiedenen Ebenen entwickelt hatten, unter Genossen ohne wirklich einheitliche Sicht, die lediglich in den Positionen Ingraos eine Art von gemeinsamem Bezugspunkt erblickten. Die Gewöhnung an eine gewisse Toleranz im Innern der Partei sowie ein heiliger Schrecken vor jeder Art »Fraktionismus« hatten von vornherein den Gedanken an eine engere Verbindung, eine zusammenhängende Arbeit auf der Basis einer Plattform nicht aufkommen lassen – und schon gar nicht den Gedanken an eine wie auch immer bestimmte Aktivität zur Überzeugung anderer Genossen, um dadurch Kader zu gewinnen. So moralisch und wenig effizient dieser Stil einem äußeren Beobachter scheinen mag, so gilt es doch, seine Gründe zu verstehen. Jede Kommunistische Partei hat ein tiefes Gefühl für ihr »Anderssein« gegenüber dem gesellschaftlichen Organismus, in dem sie operiert; und sie hat es auch dann noch, wenn ihre revolutionären Zielsetzungen verschwommen geworden sind. Darum fürchtet sie stets den Zerfall, dem ein heimlicher Fraktionismus gewöhnlich als Vehikel dient. Anders wäre es, wenn eine institutionelle Regelung für Fraktionen und Richtungen getroffen würde, wie es in der Geschichte der leninistischen Parteien vorgekommen ist; doch so nahe die KPI während der Diskussion über die »Einheitspartei« im Jahre 1965 an dieses Problem auch herangekommen war, sie hat es nicht ernstlich anpacken wollen.

Es war die »ingraische Linke« selbst, die das Problem umging. Ein hervorstechendes Merkmal ihres Anführers — eben jenes, das ihrem wirklichen »Zugriff« auf die Partei lange zugrunde gelegen hatte — ist gerade seine Loyalität, sein Bestreben, die eigene Nichtübereinstimmung als Element »im Innern« der Führungsgruppe zu betrachten, seine illusorische Hoffnung, die Kritik nicht bis zum Bruch vorantreiben zu müssen, sie vielmehr als Moment einer inneren Transformation und eines gemeinsamen Wachstums benutzen zu können. Diese Position unterschätzte die Härte des Klassenkonfliktes, um den es in der Partei inzwischen ging, die Heftigkeit eines Zusammenstoßes, der keine einheitliche und schmerzlose Entwicklung mehr erlaubte. Aber sie beruhte auch auf einer zweiten Überlegung: Der »Ingraismus« zögerte, einen derart großen Organismus wie die KPI zu spalten, da dessen Integrität ja gerade notwendig war, um eine Richtungsänderung unmittelbar wirksam werden zu lassen, sie nicht zum bloßen Zeugnis einer Opposition zu machen. Es war dieses Zögern, das den »Ingraismus« der Zersplitterung anheimgab, das es ihm unmöglich machte, sich an einer wirklichen politischen Praxis zu messen, das seine theoretischen Anstrengungen, geprägt von je individuellen Erfahrungen unterschiedlicher Herkunft, behinderte — lauter Mängel, die im Augenblick der politischen Konfrontation zur Niederlage führen mußten.

Doch es war mehr als nur eine Methodenfrage. Die eigentliche Schwäche dieser »ingraisch« genannten Linken war durchaus *politischer* Art. Um das verständlich zu machen, müssen wir ihre Geschichte knapp rekapitulieren. Konstituiert hatte sich diese interne Linke, als zwei überaus bedeutsame Phänomene hervortraten: die Krise des Zentrismus in Italien und der Bruch in der Einheit der internationalen kommunistischen Bewegung. Für beide war 1960 ein entscheidendes Jahr. In Italien zerbrach der klerikal-liberal-sozialdemokratische Block, um einem neuen Bündnis aus Sozialisten, Sozialdemokraten und christdemokratischen Katholiken (ohne die Liberalen, die in Italien rechts stehen) Platz zu machen. Ursache dieses Bruches war der doppelte Druck einer stürmischen kapitalistischen Expansion, die das alte Gefüge des italienischen Kapitalismus zum Einsturz brachte, sowie eines ebenso stürmischen Proletarisierungsprozesses: Millionen von Männern und Frauen, vor allem im Süden von ihrem Land vertrieben, strömten in die städtischen Ballungsgebiete des Nordens. Die Brutalität dieser gewaltigen sozialen Umschichtung und das äußerst geringe Lohnniveau, auf dem das »Wirtschaftswunder« errichtet worden war, dazu ein im Volk verbreitetes Kampfbewußtsein, das von der Résistance bis zu den Landbesetzungen und den Arbeitskämpfen nie ganz erloschen war, gaben dem Prozeß einen explosiven Charakter: Der Zentrismus kam zu Fall – und zwar nicht wegen einer friedlichen Modernisierung der Strukturen und des Staatsapparates, sondern durch eine Krise. Der Bürgerblock spaltete sich und setzte die traditionelle Rechte frei, die sich in ein sinnloses Abenteuer stürzte – die Regierung Tambroni – und nach wenigen Monaten durch einen Volksaufstand geschlagen war.

Die nun einsetzende Diskussion im Innern der Partei (die sich, wie wir gesehen haben, direkt im Jugendverband niederschlug) berührte einen entscheidenden Punkt: Hatte man dafür einzutreten, daß die Regierung sich schrittweise nach links bewegt, auf einer Linie der Reformen und der demokratischen Erneuerung der Staatsstrukturen, die durch die Präsenz der Sozialisten in der Koalition garantiert würde und ihr wichtigstes Ziel in der Zerschlagung der Rechten hätte? Oder sollte man eher den Klassencharakter, den Antagonismus des Konfliktes vertiefen und die Krise des Zentrismus zum Beginn nicht eines neuen politischen Gleichgewichts, sondern eine Phase akzentuierter Ungleichgewichte machen, in denen dann ein revolutionärer Prozeß sich würde abzeichnen und entfalten können?

Die beiden gegensätzlichen Hypothesen beruhen auf zwei verschiedenen Analysen des italienischen Kapitalismus: Die »Rechten« in der Partei sind davon überzeugt, daß die »historischen« Elemente der Unterentwicklung zunächst eine *Evolution* erfordern, damit das Ziel einer »Vollendung der bürgerlich-demokratischen Revolution« erreicht werden kann. Die Hypothese der »Linken« beruhte vor allem auf ihrer Einschätzung der *aktiven* Elemente des italienischen Kapitalismus, auf der Annahme, daß er fähig sei, sich selber neu zu strukturieren, um die schlimmsten Rückständigkeiten zu neutralisieren und den besitzlosen italienischen Massen erstmals eine relativ moderne und akzeptable Gesellschaftsordnung zu bieten. Darum haben die Rechten in der Partei nichts dagegen, daß die Sozialisten in die Regierung gehen, im Gegenteil, sie halten sie geradezu für das Trojanische Pferd der KPI im Regierungsprogramm. Sie sind überzeugt, daß die Sozialisten treu zu einem Programm fortschrittlicher Reformen stehen und damit eine permanente Spannung in der Regierung erzeugen, die schließlich die Bedingungen für eine weitere Verschiebung nach links schaffen werde, d. h. für den Eintritt der Kommunisten in die Regierungskoalition. Die »Linken« dagegen befürchteten, daß der Handlungsspielraum des Kapitals groß genug sei, um sowohl die Sozialistische Partei als auch die Massen einzufangen und sie zu *integrieren,* daß folglich die Kommunistische Partei, wenn sie eine solche Operation unterstütze, die Massen entwaffne und ihnen faktisch eine lange Phase sozialer Stabilisierung aufzwinge.

Wenn man die Kategorien dieser Debatte aus dem Abstand einiger Jahre betrachtet, so stellt man leicht fest, daß beide Seiten unrecht hatten. Falsch waren ihre Analysen des italienischen Kapitalismus: Die Rechten täuschten sich in ihrer Annahme, die seit langer Zeit von Unterentwicklung geprägten Sektoren seien determinierend für das Ganze; die Linken täuschten sich, weil sie nicht begriffen, daß es gerade die kapitalistische *Expansion* war, die, weit davon entfernt, eine Rationalisierung zu bewirken, neue Bereiche der Unterentwicklung und des Parasitentums erzeugte und die Konflikte verschärfte. Falsch waren auch die Vermutungen über das Schicksal des *Centro-Sinistra:* Die Rechten täuschten sich, als sie glaubten, die KPI könne die Sozialistische Partei konditionieren, die Linke, als sie unterstellte, die Regierungskoalition könne ein effektives Reformprogramm verwirklichen. Falsch war schließlich die Annahme der Rechten, die KPI werde in jedem Falle der einzige Nutznießer aller Erfolge und Mißerfolge der neuen Koalition sein, und falsch war auch der Glaube der Linken – und hierin lag wohl ihr weitaus größter Irrtum –, das *Centro-Sinistra* sei imstande, die Bewegung zu integrieren.

Das Ergebnis all dessen war, daß der »Ingraismus« sich vorab als defensiver Kampf zur Verhinderung eines Rechtsrucks der KPI darstellte: als eine verzweifelte Schlacht gegen den drohenden Reformismus. Es kam schließlich so weit, daß er sich klarer definierte in dem, was er ablehnte, als in dem, was er vorschlug. Die »ingraische Linke« hatte begriffen, daß die Hypothese der Volksfront inzwischen nur noch zur Auflösung des revolutionären Charakters und der revolutionären Ziele der Partei führen konnte, da im Angesicht der Offensive des Kapitals eine »Einheitsfront der Linken« nicht mehr Sinn hatte als der alte antifaschistische Block. Sie hatte erkannt, daß der Protagonist wieder das Proletariat geworden war – und zwar nicht als »nationale Kraft«, sondern als oppositionelle Klasse –, und daß daher die gesamte »Bündnistheorie« verändert werden mußte. Und sie hatte verstanden, daß jene geschichtliche Phase vorbei war, in der es möglich schien, einen systemsprengenden Prozeß ausschließlich auf die *politischen* Kräfte zu begründen, auf eine mehr oder minder gewaltsame Verschiebung des Kräfteverhältnisses zwischen den *Parteien;* daß die Frage mithin nicht mehr hieß, ob man die Institutionen »demokratisch« oder »leninistisch« benutzen sollte, sondern wie man Momente einer *gesellschaftlichen Opposition* schaffen kann, die eine Dialektik zwischen den Parteien und den verschiedenen Situationen »der Masse« eröffnen, eine Dialektik zwischen »politischer« und »ziviler« Gesellschaft. Das war Ingraos Theorie der »Kasematten«, der »befestigten Stellungen eines anderen Kräftegleichgewichtes in diesem oder jenem Sektor der Gesellschaft, deren politische Projektion nicht mehr die ›Front der Linken‹ wäre, sondern eine Front gegen den Kapitalismus«.

Dennoch enthielten alle diese Formulierungen – deren Nachbarschaft zur gewerkschaftlichen Linken, zu Vittorio

Foa oder Bruno Trentin offenkundig ist – ohne Zweifel eine Reihe von Ambivalenzen: Letztlich wollte man sie eher als »Weiterentwicklung« der Konzeptionen, mit denen sich die Partei nach dem Krieg entfaltet hatte, denn als offenen Gegensatz zu ihnen verstanden wissen. Gewiß war die Thematik der »antikapitalistischen Strukturreformen« und der Partei als einer nicht bloß institutionellen Kraft, sondern als eine der Massen, der Ausdruck eines radikaleren Verständnisses vom »italienischen Weg zum Sozialismus«. Aber warum sah man darin eine zusätzliche Thematik und nicht einen Bruch in der Kontinuität? Nicht allein aus Angst vor einem direkten Konflikt mit der Partei, sondern auch wohl deshalb, weil das Fehlen einer Verschmelzung mit der früheren Strategie – so befürchtete man – leicht die Gefahr einer politischen Verarmung heraufbeschworen hätte, einer Rückkehr zur Sterilität der Linie »Klasse gegen Klasse«, einer Reduzierung des Ingraismus auf bloßen revolutionären Verbalismus. Kurzum, man hatte zwar begriffen, daß die italienische Revolution eine tiefgreifende strategische Erneuerung voraussetzte, aber man konnte oder wollte nicht sehen, daß ein Bruch notwendig war. Als deutlich wurde, daß der Prozeß innerhalb und außerhalb der Partei nicht schmerzlos vonstatten gehen konnte, daß der Schock heftig und entscheidend sein würde, daß ein ganzes Stück vom historischen Erbe der Partei insgesamt zerstört – nicht einfach angereichert – werden mußte, da wich die Linke um Ingrao zurück.

Das war es, was sie hinderte, den richtigen Kern in dem Abspaltungsversuch des Kommunistischen Jugendverbandes zu erfassen – auch die Jungkommunisten hatten ja gespürt, daß das Problem der Macht eine gründliche Veränderung des Verhältnisses zwischen Partei und Massen impliziert. Das war es auch, was sie hinderte (und dies war noch schlimmer), auf der Ebene der internationalen kommunistischen Bewegung über jene Formel von der »Einheit in der Verschiedenheit« hinauszugehen, mit der die italienische KP versucht hatte, sich der Bevormundung durch die Sowjetunion zu entziehen und zugleich eine radikale und grundsätzliche Kritik der sowjetischen Strategie zu vermeiden. »Einheit in der Verschiedenheit« – das klang nach einem Höchstmaß an Realismus (man denke an die ungleiche Entwicklung der verschiedenen revolutionären Bewegungen), und gleichzeitig nahm es den Divergenzen ihren dramatischen Charakter, indem es die verschiedenen politischen Hypothesen zum bloßen Reflex der lokalen und nationalen Besonderheiten deklarierte. Kurzum, man vermochte nicht zu erkennen, daß auch hier ein Klassenkonflikt zugrunde lag und sich bereits im Innern der internationalen kommunistischen Bewegung abzuzeichnen begann. Der Ingraismus bemühte sich um eine Neubewertung der revolutionären Bewegungen, lehnte die Verdammung der VR China ab, kritisierte die »Unzulänglichkeiten« der friedlichen Koexistenzpolitik; als die Thesen für den 11. Parteikongreß diskutiert wurden, kam er sogar zu einer ersten umfassenden Kritik dieser Konzeption. Er kämpfte auf diesem Feld bis an die Grenze der Parteitoleranz – ohne jedoch den Sprung zu vollziehen, der ihm – zumindest – eine solide Unterstützung von außen eingebracht hätte. Mit einem Minimum an Unterstützung nahm er ein Maximum an Risiken auf sich.

Als der 11. Parteikongreß begann, zwei Jahre nach dem Tode Togliattis, war der Führungsgruppe der Partei vollkommen klar, daß eine grundsätzliche Divergenz in ihren eigenen Reihen bestand und daß sie die Abweichung besiegen mußte. Das fiel ihr um so leichter, als die »Linke« ungeordnet in die Schlacht zog, in einer objektiven Situation, die alles andere als günstig war. Man schrieb das Jahr 1966: Italien hatte gerade eine bedrohliche Rezession hinter sich, in deren Verlauf die gesellschaftlichen Kämpfe teils zum Erliegen gekommen waren und teils, wie bei den Metallarbeitern, Tarifabschlüsse mit geringer Tragweite erbracht hatten. Die Mitte-Links-Koalition steckte in Schwierigkeiten, allerdings durch die Aktivität der Rechten: Weder die gesellschaftliche noch die politische Front schien sich zu bewegen, auch die internationale Front nicht, man sprach sogar schon von einem Erlahmen des vietnamesischen Widerstandes. Allein aus China kam das erste Echo der Kulturrevolution, aber es dauerte noch ein ganzes Jahr, bis es unüberhörbar in der Welt zu vernehmen war und den neuen gesellschaftlichen Bewegungen einen ideologischen Bezugspunkt gab – zusammen mit der Tet-Offensive, dem Guevarismus, der Welle des revolutionären Subjektivismus, die bis nach Europa drang und die außerordentlichen Ereignisse von 1968 prägte. Doch im Jahre

1966 stand keine reale Bewegung hinter der »ingraischen Linken«, und sie konnte auch nicht voraussehen, daß eine im Entstehen begriffen war.

So verschob sie die Debatte auf das Terrain der Ideologie und der Methode: zum einen, indem sie die Hypothese eines revolutionären Entwicklungsmodells formulierte, die jedoch nur abstrakt erörtert wurde, zum andern, indem sie das Recht auf öffentliche Darlegung der Divergenzen forderte, was als »Demokratismus« verstanden wurde. Die Parteiführung beschuldigte sie offen des abstrakten Debattierens über theoretische Flausen und warf ihr weniger offen vor, sie wolle die Einheit der Partei zerschlagen. Diejenigen, die die »ingraischen« Positionen vertreten hatten, erkannten einander – vielleicht überhaupt zum ersten Male – in der gemeinsamen Niederlage. Ingrao bekam andere Aufgaben in der Partei; die übrigen wurden früher oder später und auf verschiedenen Wegen aus wichtigen Posten entfernt: Es war die erste Welle parteiinterner Repression nach 1956. Als im folgenden Jahr die italienischen Studenten nach dem Vorbild der deutschen die Universitäten besetzten und die Arbeiterkämpfe mit einer Heftigkeit und Selbständigkeit, wie man sie in den Klassenkämpfen seit dem Krieg nicht gekannt hatte, wieder einsetzten, war der Ingraismus als ein möglicher politischer Bezugspunkt bereits verschwunden.

5. Doch selbst wenn er geblieben wäre, was er 1966 war, hätte er niemals zum Bezugspunkt werden können. Die Explosion von 1968 ging weit über die bloße Ablehnung des Reformismus hinaus; wie jede wirkliche Erschütterung setzte sie schroff und unerwartet neue Bedürfnisse und Werte frei, auf die weder der reformistische noch der linke Flügel vorbereitet war, auch nicht die oppositionellen Gruppen, die sich um 1960 außerhalb der KPI gebildet hatten. Wer durch die früheren Ereignisse in eine Opposition zur Mehrheitslinie der KPI geraten war, entdeckte nun, daß auch er in Frage gestellt wurde, vor allem durch die Kraft der Klassenexplosion selbst.

Zu meinen, das entscheidende Element der kapitalistischen Entwicklung sei ihre Integrationskraft, ihre Fähigkeit, sich die aufkommenden Bedürfnisse einzuverleiben, hatte sich als Fehler in der Analyse herausgestellt; freilich nicht deshalb, weil, wie die KP-Führung behauptete, das italienische Kapital nicht imstande wäre, seine alten Widersprüche zu überwinden und sich zu modernisieren, sondern aus dem gegenteiligen Grund: weil im selben Maße, in dem es seine Physiognomie veränderte und sich tatsächlich modernisierte, der Klassengegensatz zwangsläufig in neuer Form hervortreten mußte, nun allerdings auf anderen Ebenen und radikaler als zuvor, im Zugriff auf den Mechanismus der Reproduktion des Systems als einem Modell der Verhältnisse zwischen den Menschen, zwischen Mensch und Produktionsmittel – und damit im direkten Angriff auf die Essenz des Kapitalismus als einer *Produktionsweise*. Das hatte die Linke nicht vorausgesehen: Umfang und Inhalt der Kämpfe brachten sie aus der Fassung, und sie sah sich nicht in der Lage, das darin angelegte qualitative Niveau zu halten. Denn die neue Phase des Klassenkampfes stellte nicht bloß das Problem der Macht, sondern der *Qualität* der Macht; die Idee der Revolution entledigte sich aller Elemente von Kontinuität, um *totaler Bruch* zu werden, Absage und Rekonstruktion *ex novo*. Alle, die sich bisher für Revolutionäre gehalten hatten, entdeckten mit einem Mal, wieviel von der Wertordnung des »Feindes« in ihre eigene Vorstellung vom politischen Handeln eingegangen war: der Begriff der Autorität, der falsche »Objektivismus«, der Hang zum Gradualismus, eine unbewußt aristokratische Haltung gegenüber den Massen. Die Wahrheit der chinesischen »Kulturrevolution« lag offen zutage, nicht als Erfahrung einer anderen Gesellschaft, sondern durchaus als Wahrheit der unsrigen.

So war es nicht nur die Rechte in der Partei, sondern die KPI insgesamt, die sich links überholt sah – mit dem Unterschied im Vergleich zur Bewegung des »Mai« in Frankreich, daß der vorausgegangene zehnjährige politische Kampf in der italienischen KP, mochte er auch für einen großen Teil der als »links« geltenden Kader mit dem Verlust ihrer Aufgabenbereiche geendet haben, immerhin an der Basis und in der ganzen Partei die Idee der italienischen Revolution hat umgehen lassen – im Durchgang durch eine zähe, erbitterte, gleichwohl authentische Auseinandersetzung anhand jener Frage – »Wer sind wir, und wohin gehen wir eigentlich?« –, die explizit reformistisch zu beantworten die Führung weder imstande noch willens war. So kam es, daß 1967, als die Universitätsbesetzungen immer zahlreicher wurden, als die Zusammenstöße zwischen Jugendlichen und der Polizei, die Straßendemonstrationen und die militanten Streiks sich vervielfachten, die Kommunisten zwar überrascht, erstaunt und mißtrauisch waren, sich aber dennoch entschieden, das Spiel *mitzumachen*. Sie öffneten ihre Verbandsbüros, und die Studenten begannen hineinzugehen, ihre Telefone zu benutzen, Flugblätter auf ihren Maschinen abzuziehen. Der Jugendverband FGCI, verhöhnt wegen seiner früheren Zaghaftigkeit und seiner Manie der »positiven Plattformen«, bemühte sich, Anschluß an die Bewegung zu finden. Kommunistische Verbandssekretäre und Gewerkschaftskader suchten Zutritt zu den Basisversammlungen der Studenten und der Arbeiter, und sie lernten dort, sofern sie zugelassen wurden, mit einer bisher ungekannten Bescheidenheit aufzutreten.

Dieser Stil hatte Folgen für die Partei. Im Februar 1968, mitten in der Zeit der Universitätsbesetzungen, trafen sich die kommunistischen Studenten in Frattocchia und befragten, mitgerissen und zugleich angegriffen von der Bewegung, die Führung der KPI nach den Gründen ihres Nachhinkens. Und das Politbüro seinerseits mußte erleben, daß seine Schlußfolgerungen in Frage gestellt wurden – ein unerhörtes Ereignis: Das ganze hierarchische System der Partei geriet ins Wanken. Sogar Teile der »Linken« – diejenigen unter uns, die zu den Versammlungen an den Universitäten zugelassen oder eingeladen wurden – durften zwar sprechen, mußten aber auch selber zuhören, in einem gespannten, neuen Verhältnis, in dem niemandem *a priori* Vertrauen entgegengebracht wurde. Die Führung der Partei war im März geteilter Meinung über die Haltung, die man angesichts der studentischen Revolte einzunehmen hatte; doch dieselbe Mehrheit, die seinerzeit die interne Linke besiegt hatte, reagierte jetzt nach der Art Togliattis: *Niemals eine Realität frontal zurückstoßen!* Im April führte Luigi Longo, der Generalsekretär der Partei, ein langes Gespräch mit den Studentenführern; und was noch mehr war, er berichtete darüber in der *Rinascita,* indem er die Positionen einer Avantgarde, die nicht nur die Rückständigkeit der KPI angriff, sondern ihre Strategie schroff in Frage stellte, als *Klassenpositionen* legitimierte.

Dieser Umstand – daß sich in Italien, anders als in Frankreich, keinerlei Trennwand zwischen die KP und die Kämpfe geschoben hatte – verlagerte eine Zeitlang das Terrain des Zusammenstoßes. In anderen Worten: Die KPI versuchte den Tiger zu reiten, indem sie auf die subjektiven Grenzen der Bewegung und auf das unvermeidliche Nachlassen ihres Schwunges setzte, bereit, für die Aufrechterhaltung ihrer Kontrolle über die Massen notfalls teuer zu bezahlen. Und sie konnte das um so besser, als die größten Opfer, die von ihr verlangt wurden, anscheinend auf der Ebene der *Methode* lagen: Die erste und spektakulärste Bedingung, die ihr von der Bewegung auferlegt wurde, war eine neue Art von politischem Engagement, eine direkte, nicht mehr delegierte Teilnahme und das Recht zu sprechen und zu widersprechen. KPI und Gewerkschaft, im Vertrauen auf ihre Standkraft, ließen sich also munter widersprechen und sparten nicht mit solcherart antibürokratischen Zugeständnissen an der Basis. Sie wurden dafür belohnt: die Partei, indem sie so ihre starken inneren Spannungen überwand (nur die FGCI war am Ende praktisch zerstört), die Gewerkschaft, indem sie eine Popularität gewann, die Italien heute zu dem Land mit dem höchsten Grad an aktiver gewerkschaftlicher Organisierung macht (50–80% der Industriearbeiter sind in der Gewerkschaft aktiv).

Niemals seit dem Zweiten Weltkrieg hatte die KPI ein ähnlich hohes Maß an Ambivalenz erreicht: Gerade ihre Aufnahmebereitschaft schien die Möglichkeit einer Opposition, eines Wandels in der Strategie zu begünstigen. Der Wahlkampf im Mai 1968 schien sämtliche Fermente der Linken zu vereinigen, er zog die studentischen Gruppen und Avantgarden in den Umkreis der KPI und war insgesamt vom unabweisbaren Druck des Klassenkampfs geprägt. Erneut setzte die Debatte im Zentralkomitee ein, stieß aber bald an ihre Grenzen: Nach dem französischen Mai wurde die KPF von der KPI weder verurteilt noch freigesprochen; auch die Aktionen der französischen Studenten wurden weder positiv noch negativ beurteilt. Die KPI umging auch das Problem einer Neustrukturierung, in der sich die neue, im Kampf hervorgetretene Linke hätte artikulieren können. Selbst die Invasion der Tschechoslowakei, nur kurze Zeit später, diente ihr dazu, die innere Auseinandersetzung zu umgehen: Indem sie die Invasion öffentlich verurteilte, eröffnete die Führung der Partei eine Front gegen die UdSSR und gegen die recht starke prosowjetische Fraktion in den eigenen Reihen. Noch einmal schienen alle Karten durcheinandergebracht. Doch die Reste der »Ingraianer«, die zum *Manifesto* stießen, täuschten sich diesmal nicht: Als sie die offizielle These vom *»tragischen Fehler«* verwarfen, eröffneten sie das Feuer im Sinne einer Neubestimmung der Strategie in Italien und einer grundlegenden Neueinschätzung der sowjetischen Politik und des europäischen sozialistischen Lagers. Das Gefecht hatte begonnen.

In der Phase der Vorbereitung auf den 12. Parteikongreß kämpften die Vertreter der »neuen Linken« – zunächst noch isoliert voneinander, da jeder engagierte Diskussionen in seiner eigenen Organisationsbasis ausfocht, dann aber rasch einander erkennend – für eine wenngleich minoritäre Selbstbehauptung. Man begann, die oppositionellen Stimmen in den einzelnen Sektionsversammlungen zu zählen; die Auseinandersetzungen in Kommissionen und Versammlungen und die oppositionellen Zusatzanträge zu den Kongreßthesen häuften sich. Die Politik der Führung bestand im wesentlichen darin, dem Dissens freien Lauf zu lassen und ihn zugleich sorgfältig zu filtern: Von den Basisversammlungen über die Verbandskongresse bis hinauf zum Nationalkongreß verschwanden die Dissidenten zusehends aus den Delegiertenlisten. Dennoch gestattete man denen, die man – weil sie im Zentralkomitee waren – schließlich als die Anführer betrachtete (Natoli, Pintor, Caprara, Rossanda), auf dem Kongreß das Wort zu ergreifen (delegiert war nur Rossanda). Die Versammlung hörte ihren Ausführungen zu, mit größter Aufmerksamkeit und häufigen Beifallsbekundungen; und wenngleich die sowjetische Delegation während der Diskussion über internationale Fragen nicht zugegen war, ließ das Präsidium doch zu, daß die gegensätzlichen Meinungen voll zum Ausdruck kamen. Am Ende wurden die Vertreter der Opposition (bis auf Caprara) sogar durch ihre Bestätigung im Zentralkomitee legitimiert.

Die unausgesprochene Bedingung dieser »Liberalität« war jedoch ein implizit von den Dissidenten verlangtes »Fairplay«: Sollten sie ruhig fortan im Zentralkomitee reden, aber nirgendwo sonst! Somit sahen wir uns nach dem Kongreß gezwungen, eine noch dramatischere Entscheidung als vorher zu treffen. Die Offenheit des neugewählten Parteiführers, des jungen Vizesekretärs Berlinguer, gegenüber den »Linksradikalen« war nur von kurzer Dauer, wir standen also vor der Frage, ob wir fürderhin unser gutes Gewissen als autorisierte Dissidenten verwalten oder uns nochmals und klarer an die Massen in der Partei wenden sollten. Wir entschieden uns für den zweiten Weg: Nicht eine unterschwellige Fraktionsarbeit sollte das Mittel sein, sondern eine politische Zeitschrift, also öffentliche und kontinuierliche Darlegung einer neuartigen Analyse und Programmatik. So entstand, nach raschem Beschluß Ende März 1969, die Idee der Monatsschrift *Il Manifesto*. Wir teilten sie formell dem Parteisekretariat mit, das uns zunächst davon abbringen wollte und uns dann, als die erste Nummer im Juni erschien, heftig attackierte. Diesmal erlaubte die Auseinandersetzung keine Vermittlung mehr. Sie endete im November desselben Jahres mit unserem Parteiausschluß.

Es ist hier nicht möglich, die einzelnen Phasen dieser Geschichte detailliert nachzuzeichnen, obschon es für ein Verständnis der KPI nicht ohne Interesse wäre; sie ergeben sich im übrigen klar aus den hier dokumentierten Leitartikeln unserer Zeitschrift*. Wir halten es auch nicht für wichtig, die Entstehungsgeschichte unserer Gruppe detailliert auszubreiten, da sie nur insofern von Belang ist, als sie den Zusammenfluß sehr verschiedener persönlicher Erfahrungen markiert – ein Indiz für die Mannigfaltigkeit der Ebenen, auf denen die Kluft in der Partei zum Vorschein gekommen war.[1] Wichtiger scheint uns, auch für das Verständnis der hier vorgelegten Texte, ein paar Grundzüge der Gruppe zu definieren.

Il Manifesto trat hervor als Ausdruck einer zugleich totalen und internen Krise des italienischen Kommunismus – *total*, insofern wir uns von der Partei nicht nur in der Frage des praktischen Handelns trennten, sondern auch in der Analyse

* Gemeint ist hier die in Frankreich erschienene Dokumentation (s. Fußnote auf S. 7), der dieses Kapitel als Einleitung diente. Der interessierte Leser muß, da deutsche Übersetzungen dieser Artikel fehlen, auf die französische Ausgabe verwiesen werden. *Anm. d. Üb.*

und den Perspektiven; *intern,* weil unsere theoretische Arbeit verankert war in einer zum Teil bis zur Negation reichenden Kritik dessen, was die Erfahrung der Kommunisten insgesamt dargestellt hatte.

Doch was uns von der KPI trennte, unterschied uns, so paradox es klingen mag, auf Anhieb auch von den übrigen »linksextremen« Gruppen: das Bedürfnis, die Geschichte und Realität der kommunistischen Bewegung in Italien von Grund auf neu zu analysieren, sie aber zugleich in voller Verantwortung auf sich zu nehmen. Die KPI fühlte sich dadurch unerträglich hart in Frage gestellt, und die kleinen Gruppen fanden uns unerträglich »kommunistisch«, weil wir nicht wie sie versuchten, das Problem der von der italienischen KP repräsentierten geschichtlichen und gesellschaftlichen Kraft einfach auszuklammern oder zu exorzieren.

Gleichzeitig nahm uns dieses Vorgehen jede Möglichkeit, uns in einer bloß ideologischen Option zu verschanzen, z. B. in einer ständig wiederholten Verherrlichung des Maoismus oder in der Suche nach einem »reinen« Leninismus, so wie er ursprünglich gewesen sein soll und heute bloß wieder herausgestellt zu werden bräuchte, oder umgekehrt in einer spontaneistischen Überschwenglichkeit. Es galt darum nicht nur, den »Reformismus« der Arbeiterorganisationen abzulehnen, sondern, weit mehr, seine politischen und gesellschaftlichen *Ursprünge* herauszuarbeiten, kritisch zurückzugehen bis zu jener Volksfrontstrategie, die aufrechtzuhalten sich auch die meisten marxistisch-leninistischen Gruppen und oft auch die IV. Internationale in den Kopf gesetzt haben. Es kam nicht allein darauf an, mit Chruschtschow und Stalin abzurechnen, sondern auch mit den Modellen des sozialistischen Aufbaus in den zwanziger Jahren und mit der ganzen Erfahrung der Kommunistischen Internationale; über Lenin, Gramsci und Rosa Luxemburg zu reflektieren, allerdings nicht nur über ihre Schriften, sondern über ihre praktischen Entscheidungen und deren *Ergebnisse.* Das bedeutete schließlich, das Scheitern oder die Vertagung der Revolutionen in Europa nicht als simple Geschichte der subjektiven Rückzüge, sprich: des »Verrats« der kommunistischen Führungsgruppen, zu begreifen, auch nicht als bloßes Abgehen von einer richtigen Strategie, die man heute folglich nur wieder aufgreifen müßte, sondern als das Zeichen für die tiefverwurzelten Schranken der Dritten Internationale angesichts der Probleme der europäischen Revolution.

Es galt also, über Modus und Formen der Revolution – im Leninschen Sinne als »Bruch« – in einer *kompakten* Gesellschaft nachzudenken, über die Umwälzung der komplexen Gesellschaft des entfalteten Kapitalismus, in der bislang mehr gesellschaftliche Erschütterungen als siegreiche und dauerhafte Revolutionen vorgekommen sind. Hierin begründete *Il Manifesto* eine »Verschmelzung« mit dem grundlegenden Ansatz Gramscis: mit der Reichhaltigkeit seiner Analyse der entwickelten Gesellschaft – mithin der Komplexität der Revolution im Westen, die nicht jakobinisch, sondern *massenhaft* sein muß, nicht bloß politisch, sondern *gesellschaftlich*, weshalb sie weder durch eine Minderheit noch durch eine Einheitsfront zu erreichen ist. Dem galt es jedoch einen grundsätzlichen Hinweis auf den Maoismus beizufügen, auf den entscheidenden Punkt, an dem Mao mit Marx übereinstimmt: seine erneute Bestätigung und Bejahung des radikal *destruktiven* Charakters einer Revolution im Westen – destruktiv nicht nur, wie Lenin gelehrt hatte, im Hinblick auf den Apparat des bürgerlichen Staates, sondern auch auf alles, was *nach* der Eroberung der Macht noch geblieben ist, sofern es nicht vorher schon zerstört wurde: die falsche Objektivität der materiellen und gesellschaftlichen Arbeits- und Produktionsverhältnisse, der Techniken, der Lebens- und Wertmodelle. Das aber ist nichts anderes als die Bejahung des Kommunismus als einer *total andersartigen* Gesellschaft. Weit entfernt, in dieser Andersartigkeit eine bloße Utopie zu erblicken, sieht *Il Manifesto* in ihr vielmehr den einzigen wirklichen Motor des »Bedürfnisses nach Veränderung« in einer relativ opulenten und total entfremdeten Gesellschaft. Auf dieses Konzept begründete die Gruppe ihre Thesen, doch ebenso ihre gesellschaftliche Praxis: In den Fabriken, in den Schulen und Universitäten ist es *derselbe* Angriff gegen die Grundmechanismen der Reproduktion des kapitalistischen Modells, den die *Manifesto*-Genossen im Sinn haben, wenn sie auf theoretischer Ebene weitertreiben, was man 1968 die spontane »Verweigerung« nannte.

In diesem Sinne ist die »maoistische« Option des *Manifesto* radikal antistalinistisch; nicht nur wegen der »Irrtümer und Fehler« Stalins, sondern vielmehr wegen allem, was in seiner Hypothese einer gesellschaftlichen Transformation der UdSSR an *Kontinuität* mit der kapitalistischen Produktionsweise enthalten war – in seinem Akkumulationsmodell, in der Übernahme von Techniken und Hierarchien der gesellschaftlichen Arbeitsteilung: Denn es waren ja diese Elemente von Kontinuität, die das Verhältnis zwischen Partei und Massen, Regierenden und Regierten degenerieren ließen. Im selben Maß, in dem der Maoismus begreift, daß Freiheit nur zu begründen ist auf permanenter Umwälzung sämtlicher gesellschaftlicher und materieller Strukturen, die aus der historischen Formation des Kapitalismus herrühren, im selben Maße zeigt er an, wie und wo man schlagen kann, was den Revisionismus *hervorgebracht* hat. Kein Zweifel, daß er damit nicht nur Chruschtschow in Frage stellt, sondern auch Stalin.

Seit Beginn seiner Arbeit hat *Il Manifesto* sich bemüht, diese grundsätzliche Option in praktische Analyse der italienischen Gesellschaft und in Aktionsprogramme umzusetzen. Die ersten Resultate wurden auf einem Kongreß über die Probleme der Studenten im Juni 1970 vorgelegt, sodann in den *200 Thesen für den Kommunismus* im September, zuletzt auf dem ersten Arbeiterkongreß des *Manifesto* im Januar 1971*. Die wichtigsten Stücke dieser Arbeit, was die Ideen und Vorschläge angeht, sind hier dokumentiert, weshalb eine erneute Zusammenfassung keinen Nutzen bringt. Nützlich könnte es dagegen sein, knapp zu skizzieren, wie sich uns die Probleme der *Organisation* gestellt haben. Auch auf dieser Ebene gibt es sowohl eine Verbindung wie einen Unterschied zwischen dem *Manifesto* und der Ideologie der 1968 entstandenen Gruppen. Was uns verbindet, ist die neue Art des aktiven Lebens als Genossen, die Weigerung, Apparat und Basis vollständig zu trennen, der ganze revolutionäre Charakter des organisatorischen Instrumentariums. Was uns unterscheidet, ist die Auffassung von Wesen und Rolle der *Avantgarde*. Geformt in der großen Welle von 1968, waren die wichtigsten linken Gruppen in Italien zunächst allesamt spon-

---

* Der einleitende Bericht zu diesem Kongreß ist deutsch nachzulesen in *Kursbuch* 26, Dezember 1971, S. 164-185. *Anm. d. Üb.*

taneistisch, um dann im Augenblick des Rückflusses allesamt parteibesessen zu werden oder zumindest das Organisationsproblem ins Zentrum ihrer Reflexionen zu stellen. Von diesem Moment an war die Versuchung für sie sehr stark, das immerhin ja höchst effiziente Schema der Kommunistischen Parteien zu übernehmen, mochten sie dessen Hierarchie und Bürokratisierung einst auch scharf attackiert haben. In diesem Schwanken spiegelt sich der Umschlag von den vielleicht verfrühten Hoffnungen 1968 zum kaum verhüllten Pessimismus 1970: Das Problem der Organisation stellt sich ihnen nicht inmitten einer anwachsenden Aktion, es ist nur die Projektion einer Phase der Schwierigkeiten und wachsenden Isolierung. Von der theoretischen Verherrlichung der »Wahrheit der Massen« sind sie nun zur theoretischen Verherrlichung einer Wahrheit der Avantgarden gelangt. Die kohärentesten unter ihnen vereinigen daher ein rigoros leninistisches Organisationsmodell mit der Arbeit zur Vorbereitung oder Schulung von Kadern, immer in der Erwartung, daß die Welle wieder ansteigt (so *Avanguardia operaia*); die anderen stülpen ein ähnliches, kaum weniger rigides Organisationsmodell über eine Praxis, die zwangsläufig minoritär bleibt. Nachdem man die Wahrheiten des ursprünglichen Spontaneismus verloren hat – die Institution vom direkten und massenhaften Charakter einer revolutionären Krise in unseren Gesellschaften –, sind nur noch seine Mängel geblieben: die Improvisiererei, die Fahrigkeit vor jeder Untersuchung der wirklichen gesellschaftlichen Mechanismen, die Schwärmerei von der exemplarischen Tat, hoffend, noch einmal werde ein Zündfunke genügen, die Angelpunkte des Systems auseinanderzusprengen.

Das Problem, das sich uns seit der Gründung des *Manifesto* gestellt hat, ist dieses: Wie kann man das Dilemma »Spontaneität–Organisation« überwinden, ohne zurückzufallen in die Konzeption einer selbstgenügsamen Partei außerhalb der Klasse, nach dem Muster von *Was tun?*, doch ebenso ohne sich in der Wirkungslosigkeit des Spontaneismus zu verlieren? Es mangelt nicht an Elementen der Reflexion zu diesem Thema, die kommunistische Geschichte ist voll davon, von Lenin über Rosa Luxemburg bis zu den stalinistischen Parteien und schließlich zur chinesischen Kulturrevolution. Und auf der

Ebene der Theorie scheint die Lösung auch nicht ausgeschlossen: Hat man erst einmal den Akzent auf den direkten gesellschaftlichen Agenten, auf das Proletariat gelegt, so müßte eine *Dialektik zwischen Partei und Räten* oder Partei und Kommunen, genährt durch eine permanente gesellschaftliche Revolutionierung (eine »Kulturrevolution«), es auch ermöglichen, die stets tendenziell von der Partei angenommene Natur der »separaten Körperschaft« erfolgreich und in jedem Augenblick zu bekämpfen. Doch auf der *praktischen* Ebene, in der heutigen italienischen Situation, stellt sich zunächst ein vorläufiges und eher »klassisches« Problem: Wie kann man, angesichts der relativ begrenzten Avantgarden in Politik und Gesellschaft und angesichts eines politischen Potentials der Klasse, das in den Kämpfen zwar deutlich wird, aber schließlich immer wieder in die Hände der traditionellen Arbeiterorganisationen zurückfällt, eine neue politische Kraft aufbauen, eine Kraft, die imstande sein müßte, die Avantgarden zu koordinieren, indem sie ihre heutigen Schranken durchbricht, und das politische Klassenpotential freizusetzen? Hier kommt man wieder auf das subjektive Moment, auf den »äußeren« Avantgardekern, dessen Aufgabe darin besteht, *den ganzen Prozeß in Gang zu setzen.* Und wenn man sich darüber erst einmal im klaren ist, dann wird einem auch ein Zweites bewußt: *Das Problem der Avantgarde ist noch nicht das Problem der Partei als Ausdruck der Klasse,* infolgedessen hat die Organisation der Avantgarde mehr zu tun mit der Praxis und Effizienz im Hinblick auf das erwünschte Ziel – eben die Auslösung jenes Prozesses, der ihr erlaubt, sich aufzulösen und neue Strukturen zu bilden –, als mit der strikt ideologischen Grundsatzentscheidung selber.

Dies ist die Option, die *Il Manifesto* bis heute vertritt und auch in seinen *Thesen* darlegt. Möglich ist das auch darum, weil die Gruppe – anders als andere – davon ausgeht, daß die Bewegung nicht geschlagen ist, daß die Krise weiterhin offen bleibt, daß die Kreativität der Kämpfe *schon jetzt* neue gesellschaftliche Agenten freisetzt, die klassischen Arbeiterinstitutionen zerfrißt und die Kräfte insgesamt verschiebt. In dieser allgemeinen Erschütterung – die freilich weniger spektakulär als die der Jahre 1967-69 sein wird – kommt es darauf an, geduldig Aktionsprogramme auszuarbeiten, Reflexionen zu wagen, Strukturen zu bilden, die zugleich einheitlich und offen sein müssen, bei vollem Bewußtsein und klarer Verantwortung ihrer Vorläufigkeit. Die organisatorische Entscheidung reflektiert somit, wie stets, eine spezifische Interpretation der Lage, in der man zu operieren hat. *Il Manifesto* führt sie zurück auf die Objektivität des derzeitigen Klassenkampfes und auf die aktuellen Möglichkeiten der italienischen Revolution.

Es gibt – und auch das muß noch gesagt werden – einen Schlüssel, der das Vorgehen des *Manifesto* besser erschließt: einen bestimmten »bolschewistischen« Realismus, den keiner jemals verliert, der lange Zeit in der Partei Kommunist gewesen ist, und dem zufolge eine rein »ideologische« Antwort niemals eine wirkliche Antwort ist. Jedes politische Vorhaben, dem es nicht gelingt, die *ganze Vielschichtigkeit* der Krise auszudrücken, wird nicht bloß unwirksam, sondern überhaupt falsch. Daher sehen wir in den plötzlichen Umschlägen der minoritären Gruppen, in unserer eigenen Geschichte, in den Formen, die inzwischen die gesellschaftlichen Avantgarden annehmen, auch im vorsichtigen Rückzug der gewerkschaftlichen Linken vor allem und in erster Linie Ausdrucksweisen dessen, was die Bewegung der letzten drei Jahre hinterlassen hat: ein großes Kampfpotential, ein gereiftes Selbstbewußtsein der Massen, aber auch den Beweis, daß ohne eine neue Strategie, die anders als die der Arbeiterparteien und anders als die von der Spontaneität der Bewegung erprobte zu sein hätte, dieses System nicht umgewälzt werden kann. Auf die Vergeblichkeit jedes Integrationsversuches, auf die heftigen ökonomischen Spannungen, auf die anhaltende Krise der Institutionen, die von neuen faschistischen Schüben verschärft wird, hat die Klasse – aus Mangel an einer wirklich revolutionären Strategie – dadurch geantwortet, daß sie sich in einem Einheitsprozeß auf *gewerkschaftlicher* Ebene verschanzte und sich dort – in Gestalt der neuen »Fabrikräte« – ein Stück Basiskontrolle sicherte. Ihr revolutionäres Potential kommt immer wieder in der Qualität und Gewaltsamkeit der Betriebskämpfe zum Ausdruck. Aber sie weiß auch, daß ohne einen Aktionsplan, der ebenso vielschichtig wie der des Kapitals zu sein hätte, und ohne eine Disposition der eigenen Kräfte, die nicht weniger schlagkräftig als die des Gegners sein dürfte, der Zusammenstoß niemals entscheidend oder gar siegreich sein wird.

Es gibt also keinen anderen Weg, für die Klasse wie für ihre Avantgarden, als eine solche Strategie zu entwickeln. Es ist diese Arbeit, in der theoretischen Forschung und an der Basis, die *Il Manifesto* begonnen hat. Vorangetrieben wird sie heute in einem inzwischen offenen Kampf mit der KPI, im Dialog und in ständiger Auseinandersetzung mit der gewerkschaftlichen Linken, in den Debatten und erstmals auch in einem Ansatz zu gemeinsamer Arbeit mit den übrigen linken Gruppierungen, vor allem mit *Potere operaio**. Die Etappen der ersten Phase dieser Arbeit, von Juni 1969 bis zur Veröffentlichung unserer *Thesen*, werden hier dokumentiert. Sie definieren einen Weg in seiner Richtigkeit, daher in seinen zahlreichen Parteinahmen, wahrscheinlich auch in seinen Fehlern. Leser und Genossen im Ausland sollten ihn begreifen als einen Ansatz zum Handeln, der nur durch gesellschaftliche Praxis und theoretische Vertiefung geprüft und korrigiert werden kann.

März 1971

* Seit Herbst 1972 arbeitet *Il Manifesto* zunehmend enger mit dem aus dem aufgelösten PSIUP hervorgegangenen PDUP zusammen; vgl. dazu und zur ganzen weiteren Entwicklung: Rossana Rossanda, *Einheit und Alternative*, in *Sozialistisches Jahrbuch 5*, hrsg. v. Wolfgang Dreßen, Berlin 1973, S. 151-174. – Im Herbst 1974 haben sich *Manifesto* und PDUP formell zusammengeschlossen zum »Partito di unità proletaria per il comunismo«. *Anm. d. Üb.*

1 Aus Gründen der Information über die Konstitution der ursprünglichen Gruppe zu sprechen, ist nicht leicht; es gab eine Reihe von mehr oder weniger breiten, inoffiziellen Treffen, deren Grundlagen sich von Mal zu Mal und kollektiv herausbildeten. Die öffentliche Aufmerksamkeit war natürlich konzentriert auf die Herausgeber der Zeitschrift, Lucio Magri und Rossana Rossanda (Magri, der aus der katholischen Bewegung kam und einer der Protagonisten in der Debatte der sechziger Jahre gewesen war, hatte eine Betriebserfahrung als Arbeiter im Norden hinter sich; Rossanda, während des Krieges in der Résistance, hatte den Mailänder Parteiverband geleitet und war später verantwortlich für die Kulturkommission, Abgeordnete und ZK-Mitglied seit 1959), sowie auf die Angehörigen des Zentralkomitees und des zentralen Parteiapparates, die sich sofort solidarisch erklärten (Aldo Natoli, seit den dreißiger Jahren in der Partei, 1939 vom Sondergericht verurteilt, Leiter des Parteiverbandes von Rom, Abgeordneter und ZK-Mitglied seit 1948; Luigi Pintor, während des Krieges Partisan, Chefredakteur der *Unità* bis 1966, ZK-

Mitglied seit 1959; Massimo Caprara, Leiter des Verbands von Neapel, früher Sekretär Togliattis, Abgeordneter seit der Verfassunggebenden Versammlung, Spezialist für den Mezzogiorno, auf dem 12. Parteikongreß aus dem ZK ausgeschlossen; Ninetta Zandigiacomi, früheres ZK-Mitglied, Gewerkschafterin, Organisatorin der Textilarbeiter; Valentino Parlato, Redakteur der *Rinascita* und Wirtschaftstheoretiker – die beiden zuletzt Genannten wurden noch vor dem Ausschluß von Natoli, Pintor, Magri und Rossanda aus dem Zentralapparat der Partei entfernt. Dann die ersten »Getilgten« aus den Regionalverbänden: Luciana Castellina, stellvertretende Vorsitzende der Union italienischer Frauen, Journalistin; Marcello Cini, Direktor des physikalischen Instituts der Universität Rom; Nico Luciani vom Regionalverband Venedig, die alle sofort bei *Il Manifesto* »unterschrieben« hatten).

2 Das Problem der Demokratie und der Macht in der Übergangsgesellschaft*

1. Es ist nicht zu leugnen, daß sich das Problem der Demokratie und der Macht in allen Übergangsgesellschaften besonders dringlich stellt – keine Revolution in diesem Jahrhundert, die nicht von einer Bejahung größerer Machtvollkommenheit aller, von einem tief freiheitlichen Anspruch ausgegangen wäre. Was die marxistischen Bewegungen seit dem *Manifest* von 1848 kennzeichnete, war die Erkenntnis, daß Entfremdung und Elend des Menschen nicht anders aufzuheben sind als durch eine soziale Revolution; mit anderen Worten, daß sie nicht Ergebnis eines schlechten Institutionensystems sind, dem mit institutionellen Verbesserungen beizukommen wäre, sondern die Folge einer Produktionsweise, die auf einem Ausbeutungsverhältnis beruht: auf Auspressung des Wertes der vom Menschen durch den Menschen hervorgebrachten Arbeit.

Die soziale Revolution, die Umwälzung der Produktionsverhältnisse, ist von Marx – gegen den utopischen Sozialismus, ja gerade beim Übergang von der Utopie zur Wissenschaft – als Bedingung der Freiheit begriffen worden. Von der *Kritik der Hegelschen Rechtsphilosophie* bis zu den Schriften über die Pariser Kommune ist das durchgängige Moment in Marx' Argumentation eine erbarmungslose Kritik am illusorischen Charakter der bürgerlichen Demokratie und Freiheit, ergänzt durch die Bejahung einer *möglichen, vollen und direkten Demokratie* mittels der Umwälzung der kapitalistischen Produktionsverhältnisse und der Vereinigung der Gesellschaft in einem kommunistischen Produktionssystem mit totaler und direkter Verwaltung des gesellschaftlichen Produktes: totale und *direkte* Verwaltung, insofern sie nicht nur die Zerstörung des *bürgerlichen* Staates impliziert, sondern die Auslöschung jedweder Form von Staat überhaupt, d. h. jedes »separaten« Moments von Macht; dazu relativ unmittelbare Verwaltung,

---

* *Il problema della democrazia e del potere nella società di transizione:* Vortrag im Rahmen eines internationalen Seminars über Probleme des Übergangs zum Sozialismus, das im Oktober 1971 in Santiago de Chile stattfand; vgl. dazu unten, S. 251 ff. Hier nach dem Manuskript übersetzt *(Anm. d. Üb.)*.

insofern sowohl Marx als auch Lenin grundsätzlich davon ausgingen, daß dieser Prozeß schon in der Phase des scharfen Klassenkonfliktes unter proletarischer Führung einzusetzen habe, da sie beide die Diktatur des Proletariats nicht als bloße Erweiterung, sondern als tiefgreifende Veränderung von Inhalten und Formen der Machtteilhabe auffaßten (so ausgedrückt im Prinzip der stets widerruflichen Machtdelegierung).

2. Es ist unschwer zu erkennen, daß diese Hypothese bisher in keiner Übergangsgesellschaft verifiziert worden ist. Das wäre nicht schlimm, da der Übergang ja seiner Definition nach ein vorübergehendes Stadium ist, wenn man wenigstens sähe, daß die Gesellschaften insgesamt in diese Richtung steuern. Doch dies ist nicht der Fall. Niemand kann behaupten, daß der Staat in den europäischen sozialistischen Ländern oder auf Cuba den Weg der allmählichen Selbstauslöschung beschreite, daß die Entscheidungsgewalt direkt auf die gesellschaftliche Basis übergegangen sei, daß an die Stelle des Repräsentationsprinzips der bürgerlichen Demokratie eine wirksamere und direktere Repräsentationsform getreten sei, daß die typischen Repressionsorgane des bürgerlichen Staates, wie Polizei und Armee als separate Körperschaften in enger und ausschließlicher Abhängigkeit von der Spitze der exekutiven Macht, abgeschafft worden wären. In anderen Worten: Der Staat in den sozialistischen Ländern, der sich im Dienste von Zielen versteht, die denen der kapitalistischen Staaten entgegengesetzt sind, reproduziert deren Formen; es gelingt ihm nicht oder er ist nicht imstande, jene Trennung zwischen Regierenden und Regierten zu überwinden, die den Ausgangspunkt für die revolutionäre kommunistische Kritik bildete. Ein einziges Land – unserer Ansicht nach – hat sich dieses Problem überhaupt gestellt: die Volksrepublik China. Doch indem sie dies tat, entfesselte sie mit der Kulturrevolution einen akuten, überaus harten Konflikt in der Gesellschaft, der noch nicht zum Abschluß gekommen ist. Nicht nur die Marxsche These vom Absterben des Staates als Bedingung der Emanzipation des Menschen ist unerfüllt geblieben, sondern auch die für kürzere Frist konzipierte These Lenins, der zufolge das Proletariat im Zuge seiner Befreiung den bürgerlichen Staat nicht einfach in seine Gewalt bringen, sondern vielmehr »zerschla-

gen« und »zerstören« muß, insgesamt also substantiell – nicht nur formell – neue Formen von *direkter* Macht der Arbeiterklasse zu schaffen hat.

3. Diese faktische Realität ist seit langem und mit einer Beharrlichkeit, die geradezu steril zu nennen ist, der sozialdemokratischen Kritik am Leninismus unterlegt worden. In ihren am ehesten noch ernst zu nehmenden Äußerungen hat die Sozialdemokratie stets erklärt, die ganze Schwierigkeit habe ihren Ursprung in dem leninistischen »Herbeizwingen« einer Revolution, deren Bedingungen noch nicht herangereift seien. Dieser These zufolge kann die Revolution – solange nicht der Kapitalismus seinen Zyklus vollendet, den Widerspruch zwischen Produktionssystem und Produktivkräften auf die Spitze getrieben hat, solange also die Revolution noch nicht als nahezu obligatorischer und schmerzloser Durchbruch einer neuen Produktionsweise innerhalb der alten Produktionsform erscheint, sich gleichsam mit der Gewalt eines Naturprozesses durchsetzt – nichts anderes als das Werk einer Avantgarde sein: der »Partei«, die dann zwangsläufig in eine fatale Absonderung von den Massen gerät und sich folglich eher zu einer hegemonialen Kraft über ihnen als zu ihrem Repräsentanten herausbildet, was schließlich dazu führt, daß sie neben den Inhalten auch die Formen einer elitären und repressiven Macht reproduziert.

Bekanntlich hat die Zweite Internationale aus dieser These zunächst eine evolutionistische Konzeption von Sozialismus abgeleitet, später dann eine reformistische Hypothese, heute nicht einmal mehr dies; keine der europäischen Sozialdemokratien stellt sich heute noch das Problem einer auch nur schrittweisen Transformation des Systems, im Gegenteil, sie entwickeln sich allgemein zur Speerspitze des Angriffs gegen jede Gruppierung, die noch revolutionär ist oder sich dafür hält. Nun ist aber festzustellen, daß die Überzeugungskraft der besagten These gerade nach dem Zweiten Weltkrieg und als die antikommunistische Hysterie des Kalten Krieges an ihr Ende gelangt war, erheblich nachgelassen hat und jetzt fast ganz verschwunden ist – dies keineswegs nur deshalb, weil es den sozialistischen Staaten, den Kommunistischen Parteien oder den revolutionären Kräften nicht schwer fällt – wie noch zu zeigen sein wird –, sie zu widerlegen, sondern vor allem deshalb, weil das »demokratische« Modell des bürgerlichen Staates und damit zugleich die tragende Säule jeder Hypothese einer schrittweisen Transformation inzwischen definitiv in die Krise getreten ist. Mir fehlt hier die Zeit, dieses Problem auch nur in Umrissen zu analysieren, aber ich glaube, daß wir in zwei Punkten alle übereinstimmen können: *Erstens* hat die Abhängigkeit der Länder unter der Vorherrschaft imperialistischer Metropolen zu immer prägnanter autoritären und repressiven Erscheinungsformen geführt und dadurch all jene »demokratischen« Modell brüchig gemacht, die sich nicht selbst eine deutliche Beschleunigung im antiimperialistischen und sozialistischen Sinne auferlegen – dies genau ist der Wettlauf, vor dem Chile heute steht. *Zweitens* (und in theoretischer Hinsicht dürfte dies noch aufschlußreicher sein) erleben wir auch in den Gesellschaften der Metropolen, des sogenannten reifen Kapitalismus, eine unaufhaltsame und immer weiter um sich greifende Ausdehnung des Staates und seiner Macht, gleichgültig, ob man ihn im klassisch leninistischen Sinne als den geschäftsführenden Ausschuß der Bourgeoisie versteht oder im genaueren Marxschen Sinne als einen Staat, der sich mit der kapitalistischen Produktionsweise erstmals in der Geschichte tendenziell als »totale Gesellschaft« vorstellt: nicht nur als Unterdrücker, sondern als Vermittler der gesellschaftlichen Interessen in den Bannkreis der herrschenden Klasse, als Vermittler sogar noch – nach den Intentionen des modernen »reformistischen« Staates – jenes Maßes an Ambivalenz, das im heutigen Proletariat der Metropolen vorhanden ist; mehr noch, der Staat betrachtet sich heute zunehmend nicht bloß als den juristischen, institutionellen Arm des Kapitals, sondern vermittels seines Staatskapitalismus als den direkten Ausdruck des Gesamtkapitals. Ein Land wie Italien hat durch sein System staatlicher Mehrheitsbeteiligungen im gesamten Bankwesen, in den Stahl- und Chemieindustrien, im überaus engmaschigen Netz der Regionalunternehmen, in den Büros für regionale Entwicklung, den als Konsortien verfaßten öffentlichen Unternehmen ein unlösliches Band zwischen Staat und wirtschaftlicher Macht geknüpft. Die Folge davon ist, daß die Formen der repräsentativen Demokratie (wir haben in Italien ein perfektes Parlament auf der Basis reiner Verhältniswahl, ergänzt durch formale Rechte, die nicht wie in Frankreich beschränkt sind) schließlich nichts anderes mehr repräsentieren als eine parallele Formalstruktur, der sich sämtliche Zentren der realen Entscheidungsmacht entziehen.

Hinzuzufügen ist noch, daß diesem Prozeß einer Verstaatlichung der Gesellschaft, durch den der Staat etwas weit Komplexeres als ein bloßes Repressionsinstrument wird – eben tendenziell jene von Marx gesehene »globale Gesellschaft« –, auch ein umgekehrter Prozeß entspricht: Das Repressionssystem und die Regulierung des Konsensus sind nicht allein Sache des Staates, sondern sie werden auch geformt und vermittelt in zahlreichen gesellschaftlichen Mechanismen – von den Konsummodellen bis hin zu den Massenmedien –, die als die großen Manipulateure der öffentlichen Meinung im Dienste der herrschenden Klasse fungieren. Die »reife« Gesellschaft, wie wir zu sagen pflegen, stellt sich also zugleich als verstaatlicht und kompakt dar, in Formen, unter denen das traditionelle Repräsentationssystem recht wenig *reale Macht* hat.

Daher rühren nun nicht nur jene zahlreichen Klagen über die Krise und Zerrüttung der parlamentarischen Formen, die wir überall in Europa vernehmen, nicht nur das permanente und tiefverwurzelte Streben nach autoritären, rechten Formen, die bedeutend komplexer als der traditionelle Faschismus sind – daher stammt auch die inhaltliche Aushöhlung der sozialdemokratischen Kritik an den Übergangsgesellschaften, jener Kritik, die meint, sie könne dem autoritären Modell der sozialistischen Staaten ein traditionell geprägtes Repräsentationsmodell entgegenhalten. Es kommt wohl nicht von ungefähr, daß solche Kritik ihre besonders überzeugten Vertreter letztlich in den Reihen der inneren Opposition der europäischen sozialistischen Länder findet und als eines der Elemente (ich betone: als *eines*) auch im tschechoslowakischen »Neuen Kurs« vorhanden war; nicht zufällig kam es vor kurzem in Zürich zu einer Situation, in welcher der tschechische Ökonom Ota Šik das Modell der repräsentativen Demokratie verteidigte, während der amerikanische Soziologe Galbraith seinen illusionären Charakter offenlegte.

4. Zwei weitere Interpretationen zu den Schwierigkeiten einer Neuverteilung der Macht in den Übergangsgesellschaften werden nicht von rechts, wie im Falle der Sozialdemokratie, sondern von links vorgebracht: die trotzkistische Kritik und die der sogenannten rätekommunistischen Linie. Die trotzkistische Bewegung hat sich, grob gesagt, zum Bannerträger der Anklage des autoritären Charakters der sozialistischen Länder gemacht, freilich ohne dabei nach Art der Zweiten Internationale die These einer historischen Schicksalhaftigkeit autoritärer Entwicklungen wegen einer »Unreife« der Revolution in Rußland zu vertreten. Im Gegenteil, die Trotzkisten gehen davon aus, daß eine Revolution nicht nur vollbracht werden konnte, sondern auch tatsächlich vollbracht worden ist und eine neue Klasse an die Macht gebracht hat; die Wurzeln des Autoritarismus erblicken sie hauptsächlich in subjektiven geschichtlichen Fehlern der Führungsgruppe, wofür sie vor allem Stalin haftbar machen. Aufgrund solcher Fehler sei es zu bürokratischer Degeneration einer Macht gekommen, die gleichwohl immer noch die Macht der Arbeiter geblieben sei: »Bürokratisch degenerierter Arbeiterstaat« ist die Definition, mit der die Sowjetunion in der trotzkistischen Kritik nach wie vor gekennzeichnet wird.

Das rätekommunistische Konzept war niemals Ausdruck einer zusammenhängenden Bewegung, weshalb auch seine Thesen nie zusammenhängend formuliert worden sind. Es ist vielmehr eine ideologische Bestrebung, die stets neu in der Arbeiterklasse aufkommt, wann immer die Massenbewegung über die Grenzen der politischen Klassenorganisation hinaustritt. In Anlehnung an Lenin und Rosa Luxemburg sehen die Rätetheoretiker in der Unfähigkeit der Übergangsgesellschaften, die überkommenen Formen des bürgerlichen Staates zu zerschlagen, die Konsequenz eines Verhältnisses zwischen Avantgarde und Massen, das seit der Machtübernahme bis heute elitär geblieben ist. Gegen den Begriff und die Notwendigkeit einer in sich selbst begründeten Avantgarde und mit starker Betonung der spontanen, unmittelbaren Massenbewegung und ihrer Formen von Selbstorganisation – den Räten, wie sie in Rußland und Deutschland entstanden waren, als dem Motor der Revolution – führt die rätekommunistische These die Frage der Macht in den Übergangsgesellschaften auf die Frage zurück, in welcher Weise sich der revolutionäre Prozeß *vor* der Machteroberung zu vollziehen hat.

5. Auf alle diese Kritiken von rechts und von links haben die kommunistischen Führungsgruppen seit jeher ziemlich mühelos antworten können.

Um die sozialdemokratische These zu entkräften, genügt mittlerweile schon der Hinweis auf jene faktische Kritik an der repräsentativen Demokratie, die von den bürgerlichen Staaten und Gesellschaften selber praktiziert wird. Und was den ernsteren Einwand betrifft, der früher von der Sozialdemokratie vorgetragen, inzwischen aber fallengelassen worden ist, nämlich daß es, solange die Gesellschaft noch nicht kapitalistisch »reif« ist, unmöglich sei, eine gesellschaftliche Transformation zu bewerkstelligen, die, gemessen am sozialistischen Ideal, nicht deformiert ist, so konnten jene, die Revolutionen in »unreifen« Ländern gemacht hatten, auf politischer Ebene stets erwidern: Niemand kann ernsthaft von einem Revolutionär verlangen, er solle abwarten, bis alle Bedingungen beisammen sind und die kapitalistische Entwicklung auf ihrem Höhepunkt angelangt ist, ehe er ein oft blutig repressives System stürzt und das große Abenteuer des Sozialismus wagt – um so weniger, als das große Neue unserer Zeit, das übrigens Marx schon zuweilen gesehen hatte, eben darin liegt, daß die spezifischen Bedingungen der imperialistischen Entwicklung – und hier meine ich mit den Thesen vieler der Teilnehmer an diesem Kongreß in Einklang zu stehen – den revolutionären Gegensatz an der Peripherie der Metropole heranreifen und sich zuspitzen lassen, also dort, wo der Definition nach eben keine kapitalistische Entwicklung stattgefunden hat oder jedenfalls keine, die an ihr Ende gelangt wäre. Diese prägnante geschichtliche Realität einfach auszuklammern wie einen unvorhergesehenen Zwischenfall, ist weder wissenschaftlich seriös noch politisch vertretbar.

Einen noch wichtigeren Einwand kann man jedoch aus theoretischer Perspektive vorbringen. In Wirklichkeit ist es nämlich gerade die Hypothese einer möglichen revolutionären Reifung der fortgeschrittenen kapitalistischen Gesellschaft – in dem Sinne, daß die kapitalistische Produktionsweise schicksalhaft zu ihrer Selbstzerstörung treibt und von ihren eigenen Widersprüchen gesprengt wird –, die heute immer ungewisser erscheint. War die kapitalistische Produktionsweise auch innerhalb der feudalistischen Gesellschaft aufgekommen und hatte sich in ihr gefestigt, noch ehe sie deren politische Formen weggesprengt hatte, so ist doch derselbe Prozeß für die sozialistische Produktionsweise nicht denkbar: Solange die kapitalistische Produktionsweise mit ihrem System juridischer Macht andauert, kann das Proletariat *niemals* auch nur eine Keimform von tätig produzierender Gegengesellschaft hervorbringen. Und es ist in der Tat kein Zufall, daß der Widerspruch zwischen Produktionssystem und Entfaltung der Produktivkräfte, wie Marx ihn faßte, seinem Wesen nach auf einer anderen Stufe steht und ein viel weniger klar bestimmtes gesellschaftliches Subjekt hat, als es die Bourgeoisie zu Beginn der modernen Gesellschaft war. Zudem zeigt sich selbst der Konflikt zwischen Produktionsverhältnissen und Produktivkräften weit weniger explosiv, als es ein Großteil der Revisionisten annimmt – und zwar deswegen, weil die Produktivkräfte kein *neutrales,* den Gesellschaftsformen gegenüber *objektives* Produkt sind, sondern tief von dem Signum der Produktionsweise, in der sie sich herausbilden, geprägt werden. Es gibt keine Wissenschaft, keine Technik, keine Kultur und auch kein System menschlicher Produktivkräfte »an sich«: Allesamt bilden sie sich nach dem Mechanismus eines bestimmten gesellschaftlichen Systems und konditionieren es ihrerseits. Diese Wechselbindung ist dermaßen gründlich verankert – ich komme hierauf zurück, weil mir dies der zentrale Punkt des Themas zu sein scheint, über das zu sprechen man mich aufgefordert hat –, daß sämtliche Widersprüche in einer *reifen* bürgerlichen Gesellschaft, abgesehen von einem einzigen, unter dem Zeichen dieser Ambivalenz stehen und sich daher wie ein Fieber ausbreiten, wie eine unheilbare Krankheit des Systems, nicht aber von sich aus unbedingt schon eine Alternative aufzeigen müssen, einen bereits lebendigen Keim eines anderen Systems, einer anderen Gesellschaft, die bereits in der bestehenden hervorträte und wirksam würde.

Nehmen wir zum Beispiel den Widerspruch im Bildungswesen, in Schule und Universität: Die ungeheure Kluft zwischen dem Streben der Massen nach Ausbildung (ein Produkt der kapitalistischen Entwicklung) und der geringen Möglichkeit des kapitalistischen Systems, den Studentenmassen einen wirklichen sozialen Aufstieg zu garantieren, hat die Studenten zu einer der radikalsten Protestgruppen in der reifen Gesellschaft gemacht. Doch wenn es auch stimmt, daß der Kapitalismus nicht imstande ist, das Bedürfnis nach sozialem Aufstieg zu befriedigen, so ist es *als solches* gleichwohl nur ein bürgerliches Bedürfnis, und wenn es zur Grundlage einer nicht nur protestierenden, sondern revolutionären Kraft werden soll, müssen die Studenten ihre eigene Lage negieren, sich mit den Nichtstudenten vereinigen, sich jenem Proletariat verbünden, das nicht mit ihnen identisch ist und keinen Grund hat, die Existenz einer Schule und Universität zu verewigen, die nicht die seinen sind.

Ich sagte: sämtliche Widersprüche, abgesehen von einem einzigen. Dieser wäre das Proletariat. Trotz aller ausgetüftelten Konstruktionen in der reifen Gesellschaft, trotz auch des von Sweezy und seiner Gruppe immer wieder hervorgehobenen Faktors, daß der Dritten Welt ein umfänglicher Surplus abgepreßt wird, von dem im reifen Kapitalismus sogar noch das Proletariat profitiert, haben wir daran festzuhalten, daß es die Unversöhnlichkeit des kapitalistischen Widerspruchs in sich verkörpert: in der Tatsache, daß ihm Mehrwert abgepreßt wird und daß dieses Abpressen nach wie vor der grundlegende Mechanismus der kapitalistischen Produktionsweise ist. Aber gerade weil das Proletariat an sich nichts anderes als die reine Entfremdung und Negation dieses Produktionssystems darstellt (und eben nicht an sich schon ein *anderes* Produktionssystem), ist es seinerseits stets reif und unreif zugleich, um diese Gesellschaft durch eine andere zu ersetzen. Daher ist der Übergang vom Kapitalismus zum Sozialismus immer ein revolutionärer Akt, ein »Herbeizwingen« realer Prozesse, ein stark subjektives Moment.

Daher rührt die tiefe Inkonsistenz, auch in theoretischer Hinsicht, der evolutionistischen Marxinterpretation, hierin auch liegt die theoretische, nicht nur praktische Motivation des revolutionären Subjektivismus. Niemandem kann man vorwerfen, er habe die Revolution »zu früh« gemacht, er habe nicht gewartet, bis der Kapitalismus herangereift ist, bis er aus der Phase seiner sogenannten Unterentwicklung zumindest in die seiner Entfaltung eintritt. Ich denke, man kann die Hypothese einer gradlinigen Verallgemeinerung des Kapitalismus auf globaler Stufenleiter – mag sie in einem Teil des Marxschen Denkens auch einen wichtigen Platz einnehmen – heute als weithin widerlegt betrachten. Ganz im Gegenteil: Das imperialistische System vereinheitlicht den Weltmarkt gerade durch seine Unausgewogenheit; mehr noch, die Spannungen, die einige Formen vorkapitalistischer Produktion – wie etwa die Grundrente – dem Kapital zu bieten haben, rühren eher aus der Funktionalität, die sie sich innerhalb der kapitalistischen Produktionsweise bewahrt haben; sie können mit ihr unschwer und zum wechselseitigen Vorteil koexistieren, indem sie sich gegenseitig ihren Fortbestand garantieren. (Es erübrigt sich hier, zumal es den Rahmen meines Themas überschreiten würde, die besonderen Implikationen hervorzuheben, die dies für die zweideutigen und noch unklaren Thesen über eine progressive Rolle der Nationalbourgeoisien haben muß.)

Auch die linken Kritiken, die trotzkistischen wie die rätekommunistischen, sind in Wirklichkeit leicht zu beantworten. Der trotzkistischen Kritik kann man jene Argumente entgegenhalten, die Trotzki selbst – dem man anderes vorwerfen kann, nicht aber, daß ihm ein ausgeprägt autoritärer Zug gefehlt habe – zur Begründung seiner Militarisierung der Arbeit angeführt hat: die allgemeine Notlage, die vordringliche Verteidigung der umzingelten Revolution. Keine Führungsgruppe eines sozialistischen Landes behauptet, daß eine Ausweitung der Demokratie nicht wünschenswert wäre; aber stets gibt es eine wirtschaftliche Notlage (wie z.B. das Nachlassen des Produktionstempos, einen Mangel an Waren) oder eine politische Gefahr (wie die äußere Bedrohung durch den Imperialismus oder die innere durch den Klassenfeind), derentwegen der Beginn eines realen Übergangs der Macht von der Spitze auf die Basis immer wieder hinausgeschoben wird. Gewiß kann diese Antwort der trotzkistischen Kritik nicht Genüge tun, doch die Schwäche dieser Kritik ist eben, daß sie nicht sieht, daß die zur Rechtfertigung angeführten Gründe durchaus realer Natur sind und keineswegs das Phantasieprodukt einer Bürokratie, die bloß ihre eigene Macht bewahren will. Die Trotzkisten nehmen nicht wahr, daß diese

Bürokratie selbst *notwendiges* Produkt eines bestimmten Typus von Übergang und seiner Schwierigkeiten ist und daß ihre Kritik, solange der diese Bürokratie produzierende Mechanismus nicht objektiv analysiert wird, nicht nur an der Oberfläche bleibt, sondern sich letztlich allenfalls im Tonfall von der Kritik der revisionistischen Parteien unterscheidet. Beide Seiten gehen übereinstimmend von der Prämisse aus, daß der Defekt der Übergangsgesellschaften nicht in ihrer ökonomischen Basis, sondern im Überbau liegt: Der ganze seit Jahrzehnten andauernde Streit zwischen Kommunisten und Trotzkisten betrifft allein die Frage, *warum* dieser Überbau sich nicht ändert – wobei ihre gegenseitigen Beschuldigungen ebenso heftig wie steril sind.

Interessanter ist die Erwiderung auf die rätekommunistische Kritik. Tatsächlich kann man in jeder nachrevolutionären Gesellschaft beobachten, daß die Rätestruktur – und zwar um so mehr, je authentischer, unbehelligter sie sich entwickelt – die Realität der Produzenten so zum Ausdruck bringt, *wie sie die Revolution vom früheren kapitalistischen oder vorkapitalistischen System geerbt hat.* Diese Erbschaft ist geprägt von der Unausgewogenheit und Ungleichzeitigkeit des Kapitalismus und erfordert daher eine radikale Umstrukturierung, bei der die Räte vor der Notwendigkeit stehen, entweder ihre bisherigen gesellschaftlichen Grundlagen selbst zu negieren und zu überwinden oder die bestehende Unausgewogenheit weiter mit sich zu schleppen. Hier kommen wir wieder zu der oben angedeuteten Ambivalenz in der Entwicklung der Produktivkräfte im kapitalistischen System: Ihr direkter politischer Ausdruck enthält in sich den interessantesten Widerspruch unserer Zeit, auf der einen Seite nämlich die Reife der Ablehnung und Verweigerung des Systems (wir denken an die Studentenbewegung, an den französischen Mai), die er inzwischen ausdrückt, seinen expliziten Zusammenprall mit der Unfähigkeit des Kapitals, die Bedürfnisse zu befriedigen, die es selbst ständig hervorruft, auf der anderen Seite die ebenfalls zwangsläufig zum Ausdruck kommende Partialität dieser Bedürfnisse, die ja eben vom Kapital abstammen. Der Rätebewegung steht in jeder nachrevolutionären Gesellschaft als reales Hemmnis entgegen, daß eine starke Einigungsbewegung erforderlich ist, um die Zersplitterung der Interessen zu verhindern, daß die überkommenen Bedürfnisse verändert werden müssen, nicht einfach unmittelbar in ihrer vorgegebenen Gestalt verwirklicht werden dürfen (in diesem Zusammenhang ist übrigens das bei weitem interessanteste Beispiel die jugoslawische Selbstverwaltung, die ein Ergebnis der rätekommunistischen Hypothese ist und unter anderem zu einer ungeheuren Steigerung der inneren Ungleichgewichtigkeit geführt hat).

6. Das zentralistische und autoritäre Modell, folglich die Ausweitung der Staatsmacht und folglich auch – unnütz, die Augen vor der Realität zu verschließen – der geringe Spielraum für wirkliche Entscheidungsmacht der Basis, des Volkes, hat offenbar seinen Grund im Wesen der nachrevolutionären Gesellschaft, in der Natur der Übergangsgesellschaft selbst. Die nicht zu leugnende Notwendigkeit, eine Neugestaltung der Gesellschaft zu beginnen, die alte Gewichtsverteilung in Produktion und Konsum zu verändern, im allgemeinen noch erschwert durch eine Phase akuten Mangels, verleitet das System dazu – eben weil es nicht nur mit seinen früheren Feinden zu tun hat, sondern mit der Gesamtheit der gegenwärtigen Gesellschaft – den Weg der scheinbar größten Effizienz einzuschlagen: ein System von Maßnahmen zu errichten, die von oben herab erlassen werden, dabei immer obligatorischer erscheinen und mit ständig wachsendem Zwang durchgesetzt werden müssen. Jene Freisetzung des Willens, auf die sich die Ergreifung der Macht einst gründete, entpuppt sich nach vollzogener Machteroberung als neuen Widersprüchen unterworfen – im Namen gerade der Verteidigung des Neuartigen am sozialistischen Staat gegen seine inneren und äußeren Schwierigkeiten. An diesem Punkt beginnt in der Regel eine Phase prekärer Beziehungen zwischen der Macht und dem, was einst ihre gesellschaftliche Basis gewesen war. Verbreitetster Ausdruck dieser Beziehungen ist Entpolitisierung und allgemeines Desinteresse, die ihrerseits wiederum neue Zwangsmaßnahmen erforderlich machen. So schwanken die Inhaber der Macht von Mal zu Mal zwischen dem Versuch einer Vermittlung durch den Konsens aller oder wenigstens eines Teils der gesellschaftlichen Gruppierungen einerseits und der Repression andererseits. Das zentralistische und auto-

ritäre Modell erweist sich mithin – mag es auch der Kritik von rechts und links solide Gründe entgegenhalten können – zwar als durchaus nicht so effizient wie sein bürgerliches Pendant, doch parallel zu jenem folgt es einem scheinbar unabänderlichen Gesetz, indem es unablässig seine Macht vergrößert.

7. Dies ist nun allerdings eine paradoxe Lage, die die Übergangsgesellschaften nicht mühelos ertragen können. Und in der Tat schlagen sie sich mit diesem Widerspruch auf verschiedene Weise herum: entweder indem man versucht, ihn als befristet zu verdrängen oder dadurch zu überspielen, daß die Führungsgruppe hohe Ziele für den inneren Aufbau oder die internationalen Verpflichtungen setzt, durch die Staat und Volkswille objektiv miteinander verschmelzen, auch wenn die Entscheidungsmacht ausschließlich beim Staat liegt, oder indem man sich zu ideologischen Kunstgriffen flüchtet, die Führung z. B. versucht, ausgehend von einer allgemein durchaus zutreffenden Kritik der bürgerlichen Demokratie und Freiheit, die gesamte Problematik der fortdauernden Trennung zwischen Staat und Citoyen, Regierenden und Regierten auf eine »liberalistische Illusion« zu reduzieren und statt dessen eine nahezu mystische Identität beider herzustellen – eine Identität, der freilich jede Grundlage fehlt, da der Staat immer von den Massen »getrennt« und ihnen gegenüber »zwingend« ist, immer ein bürgerliches Residuum, wie Marx hervorhob.

Weit schlimmer ist allerdings, daß die Formen, mit denen die europäischen sozialistischen Gesellschaften, wann immer sie unter den Druck einer politischen oder ökonomischen Paralyse gerieten, aus dieser Sackgasse herauszukommen suchten, durchweg nicht nur partiell, sondern in der Substanz den bürgerlichen Demokratien entlehnt worden sind. Vergegenwärtigt man sich den 20. Parteitag der KPdSU von 1956, die polnischen Experimente jener Jahre oder auch die tschechoslowakischen der Jahre 1967-68, so zeigt sich, daß der Ausweg jeweils in einer Verlangsamung der Repression und einer vorsichtigen Rückkehr zu Garantien der individuellen Freiheiten gesucht worden ist. Die tiefere Problematik, die der absoluten Neuartigkeit und Radikalität einer direkten proletarischen Macht – ein Thema, das Lenin mit Leidenschaft und zuletzt mit Besorgnis ausführlich erörtert hatte – ist nirgendwo auch nur erfaßt worden. Und die Formen der »sozialistischen Legalität« selbst oder die jener Freiheiten oder Modelle des zivilen Lebens, die denen der kapitalistischen Gesellschaften am nächsten kommen und ja auch ihnen entlehnt wurden, sind kaum je darüber hinausgegangen. Im übrigen ist ihre Effizienz in einem Kontext, der nicht der ihre ist, nur relativ: Widersprüche und Gegensätze werden von ihnen eher freigesetzt als versöhnt. In dieser Hinsicht ist der Prozeß, den die UdSSR während der Periode Chruschtschows durchgemacht hat, bezeichnend genug.

8. Aus dem bisher Gesagten ergibt sich klar, daß nicht nur das Problem der Macht und der Demokratie in den Übergangsgesellschaften historisch in der Krise steckt, sondern daß auch die Erklärungen dieses Phänomens – die zu seiner Rechtfertigung ebenso wie die der Kritiker – unzulänglich sind. So droht erneut eine theoretische Entwaffnung, die immer auch eine politische ist. Man zieht sich zurück auf Empirie und Pessimismus: Freilich hat Marx gesagt, der Kommunismus ist die Freiheit; aber den Kommunismus errichtet man eben nicht in ein oder zwei Tagen, auch nicht in fünfzig Jahren. Freilich hat Lenin gesagt, die Diktatur des Proletariats ist eine direkte Form von Volksmacht, wie sie die Geschichte noch nicht gekannt hat; aber in der Praxis ist dieses Proletariat eben nicht imstande, sich selbst zu führen, und so braucht man eben eine gute und starke Führungsgruppe für unbegrenzte Zeit... So haben wir die paradoxe Situation, in Europa und vielleicht auch in Lateinamerika, daß die Linke, je revolutionärer sie sich gibt, desto mehr dazu neigt, im Namen des Realismus Marx und Lenin ins Reich der Utopie zu verweisen.
Dies wäre ja noch erträglich, wenn an Stelle dessen, was diese Linke so verächtlich »die Ideologien« zu nennen pflegt, eine überzeugende praktische und theoretische Alternative stünde, wenn die Übergangsgesellschaften selbst nicht so offensichtlich in realen Schwierigkeiten befangen wären. Doch gerade weil sie das sind, muß man auf den Ursprung all dessen zurückgehen. Und hier endlich wird die Rückkehr zu Marx und Lenin – und ein Studium Mao Tse-tungs, das ernsthafter als das bisher gängige zu sein hätte – alles andere als ein akademisches Exerzitium; sie wird zu einer politischen Entscheidung, die zum Handeln

befähigt. Sie wird, wenn man so will, schließlich auch zur radikalen politischen Alternative, da sie präzise Neuansätze ermöglicht – allem voran in der Frage, was man unter Übergangsgesellschaft, sozialistischer Gesellschaft versteht. In der Praxis der Arbeiterbewegung ist sie zum Synonym für die Kombination zweier Begriffe geworden: Eroberung der *politischen Macht* und *Abschaffung des Privateigentums* an Produktionsmitteln. Wir haben gesehen, wie der Begriff der politischen Machteroberung, der bei Lenin und Marx noch gleichbedeutend mit Diktatur des Proletariats im vollen Sinne einer Übergangsform zu neuen Machtmitteln war, allmählich verkommen ist bis zur bloßen Verwaltung der den Händen der alten herrschenden Klasse entrissenen Machtmittel durch die Avantgarde, die den revolutionären Prozeß angeleitet hatte. (Nebenbei bemerkt scheint mir ein Großteil der aktuellen Debatte über die Rolle der Institutionen im »chilenischen Weg« innerhalb dieses Rahmens steckenzubleiben.) Diese Begriffsverengung scheint mir allerdings eine direkte Folge jener anderen zu sein: der These nämlich, der zufolge als *das Wesensmerkmal des Kapitals das Eigentum* anzusehen sei und man also, sobald das Eigentum in andere Hände übergegangen ist, der kapitalistischen Produktionsweise den entscheidenden Schlag versetzt habe. Das ist eine *falsche und verengende* Marxinterpretation, und gerade wenn man Marxist sein will, muß man sich dazu durchringen, dies offen auszusprechen. Die besondere Natur der kapitalistischen Produktionsweise liegt nicht allein im Eigentum und nicht einmal besonders im Eigentum (bei Marx wird man nichts dergleichen finden), sondern im Mechanismus der Bildung und Ausbeutung des Mehrwerts. Auch wenn das Privateigentum an Produktionsmitteln abgeschafft und zu öffentlichem oder Staatseigentum geworden ist, bleibt der Mechanismus der Mehrwertbildung weiter bestehen, und das Proletariat wird weiterhin in die Rolle gezwungen, die ihm die kapitalistische Produktionsweise zugewiesen hat, d. h. es wird weiterhin vom direkten Eigentum an den Produktionsmitteln ferngehalten. Um es mit den Worten von Jean Philippe Rey zu sagen (in einer neuen Arbeit aus der Bettelheim-Schule, mit deren Thesen ich voll übereinstimme): »Wenn das Privateigentum an Produktionsmitteln abgeschafft worden ist, können die beiden Klassen, die Bourgeoisie und das Proletariat (wobei unter Bourgeoisie die Klasse zu verstehen ist, die zwar nicht mehr juristisch das Eigentum, aber doch die Verfügung über die Produktionsmittel innehat), entweder einander konfrontiert bleiben oder in neuer Konfrontation einander gegenübertreten, jeweils bestimmt durch das Produktionsverhältnis selbst, das sich weiterhin identisch mit sich selbst im Laufe des Zirkulationsprozesses reproduziert. Was das Eigentum in Wirklichkeit zum bürgerlichen – zum Eigentum der Bourgeoisie als Klasse – macht, ist eben der Umstand, daß es einer Klasse die Kontrolle über die Zirkulation der Waren sichert – einschließlich jener der Arbeitskraft, die weiterhin als Ware funktioniert.« Kurzum, das innerste Wesen des kapitalistischen Reproduktionsprozesses steckt in der *Lohnarbeit,* in ihrem *Warencharakter,* und solange dieser nicht abgeschafft ist, birgt die Übergangsgesellschaft – und zwar nicht nur auf politischer Ebene, nicht bloß im Überbau, sondern in ihrer Struktur, in der Basis – die fortwirkende und immer neu hervortretende kapitalistische Produktionsweise in sich, die Unmöglichkeit einer mehr als nur ideologischen, einer *realen* Überwindung der proletarischen Lage mit allem, was aus ihr folgt: Trennung zwischen körperlicher und geistiger Arbeit, zwischen Arbeitern und Bauern, gesellschaftliche Schichtung nicht nur nach Einkommenshöhe, sondern auch nach Rollen. Dabei erfüllt die führende Klasse, gleich welches subjektive Bewußtsein sie haben mag, die Rolle eines neuen Typus von »Bourgeoisie« im Sinne von Klasse, die über die Produktionsmittel verfügt. Hierin genau, nicht in einem subjektiven Mangel oder im Fehlen eines revolutionären Geistes, liegt die Wurzel ihrer permanenten bürokratischen Versuchungen, ihrer Eigenart als separater Körperschaft, als Klasse der Regierenden über einem Volk von Regierten.

Aus dieser Sicht der Problematik ergeben sich nun zwei Konsequenzen. Die erste und klarere ist, daß der Übergang zum Sozialismus nicht einfach in einer Ablösung des Privatkapitals durch Staatskapital besteht, ja nicht einmal darin, daß dieses Staatskapital das Privateigentum in der Tat schrittweise zerstört (statt es, wie häufig in Westeuropa, zu garantieren und zu fördern), sondern allein darin, daß die Übergangsgesellschaft eine Reihe von Mechanismen in Gang setzt, die sich konkret gegen Fortbestand und Neuaufkommen der kapitalistischen (so öffentlich sie auch sein mag) Produktions- und Akkumulationsweise richten. Setzt sie solche Mechanismen nicht in Gang, so wird es einen realen Vergesellschaftungsprozeß nicht einmal in Ansätzen geben, so wird nur eine Gesellschaftsform konstituiert, die kapitalistisch bleibt oder tendenziell auf dieses Stadium zurückfällt, auch wenn sie vielleicht mit Erfolg versuchen wird, sich in bestimmten Grenzen vom imperialistischen Weltsystem zu lösen oder zumindest ihre Beziehungen zu jenem kapitalistischen Weltmarkt, wie er sich in der imperialistischen Phase bisher als zusammenhängend dargestellt hat, zu verändern.

Die zweite Konsequenz ist, daß der Prozeß einer fortschreitenden Zerstörung der Lohnarbeit, d.h. der kapitalistischen Auspressung von Mehrwert, nur durch deren unmittelbaren Agenten, das Proletariat, betrieben werden kann. Dies ist der durchaus nicht subjektivistische oder idealistische Sinn der Leninschen These von der Diktatur des Proletariats, die um so mehr gilt, als die Aufhebung der Lohnarbeit weder durch ein Dekret noch durch die Eroberung der politischen Macht schon vollzogen wird: Sie erfordert und impliziert vielmehr die Zerstörung all jener Formen und Modi, welche die ökonomische Basis des kapitalistischen Produktionsmodells ausmachen, sowie eine Rekonstruktion in neuen Formen und Modi. Wir berühren hier einen Kernpunkt, den bislang nur die chinesischen Genossen erfaßt haben: Ebensowenig wie das Proletariat sich der staatlichen Institutionen der Bourgeoisie einfach bedienen kann, da sie eben nicht neutral, sondern spezifische Formen der bürgerlichen Machtausübung sind, sie vielmehr umwandeln muß, ebensowenig kann es die Produktivkräfte, so wie es sie von der Bourgeoisie geerbt hat, einfach »proletarisch verwalten«.

Bei uns skandieren die Studenten in jeder Straßendemonstration: »Der bürgerliche Staat gehört zerschlagen, nicht verändert!« – man muß sich aber auch der Erkenntnis fügen, daß die Formen der *ökonomischen Basis*, wie sie der Kapitalismus in den Jahrhunderten seines Bestehens herausgebildet hat, zerstört werden müssen, weil sie sich nicht anders als auf kapitalistische Weise verwalten lassen. Die Großfabrik ist ein autoritäres, zwangsläufig hierarchisches System und wird daher nirgendwo so gut wie im kapitalistischen System funktionieren (sogar die jugoslawische Selbstverwaltung kommt wieder darauf zurück, die Macht den Direktoren zu geben, ganz zu schweigen von den anderen sozialistischen Ländern). Aus diesem Grunde haben die chinesischen Kommunisten beschlossen, nicht mehr derart gigantische Industriekomplexe wie das Stahlkombinat Anschan zu bauen; aus diesem Grunde auch kritisieren sie jene in der übrigen marxistischen Tradition weithin akzeptierte These als illusorisch, nach der die Formen des industriellen Mechanismus, der Produktionskonzentration mit ihrer Technik, der Schule, auf der diese Technik gelehrt wird, und der Wissenschaft und Kultur, auf denen diese Schule aufbaut, so neutral und objektiv seien, daß sie das Proletariat nur in Besitz zu nehmen und sich dienstbar zu machen bräuchte. Hier gelangen wir an den politisch und theoretisch entscheidenden Punkt, das Verhältnis von *Kontinuität* und revolutionärem *Bruch,* ein Problem, das meines Erachtens der gesamten Auseinandersetzung zwischen Revisionismus und revolutionärem Projekt zugrunde liegt. Es ist das Thema der chinesischen Kulturrevolution, die in diesem Sinne mir und der italienischen Gruppe *Il Manifesto* als ein wirklich neuer Beitrag zum Leninismus erscheint und sich zugleich bruchlos in das Marxsche Denken (jenes seiner großen *kommunistischen* Hypothese) einfügt.

Freilich wird der Übergang zum Sozialismus, faßt man ihn in diesen Dimensionen, zu einem erheblich komplexeren historischen Unterfangen als die bloße Eroberung der politischen Macht: Er wird zur ununterbrochenen Revolutionierung jener kapitalistischen Produktionsweise, die die größte, kompakteste jemals von der Menschheit hervorgebrachte sozio ökonomische Formation ist, und zur Einsetzung einer neuartigen sozio-ökonomischen Formation von ebenso großer Komplexität wie die zerstörte – bei Strafe eines steilen Abfalls des quantitativen Produktionsstandards und damit einer materiellen sowie nicht-materiellen Verarmung der Gesamtgesellschaft. Sicher ist dieses Unterfangen schwierig, aber was ich hier betonen will, ist, daß es für die Übergangsgesellschaften keine *fakultative* Wahl gibt: Sie können der Entscheidung nicht ausweichen. Mitten in das kapitalistische System einen ersten Ansatz zu revolutionärer Umwandlung einzuschieben, indem –

wie es die Übergangsgesellschaften ja tun – die Integrität seiner Logik durchbrochen wird, heißt, einen tödlichen Konflikt zwischen der Selbsterhaltungs- und Reproduktionskraft der kapitalistischen Produktionsweise und dem neu sich bildenden System der sozialistischen Produktionsverhältnisse zu entfesseln. Das lange Andauern des Staatskapitalismus, das Weiterbestehen der Lohnarbeit, der gesellschaftlichen Arbeitsteilung, der Marktmechanismen sind nur Beweis und Maßstab für die Heftigkeit dieses Konfliktes im Innern der Struktur. Das Weiterbestehen des Staates als separater Organismus, die Unmöglichkeit, den Weg der direkten proletarischen Macht, der widerruflichen Delegierung zu beschreiten, die Existenz von Repressionssystemen wie Polizei und Armee, die nicht unmittelbar aus dem Volk stammen und auch nicht von unten kontrolliert werden, sind nur sein institutioneller Reflex. Die These, nach der Sozialismus mit Öffentlichkeit des Eigentums an Produktionsmitteln gleichzusetzen sei, die theoretischen Abhandlungen über die permanente Funktion einer führenden Klasse, einer Avantgarde, die zur Verwaltung und Leitung der Produktionsmittel und des Staates bestimmt sei, ihre eigene Regulierung in sich selbst finde und daher die Macht haben müsse, sind nichts als seine ideologische Maskierung.

Was wir in den Übergangsgesellschaften beobachten, ist genau dieser Konflikt zwischen zwei Produktionsweisen, von denen die eine noch nicht ausgelöscht und die andere noch nicht befestigt worden ist. Mit Sicherheit können wir sagen, daß es sich dabei keineswegs um eine ausgewogene Situation handelt – und schon gar nicht um eine irreversible, eine Entwicklung, die nicht mehr umkehrbar wäre: Auch hier hat die chinesische Kulturrevolution gezeigt, wie hart der Konflikt wird, wenn das Proletariat den illusorischen Schleier der Homogenität zerreißt, die angeblich in den Übergangsgesellschaften nach der Machtübernahme schon gewonnen ist, und wenn damit die realen, immer noch fortwirkenden gesellschaftlichen Gegensätze ans Licht kommen.

9. Aus diesem Blickwinkel gesehen zeigt sich das Problem der Macht und der Demokratie in den Übergangsgesellschaften als das, was es ist: nicht eines im Überbau, sondern als das

Problem des Klassenkampfs, durchaus noch in der ökonomischen Struktur selbst. Die Verengung der Basisdemokratie in den sozialistischen Staaten bekundet sich als das, was sie ist: nicht ein subjektiver Fehler einer bürokratischen Führung, sondern die Unmöglichkeit oder Unfähigkeit, einen Revolutionierungsprozeß in der *Struktur,* der *ökonomischen Basis* voranzutreiben. Das Schwanken zwischen autoritärer Herrschaft und Rückkehr zu bürgerlichen Freiheitsgarantien, zwischen stalinistischen und sozialdemokratischen Neigungen entspringt den Versuchen einer neuen herrschenden Klasse, die neuen Widersprüche zu bändigen, die zwischen einem Proletariat, das *nicht-sozialistischen* Produktionsverhältnissen nach wie vor unterworfen ist, und einer Staatsmacht, in der es sich dennoch wiedererkennen soll, zwangsläufig entstehen müssen.

Der Ausweg kann nur in einem neuen Aufschwung des Klassenkampfes unter proletarischer Führung gesehen werden, nur in einer direkten und radikalen proletarischen Prägung des Übergangsprozesses. Auf dieser Ebene schließlich stellt sich erneut das Problem des Verhältnisses zwischen dem Proletariat und seiner Partei – richtiger und weniger paternalistisch ausgedrückt als in der Formel vom Verhältnis zwischen »Avantgarde« und »Massen«. Es öffnet sich hier ein gewaltiges Kapitel; doch eines scheint mir klar und wert, unmittelbar festgehalten zu werden: Dieses Verhältnis findet seine Legitimation allein in dem, was Mao die »richtigen Ideen« der Massen nennt, d.h. im Ausdruck der wirklichen Bedürfnisse der Klasse. Und diese ihrerseits kann die Avantgarde nur als ein unverzichtbares Mittel zur Vereinigung und Verallgemeinerung ihres Kampfes begreifen und konzipieren, niemals aber sie als separate Körperschaft akzeptieren, als Gruppe, der die Entscheidungsmacht auf Dauer und ohne Widerruf übertragen worden wäre – weil die Rolle, die der Avantgarde in der Übergangsgesellschaft zukommt, nämlich die Formen der kapitalistischen Produktionsweise und des bürgerlichen Staates so zu verwalten, *daß sie zerstört werden,* stets in ihr Gegenteil umschlagen kann: in ein Machtsystem zur Erhaltung und Reproduktion eben dieser Formen und Mechanismen.

Eine letzte Bemerkung noch: Wenn das Problem der Demokratie und der Macht in den Übergangsgesellschaften so richtig formuliert ist, dann folgt daraus auch eine präzise Konsequenz für die Phase, die ihm vorausgeht: Wir haben darüber nachzudenken, wie *die Eroberung der Macht* beschaffen sein muß und in welcher Weise man sie herbeizuführen hat. Aber das ist ein anderes Thema.

3 Der Marxismus Mao Tse-tungs*

1. Im ersten Leitartikel unserer Zeitschrift *Il Manifesto,* im Juni 1969, beriefen wir uns ausdrücklich auf die »Kulturrevolution«. Damals waren wir noch Mitglieder der Kommunistischen Partei; und sie war es, der wir diesen Bezugspunkt verdeutlichten als den verbindlichen Hinweis nicht nur zu einer Erneuerung ihrer selbst, sondern der Revolutionsstrategie im Westen überhaupt. Unsere Feststellungen erregten einen Skandal, teilweise gewiß aus Unkenntnis: Auch in einer Partei, die wie die KPI als »offen« gilt, ist der Stand der Informationen über China unterhalb dessen, was man noch rechtfertigen könnte. Als der Konflikt mit der UdSSR ausbrach, zögerte man nicht, die Chinesen der Kriegstreiberei zu bezichtigen; als die »Kulturrevolution« ausbrach, verbreitete die *Unità* die skandalösesten Falschmeldungen japanischer und sowjetischer Machart, und das Parteisekretariat sprach von einem Handstreich der Armee. Erst spät und zögernd wurden in der kommunistischen Presse ein paar zaghafte Interpretationsfragmente vorgelegt, und heute noch erklärt der Chefredakteur der *Unità* gegenüber Genossen, die informiert zu werden verlangen, daß dies nicht möglich sei, weil China seinen Korrespondenten nicht akkreditiere. Als gäbe es nicht eine Masse von offiziellen und halboffiziellen Informationen, von direkten und unanfechtbaren Augenzeugenberichten, anhand derer man eine vernünftige Erklärung, eine politische Einschätzung wagen kann.

Freilich ist nicht alles bekannt; wichtige Dokumente der Diskussion innerhalb der chinesischen Kommunistischen Partei, einschließlich auch der Protokolle des letzten Parteitages, sind noch nicht veröffentlicht worden. Gewiß verlangen die Formen und die Sprache häufig nach Interpretation, sowohl wegen der kulturellen Besonderheiten einer einzigartigen Erfahrung von vielen Millionen Menschen als auch wegen

* *Il Marxismo di Mao Tse-tung,* in: *Il Manifesto,* Jg. 2, Nr. 7-8, Juli/August 1970, S. 26-38. [Dieser Aufsatz ist in einer Übersetzung von Dieter Meyer bereits 1971 vom Merve Verlag, Berlin, veröffentlicht worden (= Internationale Marxistische Diskussion 17). Hier neu übersetzt. *Anm. d. Üb.*]

unserer eurozentrischen Ignoranz. Sicher geben die chinesischen Genossen selber zu, daß sie durch die Priorität, die sie während der »Kulturrevolution« der »inneren Front« gegeben haben, bislang daran gehindert waren, sie für die Arbeiterbewegung im Westen zu »übersetzen« – was nicht nur die Bearbeitung der Sprache, sondern auch die Analyse von Situationen, Verschiedenheiten und Entsprechungen impliziert. Aber ungeachtet dieser Beschränkungen kann man doch wohl feststellen, daß seit den zwanziger Jahren aus keinem sozialistischen Land eine ähnlich imposante Fülle offen zugänglicher Angaben über eine Auseinandersetzung, ja sogar über einen grundlegenden politischen Kampf zu uns gelangt ist; zudem werden diese Angaben – anders als bei einer gewissen »Öffentlichkeit« der Diskussion in anderen Parteien – ausdrücklich zu dem Zweck geliefert, mit peinlicher Genauigkeit die grundlegenden und letzten Linienunterscheidungen aufzudecken und einsichtig zu machen.

In Wirklichkeit entspringt der außergewöhnliche Widerstand, den viele Linke in und außerhalb der kommunistischen Parteien der »Kulturrevolution« entgegensetzen, nicht dem, was man nicht weiß, sondern dem, was man sehr wohl über sie erfahren hat. Es ist in der Tat nicht leicht, sie als eine neostalinistische Verkrampfung zu exorzieren, wenngleich es immer noch einige Leute gibt – seltsamerweise gerade unter ihren gedankenlosen Anhängern –, die derlei versuchen. Ebenso schwierig ist es, den Drachen dadurch zu zähmen, daß man ihn nach Art unseres italienischen Historizismus zu einem Wesen stempelt, das wohl für China nützlich sein mag, in unser Klima jedoch nicht exportierbar ist – mithin also die ganze Angelegenheit uns nicht betrifft. Die von der »Kulturrevolution« aufgeworfenen Probleme betreffen uns sehr wohl, und zwar ganz nahe. Dies genau ist das heiße Eisen. Die Heraufkunft der »Kulturrevolution« bedeutet nicht allein die Radikalisierung des Kampfes mit dem Klassenfeind allgemein, sondern insbesondere auch mit jenem Teil des Klassenfeindes, der sich im Laufe der Jahrzehnte in uns selbst festgesetzt hat; sie fordert von uns Rechenschaft darüber, daß wir sowohl die Krise des europäischen sozialistischen Lagers als auch das fortwährende Hinausschieben der »Revolution im Westen« auf solch zweideutige und ohnmächtige Weise ertra-

gen. Und was noch schlimmer ist: Sie fordert diese Rechenschaft nicht in Begriffen einer Moralität, nicht als Aufforde-
rung zur Selbstaufopferung und zu einem regenerierenden
Bad in revolutionärer Reinheit, sondern zu gründlicher Reflexion, die die Ursachen unserer Resignation bis zu ihren
Wurzeln zurückverfolgt — auch im Falle einer aufrichtigen
und selbstlosen politischen Arbeit auf dem Boden einer Tradition, die wir, ginge es nach uns, lieber nicht in Frage stellen
würden.

2. Die Krise des sowjetischen Modells

Das Moment von Dramatisierung und »Bruch« zeigt sich
bereits in Art und Zeitpunkt des weltweiten Hervortretens
der Ideen der »Kulturrevolution«: Es sind dies zwar die altbe-
kannten Begriffe des Maoismus — die These von der »permanenten Revolution« und die Betonung der »Diktatur des Proletariats« —, doch was sie im Vergleich zu der europäischen
Tradition an Zerstörungskraft in sich haben, wird erst durch
zwei Konflikte freigesetzt: zunächst den mit der UdSSR und
dann in China selbst durch den Aufruf zum Massenkampf. Im
Feuer dieser Auseinandersetzung tritt die Alternative aufs
schärfste hervor und zwingt die Arbeiterbewegung der ganzen Welt zur Parteinahme.

Der Streit ist um so heftiger, als er im Zusammenhang mit
einem Krisenpunkt der gesamten kommunistischen Bewegung
auftritt: dem des 20. Parteitags der KPdSU. Zunächst scheint
die chinesische Kritik nur die internationale Strategie zu
betreffen; dieser Aspekt wird noch getrennt von der Kritik am
sowjetischen Modell für den Aufbau des Sozialismus. Gerade
der Umstand, daß die Polemik über die Strategie der friedlichen Koexistenz zuerst erscheint und sich in ihr noch nicht
jene Unterschiede innerhalb der chinesischen Führungsgruppe erkennen lassen, die später anhand der Frage des
»Modells« aufbrechen sollen — sieht man von den Implikationen der Debatte über die Armee und die Rolle von Peng Te-
huai ab —, trägt dazu bei, daß die beiden Momente von ausländischen Beobachtern als getrennt angesehen werden. Doch die
Trennung ist willkürlich. Wie wir schon in der ersten Nummer

des *Manifesto* schrieben, steht zu Beginn der Spaltung zwischen China und der UdSSR die Meinungsverschiedenheit über das Modell der Errichtung des Sozialismus; aus ihr leiten sich die verschiedenen Auffassungen von internationaler Politik her, nicht umgekehrt. Die beiden Konzepte implizieren nicht bloß verschiedene Einschätzungen in der Taktik, sie unterscheiden sich nicht nur nach ihrem jeweiligen Grad von »Internationalismus«: Sie beziehen das Wesen des sozialistischen Staates selbst mit ein – also auch die fünfzig Jahre des europäischen Kommunismus.

Letztlich gehen die beiden Konzepte auf das Jahr 1956 zurück, auf die Art und Weise, in der man die Krise der stalinistischen Gesellschaften analysieren und lösen zu können glaubte. Diese Krise selbst ist tatsächlich der Ausgangspunkt. Wenn es absurd ist, den 20. Parteitag als richtigen, aber unerklärlicherweise nicht konsequent beschrittenen Ausweg aus einem Krisenzustand zu rühmen, so ist es ebenso absurd – und in der chinesischen Polemik, die hierin gewiß beschränkt ist, kaum zu rechtfertigen – im Chruschtschowismus nichts als eine subjektive, willkürliche und willentliche Revision und Denaturierung jenes »reinen und strengen« Sozialismus erblicken zu wollen, der nur auf seinem alten Weg hätte voranzuschreiten brauchen. In Wirklichkeit standen die UdSSR und das ganze sozialistische Lager vor erheblichen Spannungen in Basis und Überbau: vor wiederholtem Rückgang oder Stagnation in der Produktion, vor dem ungelösten Agrarproblem, vor weitverbreiteten Bürokratisierungs- und Entpolitisierungserscheinungen, vor einer nun durchgängig vollzogenen Trennung zwischen Volk und Partei, vor Spannungen also, die insgesamt das Ergebnis und der Preis der Linie Stalins waren. Daran gemessen war die »Wende«, wie sie auf dem 20. Parteitag vorgeschlagen wurde, eher scheinhaft als wirklich – und dies nicht, weil sie auf halbem Wege stehengeblieben ist, sondern weil sie auch ihren Intentionen nach nicht mehr bedeutete, als daß ein paar Modifikationen in eine gesellschaftliche und politische Struktur eingeführt werden sollten, in der sie bereits herangereift waren und die bereits sämtliche heute offenliegenden Widersprüche in sich trug.

Die innere Kontinuität zwischen Chruschtschowismus und

den grundlegenden Entscheidungen zum Aufbau des Sozialismus in der UdSSR werden wir später knapp zu belegen suchen; hier muß der Hinweis genügen, daß die gesamte Diskussion seit 1956, in der KPdSU ebenso wie in den anderen Parteien, im Grunde stets von der These ausging, daß die Krise – wenn es denn eine gab – im wesentlichen als ein Rückstand des Überbaus zu begreifen sei, Rückstand im Verhältnis zur Reife der ökonomischen Basis und der Entfaltung der Produktivkräfte. Darum orientierte sich jede Partei an Rückgriffen auf oberflächliche Korrektive, deren Realisierbarkeit sie mehr oder weniger bürokratisch einschätzten, je nach der eigenen Machtsituation: insbesondere an Rückgriffen auf Dezentralisierungsformen in der Wirtschaftsverwaltung, die gleichwohl innerhalb des alten Systems der Produktionsverhältnisse und -techniken verblieben, und auf Formen politischer Liberalisierung, die jedoch den Rahmen des Stalinschen Staates nicht überschritten. Es ergab sich daraus nicht mehr – und die folgenden Jahre sollten das bestätigen – als ein Versuch zur Erweiterung der Eliten in der Wirtschaftsverwaltung, wodurch sich eine subjektive innere Dialektik entfaltete (zwischen Partei und Technokratie, zentraler Planungskommission und »reformierter« Betriebsleitung, Industrie und Landwirtschaft), die zur Reproduktion der objektiven, immer noch auf dem Produktionsprozeß selbst beruhenden gesellschaftlichen Schichtungen führen mußte (Techniker gegen Arbeiter, Arbeiter gegen Bauern, Intellektuelle gegen Nichtintellektuelle), dazu ein erster, rasch wieder zurückgenommener Ansatz zur Teilung der Machtbefugnisse, durch den vorhandene Spannungen noch verschärft wurden: verborgene wie die Spannung zwischen Partei und Armee und offene wie die in den sogenannten »intellektuellen Oppositionsgruppen«. Daß sich das stalinistische Führungssystem, wann immer seine inneren Spannungen unerträglich werden oder eine allgemeine Paralyse heraufbeschwören, zum Rückgriff auf Korrektive dieser Art getrieben sieht – Rückkehr zur »Rationalität« der ökonomischen Prozesse, eines Marktes vom kapitalistischen Typus, Rückkehr zur »Freiheit« bürgerlicher Art –, ist weder Zufall noch Ergebnis eines erfolgreichen Drucks sozialdemokratischer Tendenzen. Ebensowenig ist es ein Zufall, daß diese Art Rückkehr nicht konsequent betrieben werden kann, wenn totaler Zerfall verhindert werden soll. Dies ist der Grund, aus dem sich das ganze »Korrektiv« schließlich als ein Hin- und Herschwanken darstellt, als Verschärfung der Widersprüche, die letztlich nur die erneute Befestigung eines autoritären Systems zur Folge hat, jenen einzigen Fixpunkt angesichts von Prozessen, die anders nicht mehr zu bändigen sind. Dies ist auch der Grund, warum Chruschtschows Hypothese als Mittel zur Herstellung eines neuen Gleichgewichts scheitern sollte und als gescheiterte auf die internationale Strategie durchschlagen mußte: Der Wettlauf um eine Stärkung der UdSSR, die ausreichend sein mußte, um sie die Herausforderung der USA bestehen zu lassen und sich selbst als alternativen Gesprächspartner den Entwicklungsländern anbieten zu können, indem sie ihnen Schutz vor einem »Export der Konterrevolution« garantierte, erwies sich bald als zu riskant und war im Grunde schon mit der Cuba-Krise 1962 so gut wie verloren. Überflüssig, hier nochmals darzulegen, wie das Konzept der friedlichen Koexistenz seither überall, in Vietnam, im Nahen Osten, ganz zu schweigen von Lateinamerika, allmählich zur bloßen Erhaltung des Gleichgewichts zwischen den Mächten in den jeweiligen Einflußzonen verkommen ist und damit die letzte Spur einer Revolutionsstrategie – mag sie auch friedlich sein – aufgegeben hat. Wichtig ist hier nur, im Gedächtnis zu behalten, wie sich diese Prozesse in der ersten Hälfte der sechziger Jahre immer deutlicher herausgebildet hatten, und zwar am Prüfstein Vietnam. Als 1968 die gegensätzlichen Spannungen sich nochmals verdoppelten – mit dem Neuansatz einer antikapitalistischen Massenbewegung in Europa, mit der Invasion in die Tschechoslowakei –, trat die Involution des europäischen Kommunismus vollends hervor; nun endlich entdeckte man mit einem Jahrzehnt Verspätung, daß die Chinesen sein Grundübel schon 1956 kritisch erfaßt hatten.

Ich sage »kritisch erfaßt«, da sie einer direkten Polemik damals noch nicht Raum gaben. Was sie allerdings gleich vollzogen, war eine Wendung, die die Volksrepublik China sieben Jahre nach ihrer Proklamation und unter äußerst schwierigen Bedingungen dazu bringen mußte, einen anderen Weg als die UdSSR einzuschlagen, einen Weg, für den die spätere »Kulturrevolution« nur der rigoroseste Ausdruck werden sollte. Bis zum Jahre 1956 hatte China tatsächlich das Entwicklungsmodell der UdSSR befolgt, wenn auch – woran Lisa Foa und Aldo Natoli erinnern[1] – durch den Volkskrieg, das Gewicht der Bauernmassen, die Erfahrung von Yenan, verbunden mit einem einzigartigen Realismus, nicht unbedeutende Korrekturen an der Methode eingebracht worden waren. Das Modell als solches – die Prioritäten der Übergangsgesellschaft, die verbindlichen und hinreichenden Entwicklungsstufen – war jedoch nicht in Frage gestellt worden. Im Gegenteil, eine ganze Reihe von »klassischen« Sätzen wurden nie prinzipiell angezweifelt, mochte man auch in der Praxis zu Konsequenzen gelangen oder von Voraussetzungen ausgehen, die eben diese Grundsätze durchaus antasteten. Das ist auch gar nicht weiter verwunderlich, wenn man bedenkt, daß es ein anderes als das sowjetische Modell nicht gab und daß dieses keineswegs auf zufälligen Erfahrungen beruhte, vielmehr auf solchen, die zum großen Teil nicht nur empirisch waren (niemand hatte 1917 ein Rezept für den Aufbau des Sozialismus), sondern tief im theoretischen Besitzstand der westlichen Arbeiterbewegung wurzelten. Eine Infragestellung dieses Modells konnte einzig aus einer neuartigen praktischen Erfahrung erwachsen; und sie hätte letztlich Konsequenzen, die nicht einmal die Polemik der Chinesen – die doch so heftig gegen den »modernen Revisionismus« angehen und jederzeit den Beitrag Maos zum »Marxismus unseres Jahrhunderts« so stolz hervorheben – immer bis zum letzten Grunde sichtbar macht. Diese Konsequenzen implizieren Fragen, die weit über jenen »modernen« Revisionismus hinausgehen, der nach chinesischer Annahme mit der Chruschtschowschen Praxis zusammenfällt: Sie erfassen die Gesamtheit dessen, was in der sowjetischen Geschichte als »Marxismus-Leninismus« aufgefaßt wird, und verweisen auf Stalin, auf Lenin und auf Marx.

3. Vier strittige Punkte

Ein Modell für den Aufbau des Sozialismus ist niemals »kanonisiert« worden; es leitet sich vielmehr aus den praktischen Linienentscheidungen und aus der Selbstreflexion der kommunistischen Bewegung her. Diese Selbstreflexion, die immer stark ideologisiert war und in den Jahren der Orthodoxie auch stark mystifiziert wurde, enthält Bereiche, die nicht nur problematisch, sondern geradezu undurchsichtig sind: »Errungenschaften«, die als gesichert gelten und folglich nicht einmal mehr begründet werden, dabei aber das Ganze in der Wolle färben. Die »Kulturrevolution« – die ebenfalls stark ideologisiert ist – entmystifiziert diese Errungenschaften und bringt ihre Problematik wieder zutage, nicht ohne plötzliche Rückzüge und widersprüchliche Bejahungen der Kontinuität. Daher ist es nicht leicht, die grundlegenden Unterscheidungspunkte klar herauszuarbeiten; es kann vor allem nicht ganz ohne Schematisierungen abgehen. Dennoch scheint es uns möglich, die Linien anhand von vier großen Fragestellungen genauer zu fassen: am Problem der Transformation der ökonomischen Basis, an dem des Aufbaus der materiellen Grundlagen des Sozialismus, an dem der Priorität dieses Aufbaus vor dem Überbau und schließlich an dem des politischen und gesellschaftlichen Subjektes dieser Transformation. Alle vier sind freilich Aspekte ein und desselben Problems.

a. Basis und Überbau

An erster Stelle steht die Frage der *Transformation der ökonomischen Basis.* In Praxis und Polemik der kommunistischen Bewegung hat sich die Überzeugung herausgebildet (ohne jemals bei den »Klassikern« nachgeprüft worden zu sein), daß die Transformation der ökonomischen Basis durch den revolutionären Durchbruch, d. h. durch die Eroberung der politischen Macht und die Abschaffung des Privateigentums an Produktionsmitteln in der Substanz bereits gewährleistet sei. Die weitere Entwicklung der Übergangsgesellschaft vollziehe sich im wesentlichen auf der Ebene des Überbaus. Diese Behauptung klingt auch in einigen Dokumenten der »Kulturrevolution« an und wird auch von einer platter Simplizität gewiß unverdächtigen Gelehrten wie Joan Robinson übernommen, wenn sie zunächst den Kapitalismus mit dem »persönlichen Eigentum an den Produktionsmitteln, das seinen Inhabern eine Revenue einbringt und dem Privatunternehmen die Kontrolle über das Wirtschaftssystem verschafft« gleichsetzt und dabei richtig feststellt, daß dieses persönliche

Eigentum in der UdSSR nicht existiert, und wenn sie sich dann daranmacht, jene chinesische Meinung zu verteidigen, »der zufolge die russische Erfahrung zeigt, *wie sich auf einer sozialistischen Basis ein Überbau vom kapitalistischen Typus erheben kann*«.[2] Zu diesem Zweck greift sie auf die berühmte Marxstelle aus dem *Vorwort* seiner Schrift *Zur Kritik der Politischen Ökonomie* (1859) zurück, in der angeblich einer Autonomie des Überbaus das Wort geredet wird, und pharaphrasiert den Satz von Mao über die »Umkehrung [...], die Rückwirkung des Bewußtseins auf das gesellschaftliche Sein«, indem sie schreibt: »Hat man erst einmal den Gesichtspunkt akzeptiert, für den die Ideen sich von den materiellen Bedingungen aus formen, so ist es unsinnig zu leugnen, daß diese Beziehung in beiden Richtungen funktioniert.« Somit wird die Krise der sowjetischen Gesellschaft im wesentlichen auf eine Nichtübereinstimmung zwischen sozialistischer Basis und ihrer politischen Physiognomie zurückgeführt. Nicht anders geschieht es in der gängigen Analyse, wie sie die Kommunistischen Parteien seit dem 20. Parteitag vorzunehmen pflegen, mit der Konsequenz, daß die Lösung für den, der sich auf der Rechten ansiedelt, auf der Ebene der garantierten bürgerlichen Freiheiten, also in der Liberalisierung zu suchen ist, und für den, der sich nach links orientiert, in einer Wiederbelebung von Hingabe, Selbstlosigkeit, Opfersinn und Egalitarismus als Lebensstil. Revisionismus und Kulturrevolution werden beide gleichermaßen auf die Ebene des Bewußtseins verlagert.

Doch läßt sich eine solche Trennung zwischen Basis und Überbau aufrechterhalten? Und vor allem: Auf welcher Grundlage kann es überhaupt als gesichert gelten, daß die Revolutionierung der Basis vollendet sei? Es ist im Rahmen dieser Bemerkungen nicht möglich, näher auf die Frage einzugehen, welche Rolle dieses Problem in der ganzen Diskussion über das Wesen des sozialistischen Staates nach dem Oktober gespielt hat; sicher ist jedoch, daß eine so unbestrittene Reduzierung des Begriffs der »Basis« oder »Struktur« auf den des Privateigentums an Produktionsmitteln weder bei Lenin noch in der Debatte unmittelbar nach seinem Tode auszumachen ist. Lenin wurde durch seine Kenntnis der hierarchisch-bürokratischen Schranke der Macht an einer Überschätzung der im

Hinblick auf die ökonomische Struktur erzielten Resultate gehindert, und in der nachfolgenden Debatte war man sich durchaus des Zwanges bewußt, mit ökonomischen Mitteln und Mechanismen arbeiten zu müssen, die – wie der Markt, das Preissystem usw. – ihrem Wesen nach ambivalent bleiben. Insgesamt allerdings wurden die Mängel in der Transformation der Basis – so vorsichtig man diese Feststellung auch für die Periode Lenins handhaben muß – darauf zurückgeführt, daß auch nach der Machteroberung noch alte Verhältnisse weiterbestehen – im wesentlichen eben Eigentumsverhältnisse, vornehmlich das bäuerliche Privateigentum –, die noch nicht einer Vergesellschaftung unterzogen worden sind. Die gesamte Klassenkampftheorie bei Stalin beruht auf der Hypothese, daß mit zunehmender Radikalisierung der Revolution auch der Widerstand dieser »alten« Schichten und Gesellschaftsgruppen immer heftiger werde. Aus eben dieser Hypothese leitete Stalin in seinem Bericht über den Verfassungsentwurf von 1936 ab, daß mit dem Verschwinden der »alten« Schichten nunmehr die sozialistische Basis gesichert sei und die 1917 begonnene Phase der Diktatur des Proletariats als abgeschlossen betrachtet werden könne. Auch in Stalins Bemerkungen von 1952 über ökonomische Probleme des Sozialismus in der UdSSR ist diese Sicht im wesentlichen noch dieselbe: Die Gegensätze der Übergangsphase werden auf ein *Altern* der mit der Machtübernahme instaurierten Produktionsverhältnisse zurückgeführt; sofern die gesellschaftliche Entwicklung überhaupt noch zu Widersprüchen fähig sei, nähmen diese jedenfalls nicht den Charakter von *Klassenantagonismen* an.[3] Als Chruschtschow dann einige Jahre später vom »Staat des ganzen Volkes« sprach, war dies zwar eine Zuspitzung der Argumentationsweise, blieb aber ganz in ihrem bisherigen Rahmen.

Geht man die Dokumente der »Kulturrevolution« durch, so erscheint die Frage jedoch weniger simpel. Einerseits wird das »ideologische« Moment stark hervorgehoben, das den aktuellen Kampf tendenziell als eine Revolution im Überbau darstellt. Andererseits wird immer wieder behauptet, daß der Feind, den es zu schlagen gilt, nicht eine Ideologie sei, sondern der in der Sowjetunion bereits restaurierte »Kapitalismus« oder der in China von Liu Schao-tschi vertretene »kapitalistische Weg«. Muß man nun daraus den Schluß ziehen, daß hier der Terminus »kapitalistisch« im weitesten Sinne für ein System von Ideen, Haltungen und Verhältnissen zwischen den Menschen *ohne Berücksichtigung der ökonomischen Struktur, der Produktionsverhältnisse* gebraucht wird? Genau das ist in der Tat die Ansicht der mildesten unter den kommunistischen China-Kritikern, die darin – voller Vorwurf – eine ungebührliche Strapazierung oder einen unkorrekten Gebrauch der marxistischen Terminologie und Begrifflichkeit sehen. Und es ist ebenso die Ansicht einiger Anhänger der »Kulturrevolution«, die in solch tendenzieller Auflösung der kapitalistischen Produktionsweise in ein System interpersoneller Macht- und Autoritätsverhältnisse, abgelöst von der materiellen Basis, ihrerseits – voller Befriedigung – eine »Überwindung« von Marx und eine Übereinstimmung zwischen Mao und einer bestimmten modernen Soziologie erblicken und beides unvermutet zu preisen beginnen. Kurz gesagt: *Mao gegen Marx.*

Die Lesart, an die wir uns halten, geht in entgegengesetzte Richtung. Es scheint uns nämlich, daß die chinesische Revolution in ihrer Gesamtheit erneut und in voller Übereinstimmung mit dem Marxschen Denken das Problem der *ökonomischen Struktur* aufwirft und damit das Objekt problematisiert, auf dem sich das Leben der Übergangsgesellschaft abspielt. Zu diesem Zweck verwirft sie zunächst und vor allem die Dichotomie eines Basis-Überbau-Verhältnisses, wie sie sich sowohl im Stalinschen Schema als auch in dem der Kürze halber »revisionistisch« zu nennenden findet, das als eines zweier Sphären, die aufeinander folgen und sich gegenseitig bedingen, begriffen wird. Tatsächlich entspricht genau dieses Schema einer Reduzierung der »Struktur« auf das Eigentum an den Produktionsverhältnissen. Daß diese so geläufige Reduzierung allerdings willkürlich ist, wird ausgerechnet in dem gern und oft zitierten Text gezeigt, wo nämlich zu lesen steht: »In der gesellschaftlichen Produktion ihres Lebens gehen die Menschen bestimmte, notwendige, von ihrem Willen unabhängige Verhältnisse ein, Produktionsverhältnisse, die einer bestimmten Entwicklungsstufe ihrer materiellen Produktivkräfte entsprechen. *Die Gesamtheit dieser Produktionsverhältnisse bildet die ökonomische Struktur der Gesellschaft,* die reale Basis, worauf sich ein juristischer und politischer Überbau erhebt, und welcher bestimmte gesellschaftliche Bewußtseinsformen entsprechen.«[4] (Die Hervorhebung ist von mir.) Aus dieser hinreichend klaren Textstelle ist weder eine *Autonomie* des Überbaus im revisionistischen Sinne noch seine *Unterordnung* im Sinne Stalins abzuleiten, vielmehr eine spezifische Gleichzeitigkeit, eine Projektion und Form der Produktionsverhältnisse als »Selbstbewußtsein« der Gesellschaft. Abzuleiten ist hieraus jedoch jener Begriff – übrigens der Leitfaden der ganzen Marxschen Forschung – von der Struktur oder ökonomischen Basis als organischer und komplexer Formation, als System von Verhältnissen, d. h. von Beziehungen zwischen den Menschen, dessen Angelpunkt das Arbeitsverhältnis im Rahmen der materiellen Produktion ist und das *auch* in der Form des Eigentums zum Ausdruck kommt, nicht aber auf sie allein reduzierbar ist (vgl. dazu auch die Stelle über das Eigentum in Marxens *Einleitung zur Kritik der Politischen Ökonomie* von 1857[5]).

Dies soll nun nicht heißen, daß das Privateigentum an Produktionsmitteln ein sekundäres Element wäre; es ist Produkt und Ausdruck der kapitalistischen Produktionsweise, ihr Kennzeichen, Endpunkt des langen Enteignungsprozesses der menschlichen Arbeit. Doch erst in der Gesamtheit aller Bedingungen – Entwicklung der Produktivkräfte, Teilung der Arbeit, Verlust und Wiedergewinn der eigenen »Individualität«, Selbstbestätigung, Negation und Negation der Negation im Verhältnis zwischen Mensch und Natur, Mensch und seinem Produktionsmittel, Mensch und Mensch – läßt sich jene höchste Form der entfremdeten Arbeit bestimmen, die die kapitalistische Produktionsweise ist und die ihrerseits die Gesamtheit der materiellen und gesellschaftlichen Bedingungen, von denen sie konstituiert wird, so nachhaltig prägt, daß sie diese gewissermaßen nach ihrem Bilde gestaltet und zu der einzigen Form gerinnen läßt, die Objektivität und Kontinuität beanspruchen kann – derart nachhaltig, daß sie schließlich diese Objektivität und Kontinuität auch dann noch in die Zukunft projiziert, wenn ihr eigener innerer Widerspruch aufbricht und die Formen des Privateigentums an Produktionsmitteln, der privaten Akkumulation und der privaten Ausbeutung der Arbeit sich selbst unmöglich machen.

Dieser Zusammenhang der verschiedenen Elemente, die eine

Produktionsform ausmachen, ist dermaßen eng – eng auch, wie wir gleich sehen werden, in seiner Dialektik –, daß kein Bruch, keine wirkliche Krise der kapitalistischen Produktionsweise vorstellbar ist, die nicht zugleich auch ihre *totale Umwälzung* wäre und nicht lediglich das Erlöschen einer ihrer Bedingungen. In anderen Worten: Der Kapitalismus gelangt nur insofern an sein Ende, als jener Prozeß endet, den Marx in dem berühmten Abschnitt seiner *Grundrisse* skizziert, der zwar den Titel *Formen, die der kapitalistischen Produktion vorhergehn* trägt, aber einen Aufriß der ganzen Menschheitsentwicklung darstellt: dann nämlich, wenn der Mensch auf eben jener Stufe, auf welche die kapitalistische Produktionsweise die menschliche Arbeit gehoben hat, sich sein gesellschaftliches Sein total wiederaneignet – *auf jener selben Stufe*, da es dem Menschen auf einer niedrigeren nicht möglich ist, seine Freiheit und Individualität wiederzugewinnen, die nur in einer reifen und komplexen Form von Gesellschaft und Produktion möglich werden; zugleich aber *total*, da das Ziel der Umwälzung gerade jene Wiederaneignung ist, jene neue »Gemeinschaftlichkeit« des gesellschaftlichen Seins. Darum spricht Marx auch nicht von »öffentlichem«, sondern von »Gemeineigentum«.

Es läßt sich in der Tat vorstellen, daß – wie ja auch in den bisherigen kommunistischen Revolutionen geschehen – jede Form von Privateigentum, zunächst sofort in der Industrie und dann schrittweise auf dem Lande, abgeschafft wird, aber die Rolle des *nicht gemeinschaftlichen* Eigentums an den Produktionsmitteln innerhalb des Produktionsverhältnisses substantiell unverändert bleibt, wie auch keine Veränderung im Mechanismus, geschweige denn im Zweck der Akkumulation eintritt; daß es also weiterhin einen Verkauf der Arbeitskraft gibt, sie weiterhin fungibel bleibt, die bestehende Arbeitsteilung fortdauert und so weiter: daß folglich keine Umwälzung *im Innern* des Produktionsverhältnisses in Gang gesetzt wird, sondern daß man einfach *hinter* und *über* dem Produktionsverhältnis zu einer neuen, nicht mehr privaten Verteilung des Arbeitsproduktes kommt. Solche Neuverteilung ist jedoch keinesfalls mit dem von Marx umrissenen Wiederaneignungsprozeß zu verwechseln.

Wenn dies richtig ist, so sind Eroberung der politischen

Macht und Abschaffung des Privateigentums an Produktionsmitteln lediglich die notwendige, aber nicht die ausreichende Bedingung einer Transformation der Struktur im sozialistischen Sinne – notwendig, weil jene nachfolgende Umwälzung ohne sie nicht zu vollziehen ist; nicht ausreichend, weil sie sich in dieser Bedingung noch nicht erschöpft. Daraus folgt, daß die sogenannte »Übergangsgesellschaft« eine Gesellschaft ist, in welcher *nicht als Residuum der Vergangenheit, sondern als ganz in der Gegenwart verwurzelte Form* ein Großteil der kapitalistischen Produktionsweise fortbesteht; eine Gesellschaft, in welcher die Ungleichheit unter den Menschen weiterhin zum einen aus dem materiellen Besitz der Produktionsmittel entspringt (Besitz nicht als *juristisches Eigentum*, aber als *Verfügungsgewalt*), zum anderen aus der Fortdauer des Verkaufes der Arbeitskraft als dem einzigen Subsistenzmittel.

Dies ist der Punkt, den die »Kulturrevolution« berührt. Darum meinen wir, daß man ihre Zielsetzung wörtlich zu nehmen hat: Es geht ihr um durchaus noch antikapitalistischen Kampf und folglich um Revolution der und in der *Struktur.* Wir meinen, daß man ihre Angabe des Gegners wörtlich nehmen muß: die »bürgerlichen Verhältnisse«, die keineswegs nur rein »ideologische« sind, leere Projektionen längst geschwundener materieller Formen, sondern eben Projektionen noch handgreiflicher, real vorhandener materieller Verhältnisse. Und in diesem Sinne scheint uns auch, daß die »Kulturrevolution« – wie es stets im Feuer eines harten gesellschaftlichen Konfliktes geschieht – deutlich über das hinausgeht, was man als die klassischen Texte der Lehre Maos über den Klassenkampf in der Übergangsphase zu betrachten gewohnt ist – seine Schriften *Über den Widerspruch* von 1937 und *Über die richtige Behandlung der Widersprüche im Volke* von 1957; und zwar nicht nur, weil die ältere stark hegelianisch eingefärbt ist (und nicht zufällig zum Lieblingstext jener eifrigen Chinafreunde wird, die genau auf das *Mao gegen Marx* ausgehen), und weil in der jüngeren, komplexeren Schrift noch eine Unterscheidung zwischen antagonistischen Widersprüchen »zum Feinde« und nicht-antagonistischen »im Volke« anzutreffen ist, die man auch rein antistalinistisch lesen kann, wie es tatsächlich in der Polemik nach 1956 geschehen ist[6], sondern weil die »Kulturrevolution« gerade die *materielle*, also antagonistische Wurzel des Widerspruchs aufdeckt, sie bei ihrem wahren Namen nennt – Kapitalismus – und darauf den Klassenkampf und die Notwendigkeit der Diktatur des Proletariats begründet.

Das zeigt sich unter anderem gerade in der von Blumer[7] zu Recht hervorgehobenen Diskussion über Fragen der Dialektik, die schon 1964 anhand der Interpretation von Yang Hsien-tschen eingesetzt hatte und unter den Formeln »Eins teilt sich in Zwei« und »Zwei vereinen sich zu Einem« bekannt geworden ist. Den Hintergrund jener Kontroverse darüber, wie eine gradualistische oder evolutionistische Konzeption (eben die der »versöhnlerischen« Auffassung von Yang) zugunsten eines antagonistischen Widerspruchsbegriffes zu bekämpfen sei, bildete die Tatsache, daß Widersprüche nicht Ausdruck eines Gleichgewichts zweier Positionen sind, von denen jede für sich allein unvollkommen wäre, sondern Ausdruck eines unauflöslich antagonistischen Moments, das insofern Motor des Geschichtsprozesses ist, als seine Lösung nur *außerhalb* der Begriffe zu finden ist, in denen sich der Widerspruch darstellt. Doch worauf sonst könnte die *Unauflöslichkeit* eines der beiden Pole des Widerspruchs beruhen, wenn nicht eben darauf, daß er in einer materiellen, realen, nicht in rein ideologischer Synthese auflösbaren Gegebenheit wurzelt? Klarer als in der Abstraktion der Schriften Maos – wie Blumer pointiert feststellt – erkennt man in jenen volksnahen Zeugnissen der »Kulturrevolution«, in denen berichtet wird, wie das Denken Maos zur Bewältigung der verschiedensten praktischen Schwierigkeiten verhilft und die zum Gegenstand des Spottes westlicher Kritiker geworden sind, wie tief materiell der »Hauptwiderspruch« ist und wie sich ihm eine alternative Bewußtwerdung entgegenstellt, die auf ebenso materiellen Bedürfnissen begründet ist. Kurzum: die Hegelsche Dialektik, auf die Füße gestellt.

So wirft die »Kulturrevolution« erneut das Problem der Revolutionierung der kapitalistischen Produktionsweise in seinem ganzen Umfang wieder auf, schiebt das geläufige Basis-Überbau-Schema mit seiner falschen Gegenüberstellung beiseite, macht Schluß mit der Überbewertung einer politischen Revolution, die sich nicht in einer umfassend gesellschaftlichen fortsetzt. Kurz, sie entdeckt erneut die gesamte

Marxsche Thematik des Sozialismus als der totalen Alternative und sieht damit in der Übergangsgesellschaft den Ort einer neuen Phase des Klassenkampfs – eines neuen gewiß, aber im vollen Wortsinn.

b. Das Akkumulationsmodell

Der zweite in Frage gestellte Aspekt des Modells für den Aufbau des Sozialismus ist die Akkumulation. Bisher hat die politische Machteroberung stets in Ländern stattgefunden, die im Hinblick auf die Produktion rückständig waren. Logisch hat man daraus gefolgert, daß der Übergang zum Sozialismus und erst recht zum Kommunismus einen raschen Aufbau der *materiellen Grundlagen* für die Entwicklung verlangt, wobei man dann diese Grundlagen zugleich als Subsistenzgarantie und als militärische Verteidigung gegen Aggressionen von außen verstand. Angelpunkt dieser »Akkumulation« war in der Sowjetunion der Industrialisierungsprozeß und in ihm die Schwerindustrie, der man absolute Priorität zusprach. Die Masse der Investitionen wurde dem Industriesektor zugeführt, indem man einen Teil der Arbeitskraft – das bestehende Proletariat und die sich bildende Arbeiterklasse – mit Arbeitsmitteln versorgte, die größtenteils durch »Abschöpfung« der bäuerlichen Akkumulation bezahlt wurden.

Die historischen Gründe dieser Entscheidung finden sich in der großen Debatte, die in der Sowjetunion der zwanziger Jahre nach der Periode Lenins geführt wurde.[8] Die damals aufgerissene Kluft zwischen Industrie und Landwirtschaft hat sich – wie Bettelheim feststellt und wie es übrigens auch aus den Diskussionen in der KPdSU von Chruschtschow bis hin zu den neuesten Erklärungen Breschnews hervorgeht – bis zum heutigen Tage nicht geschlossen. Fünfzig Jahre nach der Oktoberrevolution erscheint der Widerspruch zwischen Stadt und Land noch immer nicht verringert, im Gegenteil, man redet heute nicht einmal mehr – wie es Chruschtschow immerhin noch zuweilen anstrebte – von einem Moment produktiver Vereinigung zwischen Industrie und Landwirtschaft. Die Zuwachsraten in den beiden Sektoren sind immer noch ungleich, die Lage der Bauern ist im Vergleich zu den Arbeitern auch in materieller Hinsicht rückständig; die Gesellschaft ist immer noch deutlich sichtbar gespalten, und innerhalb der Industrie selbst prägt sich die Schichtung nach körperlicher und geistiger Arbeit immer deutlicher aus. Das Lohnsystem und die berufliche Ausbildung, also das ganze Schulwesen, spiegeln eine Arbeitsteilung, die keineswegs nur technischer, sondern immer noch gesellschaftlicher Natur ist. Unter diesem Aspekt ist kein wesentlicher Unterschied zwischen dem Modell der Stalinperiode und dem Chruschtschows festzustellen – außer allenfalls in dem Sinne, daß im zweiten eine Lage als stabil und legitim hingestellt wird, die im ersten noch als vorübergehend angesehen werden konnte.

Dieses Schema wird weder von der internen »Opposition« in Frage gestellt, noch von jener vorsichtigen kommunistischen Kritik – in Italien »offiziell« von der KPI vorgetragen, in Frankreich eher von Dissidenten genährt – an den »Rückständigkeiten« der sowjetischen Gesellschaft. Im Gegenteil, sie bringen das Schema überhaupt erst auf seinen Begriff. Ihre Position beruht auf einer undialektischen Sicht des bei Marx auftauchenden Verhältnisses von »historischem Wachstum« und »Revolution«, insbesondere auf einer undialektischen Auffassung der These, daß der Mensch sich befreien und wiedergewinnen könne nur durch eine Umwälzung auf dem Höhepunkt der kapitalistischen Produktionsweise, weil erst dort der kollektive Charakter des Produzierens verwirklicht wird. Durch ihre besondere Marxinterpretation führen sie in den Begriff der kapitalistischen Produktionsweise eine Trennung zwischen einer Form und einem inhaltlichen Kern ein, wobei die »Form« historisch, gesellschaftlich, Gegenstand politischer Verschiebungen wäre und eben das Eigentum an Produktionsmitteln (und die Eigentumsverhältnisse überhaupt) beträfe und der Kern angeblich keinerlei gesellschaftlichen Verschiebungen unterliegt, sondern, konstituiert von Stand und Gestalt der Produktivkräfte, gemäß der Entwicklung der industriellen Maschinerie geradlinig sich selbst fortentwickelt und somit insgesamt als positive, nicht-historische und zu bewahrende Größe gefaßt wird. Dies ist der Ursprung der These von der Neutralität oder gar substantiellen Wohltätigkeit der Wissenschaft und der Technik. Daher rührt die Gewißheit, daß der Aufbau des Sozialismus nur nach einem Modell gestaltet werden kann, das sich von dem der sogenannten »industriellen Revolution« nur in einer einzigen Variablen unterscheidet: in den »menschlichen Beziehungen«, d. h. in der Frage des Eigentums an den Arbeitsmitteln und der gesellschaftlichen Verteilung des Produktes. Hieraus ergibt sich konsequent auch die Inkaufnahme eines »Wettstreites«, der dem Konkurrenzprinzip im Modell der höchstentwickelten kapitalistischen Gesellschaften angepaßt ist. In diesem Punkt gibt es keine wirklich handfeste Meinungsverschiedenheit zwischen der sowjetischen Vorgehensweise, der sozialistischen Opposition in Europa und Modellen wie dem Cubas oder anderer Entwicklungsländer (was Cuba betrifft, so lasse man sich nicht von seiner Entscheidung für den Vorrang der Zuckerindustrie täuschen: Sie impliziert kein anderes Modell als das der Industrialisierung und weicht auch nicht von der üblichen sozialistischen Akkumulation ab. Der Zuckeranbau in Cuba ist keine »bäuerliche« Produktion, er ist die cubanische »Schwerindustrie«, mag sie sich auch teilweise auf dem Lande abspielen).

Wer dieses Modell tatsächlich in Frage gestellt hat, war China – zuerst praktisch und dann mit der »Kulturrevolution« prinzipiell. Es liegt auf der Hand, warum Mao mit ihm bricht: aufgrund der Gewißheit, daß es eine unbegrenzte Verlängerung der kapitalistischen Arbeitsteilung mit sich bringt, den Graben zwischen Stadt und Land, zwischen hochentwickelten und rückständigen Bereichen vertieft, daß es die Technik und die geistige Arbeit gegenüber der körperlichen privilegiert. In ihm spiegelt und verlängert sich auch noch innerhalb eines inzwischen kollektiv gewordenen Produktionsprozesses, an dem alle gemeinsam teilhaben, eine mystifizierte Verwertung der Arbeit: Das Prinzip »Jedem nach seiner Arbeitsleistung« birgt in sich die tiefe Ambivalenz des kapitalistischen »Maßes« zur Bemessung des Arbeitswertes. Indem es die Gesellschaft in Bereiche von ungleicher Entwicklung aufteilt und diese Teilung festschreibt, befestigt es zugleich die gesellschaftlichen Wurzeln der Ungleichheit – wodurch es dann schließlich weniger die vielberufene »Rationalität« des Kapitals als seine Verschleuderung und Zerstörung enormer Potentiale von Produktivkräften reproduziert. Dieser letzte Punkt – der oft sogar den Anhängern der »Kulturrevolution« entgeht, wenn sie guten Glaubens das Positive einer »ideolo-

gischen« Revolution rühmen, mag es auch auf Kosten des
»Rationalismus, der Wirtschaftlichkeit, der Effizienz, des
Realismus«[9] gehen, die als *effektive* Werte der kapitalistischen Produktionsweise betrachtet werden – stellt geradezu
den Hebel dar, mit dem Mao seine Kritik am traditionellen
Modell des sozialistischen Aufbaus angesetzt hat. In einer
Rede aus dem Jahre 1956 kritisiert er das Irrationale und
Unproduktive eines Wachstums, das auf privilegierte »Spit-
zenleistungen« hin geplant wird.[10] Seine Argumentation –
nach dem Muster: »Gewiß hat die Industrie Vorrang, doch
wenn man die Industrie wirklich entwickeln will, muß man
die Landwirtschaft entwickeln; gewiß hat die Schwerindustrie
Vorrang, doch wenn man die Schwerindustrie wirklich entwickeln will, muß man die Leichtindustrie entwickeln« usw. –
ist kein rhetorischer Kunstgriff, mit dem er, ohne daß es so
aussieht, eine Prioritätensetzung wieder in Frage stellt; sie ist
vielmehr eine Verdeutlichung der *Irrationalität,* die die Prioritäten des sowjetischen Akkumulationsmodells angesichts
von Unterentwicklung bedeuten, jener Irrationalität, die
ihrerseits die »technischen Objektivitäten« des Kapitalismus
wieder durchschlagen läßt. Die spätere »Kulturrevolution«
hat diese Kritik mit ihrer Parole »Auf den eigenen Beinen
gehen« zu Ende getrieben; aber schon vorher hatten die
Entscheidungen für die Volkskommunen und für den »Großen Sprung nach vorn« jeweils auf ihre Weise versucht –
wobei auch, zugegebenermaßen, Elemente einer Flucht nach
vorn mit im Spiel waren –, die Kluft zwischen Industrie und
Landwirtschaft zu schließen und *sämtliche Produktivkräfte,
jede auf ihrem höchsten Stande und keine auf Kosten der
anderen voll zu nutzen.*

Zu welchen Resultaten dieses Konzept geführt hat, haben
wir an anderer Stelle zu analysieren versucht; es ist uns hier
auch nicht möglich, seine Ursprünge genauer zu untersuchen.
Gewiß hat Maos Bewußtsein von den besonderen Bedingungen Chinas und dem großen Gewicht der bäuerlichen Massen,
die ja Vorkämpfer der Revolution waren, bei seiner Ablehnung des auf Abschöpfung der Bauern begründeten sowjetischen Akkumulationsmodells eine Rolle gespielt. Dennoch
scheint uns diese Erklärung nicht auszureichen: Nach ihr
allein hätte Mao auch zur entgegengesetzten Entscheidung,

die einer traditionellen Bauernpolitik eher entsprochen hätte, kommen können, nämlich zur Förderung des kleinen Eigentums (die übrigens im Rahmen des der Kürze halber »sowjetisch« genannten Modells in der Regel als Alternative und Kompensation für die Engpässe während der Zwangskollektivierung aufzutreten pflegt). Mao verwirft jedoch diesen Weg und hält sich genau an das Gegenteil der Bucharinschen Parole »Im Schneckentempo vorankriechen!«, indem er auf eine theoretische und praktische Vereinigung des gesamten »Proletarisierungsprozesses« in China setzt (weswegen er auch nie die These von der *proletarischen* Führung der Revolution aufgibt): Statt die Besonderheit des Bauernproblems hervorzuheben, strebt er nach seiner Auflösung in ununterbrochener Radikalisierung des Klassenkampfs auf dem Lande, im Kampf gegen das Eigentum und schließlich sogar in dem abenteuerlichen Versuch einer zugleich industriellen und landwirtschaftlichen Führung der Volkskommunen. Das Bemühen um eine gewaltige soziale Umgruppierung der Bevölkerung, indem die Stadtbewohner zurück aufs Land geschickt werden, ist nur der soziologische Aspekt dieses Versuchs. Davor und dahinter jedoch steht der Ansatz zu einer umfassenden Konzeption von Entwicklung, in der die Gesellschaft in ihrer Gesamtheit vorangebracht wird und damit jene Ungleichheit des Wachstums in der Wurzel zerstört wird, die gesellschaftliche Ungleichheit ist und folglich *in der Produktion beginnt*.

Aus diesem Ansatz ergibt sich die Anklage gegen die »bürgerliche« Technik, Wissenschaft, Kultur und Erziehung, deren Nichtneutralität, deren Geprägtheit durch ihre Herkunft und deren Funktion zur Reproduktion und Absicherung einer ungleichen Entwicklung aufgedeckt wird – zugleich aber auch, und zwar mit großem Nachdruck, die aus ihnen resultierende Beschränktheit und Vergeudung. Eine Interpretation der »Kulturrevolution« als ›geistreiche Spielerei‹ befriedigt vielleicht die Gelüste einer europäischen »revolutionären« Aristokratie; bei Mao und in den Texten der »Kulturrevolution« findet man davon keine Spur. Die zahllosen Episoden, wie sie von der *Hsinhua*, von *China im Bild* oder von der *Peking Rundschau* berichtet werden, wo erzählt wird, wie z. B. eine Gruppe von Arbeitern erfolgreich Sauer-

stoffflaschen herstellt, die von Technikern nicht zusammengesetzt werden können, oder wie es einem bestimmten Dorf
gelungen ist, die Prozessionsraupen, die über die Wälder her-
gefallen sind, »mit Hilfe der Parasitenwespe« zu vernichten,
haben hier im Westen Skandal erregt, weil sie die für uns so
sakrosankte »Objektivität der Wissenschaft« bloßgestellt
haben. Doch in Wirklichkeit geht es bei der ganzen Sache
nicht um eine Verherrlichung des gesunden Menschenverstan-
des gegenüber der Wissenschaft, sondern *um den andersartigen Gebrauch der Technik und folglich um vorantreibende
Veränderung der Technik im Feuer eines anderen gesellschaftlichen Gebrauchs.*
  Und auch hier steht die Dialektik Maos, was immer seine
Verleumder und allzu viele seiner Freunde von ihr halten
mögen, streng in der Folge von Marx; denn obschon es
stimmt, daß Marx den Kapitalismus als die Krönung der
Vorgeschichte des Menschen gesehen hat und den Sozialismus
als ihren Sproß, so stimmt es doch auch, daß diese »Abstam-
mung« bei Marx eine für die Mutter tödliche Niederkunft
impliziert, eine Umwälzung, die nichts ungeschoren läßt
außer dem Niveau, auf dem sie stattfindet. Waren sogar noch
bei Lenin die Elemente Bruch und Kontinuität, bezogen auf
die bürgerlich-kulturelle Erbschaft — das »weitergegebene
Erbe« — hinreichend gleich stark vertreten, um in der Folge
jede Art von Zitierung gerechtfertigt erscheinen zu lassen
(und natürlich ist es das Element der Kontinuität, das die
Kommunistischen Parteien, insbesondere die KPdSU mit
Nachdruck hervorheben), so steht doch bei Mao und in der
Kulturrevolution die Mäeutik der Destruktion, der Begriff der
Revolutionierung, der »Umwälzung« als Schöpferin einer
neuen Ordnung und wirklichen Rationalität jenem Marx sehr
viel näher, der in der *Deutschen Ideologie* schrieb, daß »in
allen bisherigen Revolutionen die Art der Tätigkeit stets
unangetastet blieb und es sich nur um eine andre Distribution
dieser Tätigkeit, um eine neue Verteilung der Arbeit an andre
Personen handelte, während die kommunistische Revolution
sich gegen die bisherige *Art* der Tätigkeit richtet«[11], sowie in
den *Grundrissen:* »In fact aber, wenn die bornierte bürgerliche Form abgestreift wird, was ist der Reichtum anders, als die
im universellen Austausch erzeugte Universalität der Bedürf-

nisse, Fähigkeiten, Genüsse, Produktivkräfte etc. der Individuen? Die volle Entwicklung der menschlichen Herrschaft
über die Naturkräfte, die der sogenannten Natur sowohl, wie
seiner eignen Natur? Das absolute Herausarbeiten seiner
schöpferischen Anlagen, ohne andre Voraussetzung als die
vorhergegangne historische Entwicklung...? [...] In der bürgerlichen Ökonomie – und der Produktionsepoche, der sie
entspricht, – erscheint diese völlige Herausarbeitung des
menschlichen Innern als völlige Entleerung, diese universelle
Vergegenständlichung als totale Entfremdung, und die Nie-
derreißung aller bestimmten einseitigen Zwecke als Aufopferung des Selbstzwecks unter einen ganz äußren Zweck.«[12]

c. *Ökonomische und politische »Prioritäten«*

Dieses Element von *Zerstörung* als Bedingung einer Befreiung, einer »Herausarbeitung des menschlichen Innern«, ist
der tiefe Sinn jeder revolutionären Politik und läßt sich nicht
trennen vom »Aufbau der materiellen Grundlagen« des
Sozialismus. Hier haben wir den dritten Punkt, in dem Mao
von dem traditionellen Modell abweicht, in dessen Prioritä-
tenfolge zuerst die materiellen Grundlagen kommen und
dann die Umwandlungen »im Überbau«, d. h. die Zerstörung
der althergebrachten Beziehungen zwischen den Menschen,
der »wahre« Sozialismus, der »Übergang zum Kommunismus«, die Auslöschung des Staates. Im sowjetischen Typus
vom sozialistischen Aufbau wird diese Unterscheidung auch
deshalb so streng eingehalten, weil sie sich konsequent aus
dem einmal gewählten Entwicklungstypus ergibt: Tatsächlich
bringt industrielles Wachstum, das nach dem Muster einer
Konkurrenz mit dem Kapitalismus beschleunigt vorangetrieben wird, eine Art von Führung mit sich, die nicht nur immer
weiter um sich greift, sondern auch – eben weil sie Zwangsent-
scheidungen impliziert – immer eindeutiger von oben nach
unten befiehlt; ebenso wie die ausdrückliche Übernahme
einer Technik des kapitalistischen Typus zu einer bestimmten
hierarchischen Arbeitsteilung führt, zu einer Form von Auswahl und Vorbereitung auf die gesellschaftlichen Rollen, die
ebenfalls hierarchisch und zugleich parzelliert ist und damit
fast naturwüchsig (wir sagen *fast,* weil es in Cuba andere

Versuche gegeben hat) ein Prinzip des sozialen Aufstiegs impliziert, ein System sozialer und materieller Anreize, die ihrerseits die vertikale Schichtung der Gesellschaft nochmals vervielfältigen. In gewisser Weise formt sich mithin auch innerhalb einer Gesellschaft, die sich für sozialistisch erklärt, die Arbeits- und Rollenteilung nach Maßgabe einer Pluralität, die nicht allein die Pluralität der verschiedenen notwendigen Verrichtungen ist, sondern vielmehr die Pluralität der unterschiedlichen *Machtbefugnisse.* Diese Hierarchie ist dann so tief in den Arbeitsbedingungen, im »Produktionsverhältnis« verwurzelt, daß keinerlei »Staat des ganzen Volkes« als proklamiertes »Ende der Diktatur des Proletariats« in der Lage wäre, die Realität der Tatsachen zu dementieren: die immer deutlichere Ausprägung des hierarchisch-vertikalen, repressiven Moments des Staates und die auf Dauer gestellte und betonte Delegierung der Macht an dessen Repräsentanten.

Auch hier ist das von der »Kulturrevolution« aufgegriffene Problem sehr komplex, und die Art, in der sie es zu lösen versucht, erscheint paradox: Da es unmöglich ist, die Ungleichheit zu beseitigen, ohne ihre materiellen Wurzeln auszuheben – dies hatte Mao bereits erkannt, als er sich für die Volkskommunen entschied –, beschließt er nun ein *andersartiges,* dem traditionellen entgegengesetztes Modell der materiellen Entwicklung, ein Modell, dem rasche und sofort einsetzende Flucht nach vorn und der Wille zur Vermischung der Produktivkräfte zugrunde liegen. Die Bedingung für eine solche Transformation der Basis ist nun freilich eine Veränderung der Beziehungen zwischen den Menschen – und nicht umgekehrt; die Priorität wird der subjektiven, revolutionären Entscheidung zugesprochen, dem gewalttätigen Einwirken auf die naturwüchsigen Entwicklungsströmungen – *die Politik steht an erster Stelle.* Man erinnere sich an die Erklärung von Marx, daß »sowohl zur massenhaften Erzeugung dieses kommunistischen Bewußtseins wie zur Durchsetzung der Sache selbst [d. h. der gesellschaftlichen Transformation] eine massenhafte Veränderung der Menschen nötig ist, die nur in einer praktischen Bewegung, in einer *Revolution* vor sich gehen kann; daß also die Revolution nicht nur nötig ist, weil die *herrschende* Klasse auf keine andre Weise gestürzt werden kann, sondern auch, weil die *stürzende* Klasse nur in einer

Revolution dahin kommen kann, sich den ganzen alten Dreck vom Halse zu schaffen und zu einer neuen Begründung der Gesellschaft befähigt zu werden.«[13] Wie in dieser Stelle bei Marx, so ist auch bei Mao der Vorrang des Politischen nicht eine Sache des Bewußtseins: Er ist die Hervorhebung der Praxis als dem alleinigen Moment von Zerstörung (des Feindes wie auch dessen, was vom Feinde in uns steckt) und von Aufbau einer neuen Ordnung. Aber diese Praxis – und auch hierin ist die »Kulturrevolution« wohl mißverstanden worden – zielt nicht in erster Linie auf »ideologische« Veränderungen, ist also nicht spezifisch erzieherisch oder deklamatorisch, sondern auf *materielle* Umwandlungen – auf solche in Status und objektivem Verhältnis von Arbeit und Macht.

Daher rührt die Ablehnung der traditionellen Trennung zwischen den beiden Momenten (Aufbau der materiellen Grundlagen zuerst, Veränderungen im Überbau danach), die es nun offensichtlich ermöglicht, das Basis-Überbau-Verhältnis als unauflöslichen Zusammenhang zu begreifen, nicht als Überlagerung zweier Ebenen, die es nacheinander zu bewältigen gälte. Hierin gründet auch die Ablehnung des Ökonomismus, wie er in der Person von Liu Schao-tschi faßbar wird und wie er hinter der letztlich technologischen Verteidigungskonzeption eines Peng Te-huai steht, und hierin schließlich der Versuch einer totalen Infragestellung der Hierarchie als Bedingung für einen neuen Typus von Entwicklung der Grundlagen und der Produktion. »Vorrang des Politischen« – dies ist nicht zu verstehen als ein Übergewicht der guten Absichten über die praktische Realität – wie es kurioserweise sowohl die revisionistischen Parteien als auch die Gruppen, die sich »marxistisch-leninistisch« nennen, zu verstehen pflegen, die einen mit negativer Bewertung, die anderen mit positiver. Mit dem »Politischen« und »Ökonomischen« unterscheidet Mao symbolisch zwei Momente, die seine politische Praxis ganz in Marxscher Weise zusammenfügt, indem sie die Autonomie und angebliche Objektivität eines metahistorischen, aus seinem gesellschaftlichen Zusammenhang gelösten *Ökonomischen* verwirft und dem *Politischen* sein Wesen als Agent der Transformation des vorgegebenen Strukturellen wieder zurückgibt.

So gekennzeichnet beginnt die »Kulturrevolution« als Massenphänomen auf der Universität, die als Ort der Auswahl und Reproduktion einer hierarchischen, ungleichen Gesellschaft erkannt wird; sie erfaßt damit zunächst diejenige Formation, die innerhalb der aus der kapitalistischen Produktionsweise und Technik ererbten Arbeitsteilung an höchster Stelle steht; von da aus durchdringt sie einige Monate später, während der Erfahrungen von Schanghai, direkt die Organisation der Arbeit in den Betrieben. Wie in der Armee bereits die Ränge abgeschafft worden waren, wie es schon seit Beginn der sechziger Jahre für alle städtischen Arbeiter und Studenten obligatorisch war, eine Zeitlang praktisch in den Volkskommunen zu arbeiten, wie die körperliche Arbeit bereits zu den Pflichten jedes Verwaltungsfunktionärs oder Betriebsleiters gehörte, so bringt nun die »Kulturrevolution« in diese noch wesentlich erzieherische, bewußtseinsmäßige Bewegung ein Moment von Bruch ein, insofern sie nicht nur die Verteilung der Rollen angreift, sondern diese Rollen selbst. Nicht mehr die soziale Zusammensetzung derer, die an der Universität leben, steht zur Diskussion, sondern das Wesen der Universität. Nicht mehr die Zahl der Stunden, die ein Betriebsleiter an den Maschinen der Arbeiter zu verbringen hat, ist Gegenstand der Auseinandersetzung – mag die Erfahrung auch lehren, daß Betriebsleiter nur äußerst wenige Stunden an der Maschine verbringen, wenn nicht permanente gesellschaftliche Spannungen herrschen –, sondern der Gesamtkomplex von Leitung und Parzellisierung der Arbeit im Betrieb. Nicht mehr um »Demokratisierung« des vertikalen Verhältnisses zwischen der Führung und dem staatlichen, wirtschaftlichen, betrieblichen und Erziehungsprozeß geht es nun, sondern um das Wesen eben dieser Prozesse. Die *Politik an erster Stelle* zielt genau darauf ab, die Gesamtheit der Beziehungen zwischen den Menschen – ohne andere Voraussetzung als die vorhergegangene historische Entwicklung – auf ein neues Terrain zu verschieben. Das ist es, was man später vielleicht ein wenig unpräzise die »Einführung von kommunistischen Elementen vor der Phase des Kommunismus« genannt hat. Präziser ist es die Weigerung, sich einer anderen *Objektivität* zu unterwerfen als der des Heranwachsens der Revolution.

d. Proletariat und Partei

Schließlich enthält die Alternative im Modell auch eine Alternative im Verhältnis zwischen Partei und Massen – damit auch eine neue Konzeption von Diktatur des Proletariats. Daß dieses Verhältnis in den europäischen Modellen des sozialistischen Aufbaus relativ rasch erstarrt ist und den Begriff der »Diktatur des Proletariats« zum Synonym für politische Diktatur der Avantgarde im Namen des Proletariats gemacht hat, wird allgemein zugegeben. Wenn überhaupt, so beginnt gerade erst die Diskussion über die Gründe dieses Erstarrens, über die Frage, in welchem Umfang es die Konsequenz einer »Unreife« der Revolution gewesen sein könnte und zwangsläufig zu einer zentralistischen und autoritären Funktion der Avantgarde führen mußte und in welchem Maße diese ganze Entwicklung zu einem Umschlag, zu einer Wendung gegen die eigenen Beweggründe geführt hat. Tatsache ist jedenfalls, daß die Partei unter den besonderen Bedingungen der Oktoberrevolution (Bedingungen, deren Schwierigkeiten in Lenins mühsamen und vergeblichen Kämpfen während seiner letzten Jahre deutlich werden, auch im raschen Verfall der Sowjets und in der schnell sich zuspitzenden Krise in der Einheit der sowjetischen Führungsgruppe) bald die gesamte Führung, ja das *ganze politische Moment überhaupt* in sich aufgesogen hatte: Sie unterhielt zu den Massen ein Verhältnis, das in seinen höchsten Augenblicken der Ausdruck eines tiefen Konsens war, doch sie hatte kein Mandat von ihnen erhalten oder ihnen zurückgegeben und war letztlich ohne jede Kontrolle, die den Horizont einer parteiinternen Dialektik überschritten hätte – wobei während der späteren Stalinzeit sogar diese Dialektik noch zum Erliegen kam.

Die besondere Art jener materiellen Transformation, die schrittweise in die sowjetische Gesellschaft eingeführt wurde – der Umschlag vom Kriegskommunismus zur NEP, von der NEP zur Industrialisierung und dann zur Kollektivierung auf dem Lande –, hat den autoritären Charakter dieses Verhältnisses ohne Zweifel noch verstärkt. Um nur das Auffälligste nochmals zu nennen: Die Abschöpfung des bäuerlichen Mehrprodukts zum Zwecke der industriellen Akkumulation war nur durch Zwang zu verwirklichen, in dem klare Unterscheidungen zwischen den Klassen kaum zu erkennen waren, da es sich nicht etwa – wie in China – um einen heftigen Konflikt zwischen Enteignung und ländlichem Eigentum handelte, sondern um eine allgemeine Unterwerfung der ganzen Landwirtschaft unter die Ziele der industriellen Akkumulation. Und wir haben ja bereits darauf hingewiesen, welche Konsequenzen für das Machtverhältnis zwischen den Menschen entstehen, wenn die Produktionsorganisation schlicht so übernommen wird, wie sie sich historisch in der industriellen Maschinerie herausgebildet hat. All das mußte – obwohl die Ebenen nicht deckungsgleich sind – auch auf die hierarchische Gliederung der politischen Führung durchschlagen und dort zu Spannungen zwischen zwei gleichermaßen vertikalen Strukturen führen: zwischen Produktionsverwaltung und Partei (Spannungen, die später einen der Hintergründe für die ganze neuere »Reformdiskussion« bilden sollten).

Maos Entscheidung nach 1957, mit der er die politische Krise der Stalinschen Gesellschaft beantwortete, zielte ebenfalls auf eine Neubelebung des Verhältnisses zwischen Partei und Massen – jedoch nicht so sehr durch innere Demokratisierung (auch nicht in der klassisch maoistischen Variante der »Massenlinie«, die damals noch eher den Charakter und die Begrenztheit einer breit angelegten Konsultation und Ausforschung der Basis hatte) als vielmehr durch eine starke Verlagerung der *realen* Macht. Die Einführung der Volkskommunen als Organismen, die gleichzeitig Aufgaben der Produktion, der Verwaltung und der Politik wahrzunehmen haben, bedeutete den Versuch, eine umfassende Neuverteilung der innergesellschaftlichen Macht in einer beschleunigten Verschmelzung der beiden sozialen Gestalten des Arbeiters und des Bauern zu verankern. Die Entscheidung für die »Kulturrevolution« ist dann noch radikaler, insofern sie den Akzent des politischen Kampfes auf die Protagonistenrolle der gesellschaftlichen Basis verlagert: »In der Großen Proletarischen Kulturrevolution können die Massen sich nur aus sich selbst heraus befreien, und man darf auf keinen Fall an ihrer Statt handeln« – so heißt es im Punkt 4 des ZK-Beschlusses vom August 1966, in dem der Sieg Maos bestätigt wurde. Am Ende dieser ganzen Phase der »Kulturrevolution« steht ein Kongreß, der zu einer neuen Gründungsversammlung der Partei wird: Die Delegierten waren in offenen Massenversammlungen nominiert worden – wie überhaupt während des ganzen Verlaufs der »Kulturrevoluton« die Kader, Organe und einzelnen Mitgliedschaften nicht in einem Innenverhältnis aufgelöst und neubegründet wurden, sondern als Formierung einer neuen Avantgarde, die im Kampf selbst entstanden war.

Was aber ist die Wurzel dieser Entscheidung? Eine »spontaneistische« Interpretation Maos – so wie Spontaneismus heutzutage verstanden wird – läßt sich ebensowenig halten wie der Versuch europäischer maoistischer Gruppen, den Rekurs der »Kulturrevolution« auf die Massen einfach zu leugnen, um allein das Moment des Neuaufbaus der revolutionären Partei hervorzuheben. In Wirklichkeit ist der Rekurs auf die Massen gerade das *eigentliche Merkmal,* das Wesentliche der »Kulturrevolution«, das, worin sie sich grundlegend von allen früheren Phasen in Maos politischem Kampf unterscheidet. Alle früheren Auseinandersetzungen, auch die um die Volkskommunen, um die »Kampagne zur Berichtigung falscher Ansichten« oder um die Frage des sozialistischen Aufbaus, sind ganz im Rahmen der Partei verblieben; aber als sich Mao dann entschied, den Kampf über ihre Grenzen hinauszutragen – in seiner Erklärung vom 5. August, mit seinen Parolen »Rebelliert!« und »Bombardiert das Hauptquartier!« –, war ihm sehr wohl bewußt, daß dadurch die Stellung der Partei in der Gesellschaft, wie immer der Kampf ausgehen mochte, radikal verändert würde, daß es ihr verwehrt sein würde, ihre Legitimation aus sich selbst zu ziehen, sich gegenüber ihrem gesellschaftlichen Sein »a priori« als politische Sphäre darzustellen und sich selbst zu regulieren – mochte auch ihre Funktion als Synthese und Führungsinstanz, wie sie im »Roten Buch« gleich zu Beginn betont wird, durchaus erhalten bleiben. In dem Augenblick, in dem Mao die Massen aufruft, die Partei zu beurteilen und sogar zu bekämpfen, verlegt er das politische Subjekt wieder zurück in die Gesellschaft und macht die Partei, die in gewisser Weise dem Proletariat äußerlich war, wieder zum »Instrument des Proletariats«. Dadurch unterstreicht und sichert er die Existenz und Bedeutung einer Dialektik zwischen den Massen und der politischen Repräsentanz, deren Angelpunkt eben in den Massen liegt.

Und auch hier steht die ganze Operation, so wie sie durchgeführt worden ist, in keinem Gegensatz zum Marxschen Denken – wie es ja auch kein Zufall ist, daß im Laufe der chinesischen Revolution das Thema der Kommune wiederaufgetaucht ist. Sie entspricht dem Marxschen Denken, da sie der Notwendigkeit einer *permanenten materiellen Neubegründung des politischen Bewußtseins* gerecht wird. Woran liegt es denn, daß der Prozeß der »Kulturrevolution« nicht im Innern der Partei zu lösen war, nicht innerhalb der politischen Sphäre als einer gesellschaftlich definierten, die selber eine gesellschaftliche Gruppe ist? Doch wohl daran, daß die Partei in ihrer Strukturierung und ihrem Selbstbewußtsein an jener Rolle krankt, die ihr im sowjetischen Modell des sozialistischen Aufbaus historisch zugefallen ist. Genau das ist es auch, was Liu Schao-tschi vorgeworfen wird, wenn man ihn wegen seiner gradualistischen Konzeption von der Entfaltung des Klassenkampfs und zugleich wegen seiner autoritären Parteikonzeption verurteilt; beide Konzeptionen zielen gleichermaßen darauf ab, das Gegenüber der Partei, eben das Proletariat, als gesellschaftlichen Protagonisten auszuklammern. Demgegenüber können die Gründe für eine weitere Phase der gesellschaftlichen Umwälzung nur von denen geltend gemacht werden, die selber die gesellschaftlichen Träger der Interessen dieser Umwälzung sind – und zwar nicht etwa, weil der arme Bauer besonders »rein« und am wenigsten korrumpiert wäre, sondern weil er am gründlichsten enteignet ist – der Proletarier, »der ohne Produktionsmittel«[14] – und zugleich der *sichere* gesellschaftliche Agent. Es genügt ihm in der Tat, sich selbst in seiner realen Lage zu sehen, um sich politisch einzuordnen.[15] Daher drängt das innerste Wesen der »Kulturrevolution«, jedenfalls so wie Mao sie sieht (denn auch die anderen waren durchaus bereit, einen bestimmten Typus von »Kulturrevolution«, geleitet von der Partei und also unter ihrer Kontrolle, zu akzeptieren), nach Freisetzung der realen gesellschaftlichen Gegensätze, nach klarer Heraushebung derer, die sie repräsentieren, nach Anklage derer, die sie verschleiern, und nach Aufdeckung dessen, was auch im Bewußtsein des Volkes – als indirekte Auswirkung und Reflex eines mystifizierten Bewußtseins – sie zu verschleiern trachtet. Somit scheint uns, entgegen allen idealisierenden Interpretationen, keinerlei Zweifel möglich: Das maoistische Vorgehen, in dem das Problem des Verhältnisses von Partei und Massen, Avantgarde und Basis auf die Füße gestellt wird, ist durchaus materiell begründet.

Wenn je sich hiermit ein neues Problem auftut, so jedenfalls kein so einfaches: Durch sein Vorgehen liquidiert Mao im Grunde jene ganze Thematik und Rechtfertigungsargumentation einer bewußtseinsmäßigen »Unreife« der Revolution, aus der seit jeher die Theorie von der externen Avantgarde abgeleitet worden ist. Mao liquidiert sie oder schiebt sie zumindest beiseite, indem er in dem Enteigneten und in dessen Bewußtsein von seiner Enteignung oder Ausbeutung – unabhängig vom jeweiligen Entwicklungsstand der Produktivkräfte – das objektiv antagonistische Element, den Protagonisten der Revolution identifiziert. Und in ihm versucht er dann, den gesamten Entwicklungsprozeß der Gesellschaft festzumachen – also nicht nur, wie gesagt wurde, um eine Aufteilung der Gesellschaft in entwickelte und rückständige Bereiche zu verhindern, sondern auch, weil nur der rückständige Bereich es dem fortgeschrittenen ermöglicht, den eigenen Mechanismus und die eigene Rolle vollständig zu erkennen, ebenso wie nur vom fortgeschrittenen Bereich aus der Mechanismus der zurückgebliebenen, vom Wachstum überflügelten »zu entziffern« ist.

Liegt hier nicht auf der Hand, welcher Zusammenhang mit der internationalen Strategie Chinas besteht? Und zugleich auch, worin sich der Internationalismus Maos von der Ideologie der »Dritten Welt« unterscheidet – darin nämlich, daß er das *Einheitliche* des kapitalistischen Prozesses in der imperialistischen Phase voll erfaßt? Mao entfernt sich von jener Marxschen Hypothese, der zufolge der Kapitalismus die Welt vereinigt, indem er sie gleichförmig macht. Der Imperialismus vereinigt, indem er Unterentwicklung und Ungleichförmigkeit schafft und aufrechterhält. Doch dies ist nun nicht mehr bloß »Rückständigkeit«, es hat nichts mehr von einem »vor« oder »außerhalb« der weltweiten kapitalistischen Akkumulation an sich: Es gehört als eine ihrer Komponenten unmittelbar dazu. Proletarisierung findet heute international statt, und in riesigen Gebieten der Erde verschärfen sich die antagonistischen Spannungen bis zum äußersten. Doch auch die

Gegenfront vereinigt sich in einem einzigen Kampf, in dem das »flache Land« oder »die Dörfer« nicht mehr jene Rückständigkeit verkörpern, die erst noch heranreifen muß, eine Vermittlung braucht, erst einmal zur demokratisch-bürgerlichen Phase übergehen soll. Sie sind bereits die Projektion des Weltproletariats. Kein Bereich ist mehr »unreif« zur Revolution; kein Proletariat, gleichgültig, ob städtisch oder ländlich, kann mehr ausgeklammert werden: Die in den Massen verankerte Revolution zu machen – dies ist nicht nur nötig, sondern möglich geworden.

4. Auf der Linie von Marx

Die »Kulturrevolution« bricht also mit einer Reihe von entscheidenden Hypothesen, die der Errichtung der Übergangsgesellschaften in Europa zugrunde gelegen haben. Und sie beruft sich dabei im wesentlichen auf die Notwendigkeit einer radikalen Ablehnung, einer ununterbrochenen Infragestellung aller Elemente von geschichtlicher Kontinuität, die das Zeitalter des Kapitalismus an die nachfolgenden Phasen weitergibt; auf die Interpretation der Revolution nicht als einer neuen Form von Führung und Verwaltung einer überkommenen Gesellschaft, sondern als Zerstörung und Aufbau eines neuen gesellschaftlichen Seins. Es ist dies kein bloß politischer Punkt, sondern auch einer der Theorie. Wie also ist Mao in die Tradition der kommunistischen Bewegung einzuordnen? Wo kommt er her, wo löst er sich von der Kontinuität?

Die Frage ist nicht philologisch, wenn auch eine detaillierte Forschung über die historische Formation des Denkens von Mao Tse-tung noch geleistet werden muß. Die Frage ist politisch und wird in der Tat von den verschiedenen Bewegungen, die sich in Europa so oder so auf den Maoismus berufen, verschieden beantwortet. Diejenige Bewegung, die sich gewissermaßen als die offiziellste versteht, macht kurzen Prozeß mit dem ganzen Problem: Ihr zufolge ist Mao und der Maoismus nichts anderes als ein »wiedergefundener Stalinismus«, der seinerseits nichts anderes als der »wahre Leninismus« sein soll. Die für eine solche Operation erforderliche fast heroische Anstrengung, mit der diese Genossen sich mühen, eine

Reihe von nicht nur theoretisch, sondern historisch bedeutsamen Gegebenheiten wegzuschaffen, spiegelt den verzweifelten Versuch, die Krise der westlichen Arbeiterbewegung auf »schlichten Verrat« zurückzuführen, um als fertige Patentlösung eine Rückkehr zu dem anbieten zu können, was sie als die revolutionäre Integrität der kommunistischen Parteien unter den Fittichen der Dritten Internationale zu präsentieren pflegen. Daß sich gerade in dieser Periode die Niederlage der Revolutionen im Westen vollendete, ist dabei unwichtig. Wichtig ist ihnen allein, um die Aufdeckung der wirklichen Ursachen für das Ausbleiben der Revolution im Westen herumzukommen, die Notwendigkeit zu umgehen, sich an der Komplexität einer Geschichte und sozio-ökonomischen Formation zu messen, für die immer noch keine angemessene Strategie entwickelt worden ist, kurzum, eine Abkürzung zu finden und sich zugleich einen Bürgen zu sichern: dazu dient ihnen die Existenz der Volksrepublik China.

Eine ähnliche Unsicherheit spiegelt sich auch in jener Ideologie von der »Dritten Welt«, die heute immer mehr Anhänger verliert: Ihr zufolge ist Mao der Theoretiker der Revolution der Armen, China unterscheidet sich nur wenig von Cuba oder von bestimmten afro-asiatischen Bewegungen, alle zusammen sind sie die letzte Hoffnung der Welt. Das Problem der Revolution wird den rückständigen Bereichen aufgehalst, denen der Westen, todgeweiht und verflucht wie er ist, nichts anderes als tapfere Solidarität schuldig sei. So verschieden die beiden Positionen auch sind, so haben sie doch miteinander gemein – und treffen sich hierin kurioserweise mit den Kommunistischen Parteien –, daß sie versuchen, die chinesische Erfahrung aus der Prägnanz einer gegenwärtigen Realität zu entfernen, sie zeitlich zurückzuversetzen wie eine bloße Wiederholung von bereits Geschehenem oder räumlich wegzuschieben wie die Wahrheit einer anderen Welt. Als erneuernden theoretischen Beitrag, der die Theorie der Arbeiterbewegung und unserer Gegenwartsgeschichte in Bewegung bringt, lassen sie die »Kulturrevolution« nicht gelten.

Anders dagegen ist die Antwort von bestimmten neuen Gruppen und einzelnen Theoretikern, die sich auf den Maoismus berufen, indem sie das Moment seiner radikalen Neuerung besonders hervorheben.[16] Ihrem Interpretationsmodell zufolge ist der Maoismus nicht nur verschieden von der Stalinschen Praxis (was ja stimmt), sondern diese selbst gilt ihnen – und hier kommt man mit umgekehrtem Vorzeichen zur Hypothese der Marxisten-Leninisten zurück – in Wirklichkeit als das historische Ergebnis des Leninismus und darüber hinaus des Marxismus, als das zwangsläufige Resultat einer geradlinigen Entwicklung des eurozentrischen Marxismus, der nicht zufällig in dieser Sackgasse gelandet sei. Marx habe tatsächlich, als er den Kapitalismus zur Krönung der Geschichte erklärte, die Revolution als bloßes Zerbrechen jener Fesseln aufgefaßt, von denen die Entfaltung der Produktivkräfte blockiert werde und die letztlich im Privateigentum an den Produktionsmitteln zu identifizieren seien, in jenem Ursprung aller Spaltungen, aller Anarchie und Vergeudung von Produktivität. Dieser Interpretation gemäß ist der Sozialismus nichts anderes als die Installierung eines Rahmens, in welchem die Produktivkräfte, ihrer jeweiligen Entwicklungsstufe entsprechend, besser heranwachsen können, gefördert und gelenkt von einem zusammenhängenden, zentralistischen Plan, dessen Entsprechung ein einziges und öffentliches, ein vertikales und autoritäres Eigentum sei. Auch im Sozialismus reproduziere sich daher ein gesellschaftlicher Widerspruch, nur daß er nicht mehr auf dem Antagonismus zwischen Privateigentum und verkaufter Arbeitskraft – also Ausbeutung – beruhe, sondern auf dem Widerspruch oder, besser, einer Reihe von Widersprüchen, die im Verhältnis zwischen Regierenden und Regierten auftreten. Mao habe mit der »Kulturrevolution« die Kontinuität dieses Schemas durchbrochen und habe hinter der Mystifikation vom »Staat des ganzen Volkes« diesen Machtdualismus wiederentdeckt; zu diesem Zweck habe er jedoch den Klassenbegriff aus der Materialität des Produktionsverhältnisses herausgenommen und seine tragenden Elemente in einer allgemeinen Theorie des Widerspruches herausgearbeitet – eines Widerspruches, der sich in jedweder Art von geschichtlicher Gesellschaft reproduziere. Warum nun entspreche diese Interpretation des Maoismus den Erfordernissen des Klassenkampfs in Europa? Weil der Kapitalismus hier in Europa die anarchische Phase überwunden habe, von der Marx sprach, weil er sich hier bereits zu einem umfassenden Plan organisiert habe und damit den Grundwiderspruch zwischen der Anarchie des Eigentumssystems und der Entwicklung der Produktivkräfte schon selber auflöse. Der Kern der Konflikte sei daher inzwischen aus dem Produktionsverhältnis hinaus- und in die Sphäre der Machtverhältnisse hineingerückt worden; damit gewönne die Klassentheorie von Mao eine besondere Aktualität und Interpretationskraft.

Das Falsche in dieser Auffassung von Maoismus liegt nicht so sehr darin, daß sie letztlich idealistisch ist – wenn materialistisch zu sein doch wohl heißt, historische Prozesse in Produktionsverhältnissen festzumachen, woran wir lieber festhalten wollen. Es liegt vielmehr darin, daß sich in ihr eine Vorstellung von Marx und auch vom Leninismus reproduziert, die immer noch an der Ideologie von der historischen Erfahrung der Stalinschen Gesellschaft sowie an ihrer perfekten Umkehrung, dem Revisionismus, kleben bleibt, daß sie also immer noch nicht loskommt von jener Verengung der Revolution auf nicht-private Verfügung über die Produktionsmittel und die Gesamtheit der aus der kapitalistischen Phase und Produktionsweise überkommenen Produktivkräfte.

Allerdings muß man, will man eine solche Operation durchführen, nun wirklich den innersten Kerngehalt des Marxschen Denkens außer acht lassen: daß es ihm nämlich weniger um Krönung als um Umwälzung der Geschichte geht, um die Idee von der Revolution als Zerstörung der bestehenden und Neuaufbau gänzlich andersartiger Verhältnisse unter den Menschen. Und man muß auch Lenin und sogar noch Stalin übergehen, wenn es denn richtig ist, daß der eine das Verhältnis von Bruch und Kontinuität ganz unakademisch inmitten einer praktischen Revolutionierung des russischen Kapitalismus durchlebte, und der andere es immerhin noch sah, obschon nur als ungelösten Widerspruch zwischen voluntaristischer Alternative und den eisernen Gesetzen eines Schemas der *materiellen* Entwicklung, das akzeptiert wurde, weil es aufgezwungen schien – zudem auch noch in einer Situation der Rückständigkeit – vom überkommenen Modell, von der industriellen Maschinerie des Kapitalismus und von der kapitalistischen Arbeitsteilung.

Wenn Mao die ganze Radikalität der Alternative wiederfinden kann, so deshalb, *weil er aus eben diesem Entwicklungs-schema ausbricht;* und er kann dies, weil es sich ihm in den fünfziger Jahren bereits als krisenhaft darstellte und durch die zu erwartende Katastrophe, die seine Anwendung auf das noch weit rückständigere China bedeutet hätte, noch um einiges gefährlicher erschien. Wenn uns also der Maoismus den Schlüssel gegeben hat, der den vorherrschenden Mechanismus in den Übergangsgesellschaften aufschließt und durchsichtig macht, so gerade weil er erkannt hat, daß die kapitalistische Produktionsweise auch nach einer Veränderung des Eigentums an den Produktionsmitteln weiterbesteht. Kurzum, Mao hat die europäischen Übergangsgesellschaften marxistisch interpretiert, d. h. nicht durch ihr Bewußtsein von sich selbst, sondern durch ihr wirkliches Sein. Und er war dazu imstande, nicht weil er Marx abgelehnt oder »überwunden« hätte, sondern weil er den ganzen Marxschen Ansatz wiedergewonnen hat, zugleich mit dem ganzen Leninschen Willen zum Umsturz – beides nicht als bloß theoretische Errungenschaften, sondern inmitten eines noch andauernden gesellschaftlichen Konfliktes, den er mit Entschiedenheit ans Licht gezerrt und zum Inhalt eines politischen Massenkampfes erhoben hat.

Welcher Sinn läge darin, das Denken Maos auszuhöhlen, ihm gerade diese brisant materialistische Dimension zu nehmen? Oder die sterile Gleichsetzung der Zweiten Internationale zwischen Materialismus und Ökonomismus wieder aufzuwärmen? Oder auszugehen von einer halb idealistischen, halb soziologistischen Vorstellung von einer Flut von Widersprüchen, deren antagonistischen Kern man jedoch nicht festzumachen vermag – außer in einer abstrakten Freiheitsidee und einer rousseauistischen Vorstellung vom Menschen? Es scheint, daß die anhaltende Versuchung, Revolution mit reinem Voluntarismus zu übersetzen, einmal mehr verrät, wie wenig wir fähig sind, die Krise des Kapitalismus und ihre sozialistische Lösung im Westen aus einem inneren, materiellen Widerspruch abzuleiten. Es gelingt uns nicht, jene Zweiteilung abzuschütteln, die seit den zwanziger Jahren die ganze westliche Arbeiterbewegung durchzieht: zwischen einem Eingebundensein in die realen Prozesse, das nur als Machtlosigkeit gegenüber der kompakten Undurchdringlichkeit und Unangreifbarkeit des Kapitalismus erlebt wird, und einem

Politikmachen, das aus Ohnmacht ganz in die Sphäre des Überbaus verlagert worden ist. Maximalismus, Reformismus, offene Klassenkollaboration oder, in der Umkehrung, krampfhafter Voluntarismus und Verweigerung – das sind nur die verschiedenen Phasen dieser Niederlage.

Wenn die »Kulturrevolution« uns nützlich ist, so deshalb, weil sie uns die Möglichkeit bietet – selbstverständlich mit allen Vermittlungen, die bei der Übertragung in einen anderen historischen Rahmen nötig sind –, aus dieser Zweiteilung herauszukommen. Denn diese ist ja tatsächlich nicht einfach das Ergebnis eines bloßen Sündenfalls aus lauter Trägheit oder Schwäche, sondern entspringt vielmehr aus der Tatsache, daß die kapitalistische Produktionsweise sich in unseren Gesellschaften in der Phase ihrer größten Kompaktheit darstellt, und zwar zu einem Zeitpunkt, in dem sie dank einiger Momente von Vergesellschaftung des Eigentums (die Lenin bereits klar gesehen hatte) besser als früher in der Lage zu sein scheint, die Anarchie der Produktionsprozesse zu bändigen, und in dem es ihr durch die imperialistische Entfaltung gelungen ist – wenn auch nicht ohne Risse und Brüche auf weltweiter Ebene –, neue Bereiche der Vereinheitlichung aufzubauen, neue Kompensationsmechanismen in Gang zu setzen und damit die eigene innere Krise immer wieder hinauszuschieben. Es ist wahr, daß der Gegensatz zwischen Produktivkräften und Produktionsmitteln nicht mehr explosiv zu werden vermag. Tritt aber nicht gerade in dieser Phase, gerade heute, jene selbe Problematik ans Licht, die Mao – um ihr zu entgehen – in den Übergangsgesellschaften hat erkennen müssen, nämlich die Herausbildung von Gegensätzen, die nicht mehr, weder allein noch im wesentlichen, die Gegensätze zwischen öffentlichem und privatem Eigentum an den Produktionsmitteln sind? Tritt nicht die Komplexität und Globalität der kapitalistischen Produktionsweise ans Licht, ihre Beharrlichkeit, in ihrer Konkretheit wie in ihren Rückwirkungen auf Bewußtsein und Kultur, wodurch der Widerspruch von der quantitativen auf die qualitative Stufe gehoben wird und der ganze Prozeß einer Wiederaneignung der menschlichen Arbeit durch umfassende Zerstörung insgesamt neu beginnt?

Wenn dies zutrifft, so gibt uns Mao eine neue Antwort – neu

im Vergleich zu der Lenins, weil er in anderem historischen Kontext zu handeln hat: Lenin operierte mit rückständigen Formen von Kapitalismus, Mao weniger als es scheinen mag mit Unterentwicklung als *mit dem fortgeschrittenen Modell der Übergangsgesellschaft,* das in der sowjetischen Erfahrung verwirklicht ist und in China reproduziert zu werden droht. An diesem Punkt erfaßt und durchdringt er mit seiner Kritik und seiner Methode eine *komplexe* Gesellschaftsformation, in der wir auf vergleichbarer Stufe eine Verflechtung von Produktivkräften und Produktionsverhältnissen erkennen, die in anderem historischen und politischen Kontext unsere Probleme reproduziert: die Probleme der Gesellschaften des fortgeschrittenen Kapitalismus. Und plötzlich sehen wir, wie sich aus beiden Formationen jeweils die Stufe, der Konflikt und seine Lösung zusammentun und gemeinsam nach vorn drängen: In den Übergangsgesellschaften heißt die Lösung Beschleunigung in Richtung auf den Kommunismus – bei Strafe des Rückfalls; in unseren Gesellschaften heißt sie Schluß mit jeder Art von Zwischenetappe auf dem Weg zur umfassenden Umwälzung – bei Strafe der Unfähigkeit, eine immer einheitlichere und totalisiertere Struktur überhaupt noch angreifen zu können.

Gewiß ergibt sich aus dieser Sicht, die uns durch die chinesische Erfahrung aufgedrängt wird, eine gründliche Infragestellung der ganzen westlichen Arbeiterbewegung. Sie gibt uns den Schlüssel zum Verständnis der Niederlagen der Dritten Internationale sowie des Verfalls oder der Nichtigkeit aller gradualistischen Formeln und Volksfrontversuche; sie stellt das historische und materielle Geflecht der sozialistischen Gesellschaften in seiner ganzen Komplexität wieder her und läßt die kümmerliche Dürre der Stalinschen und der revisionistischen Interpretationen weit hinter sich; sie erklärt uns schließlich das objektiv Konterrevolutionäre der Bindungen zwischen westlicher Arbeiterbewegung und heutiger sowjetischer Führung. Doch wenn sie die Erfahrung der Kommunistischen Parteien erledigt, so ist sie nicht weniger streng gegenüber jeder »linken« Anwandlung, die sich nicht auf ein ebenso komplexes Niveau wie die »Kulturrevolution« zu begeben weiß. Aus derlei Anwandlungen entstehen nicht nur die schlechten Formen von Verbalradikalismus, sondern auch die willigen Rückzüge auf ruhmreichere Modelle anderer revolutionärer Epochen.

Wir stehen vor der Notwendigkeit einer praktischen und politischen Rekonstruktion in großen Dimensionen. Wichtig ist dabei, daß wir – vielleicht erstmals seit den zwanziger Jahren – von einer realen Bewegung vor diese Notwendigkeit gestellt worden sind; von einer Bewegung, die weder der Opportunismus noch der Extremismus antreiben oder bremsen können, die sich all dem entzieht und es gleichwohl reproduziert, als handgreifliche und ungelöste Konvulsion des reifen Kapitalismus. Es war kein Zufall, daß diese Bewegung, als sie sich im Mai 1968 mit Gewalt bemerkbar machte, in China wahrgenommen und verstanden worden ist, trotz der Wirren und Schwierigkeiten seiner inneren Kämpfe. Was sich hier zusammenfügt und zusammengesetzt werden muß, sind Elemente des neuen Internationalismus einer gemeinsamen Erfahrung.

1 *Origini della rivoluzione culturale*, in: *Il Manifesto*, Jg. 2, Nr. 5, Mai 1970: jetzt auch als Taschenbuch unter dem Titel *La linea di Mao*, Bari 1971.

2 Joan Robinson, *The Cultural Revolution in China*, London 1969, S. 11 ff. (Hervorhebung von mir, R. R.).

3 Stalins Irrtum wird in einigen chinesischen Dokumenten aus der Zeit vor und während der Kulturrevolution durchaus hervorgehoben, vor allem in Hinblick auf den Verfassungsentwurf von 1936, während die Thesen aus den *Ökonomischen Problemen des Sozialismus* nicht ganz so negativ eingeschätzt werden.

4 Marx/Engels, *Werke*, Bd. 13, S. 8.

5 Ebenda, S. 615 ff., bes. S. 619 f.

6 Vgl. zu dieser Interpretationsweise E. Collotti-Pischel, *Le origini ideologiche della rivoluzione cinese*, Turin (Einaudi) 1958.

7 G. Blumer, *Die chinesische Kulturrevolution 1965/67*, Frankfurt 1968, S. 389 ff.

8 Vgl. den Sammelband *L'accumulazione socialista*, hrsg. v. Lisa Foa, Rom 1969.

9 So in der Einleitung zu *La cultura di Mao*, hrsg. v. K. H. Fan, Florenz (La Nuova Italia) 1968.

10 In ital. Übersetzung veröffentlicht in *Il Manifesto*, Jg. 2, Nr. 5, Mai 1970.

11 Marx/Engels, *Werke*, Bd. 3, S. 69 f.

12 Karl Marx, *Grundrisse der Kritik der Politischen Ökonomie*, Berlin 1953, S. 387.

13 Marx/Engels, *Werke*, Bd. 3, S. 70.

14 Zu diesem chinesischen Ausdruck für »Proletarier« vgl. Joachim Schickel, *Große Mauer, Große Methode*, Stuttgart 1968, S. 165.

15 Jack Belden, *La Chine ébranle le monde*, Paris 1951, und Edgar Snow, *Roter Stern über China*, Darmstadt 1969, beide noch vor der Befreiung verfaßt, sowie danach auch K. S. Karol, *La Chine de Mao*, Paris 1966, und Jan Myrdal, *Bericht aus einem chinesischen Dorf*, München 1970, haben auf die Bedeutung jener Methode der politischen Bildung verwiesen, die als »die Erzählung der Bitterkeit« bezeichnet wird. Die Partei bildet sich, indem sie die Armen lehrt, »sich zu erzählen«, d. h. *sich selbst zu sehen* und damit die Unannehmbarkeit der eigenen Lage zu entdecken.

16 Vgl. dazu insbesondere den Aufsatz von Edoarda Masi, *La concezione delle classi e della lotta di classe in Mao e la sua influenza sulla sinistra europea*, in: *Quaderni Piacentini*, Nr. 39 (Nov. 1969) [deutsch: *Der Marxismus von Mao und die europäische Linke*, Berlin (Merve Verlag) 1970].

4 Klasse und Partei

*Ein geschichtlicher Überblick und ein Gespräch
mit Jean-Paul Sartre**

I. Von Marx zu Marx

Man hat oft gesagt, bei Marx sei weder eine Theorie der Klasse
noch der Partei zu finden. Das ist wohl richtig; doch während
das Problem der Klasse die gesamte Marxsche Analyse breit und
vielfältig durchzieht, so daß man es auf theoretischer Ebene
immerhin rekonstruieren kann, verhält es sich anders mit dem
Thema der Partei. Nicht daß Marx das Problem der »Organisation« der Klasse übersehen hätte: Es stellte sich ihm, kaum daß
er und Engels die Illusion von der Wirksamkeit einer ausschließlich intellektuellen, aufklärerischen Tätigkeit, abgelöst vom politischen Handeln innerhalb der entscheidenden gesellschaftlichen Gruppe – den Arbeitern –, preisgegeben hatten, also
schon bald nach der *Heiligen Familie* und der *Deutschen
Ideologie*[1]; und es wurde ihnen zunehmend wichtiger, als sie
zwischen 1845 und 1848 in rascher Folge an einer Reihe von
Verschwörerzirkeln und Geheimgesellschaften mitwirkten,
bis sie schließlich zu den deutschen Arbeitervereinen stießen
und den utopischen Kommunisten Weitling trafen. Aus keinem dieser Kontakte – abgesehen vielleicht von Marxens langer Beziehung zu Blanqui, den er schätzte und mit dem er
zuweilen sogar gemeinsam handelte – entstand freilich so
etwas wie »Zugehörigkeit« oder »Mitgliedschaft«. Marx hatte
bereits eine theoretische Position, die ihn radikal von den
nebulösen Programmen der Geheimgesellschaften schied und
ihn auch unmittelbar in die Polemik gegen Weitling führte. Es
war vielmehr eine praktische Beziehung: Marx und Engels

---

*   *Classe e partito – una conversazione con Jean-Paul Sartre e una nota intro-
duttiva*, in: *Il Manifesto*, Jg. 1, Nr. 4, September 1969, S. 41-54; auch in französischer Sprache veröffentlicht in *Les Temps Modernes*, Nr. 282, Januar
1970. (Der Ausschluß der »Manifesto«-Gruppe aus der KPI erfolgte erst nach
der Veröffentlichung dieses Textes. Eine deutsche Übersetzung wurde bereits
1970 vom Merve Verlag, Berlin [= IMD 5] veröffentlicht. Hier insgesamt neu
übersetzt. *Anm. d. Üb.*)

suchten die Arbeiter, wo sie zu finden waren, und es kam ihnen weit mehr darauf an, daß die alten Gruppierungen der Verschwörerzirkel und Geheimgesellschaften mehr und mehr proletarische Gestalt annahmen, als sich mit den Ideologien herumzuschlagen, die diese von Fall zu Fall übernahmen. Ohne unehrerbietig zu sein, kann man wohl sagen, daß Marx und Engels ein durchaus »instrumentales« Verhältnis zu diesen Gruppen hatten. Als 1847 der »Bund der Gerechten« sich auflöste und zum »Bund der Kommunisten« umwandelte, wurde Marx beauftragt, dafür das *Manifest* auszuarbeiten: Keiner der Inhalte, die Weitling noch vorgesehen hatte, findet sich darin. Marx wollte – darin zeigt sich das Wesen des *Manifests*, das über die zunächst vorgesehenen Zielsetzungen hinausging – einen Entwurf skizzieren, der dem deutschen Proletariat seine historische Rolle nicht nur als Möglichkeit, sondern als zwingende Notwendigkeit unmittelbar bewußt machte – und daraus ergab sich zwangsläufig der Schritt von einer vagen und minoritären Selbstauffassung zu einer öffentlichen, offenen und möglichst ausgedehnten Organisierung. Der Akzent lag auf dem *allgemeinen und organisierten* Handeln: Nicht zufällig wurde das alte Motto des »Bundes der Kommunisten« – »Alle Menschen sind Brüder« – zu der Parole »Proletarier aller Länder, vereinigt euch!«

Was nun Marx aber von Lenin trennte (und zwar nicht in dem Sinne, daß Lenin einen von Marx halbfertig hinterlassenen Entwurf vervollständigt hätte, sondern daß die beiden Konzeptionen in verschiedene Richtungen gehen), ist, daß die Organisation für ihn niemals mehr als ein eminent praktisches Element war, ein formbares und veränderliches Instrument, ein Reflex dessen, was er als das einzige reale Subjekt der Revolution erkannt hatte: des Proletariats. Die Organisation bringt das Proletariat zum Ausdruck; sie geht ihm nicht voraus und greift insbesondere nicht seinen Interessen und Aufgaben vor. Was Marx von den Verschwörerzirkeln getrennt hatte, war nicht allein deren Beschränktheit und Geheimcharakter, sondern ihre Überzeugung, sie könnten selber, *anstelle* des Proletariats, einen revolutionären Prozeß vorantreiben und anleiten. »Es versteht sich, daß diese Konspirateurs«, so schrieb er bissig, »sich nicht darauf beschränken, das revolutionäre Proletariat überhaupt zu organisieren.

Ihr Geschäft besteht gerade darin, dem revolutionären Entwicklungsprozeß vorzugreifen, ihn künstlich zur Krise zu treiben, eine Revolution aus dem Stegreif, ohne die Bedingungen einer Revolution zu machen. Die einzige Bedingung der Revolution ist für sie die hinreichende Organisation ihrer Verschwörung. Sie sind die Alchimisten der Revolution und teilen ganz die Ideenzerrüttung und die Borniertheit in fixen Vorstellungen der früheren Alchimisten. [...] Mit solcher Projektenmacherei beschäftigt, haben sie keinen andern Zweck als den nächsten des Umsturzes der bestehenden Regierung und verachten aufs tiefste die mehr theoretische Aufklärung der Arbeiter über ihre Klasseninteressen.« Wenig später heißt es: »In demselben Maß, wie *das Pariser Proletariat selbst als Partei* in den Vordergrund trat, verloren diese Konspirateurs an leitendem Einfluß«, und schließlich: »Die Bombengeschichte von 1847, eine Angelegenheit, in der die Polizei mehr als in allen früheren direkt einwirkte, sprengte endlich die hartnäckigsten und widersinnigsten alten Konspirateurs und warf ihre bisherigen Sektionen in die *direkte proletarische Bewegung* hinein.«[2] Die Hervorhebungen sind von uns: Zwischen Proletariat und Partei des Proletariats ist die Verbindung unmittelbar, die Begriffe sind fast austauschbar, denn zwischen dem Sein und dem Politisch-Sein der Klasse gibt es nur eine praktische Unterscheidung, in dem Sinne, daß letzteres die vorübergehende Form des ersteren ist. Mehr noch: Marx ist überzeugt, daß dieser Protagonist – das Proletariat – keine Organisations- und Ausdrucksform mit eigener Autonomie braucht, weil er seine politischen Formen als bloß praktischen, mehr oder weniger angemessenen Ausdruck seiner selbst von Mal zu Mal hervorbringt und wieder zerstört, je nach Verlauf eines Prozesses, in welchem die Bildung des Bewußtseins ganz vom objektiven Zusammenhang des Produktionsverhältnisses und vom Kampf abhängt. Entsprechend schrieb Engels am Schluß seiner Schrift *Zur Geschichte des Bundes der Kommunisten:* »Heute braucht das deutsche Proletariat keine offizielle Organisation mehr, weder öffentliche noch geheime; der einfache, sich von selbst verstehende Zusammenhang gleichgesinnter Klassengenossen reicht hin, um ohne alle Statuten, Behörden, Beschlüsse und sonstige greifbare Formen das gesamte Deutsche Reich zu erschüttern.

[...] Die internationale Bewegung des europäischen und amerikanischen Proletariats ist jetzt so erstarkt, daß nicht nur ihre erste enge Form – der geheime Bund –, sondern selbst ihre zweite, unendlich umfassendere Form – die öffentliche Internationale Arbeiterassoziation – eine Fessel für sie geworden und daß das einfache, auf der Einsicht in die Dieselbigkeit der Klassenlage beruhende Gefühl der Solidarität hinreicht, unter den Arbeitern aller Länder und Zungen eine und dieselbe große Partei des Proletariats zu schaffen und zusammenzuhalten.«[3] So geschrieben im Jahre 1885. Doch die Implikationen dessen, was hinter einem solchen Sich-selbst-zum-Ausdruck-Bringen des Proletariats steht, werden vielfältiger als in diesem Engels-Text vor allem dort greifbar, wo Marx den Verlauf des Klassenkampfes beschreibt. Man erinnere sich an die berühmte Stelle aus dem *18. Brumaire:* »Aber die Revolution ist gründlich. Sie ist noch auf der Reise durch das Fegefeuer begriffen. Sie vollbringt ihr Geschäft mit Methode. [...] Sie vollendete erst die parlamentarische Gewalt, um sie stürzen zu können. Jetzt, wo sie dies erreicht, vollendet sie die *Exekutivgewalt,* reduziert sie auf ihren reinsten Ausdruck, isoliert sie, stellt sie sich als einzigen Vorwurf gegenüber, um alle ihre Kräfte der Zerstörung gegen sie zu konzentrieren. Und wenn sie diese zweite Hälfte ihrer Vorarbeit vollbracht hat, wird Europa von seinem Sitze aufspringen und jubeln: Brav gewühlt, alter Maulwurf!«[4]

Das Modell der Kommune

Die *Revolution:* Was ist sie – in diesem Kontext – anderes als das unauflösliche Ergebnis der materiellen Reifung des Klassenkampfes, seiner Selbstgestaltung in politischen Ausdrucksformen und des subjektiv sich bildenden Bewußtseins, wobei keines der drei Momente von den anderen zu trennen ist? Eine solche Vorstellung von der Revolution, dem »alten Maulwurf«, erlaubt weder mechanistische oder evolutionistische Interpretationen, weil sie in der hereinbrechenden Gewalt des Proletariats, das die früheren Formen sprengt, den Motor sieht, noch läßt sie sich gleichsetzen mit einem subjektiven Entwurf, einer apriorischen Verplanung der materiellen Prozesse, einem Geschichts- und Klassenbewußtsein *vor* der

Geschichte und der Klasse, ihnen äußerlich und von ihnen abgelöst. In der Marxschen Unterscheidung zwischen *gesellschaftlichem Sein* und *Bewußtsein* steckt zugleich die Nabelschnur, die beide Elemente so eng verknüpft, daß sie sich gegenseitig vorantreiben und überschneiden. Ebenfalls im *18. Brumaire* ist es gerade dieses Verhältnis, das – in Abgrenzung von den »kurzlebigen« bürgerlichen Revolutionen – deutlich macht: »Proletarische Revolutionen dagegen, wie die des neunzehnten Jahrhunderts, kritisieren beständig sich selbst, unterbrechen sich fortwährend in ihrem eignen Lauf, kommen auf das scheinbar Vollbrachte zurück, um es wieder von neuem anzufangen, verhöhnen grausam-gründlich die Halbheiten, Schwächen und Erbärmlichkeiten ihrer ersten Versuche, scheinen ihren Gegner nur niederzuwerfen, damit er neue Kräfte aus der Erde sauge und sich riesenhafter ihnen gegenüber wieder aufrichte, schrecken stets von neuem zurück vor der unbestimmten Ungeheuerlichkeit ihrer eignen Zwecke, bis die Situation geschaffen ist, die jede Umkehr unmöglich macht, und die Verhältnisse selbst rufen: Hic Rhodus, hic salta!«[5] Hier liegt der Akzent offenbar noch nachdrücklicher auf jener Objektivität des Zusammenstoßes, die das Bewußtsein und den subjektiven Willen der Klasse gleichsam vorantreibt und forciert (hic Rhodus, hic salta!), während die Klasse selbst noch an der Trägheit des Bestehenden teilhat, obwohl sie Protagonist der notwendigen Veränderung ist. Der Punkt, an dem *gesellschaftliches Sein* und *Bewußtsein* zusammenfließen (das entscheidende Problem der leninistischen Parteitheorie, wie wir sehen werden), ist bei Marx eindeutig die *Praxis*. In anderen Worten: Auf die Frage, *wie* die Klasse sich ihres objektiven gesellschaftlichen Seins bewußt wird, lautet die Antwort: in der Praxis, im Verlauf des Kampfes. Scharfsinnig bemerkt Lelio Basso, daß der Schlüssel dazu – wenn ernstlich man noch einer theoretischen Darlegung bedarf – in den *Thesen über Feuerbach* zu finden ist, vor allem in der dritten.[6] Bewußtsein ist demnach nicht das Produkt eines »Wissens«, sondern einer – wie Marx es nennt – »umwälzenden Praxis«, d. h. einer aktiven Beziehung zur Natur oder zur Gesellschaft. Die vom Kapitalismus erzeugte Arbeiterklasse erhält ihre Gestalt und Dimension von ihm – und im gleichen Atemzuge auch ihre Entfremdung; was also die Arbeiterklasse dazu bringt, den Kapitalismus zu negieren, ist ihre wirkliche Stellung. Der Klassenkampf hat seine materiellen Wurzeln im Systemmechanismus selbst; und die Revolution – d.h. der Prozeß, der ihn zu überwinden hat – ist ein Sich-*gesellschaftlich*-Machen, ist der Ausdruck dieses Antagonismus, wobei das Proletariat sich von Fall zu Fall die politischen Formen schafft, die es benötigt; diese Formen bilden seine Organisation, die Partei. Wenn also die Begriffe Partei und Proletariat bei Marx zuweilen austauschbar zu sein scheinen, so nur in dem Sinne, daß die erstere die *politische* Form des letzteren ist, seine vorübergehende Daseinsweise, die als solche an den historischen Unvollkommenheiten der konkreten politischen Organisationen teilhat (auch in dieser Hinsicht lohnt sich eine Lektüre des *18. Brumaire*), während das Proletariat selbst, da verwurzelt in der Materialität des kapitalistischen Mechanismus, das permanente geschichtliche Subjekt bleibt – kurzum, die Verkörperung der vom Kopf auf die Füße gestellten Hegelschen Dialektik. Nicht von ungefähr obliegt es dem Proletariat, sämtliche traditionellen Formen des politischen Ausdrucks – einschließlich seiner eigenen, soweit sie noch vom unmittelbar gesellschaftlichen Handeln und Gestalten getrennt sind – zu zerschlagen, wie es denn tatsächlich in jener einzigen Form von Revolution und revolutionärer Gesellschaft geschieht, die Marx als solche schildert und rühmt: in der Pariser Kommune von 1871. In ihr hatte das Proletariat nicht allein die bürgerliche Macht zerschlagen, sondern auch ihre tragenden Strukturen (woraus Lenin dann schlüssig folgern sollte, daß die proletarische Macht sich der bürgerlichen Staatsmaschinerie nicht schlicht bedienen kann, sie vielmehr zerstören muß); die direkte Demokratie erschien nicht als die primäre, sondern als die *spezifische* Form der proletarischen Macht. Folglich sind Revolution und revolutionäre Gesellschaft im Modell der Kommune nicht bloß das Urbild für die Auslöschung des Staates, sondern mehr noch für die schrittweise Auslöschung der *politischen* Dimension überhaupt, d.h. jener Dimension, die vom gesellschaftlichen Sein abgehoben und ihm entgegengesetzt ist; zugleich sind sie das Urbild für die Wiederherstellung des gesellschaftlichen Seins in seiner Einheit. Wie das kämpfende Proletariat keine von seinem unmittelbaren Sein getrennte Institution an sich hervorbrachte, so hätte es auch keinen eigenen, vom unmittelbaren Sein der neuen Gesellschaft getrennten Staat hervorzubringen. Wenn also bei Marx keine Theorie der Partei zu finden ist, so deshalb nicht, weil seine Theorie der Revolution weder Bedarf nach ihr hat, noch Raum für sie läßt.

Lenins Horizont

Das Thema der revolutionären Partei – und damit die erste Parteitheorie – tritt mit Lenin hervor. Es hat seinen genauen historischen Ort im Übergang von der älteren Periode, in der Marx und Engels noch einen relativ raschen Zusammenstoß zwischen Kapitalismus und Proletariat im Zentrum Europas erwarteten, zu einer neuen Periode, in der ein solcher Konflikt doch nicht reif genug zu sein schien, um eine starke subjektive Akzentuierung, eine Art Forcierung der Geschichte (ein »Herbeizwingen« der Revolution) überflüssig zu machen. Zwei faktische Gegebenheiten bestimmen Lenins Horizont um die Jahrhundertwende: Erstens der Übergang zur imperialistischen Phase, wodurch sich die Krise des Kapitalismus als ein komplexerer Sachverhalt entpuppte. Die Konzentrationsmechanismen wurden immer gigantischer und die explosivsten Widersprüche verlagerten sich in neue Bereiche. »Die Formen, die Aufeinanderfolge, das Bild der einzelnen Krisen wandelten sich, doch die Krisen blieben ein unvermeidlicher Bestandteil der kapitalistischen Ordnung.«[7] Zweitens sollte zwar die These vom unvermeidlichen *Zusammenbruch* des Kapitalismus noch lange nach Lenins Tod im revolutionären Flügel weiterleben, aber er selbst mußte im Laufe seines Lebens feststellen, daß die Widerstandskraft des Systems größer und die Initiativkraft der Klasse geringer waren, als sich während jener Zeit voraussehen ließ, die er die erste große revolutionäre Periode nannte: von 1848 bis zur Pariser Kommune. Die Zeit von 1872 bis 1905 dagegen bezeichnete er als die »durch die Abwesenheit von Revolutionen ›friedliche‹« Periode[8], die übrigens »paradox« endete[9], nämlich mit Revolutionen – der russischen von 1905 und dem großen asiatischen Erwachen – in Gebieten, die im Vergleich zu den kapitalistischen Hochburgen am Rande lagen. Nicht daß in dieser »friedlichen« Periode die Klassengegensätze weniger scharf gewesen wären; doch zeigte sich in ihr erstmals das, was man heute die »Integrationsmechanismen« zu nennen pflegt — allen voran der große Schub des Revisionismus Bernsteinscher Prägung, jenes Opportunismus der Zweiten Internationale, der dann zu Anfang des Ersten Weltkriegs in offenen Verrat münden sollte.

Aus diesen Erfahrungen leiten sich die beiden großen Probleme her, die zum Merkmal der Revolutionen des zwanzigsten Jahrhunderts geworden sind und den Stempel Lenins tragen: erstens der Umstand, daß der Bruch des kapitalistischen und imperialistischen Systems in Regionen aufgetreten ist, die nach dem Marxschen Modell »unreif« waren. Die theoretischen Folgerungen daraus wurden in der kommunistischen Bewegung gewissermaßen umgangen, indem man sich auf die These berief, »rückständige« Regionen müßten zunächst die demokratische Revolution durchlaufen, ehe sie zur sozialistischen gelangen könnten. Diese These galt zumindest solange, bis in den fünfziger Jahren die chinesischen Kommunisten sowie einige Bewegungen in der Dritten Welt versuchten, sie durch die Theorie von den »Gebieten des revolutionären Sturmes« zu revidieren. Es mag angesichts einer derart komplexen Thematik und für die Zwecke dieser Ausführungen genügen, hervorzuheben, daß eben diese Bewegungen oder Revolutionen von einem »Protagonisten« getragen wurden, der nicht immer mit dem Proletariat identisch ist. Das zweite Problem liegt darin, daß sich die Frage der politischen Organisation in solchem Rahmen anders stellt als die der spontanen Herausbildung einer Klassenavantgarde im Feuer des Kampfes. Der Zusammenstoß muß nicht nur vorbedacht, er muß regelrecht vorbereitet werden: Je »unreifer« die Gesellschaft ist, desto mehr kommt der Avantgarde die Aufgabe zu, den Abstand zwischen objektiven Bedingungen einer unerträglichen Ausbeutung und offenem Ausbruch des Konfliktes gleichsam zu verkürzen, indem sie die Ausgebeuteten und Unterdrückten über ihre wirkliche Lage aufklärt, sie formiert und durch den Aufweis der Möglichkeit einer Revolte, der Methode und der Strategie aus ihrer Ignoranz oder Resignation herausreißt — sie also, kurz gesagt, zu Revolutionären *macht*.

Eine derartige Avantgarde kann der Klasse, die sie zu formieren hat, durchaus äußerlich sein; in gewisser Weise liegt ja der Ort, an dem sie die anzuwendende Pädagogik des Kampfes zu erlernen hat, tatsächlich außerhalb der Klasse. Im wesentlichen ist die revolutionäre Partei also dies: Träger der Marxschen Analyse und ihrer Zielvorstellung und, paradoxerweise, zugleich außerhalb jenes Prozesses von Bewußtseinsbildung durch den Kampf, den Marx ja aufgezeigt hatte. Dennoch ist es der revolutionäre Flügel der Arbeiterbewegung, der in dieser Organisationsform zum Ausdruck kommt – und zwar nicht nur an dem Ort und zu dem Zeitpunkt, an dem sie sich notgedrungen so herausbilden mußte, wenn nicht die Revolution unter Hinweis auf eine unklare »mangelnde Reife« vertagt werden sollte: Auch in Westeuropa, wo die objektiven Bedingungen den Marxschen Hypothesen viel näher kamen, machten die Krise der Sozialdemokratie und ihre Unfähigkeit, sie mit einem anderen Modell zu überwinden (einzig Gramsci und Rosa Luxemburg stellten sich, jeder auf seine Art, dem Problem) eine festere Verschmelzung mit der Marxschen Hypothese unmöglich.

Der Lösungsversuch in ›Was tun?‹

Eine theoretische Begründung dieser Parteikonzeption hat Lenin in *Was tun?* gegeben. Man kann diesen Text nicht erfassen, ohne die Auseinandersetzung mit dem Evolutionismus und Ökonomismus, jenen ideologischen Verschleierungen des Opportunismus der Zweiten Internationale, zu berücksichtigen; doch ebensowenig kann man übersehen, daß es sich bei ihm – mochte Lenin selbst seine Schrift auch als strenge Marx-Exegese gegen die Deformationen der Rechten verstehen – um eine radikale Revision des Verhältnisses zwischen Klasse und Partei handelt – eine Revision in den Grundlagen, in den Begriffen von Klasse und Klassenbewußtsein. In dieser Frage hielt Lenin bekanntlich die Ideen jenes Kautsky für »sehr treffend«, der ausführte: »Manche unserer revisionistischen Kritiker nehmen an, Marx hätte behauptet, die ökonomische Entwicklung und der Klassenkampf schüfen nicht bloß die Vorbedingungen sozialistischer Produktion, sondern auch direkt die *Erkenntnis* ihrer Notwendigkeit. [...] In diesem Zusammenhang erscheint das sozialistische Bewußtsein als das notwendige direkte Ergebnis des proletarischen Klassenkampfes. Das ist aber falsch. Der Sozialismus als Lehre wurzelt allerdings ebenso in den heutigen ökonomischen Verhältnissen wie der Klassenkampf des Proletariats, [...] aber beide entstehen nebeneinander, nicht auseinander, und unter verschiedenen Voraussetzungen. Das moderne sozialistische Bewußtsein kann nur erstehen auf Grund tiefer wissenschaftlicher Einsicht. In der Tat bildet die heutige ökonomische Wissenschaft ebenso eine Vorbedingung sozialistischer Produktion wie etwa die heutige Technik, nur kann das Proletariat beim besten Willen die eine ebensowenig schaffen wie die andere; [...] Der Träger der Wissenschaft ist aber nicht das Proletariat, sondern die *bürgerliche Intelligenz;* in einzelnen Mitgliedern dieser Schicht ist denn auch der moderne Sozialismus entstanden und durch sie erst geistig hervorragenden Proletariern mitgeteilt worden, die ihn dann in den Klassenkampf des Proletariats hineintragen, wo die Verhältnisse es gestatten. Das sozialistische Bewußtsein ist also etwas in den Klassenkampf des Proletariats von außen Hineingetragenes, nicht etwas aus ihm urwüchsig Entstandenes. Dem entsprechend [gehört es] zu den Aufgaben der Sozialdemokratie [...], das Proletariat mit dem *Bewußtsein* seiner Lage und seiner Aufgabe zu erfüllen.«[10] Man weiß, daß Lenin dieses Urteil noch unterstrichen hat, indem er hinzufügte, daß der Arbeiterkampf als solcher niemals über schlicht ökonomische Forderungen hinausgehen könne (weshalb auch die *Spontaneität,* auf die sich die *Rabotschaja Mysl* berief, nur das ideologische Alibi einer objektiv trade-unionistischen, nicht revolutionären Haltung sei) und daher seiner Natur nach außerstande sei, jene Zusammenhänge zwischen der Ausbeutung und der politischen Infrastruktur des bürgerlichen Staates zu erfassen, aus denen auch die politischen Widersprüche zwischen der Autokratie und den anderen Schichten der Gesellschaft entstehen. Für Lenin kam es damals darauf an, die Sozialdemokratie vom »Ökonomismus« freizumachen, das Proletariat in den Kampf gegen die zaristische Autokratie zu werfen, ein adäquates Organisationsmittel zu schaffen; darum ließ er sich auf keine philosophische Diskussion ein, sondern begnügte sich damit, seine Behauptung eines unüberwindlichen Urübels im Klasseninstinkt mit einer Beschreibung des faktischen Verlaufs der Ereignisse abzustützen – nicht ohne eine seltsam idealistische Rekonstruktion der Entstehung des Marxismus allein aus der Kultur mitzuschleppen.[11] Was er daraus dann ableitete, war eine unvermittelte Trennung, ein Nebeneinander von materiellem gesellschaftlichen Sein (die Klasse, das Proletariat) und politischem Kampf für den Sozialismus (ein in der Kultur ausgedrücktes Projekt, eine großzügige Theorie der Emanzipation des Menschen im modernen Zeitalter) und somit letztlich die Rechtfertigung der Avantgarde, dem Ort dieses politischen Projekts, als einer legitim der Klasse äußerlichen Größe.

Die Marxsche Dialektik, in der das Proletariat Subjekt und die vom kapitalistischen Produktionsverhältnis hervorgebrachte Gesellschaft Objekt ist, verschiebt sich mithin zu einer Dialektik zwischen Klasse und Avantgarde, wobei erstere die Undurchsichtigkeit der »objektiven Gegebenheit« hat und letztere, die Partei, zum Subjekt erhoben wird, zum Ort der »revolutionären Initiative«.[12] Lassen wir für einen Augenblick die politischen Konsequenzen dieser Verschiebung beiseite und halten nur fest, daß sie offensichtlich idealistische Wurzeln hat. Obschon man sich gewiß vor einer »mechanistischen« Interpretation des Marxschen Denkens hüten muß, so bleibt doch zu prüfen, wie man Marxist sein und zugleich behaupten kann, das Bewußtsein entstamme etwas anderem als dem gesellschaftlichen Sein – »Es ist nicht das Bewußtsein der Menschen, das ihr Sein, sondern umgekehrt ihr gesellschaftliches Sein, das ihr Bewußtsein bestimmt.« Und wenn der Übergang vom Sein zum Bewußtsein *im* Proletariat eine theoretische Schwierigkeit vorstellt, so ist freilich vollkommen unhaltbar – sofern man nicht direkt in den Hegelianismus zurückfallen will –, das Bewußtsein aus dem Bewußtsein abzuleiten, schlimmer noch, das Paradox aufzustellen, *das Bewußtsein des Proletariats sei ein Produkt des Bewußtseins der Intellektuellen*, ja gar der »bürgerlichen Intelligenz«, die vom gesellschaftlichen Sein abgehoben sein soll und doch wohl in keinem Falle zur proletarischen Klasse gehört.

Der Versuch Rosa Luxemburgs

Auch Rosa Luxemburgs theoretischer und politischer Ansatz zielt auf die Lösung desselben Problems: die Gründe zu finden, aus denen das europäische Proletariat hinter den Erwartungen von Marx zurückgeblieben ist. Doch anstatt Lenins These einer äußeren Avantgarde zu übernehmen, versucht sie, *innerhalb* der Marxschen Konzeption von Klassenbewußtsein zu verbleiben, was ihr den Vorwurf des »Spontaneismus« einbrachte – diesmal nicht als ideologische Form des Opportunismus, wie im Falle der russischen ökonomistischen Rechten, sondern als Bemäntelung eines »linken Abenteurertums«. In Wahrheit hat Rosa Luxemburg niemals die Möglichkeit erwogen, daß die Massen ohne organisierte Avantgarde – was für sie die Partei hieß – auskommen könnten; allerdings erblickte sie den Ursprung dieser Notwendigkeit einer Avantgarde nicht in einem Mangel an *politischer* Dimension des Arbeiterkampfes selber, sondern in seiner objektiven Zersplitterung und dem daraus resultierenden Erfordernis einer vereinheitlichenden Strategie. Es sind demnach gerade die *unmittelbaren* politischen Bedürfnisse der Klasse, die eine strategische Verschmelzung gebieten. Rosa Luxemburg verwirft die These, daß die Theorie des Klassenkampfes unabhängig von diesem Kampf selbst entstehen könnte: »Der proletarische Klassenkampf ist älter als die Sozialdemokratie; ein elementares Produkt der Klassengesellschaft, lodert er schon mit dem Einzug des Kapitalismus in Europa auf. Nicht die Sozialdemokratie hat erst das moderne Proletariat zum Klassenkampf angeleitet, sie ist vielmehr selbst von ihm ins Leben gerufen worden, um Zielbewußtsein und Zusammenhang in die verschiedenen örtlichen und zeitlichen Fragmente des Klassenkampfes zu bringen.«[13] »Die Geschichte aller bisherigen Revolutionen zeigt uns, daß gewaltsame Volksbewegungen, weit entfernt ein willkürliches, bewußtes Produkt der sogenannten ›Führer‹ oder der ›Parteien‹ zu sein, [...] vielmehr ganz elementare mit Naturgewalt sich durchsetzende soziale Phänomene sind, die ihre Quelle in dem Klassencharakter der modernen Gesellschaft haben. An dieser Sachlage hat sich zunächst durch das Aufkommen der Sozialdemokratie noch nichts geändert, und auch ihre Rolle besteht nicht darin, der geschichtlichen Entwicklung des Klassenkampfes Gesetze vorzuschreiben, sondern umgekehrt darin, sich ihren Gesetzen und dadurch diese sich dienstbar zu machen.«[14] Die Verschmelzung von Spontaneität und Organisation geschieht durch die *Gesetze* der geschichtlichen Entfaltung des Klassenkampfes, d. h. in seiner materiellen Basis: Sie ist weder dem unmittelbaren Bewußtsein der Masse von sich selbst gleichzusetzen (jener Masse, von der Rosa Luxemburg sagt, daß sie »wie die Thalatta, das ewige Meer, alle latenten Möglichkeiten: tödliche Windstille und brausenden Sturm, niedrigste Feigheit und wildesten Heroismus in sich birgt. Die Masse ist stets das, was sie nach den Zeitumständen sein *muß*, und sie ist stets auf dem Sprunge, etwas total anderes zu werden, als sie scheint«[15]), noch ist sie ein bloßes Produkt der Kultur, jene von der materiellen Entwicklung unabhängige »Ideologie des Sozialismus«, die Lenin in *Was tun?* der »bürgerlichen Ideologie« entgegenstellte.

Die Position Rosa Luxemburgs wurde später von der Dritten Internationale verurteilt[16]; doch vorher schon war sie durch die Niederlage der deutschen und europäischen Revolution – der einzigen also, der sie historisch angemessen zu sein schien – widerlegt worden. Die Verurteilung zog eine Fülle von organisatorischen Konsequenzen nach sich, denn der theoretische Streit verbarg ja einen praktischen Kern: die Frage der Führung. Wenn nämlich *das Subjekt ins Innere der Klasse verlagert* wird (wie immer komplex auch die Dialektik von Sein und Bewußtsein sich darstellen mag), so erscheint die politische Organisation, die Partei, schlicht als ein Instrument der Klasse, das von ihr immer neu zur Überprüfung herangezogen werden kann. Wenn aber das Subjekt als die *äußere politische Avantgarde* bestimmt wird, so erhält diese ein eigenes Legitimitätsprinzip, kann sich selber regulieren und verlangt von der Klasse, sich ihr anzupassen.

Lenin hatte ein sehr waches Bewußtsein von dieser Problematik, und er hat ja in der Tat seine anfängliche aufklärerische Konzeption eines »von außen hineingetragenen Bewußtseins« später – als die Schlacht gegen die Rechte erst einmal gewonnen und die revolutionäre Partei geschaffen war – nicht bloß abgeschwächt, sondern ihr mit der Parole »Alle Macht den Räten!« geradezu widersprochen: Die *Sowjets* waren direkter Ausdruck der Klasse, die nun offensichtlich mit genügend Bewußtsein ausgestattet war, um die neue Gesellschaft leiten zu können. Wir sagen »widersprochen« nicht nur, weil das Verhältnis zwischen den Räten und der Partei in der Praxis nur zu einem kurzen und zerbrechlichen Gleichgewicht fand, sondern auch, weil es bei Lenin einen Sprung zwischen seiner Theorie von der Machteroberung und seiner Theorie der Revolution aufdeckte, insofern das Subjekt der ersten die politische Avantgarde, das der zweiten aber die Klasse war. Der unterschiedliche Kontext erklärt die Partialität der jeweiligen Positionen, aber partiell bleiben sie dennoch: eine erste, noch begrenzte Erkenntnis der Komplexität des Verhältnisses zwischen der Klasse und ihrer Organisation sowie seines Akzentwechsels im Zuge seiner geschichtlichen Konkretisierung.

Die Spannweite bei Gramsci

In Gramscis Denken liegt die Polarität offen zutage. Der gesamte frühe Gramsci der *Consigli* [»Räte«], der Sowjet-Anhänger und Antijakobiner, hat sozusagen einen luxemburgischen Akzent, ja er geht so weit, in der überregionalen Räte-Organisation, dem Sitz der Selbstregierung der Produzenten, die politische Organisation überhaupt, die wahre italienische Verwirklichung der Prinzipien der kommunistischen Internationale erblicken zu wollen.[17] Diese auf die Spitze getriebene Interpretation kann man wohl nur im Zusammenhang mit den Auseinandersetzungen in der damaligen Sozialistischen Partei Italiens richtig einschätzen; sicher ist indes, daß Gramscis Turiner Praxis ganz und gar in jener Hypothese verankert war, der zufolge die Klasse zum unmittelbaren politischen Subjekt heranwächst und die Partei ihr gegenüber ein – wie es in dem berühmten Abschnitt über die russische Revolution heißt – idealler Bezugspunkt ist, Ort der kohärenten theoretischen Arbeit, intellektuelle und moralische Avantgarde, ein Instrument – aber nicht das einzige – des politischen Ausdrucks. Dieser selbst aber bedürfe keiner Vermittlungen, er forme sich bereits in den Räten, wo die Klasse sich selbst als revolutionäre Alternative zu erkennen lerne, als die im Entstehen begriffene neue Gesellschaft.[18]

Zehn Jahre später, in Gramscis Ausführungen über Machiavelli, hat sich der Akzent verschoben: Nun wird die Avantgarde betont, der »*principe*«, der allein imstande ist, die

Realität zu interpretieren, ihr noch ungeformtes Potential freizusetzen. Ohne seinen Eingriff sei die Realität selbst nicht in der Lage, eine eigene Gestalt anzunehmen, sich zu erkennen. Die *Autonomie* des Politischen (die ja die eigentliche »Entdeckung« Machiavellis war) löst nun die revolutionäre Partei, wo sie auch für diese als gültiges Prinzip angenommen wird, aus ihrer materiellen Basis. Somit schließt sich die Dialektik zwischen Klasse und Bewußtsein gerade nicht im Sinne der »direkten Demokratie«.

Es nimmt kaum wunder, daß sich sowohl die Vertreter der seit 1956 wiederaufkommenden »rätekommunistischen« Kritik als auch diejenigen, die nach einer theoretischen Bestätigung für die Oberhoheit der Partei und gar ihrer Führungsgruppe Ausschau halten, mit gleicher Einseitigkeit auf Gramsci berufen haben.[19] Gramscis Wahrheit – wie seine Faszination – liegt in seiner Spannweite, in dem langen Weg, den er zurückgelegt hat: theoretisches Echo der Krise der Revolutionen in den zwanziger Jahren, Reflexion über die Komplexität des Verhältnisses von Spontaneität und Organisation inmitten eines dramatischen historischen Klimas, in der Konkretheit einer Niederlage der Bewegung, in der die einzige Rettung darin zu bestehen schien, sich international auf die Sowjetunion zu beziehen und in den einzelnen Ländern eine, wenn auch begrenzte, Avantgarde um jeden Preis aufrechtzuerhalten. Aber Gramscis Wahrheit liegt auch – und zwar während der Zeit der *Consigli* nicht weniger als während des »Stellungskrieges« – in einem niemals abgestumpften Gespür für die Vielschichtigkeit des gesellschaftlichen Ganzen und seiner Ausdrucksformen, in seiner immer wieder unterstrichenen Betonung der Notwendigkeit jeder Art von Organisation, gleichgültig, ob »direkter« oder »vertikalisierter«, sich als Synthese eines reich gegliederten und vielfach vermittelten Prozesses darzustellen, als realer, materieller, historischer »Reflex« des gesellschaftlichen Seins. Es ist dies eine Wahrheit, die zwar die Verschiedenheit der beiden Konzeptionen Gramscis nicht aufzuheben vermag, sie aber beide mit einer gemeinsamen Sorge und Anstrengung durchtränkt – und zwar so nachhaltig, daß Gramsci in der kommunistischen Bewegung, wenn auch nicht verdammt war wie Rosa Luxemburg, so doch lange Zeit im Ruch der Häresie stand.

In der kommunistischen Bewegung nach Lenin wird die Frage des Verhältnisses von Partei und Klasse tatsächlich nicht mehr gestellt – oder allenfalls in recht beschränkter und indirekter Form als wiederholte Beschwörung einer »besseren Verbindung der Partei zu den Massen«, also nur als Problem des demokratischen Mechanismus, der Funktionalität der Avantgarde, der Reinigung ihrer Kommunikationskanäle, des Grades ihrer Empfänglichkeit. In ihrer höchstentwickelten Ausprägung, zum Beispiel in der Kommunistischen Partei Italiens, hat die kommunistische Bewegung – gerade durch die Rezeption der Theoreme von Gramsci – eine Komplexität und Feingliedrigkeit erlangt, die viele Ansätze erlaubt, nicht nur im Hinblick auf ihr inneres Leben, sondern auch bei der Interpretation einer nationalen Gesamtwirklichkeit, die durch schrittweise Verfeinerung des politischen Instrumentariums weiter zu reflektieren ist. Doch es geht dabei immer nur um Verbesserung der Funktionalität des Instrumentariums, nicht um mehr. Auch die dramatische Stalinismus-Diskussion in den europäischen sozialistischen Ländern überschreitet diesen Horizont in der Regel nicht, d.h. sie verbleibt innerhalb der *politischen* Dimension und wird daher stets durch institutionelle Schranken, durch die Frage der »Garantien« begrenzt; infolgedessen schwankt sie, wo sie überhaupt stattfindet, zwischen Sektierertum und Rechtsabweichung, zwischen Rechtfertigung eines faktischen Monolithismus und dem Vorschlag, auch innerhalb der sozialistischen Gesellschaft einen Parteienpluralismus zuzulassen. Nur ein einziges sozialistisches Land – die Volksrepublik China – hat im Laufe seiner Revolution und vor allem in dem alles überflutenden, stürmischen Versuch der »Kulturrevolution« eine erneute Verschiebung der theoretischen Begriffe in der Frage von Partei und Massen auf die Tagesordnung gesetzt: durch den ständigen Rekurs auf die Massen, auf die Objektivität nicht nur ihrer Bedürfnisse, sondern auch ihrer unmittelbaren Bewußtseinsformen (der »arme Bauer«, der am gründlichsten Enteignete wird überall, wo die Rote Armee oder ihr Propagandist hinkommt, zum Angelpunkt des Aufbaus der Bewegung) als dem Maßstab für den richtigen Verlauf des ganzen politischen

Prozesses – und folglich als Element, dem sich die Organisation zwangsläufig unterzuordnen hat. Diese Betonung der materiellen Bedingungen wird ihrerseits garantiert durch das Charismatische der »richtigen Ideen« Maos, die als Geburtshelfer bei der Bewußtwerdung und als Garant des subjektiven Prozesses dienen. Gerade in dieser Dualität liegt eine einmalige Brisanz, die Stück für Stück die konkreten Formen der politischen Organisation und der Staatsverwaltung auseinandersprengt, um dann freilich eine neue Organisation hervorzubringen, die ihrerseits wieder ein Moment rigider Zentralisation enthält und spezifische neue, den Massen wiederum äußerliche Formen ausbildet. Eher als von einer Dialektik meinen wir hier von einer unaufgelösten *Antinomie* sprechen zu müssen – von einer Antinomie allerdings, die offengehalten wird als ein praktisches, empirisches System wechselseitiger Korrekturen. Vielleicht ist dies überhaupt die einzige Möglichkeit, unter Bedingungen einer mangelnden Reife der Produktivkräfte und zum Teil auch der gesellschaftlichen Kräfte – Bedingungen, die in China unübersehbar sind – das Verhältnis von Partei und Klasse nicht zu einer Hierarchie erstarren zu lassen, zu der die Ungeheuerlichkeit der gegebenen Probleme, noch dazu vor einer derart gewaltigen Masse von Menschen, sonst wohl unweigerlich drängen würde. Das theoretische Problem bleibt somit ungelöst, aber es wird immerhin lebhaft erfaßt, während es in den anderen sozialistischen Ländern zur sterilen Wiederholung der durch die Brille der stalinistischen Praxis gesehenen Formeln Lenins verkommen ist.

Offen geblieben ist die Diskussion, jedenfalls bis zu den letzten Jahren, nur in einigen Gruppen am Rande der Arbeiterbewegung. Doch dort, wo man sich ihr stellte – in Italien in der Rätediskussion[20], in Frankreich in der Polemik gege Sartre, die 1952 von Merleau-Ponty und Claude Lefort begonnen wurde und sich dann in der Zeitschrift *Socialisme ou Barbarie* fortsetzte[21] –, zeigte sich auch bald, daß sie über eine bestimmte Grenze nicht hinauskam. Weniger in theoretischer Hinsicht, insofern es an gewissenhaften philologischen Untersuchungen nicht fehlte und – besonders in Frankreich – auch durchaus gewichtige Beiträge, z. B. zu Themen von Lukács vorgebracht wurden, als vielmehr in der politischen Dimension, die ja schließlich stets den höchsten Momenten der theoretischen Diskussion bei Marx, bei Lenin, bei Rosa Luxemburg, bei Gramsci ihre besondere Kraft gegeben hatte. Gewiß standen alle Debatten, die seit den dreißiger Jahren in Europa über die Theorie der Partei geführt worden sind, unter einem »linken« Vorzeichen, waren stets der Reflex eines real konstatierten Rückstandes oder einer Latenz der revolutionären Bewegung im Westen; aber alle versuchten doch auch, die Lösung in einer »Rückkehr zu den Ursprüngen« zu entdekken, d. h. einer Rückkehr zu Marx oder zu Gramsci, um so *allein* im Mechanismus der Ausbeutung das »reine« Verhältnis zwischen der Klasse und ihrem politischen Ausdruck wiederzufinden.

Die Positionen, die sich während dieser Zeit gegen die Aushöhlung der institutionellen Kräfte von Partei und Gewerkschaft auf die Priorität der Klasse als politisches Subjekt beriefen, gleichgültig, ob sie die Notwendigkeit einer Organisation bejahten oder verneinten, waren mehr oder weniger wehrlos gegenüber jener Kritik, mit der Lenin seinerzeit den »Ökonomismus« angegriffen hatte, d. h. sie erschienen als begriffliche Verengungen des Klassen- und Ausbeutungsverhältnisses auf die abstrakte Beziehung zwischen Kapital und Arbeit, in der sämtliche politischen Implikationen des Klassenkampfes, die nationalen ebenso wie die internationalen, außer acht gelassen wurden. Letzten Endes blieben so ausgerechnet jene bloß negativ gekennzeichneten Klasseninstitutionen – Partei und Gewerkschaften – die einzigen Garanten dieser politischen Implikationen, die sie mit ihren größeren Mitteln schneller aufnehmen und verarbeiten konnten. Eine erneute Durchsicht der »rätekommunistischen« Kritik macht deutlich, wie unhistorisch und parzelliert ihre konkreten politischen Vorschläge waren, wie gerade diejenigen, die den »ganzen« Marx wiederfinden wollten, plötzlich nur von »Aufstand« zu reden wußten. Es zeigt sich hier die Borniertheit, ja heute sogar die Unmöglichkeit einer Klassenstrategie, die unberücksichtigt läßt, daß die Gesamtorganisation des Kapitals eben ein Gesamtsystem von gesellschaftlichen Verhältnissen ist. So war es z. B. typisch, daß Claude Lefort – der doch mit einigen guten Gründen Sartres damalige totale Reduzierung der Klassenexistenz auf die Partei kritisierte – in der Diskussion in *Socialisme ou Barbarie* erklärte, er halte es für irrelevant, ob die französische Arbeiterklasse sich gegen den General Ridgeway schlägt oder nicht, dergleichen sei »nicht ihre Sache«*. Die ganze gewichtige Tatsache, daß die Arbeiterbewegung des 20. Jahrhunderts sich bisher entweder in der Form der Sozialdemokratie oder in der des Leninismus – und zwar in der stalinistischen Version der leninistischen Partei – zum Ausdruck gebracht hat, die Existenz der Sowjetunion und die daraus sich ergebenden internationalen Kräfteverhältnisse, die wiederholten Revolutionen oder revolutionären Momente in »unreifen« Regionen und ihre daraus resultierende Strukturierung in kommunistischen Parteien oder gar noch straffer hierarchisierten Formen (die stets durch eben jene objektive Unreife und die subjektive Prägnanz der Revolution gerechtfertigt wird) – all das blieb unbeachtet und verurteilte die gesamte Kritik letztlich zur Sterilität.

Angesichts all dessen fällt es der kommunistischen Bewegung in ihrer konkreten Präsenz nicht besonders schwer, auf die Resultate ihrer handgreiflichen Tätigkeit in der Geschichte zu verweisen. Daß sie dabei häufig versucht hat, in dieser ihrer Handlungsfähigkeit schon ihre ganze Selbstrechtfertigung und eine Art Freistellung von jeder kritischen Überprüfung zu finden, ist nicht zu bestreiten; und daß die Institution Partei – geschaffen in der täglichen politischen Arbeit und der Selbstaufopferung Tausender von Menschen und dadurch zum Protagonisten des 20. Jahrhunderts geworden – oft der Versuchung erliegt, ihren Zweck mehr in der bloßen Selbsterhaltung als politisches Organ zu sehen denn in der permanenten Orientierung an der Klasse, die sie ja doch repräsentieren will, steht ebenfalls außer Zweifel.[22] Doch angesichts der Sprache der Tatsachen, zumal wenn diese solch gewaltige Dimensio-

* General Matthew B. Ridgeway, 1951 US-Befehlshaber im Koreakrieg, insbesondere verantwortlich für den Einsatz bakteriologischer Waffen, wurde im Mai 1952 zum Oberkommandierenden der Alliierten Streitkräfte in Europa (SACEUR) ernannt. Für den Tag seiner Ankunft in Paris hatte die KPF zu massenhaften Protestdemonstrationen gegen den »Kriegsverbrecher« aufgerufen (»Go home, Ridgeway la peste!«). Es folgten tagelange Straßenschlachten zwischen Demonstranten und Polizei, zahlreiche Verhaftungen etc., sodann heftige Auseinandersetzungen innerhalb der französischen Linken. Auch hierzu ausführlicher unten S. 172 ff. *(Anm. d. Üb.)*.

nen annehmen, können nur Tatsachen standhalten. Auf dem Felde der Praxis und der Theorie hat sich die Daseinsweise der kommunistischen Parteien nicht durch eine *Reflexion* über die Klasse in Frage stellen lassen – schon gar nicht durch eine derart mangelhafte Reflexion wie die skizzierte. In Frage stellen läßt sie sich allein durch eine einschneidende Veränderung der *wirklichen* Verhältnisse, wenn die Avantgarde plötzlich Auskunft geben muß – nicht ob sie mit der Theorie zurande gekommen ist, sondern ob sie auf der Höhe des Potentials der Bewegung ist, ob sie ihr voraus ist oder hinterherläuft. Das leninistische Modell vom Verhältnis zwischen Partei und Klasse, wie es zu Beginn des Jahrhunderts ausgearbeitet wurde als Instrument einer Revolution, die nicht im Zentrum des fortgeschrittenen Kapitalismus stattfand, steht erst dann wieder zur Debatte, wenn sich das Problem der Revolution in den fortgeschrittenen Gesellschaften stellt.

Worin wir die Lösung oder zumindest eine Arbeitshypothese sehen, kommt in der anschließend abgedruckten Diskussion mit Sartre zum Ausdruck. Und natürlich kann das nichts anderes sein als ein Gegenstand der Untersuchung und der Diskussion mit der gesamten Bewegung; nicht zufällig stellt sich die Frage heute auf allen Ebenen, sowohl innerhalb der kommunistischen Parteien, wo diese gegenüber der Beunruhigung, die aus den neuen Kampfformen kommt, noch offen und empfänglich sind, als auch unter den neu in den letzten Jahren entstandenen Gruppen, die ihre erste Phase einer problemlosen Verklärung der Spontaneität rasch hinter sich gebracht haben. Zwei Punkte möchten wir zum Schluß noch betonen. Erstens: Wenn es stimmt, daß die Frage des Verhältnisses von Klasse und Partei einen theoretischen Wert nur hat, wenn sie politisch reif ist – mit anderen Worten, daß die einzig sinnvolle Theorie nur diejenige sein kann, die aus dem Innern einer Praxis, eines geschichtlichen Handelns hervorkommt –, so ist gleichwohl keine Lösung möglich, die nicht von einer aufmerksamen Analyse der verschiedenen Klassenwidersprüche in der fortgeschrittenen Gesellschaft ausgeht, von den konkreten Kampfformen, von den Bedürfnissen, die *heute* bereits in der Krise des Kapitalismus sichtbar werden. Was wir damit sagen wollen, ist, knapp umrissen, dies: Eine Theorie der Organisation ist aufs engste an eine Hypothese der Revolution gebunden und läßt sich von ihr nicht trennen. Und zweitens: Die Spannung, die heute die historischen Institutionen der Klasse – Partei und Gewerkschaft – bedrängt, entspringt nicht nur aus deren subjektiven Borniertheiten. Sie kommt aus einer politischen Dimension, die immer enger mit dem gesellschaftlichen Sein verbunden ist, immer zäher ins Zentrum seiner Bewußtwerdung vordringt, sich immer weniger delegieren läßt; kurzum, es verkürzt sich jener Abstand zwischen Avantgarde und Klasse, der den Ausgangspunkt der Partei Lenins bildete. Die Marxsche Hypothese drängt sich auf in Bewegungen wie der des französischen Mai, in den Konvulsionen, die unsere Gesellschaften erschüttern und die sich einer Einordnung in rein politische Kategorien, mag sie noch so geschmeidig und aufmerksam sein, immer mehr entziehen. Allein von dieser Feststellung aus kann heute das Problem der Organisation wieder gefaßt werden. Von Marx ausgegangen, kehren wir allmählich wieder zurück zu Marx.

II. Das Risiko der Spontaneität, die Logik der Institution

Ein Gespräch mit Jean-Paul Sartre*

Manifesto: Aus den Ereignissen des französischen Mai und allgemein aus den Kämpfen der letzten Jahre ist eine Kritik an den Parteien hervorgegangen, die nicht nur deren einzelne politische Entscheidungen erfaßt, sondern ihre Struktur selbst. Angegriffen werden nicht mehr nur ihre Degenerationserscheinungen (z.B. die Bürokratisierung), sondern ihr Wesen überhaupt – der Begriff der politischen Organisation, der *Partei.* Als dann die Bewegung an der Basis wieder schwächer wurde, haben mehrere »linksradikale« Gruppen wieder gegen den Spontaneismus die Organisation hervorgehoben,

---

* Aufgezeichnet am 27. August 1969 in Rom. (Gesprächspartner Sartres war nicht die Autorin allein, sondern ein Kollektiv der Redaktion von *Il Manifesto.* Der Übersetzung liegt sowohl die französische Fassung [*Les Temps Modernes,* Jan. 1970] wie auch die in den Beiträgen der *Manifesto*-Gruppe zuweilen sprachlich leicht abweichende italienische Veröffentlichung zugrunde. *Anm. d. Üb.*)

indem sie die Rückkehr zum »reinen« Leninismus propagierten. Uns scheint weder die eine noch die andere dieser beiden Haltungen ausreichend zu sein; wir meinen, daß man den Spontaneismus nur dann kritisieren kann – und dies ist die Lehre von 1968 –, wenn man voll anerkennt, daß die subjektive Reife der Klasse heute eine *neue* Form von Organisation erfordert, eine Form, die den Bedürfnissen des Klassenkampfs in den Gesellschaften des fortgeschrittenen Kapitalismus angemessen ist.

Wir würden dieses Gespräch gern auf die theoretischen Grundlagen dieses Problemes konzentrieren; sie haben ja schon einen Ort in Ihrem Denken, seit Ihrer inzwischen klassischen Darlegung von 1952 (*Les communistes et la paix*) und der anschließenden Diskussion mit Lefort und Merleau-Ponty, über Ihre Schrift *Le fantôme de Staline* von 1956 bis hin zur *Kritik der dialektischen Vernunft*. 1952 macht man Ihnen den Vorwurf des Hypersubjektivismus, weil Sie der Klasse keine andere Existenz als in der Partei zuerkennen wollten. 1956 erhob man den gegenteiligen Vorwurf, man beschuldigte Sie nun eines Objektivismus, der darauf aus ist, den Stalinismus insgesamt als das unvermeidliche Produkt einer bestimmten historischen Situation zu erklären. Tatsächlich aber scheint uns, daß beide Positionen eine gemeinsame Grundlage in Ihrem Begriff der *rareté* hatten, d. h. der strukturellen Rückständigkeit des Terrains, auf dem sich die Oktoberrevolution vollzogen hat, und folglich der »Zwänge«, die sich aus der »Unreife« der Revolution und später aus dem Aufbau des Sozialismus in einer Phase der ursprünglichen Akkumulation ergeben hatten. In einer solchen Situation, so meinten Sie, müsse die Partei sich zwangsläufig über eine Masse setzen, die noch nicht den entsprechenden Bewußtseinsstand erreicht hat. Meinen Sie nun, daß dieses Bild der Partei (das in den fünfziger Jahren auch das unsere war) heute kritisch überprüft werden muß, weil sich die Situation geändert hat, oder vielmehr weil bereits in den damaligen Formulierungen theoretische Unzulänglichkeiten steckten, die heute nur offen zutage liegen?

Sartre: Gewiß gab es Unzulänglichkeiten. Man muß sie aber historisch einordnen. 1952, als ich *Les communistes et la paix* schrieb, war die grundlegende politische Entscheidung eben die Verteidigung der KPF und vor allem der UdSSR gegen den Vorwurf des Imperialismus. Es kam entscheidend darauf an, diesen Vorwurf zurückzuweisen, wollte man sich nicht auf der Seite der Amerikaner wiederfinden. Später wurde dann deutlich, daß die UdSSR, als sie in Budapest auf eine Weise vorging, die Stalin – aus politischer Intelligenz oder aus anderen Gründen – im Falle von Jugoslawien 1948 vermieden hatte, und als sie dies dann in der Tschechoslowakei 1968 wiederholte, sich in der Art einer imperialistischen Macht verhält. Ich will damit kein moralisches Urteil fällen. Ich behaupte nur, daß die Außenpolitik der UdSSR offenbar wesentlich durch ihr antagonistisches Verhältnis zu den USA bestimmt wird, nicht durch ein Prinzip der Respektierung und Gleichheit im Verhältnis zu den anderen sozialistischen Staaten. Aus dieser Feststellung ergab sich meine Position von 1956. Selbstverständlich konnte ich, nachdem ich nun so weit gekommen war, den Widerspruch zu meinen Positionen von 1952 nicht verdecken. In der *Kritik der dialektischen Vernunft* habe ich mich genauer auszudrücken versucht. Freilich war dieser Versuch eine immer noch bloß formale Lösung, der eine historische Analyse der UdSSR in der Stalinzeit hätte folgen müssen; skizziert habe ich diese Analyse bereits als Teil eines zweiten Bandes der *Kritik,* der allerdings wohl nie erscheinen wird.

Kurz umrissen: Was ich mit den Begriffen *Masse, Partei, Spontaneität, Serialisation, Kanäle, Gruppen* zu zeigen versucht habe, stellt bereits einen ersten Ansatz zur Lösung des Problems dar. Im Grunde wollte ich zeigen, daß die Partei im Verhältnis zur Masse eine *notwendige* Realität ist, weil die Masse von sich aus keine *Spontaneität* besitzt. Von sich aus bleibt die Masse *seriell**. Andererseits ist die Partei, sobald sie zur Institution wird – abgesehen von außergewöhnlichen Umständen –, reaktionär im Verhältnis zu dem, was sie selbst hervorruft oder schafft, d. h. zu der *fusionierenden Gruppe.* Mit anderen Worten: Das Dilemma zwischen Spontaneität und Partei ist ein falsches Problem. Im Hinblick auf ihr Selbst-

---

* Sartres Begriff des »Seriellen«, der »Serialisation« etc. wäre hier mit »aneinandergereiht«, »Reihung« etc. nur unzulänglich wiedergegeben. Vgl. seine Darlegungen in *Kritik der dialektischen Vernunft,* Reinbek 1967, S. 67 ff. und 707 ff. *Anm. d. Üb.*

bewußtsein erscheint die Klasse nicht als homogen, vielmehr als eine Anhäufung von Einzelelementen, von Gruppen, die ich als »fusionierende« bezeichne (*groupes en fusion*). Unter den Arbeitern finden wir fusionierende Gruppen in dem einen oder anderen Betrieb immer dann, wenn ein Kampf stattfindet, in dessen Verlauf die Individuen untereinander Wechselbeziehungen herstellen, gegenüber dem Ganzen eine Haltung annehmen, die ich »wilde Freiheit« (*liberté sauvage*) genannt habe, und somit ein präzises Bewußtsein ihres Seins als Klasse gewinnen. Aber neben diesen fusionierenden Gruppen gibt es andere, nicht durch einen Kampf vereinte Arbeiter, die serialisiert bleiben und daher zu keiner Spontaneität fähig sind, weil nichts sie mit den anderen verbindet außer einem Verdinglichungsverhältnis, einem seriellen Verhältnis. Sie sind ständig anders als sie selbst, weil einzig durch ein Verhältnis zum anderen gekennzeichnet. Sogar eine fusionierende Gruppe – z. B. die Arbeiter eines bestreikten Betriebes – wird immerzu von Serialitätsverhältnissen (Vermassung etc.) belastet und bedrängt. Ein Arbeiter, der sich am Arbeitsplatz in einer fusionierenden Gruppe befindet, kann zu Hause oder in anderen Lebensmomenten vollständig serialisiert sein. Wir haben somit sehr verschiedene Formen von Klassenbewußtsein vor uns: auf der einen Seite ein fortgeschrittenes Bewußtsein, auf der anderen fast gar keins und dazwischen eine Reihe von Vermittlungen. Aus diesem Grunde scheint es mir nicht möglich, von einer *Spontaneität* der Klasse zu sprechen; richtig ist allein, von *Gruppen* zu sprechen, von Gruppen, die als Ergebnisse bestimmter Umstände sich je nach Lage selber schaffen und dabei nicht eine tiefliegende Spontaneität wiederfinden, sondern die Erfahrung einer spezifischen Situation auf der Grundlage einer spezifischen Ausbeutungslage und präzisen Forderungen machen. Im Verlaufe dieser Erfahrung reflektieren sie sich selbst in mehr oder weniger richtiger Weise.

Was aber ist nach alledem die Partei im Verhältnis zur Serie? Gewiß eine gute Sache, denn sie verhindert den Rückfall in die vollständige Serialität. Die Mitglieder der kommunistischen Parteien wären selbst weiterhin isolierte und serialisierte Individuen, wenn die Partei sie nicht als Gruppe konstituierte mittels eines organischen Bandes, das dem Mailänder

Kommunisten ermöglicht, zu anderen kommunistischen Arbeitern in anderen Gebieten Beziehungen zu unterhalten. Zudem ist es der Partei zu verdanken, wenn sich im Laufe des Kampfes zahlreiche Gruppen bilden, denn die Partei erleichtert die Kommunikation. Trotzdem steht sie angesichts der fusionierenden Gruppe, deren Entstehung sie selbst gefördert hat, in aller Regel unter dem Zwang, sie entweder zu absorbieren oder zu negieren. Im Vergleich zur Gruppe, deren Strukturierung niemals über eine Art wechselseitiger Übereinkunft hinausgeht, ist die Partei bedeutend stärker strukturiert. Eine Gruppe bildet sich in der Hitze des Kampfes, zum Beispiel um ein bestimmtes Ziel zu erreichen (»Wir müssen die Bastille stürmen!«), und nach beendeter Aktion stehen die einzelnen Gruppenmitglieder einander wieder unsicher gegenüber; in ihrer Freiheit versuchen sie nun, eine Bindung herzustellen, die das unmittelbar in der Aktion entstandene Band ersetzen könnte, d. h. sie suchen nach einer Art Bündnis oder Schwur, der dann seinerseits tendenziell einen ersten Ansatz zur Serie bildet und ein Verhältnis verdinglichten Nebeneinanders unter ihnen begründet. Dies ist es, was ich *Fraternité-terreur* genannt habe. Demgegenüber entwickelt sich die Partei als ein Komplex von Institutionen, als statisches, geschlossenes System, das zur Sklerose neigt. Aus diesem Grunde ist sie gegenüber der fusionierenden Masse immer im Rückstand, auch wo sie sie anzuleiten versucht – eben weil sie ihr den Reichtum nimmt, sie sich unterzuordnen sucht oder gar sie negiert, sich von ihr desolidarisiert.

Im Denken und Handeln jeder Gruppe spiegelt sich zwangsläufig ihre Struktur. Was also geschieht, ist dies: Das Denken einer fusionierenden Gruppe ist – weil es im Feuer einer besonderen Situation entsteht und nicht aufgrund einer wie immer beschaffenen »Spontaneität« – stärker geladen, kritischer, neuer als das Denken einer strukturierten Gruppe. In ihrer Eigenschaft als Institution hat die Partei ein institutionalisiertes Denken – d. h. etwas, das sich von einer Reflexion über die *Realität* entfernt, um letztlich nur noch die eigene Organisation zu reflektieren –, mithin ein ideologisches Denken. Nach dessen Schema gestaltet und deformiert sich auch die Kampferfahrung selbst, während umgekehrt die fusionierende Gruppe die Kampferfahrung so denkt, wie sie sich ihr darstellt, ohne institutionelle Vermittlungen. Daher kann das Denken einer Gruppe durchaus vage, untheoretisierbar, störend sein – wie zum Beispiel die Ideen der Studenten im Mai 1968 – und dennoch einen höheren Grad an *wahrer* Reflexion repräsentieren, gerade weil keinerlei Institution sich zwischen Erfahrung und Reflexion über die Erfahrung schiebt.

Sicher legen wir hier den Finger auf einen inneren Widerspruch in der Funktion der Partei selbst. Die Partei entsteht, um die Arbeiterklasse aus der Serialisation zu befreien; aber zugleich ist sie ein Reflex dieser Serialisation und Vermassung der Massen, auf die sie einwirkt – ein bestimmter Reflex freilich, insofern sie ja gerade um ihrer Abschaffung willen existiert. Die Serialisation der Massen spiegelt sich in der institutionellen Beschaffenheit der Partei: Unter dem Zwang, Beziehungen zum Seriellen zu unterhalten, wird die Partei selbst zum Teil träge und seriell. So kommt es dazu, daß sie sich schließlich gegen die fusionierenden Gruppen stellt, obwohl diese doch ein Aspekt der Arbeiterklasse sind, die die Partei zum Ausdruck zu bringen beabsichtigt und die sie sehr häufig überhaupt erst ermuntert hat.

Hierin liegt der eigentliche Widerspruch der Partei: angetreten, um die Massen aus der Serialisation zu befreien, ist sie selbst Institution geworden. Als solche enthält sie in sich so viel Passives (ich meine damit nicht die Bürokratie oder andere Verfallsformen, sondern die institutionelle Struktur selbst, die nicht unbedingt bürokratisch zu sein braucht), daß sie sich grundsätzlich und in jedem Falle neuen Kräften entgegenstellen muß – sei es, indem sie versucht, sich ihrer zu bedienen, sei es, indem sie sie abweist. Wir haben gesehen, welche unterschiedlichen Haltungen die französische Kommunistische Partei und die italienische Kommunistische Partei angesichts der Studenten eingenommen haben: Die KPF hat sie zurückgestoßen, die KPI versucht, sie an sich zu ziehen, indem sie vermittels einer Kontakt- und Diskussionsbemühung ihre Erfahrungen kanalisiert. Eine Partei kann lediglich zwischen diesen beiden Haltungen wählen; darin genau besteht ihre fundamentale Beschränktheit.

Noch ein geradezu klassisches Beispiel: die Frage des demokratischen Zentralismus. Solange er in einer Situation voller Bewegung praktiziert wurde, zum Beispiel während der

Untergrundarbeit und der theoretischen Begründung des Kampfes in Rußland – also zu der Zeit, da Lenin seine Theorie begründete –, blieb er ein lebendiges Element. Es gab ein Moment von Zentralismus, weil er notwendig war, und es gab ein Moment von wirklicher Demokratie, weil die Leute redeten und die Entscheidungen gemeinsam getroffen wurden. Doch kaum war er institutionalisiert, wie in allen kommunistischen Ländern geschehen, gewann der Zentralismus die Oberhand, und die Demokratie selbst wurde »Institution«, ihrer eigenen Trägheit unterworfen: So gibt es z. B. ein Recht auf freie Rede, doch allein die Tatsche, daß es ein *Recht* ist – und nur dies – entleert es so gründlich seines Inhaltes, daß es in Wirklichkeit ein Nicht-Recht ist. Die eigentliche Frage ist demnach, wie der innere Widerspruch der Partei selbst überwunden werden kann, so daß sie (nicht nur in ihrem Verhältnis zum Gegner und in ihren Kampfaufgaben, sondern gegenüber der Klasse, die sie repräsentiert) eine aktive Vermittlung zwischen den serialisierten und vermassten Einzelelementen begründen kann, einen Vereinigungsversuch ins Auge faßt und also fähig wird, die aus den Bewegungen hervorgehenden Antriebe aufzugreifen und weniger ihre Leitung zu beanspruchen als ihre Erfahrungen für die Bewegung und für sich selbst zu verallgemeinern.

Manifesto: Der wirkliche Ort des revolutionären Bewußtseins ist demnach weder die Klasse in ihrer Unmittelbarkeit noch die Partei, sondern der Kampf. Die Partei wäre also so lange lebendig, wie sie ein Kampfinstrument ist, während sie, kaum Institution geworden, Zweck und Mittel verwechselt und zum Selbstzweck wird. Andererseits sagen Sie, daß die Masse kein Bewußtsein von sich selbst hat, solange sie sich nicht als Gruppe bildet, und als Gruppe kann sie sich nur bilden, indem sie ein politisches Projekt vorbringt. Der Widerspruch, den Sie damit einsichtig gemacht haben, läßt sich vielleicht nur dann lösen, wenn man versucht, über eine allgemeine Formulierung des Problems hinauszugehen und es in der Unmittelbarkeit konkreter Situationen zu erfassen. Was unmöglich sein dürfte, ist eine metahistorische Lösung. Wir haben also die objektiven Bedingungen herauszuarbeiten, unter denen dieses Dilemma von Mal zu Mal gelöst werden kann. Dies setzt unseres Erachtens zweierlei voraus: erstens, daß die

Klasse über das Niveau der Serialität hinausgelangt, um tatsächlich und insgesamt zum Subjekt kollektiven Handelns zu werden, fähig zur Hegemonie...

Sartre: Das ist eine unmögliche Bedingung. Die Arbeiterklasse kann sich niemals insgesamt, in ihrer Gänze, als aktives politisches Subjekt zum Ausdruck bringen. Es gibt immer Bereiche, Gebiete oder Ränder, die aus Gründen der historischen Entwicklung serialisiert, vermasst, einer Bewußtwerdung fremd bleiben. Es gibt stets ein Residuum. Man neigt heutzutage sehr dazu, die Begriffe *Klassenbewußtsein* und *Klassenkampf* zu präexistenten Größen zu verallgemeinern, zu Elementen, die dem Kampf a priori vorausgehen. Es gibt kein Apriori außer der objektiven Ausbeutungslage der Klasse. Das Bewußtsein entsteht einzig im Kampf, und der Klassenkampf existiert nur, insofern es Orte gibt, an denen man sich tatsächlich schlägt. Freilich trägt das Proletariat den Tod der Bourgeoisie in sich, freilich ist das kapitalistische System mit strukturellen Widersprüchen unterminiert; aber dies heißt noch nicht unbedingt, daß Klassenbewußtsein und Klassenkampf wirklich vorhanden sind. Soll es *Bewußtsein* und *Kampf* tatsächlich geben, so muß sich erst einmal einer schlagen.

Mit anderen Worten: Virtuell ist der Klassenkampf im kapitalistischen System immer möglich, aber real existiert er nur, wo man ihn tatsächlich führt. Und selbst dort, wo man ihn führt, ist er je nach Situation anders: In Saint-Nazaire tragen die Arbeiterkämpfe, die dort sehr heftig geführt werden, noch die Merkmale des 19. Jahrhunderts, während sie in anderen, kapitalistisch »fortgeschrittenen« Bereichen einen anderen Charakter aufweisen, eine vielleicht reichere Artikulation der Forderungen, aber in einem gemäßigteren Kontext. Deshalb kann man sogar für den faktisch kämpfenden Teil der Arbeiterklasse nur theoretisch von *Vereinigung* sprechen. Die von der CGT organisierten Generalstreiks über 24 Stunden sind bestenfalls das Symbol für einen vereinten Kampf.

Manifesto: Aber befinden wir uns nicht in einer Phase kapitalistischer Vereinigung der Gesellschaft, und zwar sowohl im Hinblick auf die Struktur als auch auf die Überbauformen (Konsummodelle, Lebensweise, Sprache, Vermassung)? Entspricht der Parzellierung aller individuellen Situationen nicht eine immer offener zutage liegende »Totalität« des Systems? Folgt daraus nicht notwendig die Herausbildung einer objektiven, materiellen Grundlage für eine wachsende Vereinigung der Klasse und des Klassenbewußtseins?

Sartre: In Wirklichkeit bleibt die Struktur weiterhin extrem unterschiedlich und unausgewogen.

Manifesto: Aber die Tendenz geht doch zur Vereinigung, oder nicht?

Sartre: Ja und nein. In Frankreich zum Beispiel hält der Kapitalismus Tausende von kleinen Unternehmen künstlich am Leben, obgleich es unter dem Gesichtspunkt der ökonomischen Rationalität überhaupt keinen Grund dazu gibt; aber sie sind ihm nützlich, teils weil sie einen politisch konservativen Sektor repräsentieren (es sind dies die Schichten, die für De Gaulle und Pompidou stimmen), teils weil sie es ihm ermöglichen, seine Produktionskosten an den ihren auszurichten, ungeachtet der Produktivitätssteigerung. Kurzum, die Integrationstendenz annulliert keineswegs die tiefen Verschiedenheiten in den strukturellen Situationen.

Dazu kommt – was die Bewußtwerdung über die eigene Lage angeht –, daß es dem fortgeschrittenen Kapitalismus trotz der enormen Ungleichheiten in der Einkommensverteilung gelingt, die elementaren Bedürfnisse der Mehrheit der Arbeiterklasse zu befriedigen – wobei freilich Randzonen übrigbleiben: z.B. in den USA 15% der Arbeiter, schwarze und ausländische, z.B. die Kategorie der alten Leute; im globalen Maßstab ist es die Dritte Welt. Der Kapitalismus befriedigt bestimmte primäre Bedürfnisse und überdies bestimmte andere, die er künstlich geschaffen hat, z.B. das Bedürfnis nach einem Auto. Diese Situation hat mich dazu veranlaßt, meine »Theorie der Bedürfnisse« zu revidieren, eben weil die Bedürfnisse in einer Situation des fortgeschrittenen Kapitalismus nicht mehr in systematischer Opposition zum System stehen; im Gegenteil, sie werden in seinen Händen teilweise geradezu ein Instrument zur Integration des Proletariats in bestimmte Prozesse, die vom Profit erzeugt und gelenkt sind. Der Arbeiter reibt sich in seiner Arbeit auf, um das Auto zu produzieren und so viel zu verdienen, daß er sich eins kaufen kann. Der Kauf verschafft ihm dann das Gefühl, ein »Bedürfnis« befriedigt zu haben. Das System, das ihn ausbeutet, bietet ihm ein Modell und zugleich die Möglichkeit, ihm Genüge zu tun. Mithin darf man das Bewußtsein von der Unerträglichkeit des Systems nicht länger in der Unmöglichkeit einer Befriedigung der elementaren Bedürfnisse suchen, sondern vor allem im Bewußtsein der *Entfremdung:* in der Tatsache, daß *dieses Leben* nicht mehr gelebt zu werden lohnt und keinen Sinn mehr hat, daß dieser Mechanismus ein betrügerischer Mechanismus ist, daß diese Bedürfnisse künstlich erzeugt worden sind, daß sie falsch sind, daß sie einen fertigmachen und nur dem Profit nützen. Aus solcher Perspektive die Klasse zu vereinigen, ist freilich noch schwieriger. Darum bin ich auch mit keiner jener optimistischen Ansichten einverstanden, wie sie die Kommunistischen Parteien oder die linken Bewegungen verbreiten, die offenbar glauben, der Kapitalismus sei bereits am Ende. Seine Kontrollmittel über die Klassen sind überaus stark, und er ist weit davon entfernt, sich lediglich defensiv zu verhalten. Um einen revolutionären Elan hervorzurufen, bedarf es einer langen und geduldigen Arbeit zur Entwicklung des Bewußtseins.

Manifesto: Immerhin ist diese Vereinigung im »Mai« unmittelbar und offenkundig geworden.

Sartre: Ganz offenkundig, ja. Das ist einer der seltenen Fälle, wo jeder in dem Kampf des nächsten Betriebes ein Modell seines eigenen Kampfes erblickte. Ein ähnliches Phänomen, wenn auch in anderer Hinsicht breiter, war 1936 aufgekommen; aber damals spielten die Arbeiterinstitutionen eine bestimmende Rolle. Die Bewegung ging los, als Sozialisten und Kommunisten bereits an der Macht waren und in gewissem Sinne ein Modell boten, das der Klasse eine rasche Bewußtseinsbildung erlaubte, ihre Fusion zur Gruppe und die Vereinigung ermöglichte.

Im Mai 1968 waren Partei und Gewerkschaften nicht bloß keineswegs an der Macht, sondern auch sonst weit davon entfernt, eine vergleichbare Rolle zu spielen. Das Element, das den Kampf vereinte, ist etwas, das meiner Ansicht nach von weither kommt: eine Idee, die aus Vietnam zu uns gelangt und von den Studenten in der Formel »*L'imagination au pouvoir*« ausgedrückt wurde. Mit anderen Worten: Das Feld des Möglichen ist sehr viel größer, als die herrschenden Klassen uns glauben gemacht haben. Wer hätte es für möglich gehalten, daß vierzehn Millionen Bauern der größten Industrie- und Militärmacht der Welt widerstehen können? Genau das ist aber geschehen. Vietnam hat uns gelehrt, daß das Feld des Möglichen unermeßlich ist, daß man nicht zu resignieren braucht. Dies war der Hebel der Studentenrevolte, und die Arbeiter haben es verstanden. In der gemeinsamen Demonstration vom 13. Mai war es diese Idee, die mit einem Male beherrschend wurde: »Wenn ein paar tausend Jugendliche die Universitäten besetzen und die Regierung in Schach halten, warum sollten wir das nicht auch können?« So kam es dazu, daß die Arbeiter vom 13. Mai an und nach einem Vorbild, das zu dieser Zeit von außen zu ihnen gekommen war, zu streiken begannen und die Fabriken besetzten. Es war nicht ein Forderungskatalog, was sie mobilisierte und vereinigte; der kam später, um den Streik zu rechtfertigen, und Motive dafür gab es gewiß genug. Interessant ist aber, daß die Forderungen erst nachträglich kamen, als die Fabriken bereits besetzt waren.

Manifesto: Demnach hätte es also am Ursprung des »Mai« kein unmittelbar materielles Element gegeben, keinen strukturellen Widerspruch, der gerade in dieser Phase des französischen Kapitalismus besonders explosiv geworden war?

Sartre: Im voraufgegangenen Herbst gab es etwas, das allgemeine Unzufriedenheit bei den Arbeitern hervorgerufen hatte: die reaktionären Regierungsmaßnahmen auf dem Gebiet der Sozialversicherung. Von diesen Maßnahmen war die gesamte arbeitende Bevölkerung betroffen, quer durch alle Kategorien. Den Gewerkschaften war es nicht gelungen, ernsthaft Widerstand zu leisten – sei es, weil sie überrascht worden waren, sei es, weil sie sich nicht zu sehr engagieren wollten. Es gab im Herbst, wenn ich recht erinnere, einen eintägigen Generalstreik; das war alles. Aber eine tiefe Unzufriedenheit schwelte unter der Oberfläche weiter: Während der Versammlungen im Mai brach sie dann mit Gewalt wieder hervor. Es gibt heute ein neues Element, das zur Vereinigung führen kann: die absolute Vergeblichkeit, die den mühsam errungenen Lohnerhöhungen durch die nachfolgenden Preissteigerungen und die Geldentwertung aufgedrückt wird. Aber es ist nicht leicht, im voraus zu erkennen, ob und wann diese vereinheitlichenden Elemente von Unzufriedenheit zu einer gemeinsamen Revolte führen. Im »Mai« hat diese Revolte jedoch stattgefunden, und nach meiner Ansicht war der Auslöser nicht so sehr eine Bewußtwerdung der Arbeiter über ihre Ausbeutung, sondern eher eine Bewußtwerdung der eigenen Kraft und der eigenen Möglichkeiten.

Manifesto: Dennoch brach die Revolte zusammen, es folgte ihr ein Sieg der Reaktion. Lag das daran, daß sie die nötigen Elemente zur Vollendung der Revolution nicht in sich hatte, oder daß ihr eine politische Führung fehlte?

Sartre: Es fehlte ihr eine politische Führung mit der Fähigkeit, ihr jene politische und theoretische Dimension zu geben, ohne die der Bewegung schließlich nichts anderes übrig blieb, als – wie ja geschehen – auseinanderzulaufen. Es fehlte ihr eine Partei mit der Fähigkeit, die Bewegung mit all ihrem Potential voll anzunehmen. Wie sollte wohl eine institutionalisierte Struktur wie die Kommunistischen Parteien in der Lage sein, sich in den Dienst einer Bewegung zu stellen, die sie unvorbereitet trifft? Wie könnte sie sich dazu bereit finden, nicht bloß mit einem »Versuchen wir, das Beste herauszuholen« oder »Versuchen wir, die Bewegung an uns zu ziehen, damit sie uns nicht entgleitet« zu reagieren, sondern klar zu sagen: »*Dies* ist die Realität, *so* muß ich sie annehmen und mich zugleich bemühen, ihr mit theoretischer und praktischer Verallgemeinerung zur Seite zu stehen, um sie zu stärken und weiter voranzutreiben«? Eine Kommunistische Partei aber, die zu solcher Haltung nicht fähig ist, wird zu dem, was die KPF praktisch seit 25 Jahren ist: zur Bremse jedes revolutionären Versuchs in Frankreich. Alles was nicht von ihr allein kommt, wird von ihr abgelehnt oder unterdrückt.

Manifesto: Bei aller Kritik an den bestehenden Kommunistischen Parteien bejahen Sie also dennoch die Notwendigkeit eines Moments zur Vereinigung und Organisierung der Bewegung?

Sartre: Sicher, und genau hierin liegt das Problem. Wir stehen vor einer starken und vielfältigen Reaktion, einer kapitalistischen Macht, die über zahlreiche Möglichkeiten zur Repression und Integration verfügt. Das erfordert eine Gegenorganisation der Klasse. Das Problem ist nur, wie diese Gegenorganisation daran gehindert werden kann, sich zur »Institution« zu verkehren.

Manifesto: Derselben Ansicht sind wir auch. Dabei ist es

interessant, darüber nachzudenken, daß die Notwendigkeit einer politischen Organisation der Klasse, die angesichts der von Ihnen vorhin beschriebenen wachsenden Parzellierung der Situationen und des Bewußtseins noch dringlicher geworden ist, offenbar im Widerspruch zu einer Erwartung von Marx steht: Marx meinte ja, das Proletariat werde sich zugleich mit der Entfaltung des Kapitalismus unmittelbar in einer revolutionären Bewegung ausdrücken, ohne die Hilfe einer politischen Vermittlung. Dieser These lag die Überzeugung zugrunde, daß eine Krise des Kapitalismus rasch heranreifen werde und in ihr alternative, mit dem System unvereinbare Bedürfnisse entstehen würden – so zum Beispiel, daß die Entwicklung der Produktivkräfte in Widerspruch zum kapitalistischen Entwicklungsmechanismus treten werde. Später sah Lenin in der Sozialisierung des Eigentums ein Element, das in gewissem Grade einen Umschlag in die sozialistische Verwaltung herbeiführen könne, wenn erst einmal der politische Apparat des bürgerlichen Staates zerschlagen sein werde. Wir kommen heute nicht umhin, die Unzulänglichkeit dieser Thesen anzuerkennen, vor allem, daß die Produktivkräfte nicht unmittelbar in Widerspruch zum System treten, da sie nicht etwas Neutrales und Objektives, sondern selbst eines seiner Produkte sind, da sie sich nach seinen Prioritäten geformt haben, seinen Stempel tragen...

Sartre: Ja, diese Kräfte müssen einander nicht unbedingt widersprechen; sie sind von jenem Entwicklungstypus hervorgebracht worden, den zum Beispiel die Weltraumforschung in der Wissenschaft demonstriert. Und was die Sozialisierung des Eigentums angeht, so muß man zugeben, daß sie die Bürokratie hervorgebracht hat – wenn es auch nicht richtig ist, dabei von einer »Klasse« zu sprechen –, die Bürokratie und eine gewisse Technokratie, denen sie die furchtbare Macht verschafft hat, Kontrolle über die Massen auszuüben und sie in eine autoritäre Gesellschaft zu integrieren.

Manifesto: Kurzum, der Übergang vom Kapitalismus zum Sozialismus hat nicht dieselben Merkmale wie der vom Feudalismus zur Bourgeoisie. Die kapitalistischen Produktionsverhältnisse hatten sich schrittweise im Innern der feudalistischen Gesellschaft herausgebildet, so daß diese bei ihrem Zusammenbruch schließlich nichts anderes mehr war als die leere Hülle einer andersartigen, alternativ strukturierten Realität, die bereits in ihr selbst herangereift war. So etwas ist für das Proletariat jedoch nicht möglich. Es kann sich nicht im Innern des Kapitalismus durch embryonale Formen von alternativer, sozialistischer Organisation zum Ausdruck bringen...

Sartre: Und zwar weder im Hinblick auf die Struktur, die Produktionsverhältnisse, noch im Hinblick auf die Ideen. Seit der Renaissance war die Kultur schon nicht mehr feudalistisch, sondern bürgerlich; neue Gesellschaftsgruppen wie z. B. der Amtsadel waren durchaus bürgerlich. Dieser Prozeß begleitete die allmähliche Installierung der kapitalistischen Produktionsverhältnisse und ging ihr voraus. Die Gesellschaft ging Jahrhunderte lang mit der Bourgeoisie schwanger, was sich darin ausdrückte, daß die Alternative in der alten Gesellschaft bereits *gegenwärtig* war. Dies kann sich in der Tat für das Proletariat nicht wiederholen, denn es besitzt keine eigene Kultur: Entweder benutzt es die Elemente der bürgerlichen Kultur, oder es macht sich Luft in einer totalen Ablehnung jeder Art von Kultur, was die Nichtexistenz einer eigenen wiederum bestätigt. Man wendet oft ein, das Proletariat habe eine eigene »Wertordnung«. Gewiß, wenn es die Revolution will, so will es etwas anders als das, was ist. Aber ich bin mißtrauisch gegenüber Ausdrücken wie »Wertordnung«, die leicht in ihr Gegenteil umschlagen können. Die Studentenbewegung ist ein typischer Ausdruck für diese Schwierigkeit einer Gegenkultur: eine Verweigerung, die mangels eigenständiger Ausarbeitung und Differenzierung schließlich damit endet, daß eine Reihe von Ideologismen des Gegners – wenn auch mit umgekehrtem Vorzeichen – übernommen werden (simple Begrifflichkeit, Schematismus, Gewalt etc.).

Manifesto: Demnach ist die antikapitalistische Revolution zugleich reif und unreif. Der Klassenantagonismus produziert den Widerspruch, aber er hat nicht die Kraft, die Alternative zu produzieren. Um nun aber die Revolution nicht auf bloßen Voluntarismus, auf reine Subjektivität zu reduzieren oder, umgekehrt, um nicht in den Evolutionismus zurückzufallen: Auf welchen präzisen Grundlagen kann eine revolutionäre Alternative denn nun vorbereitet werden?

Sartre: Ich sage nochmals: Eher auf der Entfremdung als auf den »Bedürfnissen«. In einem Wort: auf der Rekonstruktion der Person und der Freiheit – jener so gegenwärtigen Notwendigkeit, daß nicht einmal die raffiniertesten Integrationstechniken sie einfach unberücksichtigt lassen können, weswegen sie auch versuchen, sie in einer Scheinwelt zu befriedigen. Das ganze *human engineering* beruht auf der Idee, daß der Unternehmer sich gegenüber seinem Untergebenen so verhalten soll, *also ob* dieser ihm gleich sei, eben weil – und dies ist darin impliziert – kein Mensch sein Recht auf Gleichheit aufgeben kann. Und der Arbeiter, der den »*human relations*« des Paternalismus in die Falle geht, ist ihr Opfer in genau dem Maße, in dem er eine tatsächliche Gleichheit gewollt hatte.

Manifesto: Das ist wahr; aber wie soll man dann zeigen, daß diese neuen Bedürfnisse ein Erzeugnis des fortgeschrittenen Kapitalismus sind und nicht einfach nur Residuen eines »Humanismus« aus der vorkapitalistischen Gesellschaft? Die Antwort ist vielleicht gerade in den inneren Widersprüchen einer Kapitalentwicklung zu suchen, die – zum Beispiel – gleichzeitig eine Parzellierung der Arbeit und eine breitere Allgemeinbildung verlangt, als sie für die Rolle des parzellierten Arbeiters benötigt wird, die gleichzeitig eine quantitative und qualitative Steigerung der Ausbildung und einen Mangel an beruflichen Möglichkeiten in der Gesellschaft herbeiführt, gleichzeitig höhere Anforderungen und die Unmöglichkeit, sie zu befriedigen – in einem Wort: eine permanente Frustration der fundamenteln Produktivkraft, die der Mensch selber ist.

Sartre: Eben, die Entfaltung des Kapitals vergrößert die Proletarisierung, und zwar nicht im Sinne von absoluter Verarmung, sondern durch ständige Verschlechterung der Beziehung zwischen den neuen Bedürfnissen und den Rollen, die den Arbeitern abverlangt werden. Und hervorgerufen wird diese Verschlechterung nicht durch die Krise, sondern durch die Entfaltung.

Manifesto: Also beinhaltet die revolutionäre politische Klassenorganisation nicht nur die Bestimmung der Widersprüche und die Vereinigung des Kampfes, sondern auch die Ausarbeitung einer Alternative. Der »Spontaneismus« des Mai hat dieses Problem offensichtlich unterschätzt. Die an Marcuse orientierten oder spontaneistischen Positionen à la Cohn-Bendit zielten ausschließlich auf die Negation; doch damit erreichten sie nicht einmal, daß der Kampf weiterging, weil in einer komplexen und hochentwickelten Gesellschaft auch die revoltierenden Gruppen nicht daran vorbeikönnen, sich das Problem des *Danach* zu stellen: Die Mehrzahl der Menschen ist zwar tatsächlich entfremdet und unterdrückt, verfügt aber über einige Subsistenzmittel und ist daher gezwungen, sich Gedanken über ihre Erhaltung zu machen und über das, was an ihre Stelle treten soll, wenn man sie zerstört hat (dies erklärt, warum im Zeitraum so weniger Wochen auf den Kampf die Furcht vor den Konsequenzen des Kampfes folgte).

Die Thesen, die der Position Cohn-Bendits entgegengesetzt waren – z. B. die eines Touraine oder Mallet –, gingen von der Annahme aus, daß die Entwicklung der Produktivkräfte und die subjektive Reife der Massen unmittelbar eine Selbstorganisation und Selbstverwaltung ermöglichten. Das ist aber, wie wir gesehen haben, falsch: Zwar treibt die kapitalistische Entwicklung wohl das Problem der Revolution hervor, indem sie neue Bedürfnisse, Kräfte, Produktionsmittel schafft, aber diese sind so tief vom Entwicklungsmechanismus des Kapitals mit seinen Prioritäten und Strukturen durchdrungen, daß ein plötzlicher Bruch des Systems zwangsläufig einen steilen Abfall der Produktion nach sich zieht. Es ist eine Illusion, zu glauben, daß der Sozialismus das vom Kapitalismus ererbte Produktionssystem sei, nur eben selbstverwaltet. Es handelt sich um ein durchaus anders aufgebautes System in einem nationalen und internationalen Kontext, der auf es einwirkt und reagiert. Man muß daraus die Folgerung ziehen, daß ein Plan zum Übergang, zum Aufbau der Alternative vonnöten ist, ein revolutionäres *Projekt*, das eine Idee von der neuen Gesellschaft zu sein hätte. In ihrer Unmittelbarkeit kann die Masse – nicht nur die träge, sondern auch die kämpfende – von sich aus offenbar nichts anderes als die Negation der eigenen Lage zum Ausdruck bringen. So kommen wir wieder auf die Notwendigkeit der Partei, nicht nur als Moment der Verallgemeinerung des Kampfes, sondern als etwas, das fähig ist, aus ihm das revolutionäre Projekt abzuleiten, für ihn die Positivität der neuen Gesellschaft zu »erfinden«.

Sartre: Daß man eine Theorie des Übergangs zum Sozialismus braucht, ist sicher. Angenommen, die Lage in Frankreich oder Italien spitzt sich zu und führt zur Eroberung der Macht. Welche Vorstellungen haben wir über die Art und Weise, in der ein hochindustrialisiertes Land auf sozialistischer Grundlage wiederaufgebaut werden kann, während es zugleich unter dem Druck des äußeren Boykotts, der sofortigen Geldentwertung und einer Blockade des Exports steht? Die Sowjetunion war nach der Revolution in einer ähnlichen Lage. Doch trotz der schrecklichen Opfer und ungeheuren Kosten des Bürgerkrieges und trotz der erdrückenden politischen und ökonomischen Einkreisung waren die Probleme, die sie zu lösen hatte, nicht so komplex wie die, die sich einer fortgeschrittenen Gesellschaft heute stellen würden. So gesehen ist niemand von uns, schon gar nicht die Kommunistischen Parteien, wirklich vorbereitet. Sie sprachen von der Notwendigkeit einer politischen Perspektive für den Übergang. Einverstanden; aber welche der Kommunistischen Parteien hat eine Theorie des revolutionären Übergangs in einem nicht autarken Land des fortgeschrittenen Kapitalismus ausgearbeitet?

Manifesto: In den Ländern des fortgeschrittenen Kapitalismus ist das Problem des Übergangs zum Sozialismus von den Kommunistischen Parteien seit den zwanziger Jahren niemals mehr konkret auf die Tagesordnung gesetzt worden.

Sartre: Eben. Schon gar nicht mehr seit dem Krieg und den Verträgen von Yalta. Man hat also nicht wirklich über die Alternative nachgedacht. Und dies ist nicht zweitrangig, wenn man verstehen will, was aus den Kommunistischen Parteien geworden ist. In dem Buch *Les Communistes français* von Annie Kriegel wird alles in allem ein strenges Urteil über die KPF gefällt, doch was implizit bestehen bleibt, ist, daß die Partei trotz aller von Annie Kriegel aufgezählten Mängel und ungeachtet ihrer Politik für die Autorin immer noch an sich eine Alternative darstellt, mehr noch: *die* proletarische Alternative zur kapitalistischen Gesellschaft in Frankreich. Eine solche Argumentation hat überhaupt keinen Sinn. Im selben Augenblick, in dem wir zu der Übereinstimmung gelangen, daß die Notwendigkeit der politischen Klassenorganisation zu bejahen ist, müssen wir uns auch Rechenschaft darüber geben, daß die »historischen« Institutionen der KP für die Aufgaben, die wir ihnen zuweisen wollen, völlig ungeeignet sind. Wir haben vorhin gesagt, daß man ohne ein Moment zur Vereinigung des Kampfes, ohne eine kulturelle Vermittlung und positive Antwort nicht weiter als bis zur Revolte gelangen kann – und daß die Revolte politisch immer besiegt wird. Einverstanden; aber das ändert nichts an der Tatsache, daß eine institutionalisierte Partei nicht imstande ist, die Funktion des Vermittlers zwischen Kultur und Kampf zu erfüllen, weil nämlich das, was bei den Massen noch verworrenes, nicht-systematisiertes Denken ist – aber gleichwohl *wahres*, insofern es Erfahrung reflektiert –, durch die Übersetzung in die ideologischen Mechanismen der Partei entstellt wird und in völlig andere Beziehung zu dem tritt, was wir Kultur nennen. Wenn das von Ihnen hier vorgeschlagene Modell wirklich funktionieren soll, müßte die Partei imstande sein, unaufhörlich gegen ihre eigene Institutionalisiertheit anzukämpfen; sonst wäre die ganze Argumentation verfälscht. Wenn nun aber das kulturelle Instrumentarium der Kommunistischen Parteien heute nahezu gleich Null ist, so nicht deshalb, weil es ihnen an fähigen Intellektuellen fehlte, sondern weil die ganze Existenzweise der Parteien ihr kollektives Bemühen um Reflexion paralysiert. Handeln und Denken lassen sich von der Organisation nicht trennen; man denkt, wie man strukturiert ist, man handelt, wie man organisiert ist. Das ist der Grund, weshalb das Denken der Kommunistischen Parteien sich immer mehr verknöchert hat.

Manifesto: Trennen wir für einen Augenblick die theoretische Frage – wie die revolutionäre politische Organisation der Klasse beschaffen sein müßte – von der faktischen Lage. Die Kommunistischen Parteien haben sich historisch durch die Dritte Internationale gebildet, anhand des politischen und ideologischen Geschehens in der Sowjetunion und im sozialistischen Lager. Sie sind Realitäten, die auf die Formation der Klasse eingewirkt haben und einen handgreiflichen Bestandteil von ihr bilden, die Lebensweisen, Ideologien, Kräfteverschiebungen hervorgebracht haben. Heute jedoch stehen wir vor einer Klassenbewegung, die erstmals in Europa tendenziell in ein dialektisches Verhältnis zu den Kommunistischen Parteien tritt und sich mit ihnen jedenfalls nur zum Teil identifiziert. Diese Bewegung setzt die Parteien unter Druck, was dazu führen muß, daß entweder die Bewegung zurückgestoßen oder die Partei verändert wird. Daß sich die Bewegung einfach ohne weiteres absorbieren ließe, scheint uns eine nicht einleuchtende Hypothese zu sein – das Beispiel der Studenten demonstriert das wohl. In jedem Falle stellt sich die Frage nach einer neuen Existenzweise der Partei, entweder im Durchgang durch die Krise zu einer Erneuerung der bestehenden Partei, oder durch eine neue Formation des einheitlichen politischen Ausdrucks der Klasse. Ist diese neue Existenzweise möglich? Ist eine Partei dazu verdammt, sich immer weiter zu institutionalisieren und sich damit von der Bewegung, aus der sie hervorgegangen ist, zu entfernen, wie Sie es zu Beginn angedeutet haben, oder kann man sich eine Organisation vorstellen, die fähig wäre, unablässig gegen die aus ihr selbst entstehenden Borniertheiten, Verknöcherungen und Institutionalisierungen anzukämpfen?

Sartre: Obwohl ich die Notwendigkeit einer Organisation bejahe, muß ich doch zugeben, daß ich nicht sehe, wie die Probleme gelöst werden könnten, die sich jeder festgefügten Struktur stellen.

Manifesto: Nach dem, was Sie gerade ausgeführt haben, müßte die politische Partei also den Schwung und die Autonomie der Massenkämpfe absichern, anstatt sie zu bremsen und zu reduzieren; ebenso müßte sie die Entwicklung einer Gegenkultur fördern und schließlich fähig sein, eine umfassende Antwort auf den Typus von Rationalität und die gesellschaftlichen Verhältnisse zu geben, die der Gesellschaft zugrunde liegen. Dies wären, so scheint uns, spezifische Aufgaben der Partei, eben weil sie so umfassend sind, daß sie von dem spezifischen Moment des Kampfes, von der fusionierenden Gruppe nicht gelöst werden können.

Sartre: Ja, aber sie können auch nicht ohne die fusionierende Gruppe gelöst werden.

Manifesto: Einverstanden. Um hier nun aber weiterzukommen, kann man eine Reihe von Hypothesen vorbringen. Vor allem muß die Partei, um der Institutionalisierung zu entgehen, sich permanent *im Dienst* des Kampfes verstehen, der seinerseits *eigene* Momente, autonome politische Ebenen hat. Dies impliziert allerdings die Überwindung jenes leninistischen oder bolschewistischen Parteimodells – das später in den

Volksfronten bestätigt wurde –, dem zufolge auf der einen Seite der Kampf der Massen steht als ein stets bloß rein gewerkschaftlicher und virtuell tradeunionistischer Kampf um Forderungen, und auf der anderen Seite die »politische Verwendung« dieses Kampfes, die allein der Partei zukommt. Die Trennung zwischen gewerkschaftlichem und politischem Kampf ist historisch nur in den »Sowjets«, in der Rätebewegung ansatzweise überwunden worden: Das Moment der Macht und ihr institutioneller Keim steckte dort bereits im Kampfmittel selbst, in Übereinstimmung mit der These von der *sozialen,* nicht nur *politischen* Revolution, in der die Macht nicht von der Partei, sondern von den Räten erobert wird.

Zweitens muß die Arbeit an der revolutionären Theorie in eine neue Richtung gehen. Seit Lenin war die Theorie der Revolution bis heute im wesentlichen eine »Theorie der Machteroberung«, sehr viel weniger eine »Theorie der Gesellschaft«. Daher rührt die Unfähigkeit der Kommunistischen Parteien zu einer Analyse der fortgeschritten kapitalistischen Gesellschaften wie auch zu einer Präfiguration dessen, was mit der Revolution eigentlich erreicht werden soll; kurz, die Unfähigkeit, jene neuen Bedürfnisse, wie sie in der Bewegung zum Ausdruck kommen, zu verstehen und anzugeben, wie sie befriedigt werden können. Deshalb ist es für die Parteien auch so schwer, mit der Bewegung in Kontakt zu treten. – Genauso geschah es im Falle der Studentenbewegung: Sie zu kritisieren ist nicht sehr schwer; aber welche Partei hat die von ihr aufgeworfenen Fragen beantwortet? Man hat die Probleme, die anhand der Rolle der Ausbildung, ihres Verhältnisses zur Gesellschaft, über die Formen und Inhalte eines nicht-autoritären Wissens gestellt wurden, weder verstanden noch gar gelöst.

Drittens schließlich hat man sich ständig neu zu vergegenwärtigen, daß für eine politische Organisation der Klasse, die sich als marxistisch begreift, die theoretische Arbeit nicht bloß im Nachhinein stattfinden kann, sondern auch aus einer Interpretation der Erfahrungen entspringt, die mit einer vorgegebenen Methodologie, einem vorgegebenen »Raster« operiert: mit den Kategorien des Kapitals, der Klasse, des Imperialismus etc. – kurzum, das theoretisch-methodische Moment

des Marxismus in dialektischem Verhältnis zu den Kampfer-
fahrungen, das den Aufbau einer Alternative anleitet oder
doch anleiten sollte. Meinen Sie nicht, daß in dem Maße, in
dem das Verhältnis zwischen Partei und Klasse offen bleibt –
da allein eine Offenheit imstande ist, zugleich den Partiku-
larismus einer fragmentarischen Erfahrung und die Institutionalisierung des vereinigenden politischen Momentes zu verhindern –, eine Lösung dieser Probleme zu finden wäre?

Sartre: Ich stimme dem zu, unter der Bedingung, daß diese
Dialektik sich als Doppelherrschaft äußert und man sie nicht
im Innern des politischen Moments zu lösen beansprucht. Und
selbst dann bleiben zahlreiche Probleme offen. Sie sprechen
von einem methodologischen, theoretischen »Raster«, das in
gewisser Weise vorgegeben ist und durch das die Erfahrung
interpretiert werden soll. Aber bleibt der Begriff des *Kapitals*
nicht dünn und abstrakt, wenn die Analyse des modernen
Kapitalismus nicht ständig neu erarbeitet wird durch permanente Forschung und permanente Infragestellung der Resultate dieser Forschung und des Kampfes? Gewiß ist das *wahre*
Denken *ungeteilt;* aber seine Einheit ist dialektisch, eine
lebendige Realität, die sich kontinuierlich formt. Es muß ein
Verhältnis unter den Menschen hergestellt werden, das nicht
einfach die Freiheit, sondern die *revolutionäre* Freiheit des
Denkens gewährleistet, das ihnen gestattet, sich das Wissen
zur Gänze anzueignen und es zu kritisieren. In dieser Weise
ist das Wissen übrigens immer schon vorgegangen, niemals
allerdings der »Marxismus« der Kommunistischen Parteien.
Um die kreative Fähigkeit ihrer Mitglieder zu steigern und
ihnen den Erwerb eines Maximums an wahren Kenntnissen zu
ermöglichen, müßte die Partei – die politische Organisation
der Klasse – ihnen die Gelegenheit des Erfindens und wechselseitigen Widersprechens garantieren, statt als der Verwalter
eines ein für alle Mal gesicherten Wissens aufzutreten. Schaut
man sich um, so stellt man fest, daß die Diskussion über den
Marxismus heute reicher als je zuvor ist, weil – vor allem seit
der Monolithismus zerbrochen und das Problem der Mannigfaltigkeit des Sozialismus aufgekommen ist – eine Vielzahl
von marxistischen Forschungen und von offenen Auseinandersetzungen unter ihnen besteht.

Manifesto: Aber es handelt sich doch nur um Auseinandersetzungen über die Exegese der heiligen Texte, um Interpretationsstreitereien eher als um eine Erneuerung der Erfindungskraft, um kreative Interpretation der Realität.

Sartre: Das ist nicht ganz richtig. Sicher herrscht die Diskussion über die Texte vor. Aber nehmen wir den Fall Althusser: Er macht nicht einfach nur eine Exegese. Man findet bei ihm eine Theorie des Begriffs (*concept*), des autonomen theoretischen Wissens, der Untersuchung der Widersprüche – ausgehend vom dominierenden Widerspruch, der »Überdeterminierung« (*surdétermination*). Das sind durchaus originale Forschungen, die sich ohne neue theoretische Arbeit nicht in Frage stellen lassen. So war ich persönlich gezwungen, um Althusser entgegentreten zu können, die Idee der *notion* (Begriff als Vorstellung) zu überprüfen und eine Reihe von Konsequenzen daraus zu ziehen. Dasselbe kann man sagen für den von Lévi-Strauss eingeführten Begriff der »Struktur«, den einige Marxisten mit mehr oder weniger glücklicher Hand zu benutzen versucht haben. In anderen Worten: Eine wirkliche Diskussion erfordert stets auch eine begriffliche Anstrengung und führt zu neuen theoretischen Resultaten. Wo man will, daß Forschung stattfinden soll, muß man folglich eine Struktur herstellen, in der die Diskussion gewährleistet ist; ohne dies bleibt auch das theoretische Modell, das die politische Organisation der Klassenerfahrung vorsetzen will, unbrauchbar. Hier liegt ein permanenter Widerspruch der Partei und in der Tat eine Schranke sämtlicher Kommunistischer Parteien. Ebenso komplex ist die Hypothese eines »offenen« Verhältnisses zwischen der einheitlichen politischen Klassenorganisation – der Partei – und dem Moment von Selbstregierung der Massen – den Räten oder Sowjets. Wir dürfen nicht vergessen: Als man dies im nachrevolutionären Rußland versuchte, sind die einheitlichen Massenorganisationen rasch verschwunden, und nur die Partei ist übriggeblieben. Es war ein dialektisch notwendiger Prozeß, der die Partei in der UdSSR dazu führte, die Macht zu ergreifen, die doch eigentlich von den Sowjets hätte ergriffen und gehalten werden müssen. Hätte es anders verlaufen können? Vielleicht könnte es heute anders gehen, doch in den Jahren der Umzingelung der UdSSR durch die kapitalistischen Länder, des Bürgerkriegs und der schrecklichen inneren Restriktionen schien der Prozeß, der schließlich mit dem völligen Verschwinden der Sowjets endete, recht verständlich. Darum habe ich auch einmal geschrieben, daß man in der UdSSR weniger von einer Diktatur *des* Proletariats als von einer Diktatur *für* das Proletariat zu sprechen hätte, in dem Sinne, daß die Partei den Auftrag übernommen hatte, die Bourgeoisie für das Proletariat zu zerstören. Andererseits war es für das Überleben der UdSSR unvermeidlich, daß sich das Proletariat – wie überall, wo eine Revolution stattgefunden hatte – nun aufgefordert sah, auf das zu verzichten, was vor der Revolution die spezifischen Ziele seines Kampfes gewesen waren, d. h. auf Lohnerhöhung und Verkürzung der Arbeitszeit. Man forderte von ihm genau das Gegenteil, und man konnte auch gar nicht anders verfahren, weil es für die Arbeiter wohl sehr schwer gewesen wäre, auf diese Ziele von sich aus zu verzichten, selbst wenn sie die Erfahrung einer lokalen Selbstregierung und Selbstverwaltung am Arbeitsplatz gemacht hätten. Um schließlich auf das heutige Geschehen zu kommen: Es scheint mir kaum vorstellbar, daß eine Organisation von Sowjets oder Räten sich bilden könnte, wenn eine starke »historische« Artikulation der Klasse in Gewerkschaften und Parteien besteht. In Frankreich haben wir die Erfahrung der *comités d'action* gemacht; sie haben sich rasch aufgelöst, nicht weil man sie verboten hat, sondern weil die Gewerkschaften wieder die Zügel in die Hand genommen haben.

Manifesto: Dieser letzte Widerspruch scheint uns nicht unüberwindlich. Er löst sich heutzutage in der Praxis selbst. Jeder gewerkschaftliche Kampf, der nicht bloß um Lohnverhandlungen geführt wird, sondern darüber hinaus um die Arbeitsrhythmen, die Arbeitsstunden, die Arbeitsorganisation und ihre Kontrolle, demonstriert die Notwendigkeit von *direkten* Organisationsformen der Arbeiter. Verhandlungen in solchem Umfang lassen sich zum Beispiel ohne die einheitliche, allgemeine Basisversammlung, die autonom und von hohem politischem Niveau ist, überhaupt nicht führen. Es ist also gerade der hohe Stand des gewerkschaftlichen Kampfes, der dazu zwingt, das Problem der direkten Klasseninstitutionen wieder aufzuwerfen; dies ist eine Erfahrungstatsache, keine intellektuelle Erfindung. Gewiß stoßen diese neuen Formen mit dem Konservativismus und Bürokratismus zusammen; aber sie haben sich auch vor bestimmten eigenen Borniertheiten zu hüten. In dieser Hinsicht ist die italienische Erfahrung recht interessant: Im Verhältnis zwischen der Partei oder Gewerkschaft und der Bewegung stellt sich die Alternative nicht immer, wie Sie sagten, zwischen Ablehnung oder Instrumentalisierung als »Transmissionsriemen«. Wir stehen eher inmitten einer gesellschaftlichen Spannung, die sich in eigenen Formen ausdrückt und zu gleicher Zeit Druck auf die traditionellen Institutionen der Klasse ausübt, wobei sie weder hier noch dort in ein Gleichgewicht kommt. In der Tat, wenn auch die Grenzen der Gewerkschaft bestehen und bekannt sind, so haben die Institutionen der direkten Demokratie doch ebenfalls ihre Grenzen: Im allgemeinen funktionieren sie zwar perfekt während der Agitation selbst, doch dann laufen sie Gefahr – wie vor kurzem in den Kämpfen bei Fiat zu sehen war –, unversehens zu Instrumenten einer Trennung zwischen den einzelnen Abteilungen und den einzelnen Betrieben zu werden und sich folglich von den »Arbeitgebern« ausnutzen zu lassen. Die Frage ist, ob an diesem Punkt die traditionelle Gewerkschaft mit all ihren Beschränktheiten dennoch einen Schutz gegen die Brüchigkeit der neuen Institutionen bildet. Alles in allem scheint die Bewegung heute jedenfalls reicher und vielschichtiger zu sein als ihr politischer Ausdruck.

Sartre: Interessant ist an Ihrem Modell auf jeden Fall die darin angelegte Dualität der Macht, das heißt ein offenes und nicht einfach kurzzuschließendes Verhältnis zwischen dem *vereinigenden* Moment, das der politischen Klassenorganisation zukommt, und den Momenten von Selbstregierung, den Räten, den fusionierenden Gruppen. Ich betone nochmals: Es ist nicht kurzzuschließen, weil zwischen diesen beiden Momenten nichts anderes als eine permanente Spannung herrschen kann. Die Partei wird immer versuchen, auch wenn sie sich »im Dienst« der Bewegung verstehen will, sie auf ihr eigenes Interpretations- und Entwicklungsmodell zu verkürzen; die Elemente von Selbstregierung werden stets ihre lebendige Teilerfahrung auf den Gesamtkomplex des gesellschaftlichen Ganzen zu projizieren suchen. In diesem Kampf kann sich – vielleicht – der Beginn einer gegenseitigen Transformation äußern, einer Transformation allerdings, die – wenn sie revolutionär bleiben soll – in keine andere Richtung gehen kann als in die einer fortschreitenden Auflösung des Politischen im Innern einer Gesellschaft, die nach Vereinigung strebt, aber auch nach Selbstregierung, das heißt nach Vollendung jener sozialen Revolution, die mit dem Staat auch alle übrigen spezifisch *politischen* Momente abschafft: alles in allem eine Dialektik, deren Richtung dem Marxschen Entwicklungsmodell entspricht. Bisher ist das nicht geschehen, aber vielleicht beginnen die Bedingungen dafür in der Gesellschaft des fortgeschrittenen Kapitalismus gerade zu entstehen. Auf jeden Fall ist dies eine Hypothese, mit der man arbeiten kann.

1 »Wir waren nun keineswegs der Absicht, die neuen wissenschaftlichen Resultate [...] ausschließlich der ›gelehrten‹ Welt zuzuflüstern. [...] Wir saßen beide schon tief in der politischen Bewegung«, schrieb später Engels in *Zur Geschichte des Bundes der Kommunisten* unter Bezugnahme auf diese Periode (Marx/Engels, *Werke*, Bd. 21, S. 212).

2 Aus einer gemeinsam mit Engels verfaßten Buchrezension, April 1850, in Marx/Engels, *Werke*, Bd. 7, S. 273-275.

3 Marx/Engels, *Werke*, Bd. 21, S. 223.

4 Marx/Engels, *Werke*, Bd. 8, S. 196.

5 Ebenda, S. 118.

6 Vgl. Lelio Basso, *Rosa Luxemburgs Dialektik der Revolution*, aus dem Italienischen von Karin Monte, Frankfurt/M. 1969, S. 111.

7 Lenin, *Ausgewählte Werke*, Bd. 1, Berlin 1961, S. 87.

8 Lenin, *Werke*, Bd. 18, S. 576 ff.

9 Vgl. dazu *Das rückständige Europa und das fortgeschrittene Asien* (1913), in *Lenin Studienausgabe*, Bd. 1, Frankfurt/M. 1970, S. 323.

10 Zitiert von Lenin in *Was tun?*; Lenin, *Ausgewählte Werke*, Bd. 1, S. 174.

11 »Ebenso entstand auch in Rußland die theoretische Lehre der Sozialdemokratie ganz unabhängig von dem spontanen Anwachsen der Arbeiterbewegung, entstand als *natürliches und unvermeidliches Ergebnis der ideologischen Entwicklung* der revolutionären sozialistischen Intelligenz.« *Was tun?*, a.a.O., S. 167. Die Hervorhebungen sind von mir.

12 Ein solches Verhältnis zwischen Klasse als »Objekt« und Partei als »Subjekt« wird ausdrücklich als theoretisch richtig vorgestellt, z. B. von Luciano Gruppi in seiner Einführung der italienischen Ausgabe von *Was tun?* (in der Reihe *Le idee*, Editori Riuniti, Rom, S. 18), wo auch die *Thesen über Feuerbach* nur auf einen Mechanismus im Innern der Klasse bezogen werden.

13 Rosa Luxemburg, *Politische Schriften*, Bd. 2, hrsg. v. O. K. Flechtheim, Frankfurt/M. 1966, S. 102.

14 *Und zum dritten Male das belgische Experiment*, in: *Die Neue Zeit*, Bd. 20/2, Nr. 33 (1901/02), S. 275, zitiert bei Lelio Basso, *Rosa Luxemburgs Dialektik der Revolution*, a.a.O., S. 179, Anm. 241. Siehe dort auch die eingehendere Darlegung.

15 Brief an Mathilde Wurm vom 16. Febr. 1917 (abgedr. in Rosa Luxemburg, *Das Menschliche entscheidet*, München 1958, S. 11), zitiert von L. Basso, a.a.O., S. 115.

16 Vgl. dazu wieder Lelio Basso, a.a.O., S. 9 und Anm. 6 auf S. 150.

17 Vgl. hierzu vor allem die Aufsätze im *Ordine Nuovo*, Bd. 1, Turin (Einaudi) 1954, insbesondere *Il partito e la rivoluzione*, S. 67 f.

18 Für den deutschen Leser: Diese Thesen Gramscis finden sich ähnlich in den von Christian Riechers ausgewählten und übersetzten Aufsätzen aus dem *Ordine Nuovo*, vgl. A. Gramsci, *Philosophie der Praxis*, Frankfurt 1967, S. 29-105, bes. S. 39-44, 64 ff., 80-89. (*Anm. d. Üb.*)

19 Hierzu besonders der Aufsatz von A. Natta und G. Pajetta in *Critica Marxista* [theoret. Organ der KPI] 1963, Nr. 5-6, wo auf S. 113 die »primäre Verantwortlichkeit« der Führungsgruppe auf Gramscis These einer unterschiedlichen Teilhabe an der Politik zurückgeführt wird (*Note sul Machiavelli* [dt. *Philosophie der Praxis*, a.a.O., S. 304 f.]: »1. ein verbreitetes Element gewöhnlicher, durchschnittlicher Menschen [...]«, »2. das Hauptelement des Zusammenhalts, [...] kohäsiv, [...] eine aufeinander eingespielte Führungsgruppe [...]«, »3. ein mittleres Element, das als Glied zwischen dem ersten und dem zweiten dient.«).

20 Am interessantesten waren die Studien von Raniero Panzieri und Lucio Libertini von 1958 und 1959, unter den Titeln *Tesi sul controllo operaio* und *Tesi sul partito di classe*.

21 Die Diskussion mit Sartre begann, als er seinen unvollendet gebliebenen Essay *Les communistes et la paix* veröffentlichte (*Les Temps Modernes*, Juli und Nov. 1952), vgl. die April-Nummer 1953 der *Temps Modernes*, wo Claude Lefort Sartre kritisiert und dieser ihm antwortet. Die Auseinandersetzung setzte sich dann bis Nov. 1958 in *Socialisme ou Barbarie* fort (wo das Thema freilich auch schon vor Sartres Essay behandelt worden war), vgl. insbesondere die Diskussion zwischen Chaulieu und Montal (= Lefort) in der Nummer 10, Juli-August 1952, sowie den Artikel *Organisation et parti* von Lefort in Nr. 26, 1958. Zu Merleau-Ponty vgl. v. a. sein *Die Abenteuer der Dialektik*, Frankfurt/M. 1968. [Vgl. dazu ausführlicher unten Kap. 5, bes. S. 173 ff.]

22 Siehe dazu die Kritiken anläßlich des Erscheinens der *Geschichte der Kommunistischen Partei* von Paolo Spriano. In der Rezension von Giorgio Amendola (in *Rinascita*) und vor allem in einem Brief von Giuliano Pajetta wird gegenüber der politischen Liniendiskussion, die Spriano selbstverständlich aus Dokumenten rekonstruiert hat, besonders die von den Parteiangehörigen real durchlebte Geschichte emphatisch hervorgehoben. In Wirklichkeit geht es jedoch weniger um die Forderung an den Historiker, er solle die Dimension der unmittelbaren menschlichen Erfahrungen in der Partei als einer Gruppe von lebendigen Menschen schärfer herausarbeiten, als vielmehr darum, diese besondere Wirklichkeit, die eigene Moral und eigene Gesetze hat – die Partei als die Gesellschaft der Gerechten, als Verband von Lebensschicksalen, die ihren Daseinsgrund gerade in diesem Zusammenhalt finden –, einer kritischen Prüfung ihrer *effektiven* Bedeutung in der Geschichte entgegenzustellen. In der Diskussion mit G. Berti, anläßlich der Veröffentlichung der Schriften aus dem Tasca-Archiv, hatte Amendola noch subtiler behauptet, daß die strategische Wende von 1930 – die doch immerhin vom 7. Kongreß der Internationale verleugnet werden mußte – der Partei einen Rückhalt gegeben habe, ohne den sie – wenn sie sich z. B. für eine andere Linie entschieden hätte – wohl bald

zerfallen wäre. In all diesen Darstellungen, wie man sie ähnlich überall finden kann, wo in der Partei über Geschichte diskutiert wird, steckt mehr oder weniger bewußt jene Konzeption von der Partei als einer Avantgarde mit eigenen Gesetzen, eigener Moral und eigener effektiver Arbeit, die autonom geworden ist gegenüber ihrer ursprünglichen *raison d'être*, auch wo sie sich ihrer noch erinnert.

5 Sartre und die politische Praxis*

1. Sartres politisches Handeln, weniger sein politisches Denken, ist Gegenstand dieser Betrachtung: Wie er die durchlebte Geschichte beurteilt hat, wie und warum er Partei ergriff, mit wem er sich zusammengetan hat und mit wem er heute zusammengeht. Unser Ansatz ist begrenzt und willkürlich, da man eine einzelne politische Dimension nicht von der gesamten theoretischen Arbeit des französischen Philosophen abtrennen kann – und zwar nicht bloß, weil jede Philosophie immer auch Ideologie, Bewußtsein oder »falsches Bewußtsein« von der Gesellschaft ist, sondern weil gerade das theoretische Werk Sartres eine Reflexion darüber ist, wie der Mensch sich in die Geschichte hineinbegibt und in ihr wirkt. Situation, Projekt, Freiheit, Entfremdung, Gewalt – die zentralen Themen Sartres – sind das begriffliche Material, das hinter seinen Entscheidungen steht und auf das sie verweisen.

Gleichwohl zeigt sich, daß auch dieses Material eher ein Produkt politischen Handelns im weiten Sinne ist als eine rein theoretische Konstruktion, der dann, im zweiten Durchgang, eine Praxis angehängt würde. Sartres Denken ist eine Reaktion auf die in der französischen Kultur verbreitete Unkenntnis der hegelschen Linken und zugleich auf die positivistischen Neigungen der Arbeiterbewegung: ihm zufolge sind beide entwaffnend. Sartre ist sich dessen völlig bewußt, wenn er behauptet, er habe dem Marxismus einen entscheidenden Stoß in die »antideterministische« Richtung versetzen wollen. Wenn er »Marxismus« sagt, denkt er eher an diese Traditionen, an das, was in der – auch theoretischen – Praxis der kommunistischen und nicht-kommunistischen Linken aus Marx geworden ist, als an eine Rekonstruktion und Reflexion des ursprünglichen Marxschen Weges, für den er relativ wenig Interesse hat – weniger vielleicht, als geboten gewesen wäre. Es ist in der Tat nicht schwer, anhand der Texte zu prüfen, wieviel »Marxismus« in Sartre steckt, oder besser,

---

* *Sartre e la pratica politica,* erschienen in *aut aut,* Nr. 136/137, Juli-Oktober 1973, S. 13-40. *Anm. d. Üb.*

wieviel er von Marx verstanden, aufgenommen oder abgelehnt hat[1]; dennoch kommt man nicht an der Feststellung vorbei – selbst wenn man überzeugt ist, daß ohne eine Rückkehr zu Marx der Faden der Revolution im Westen nicht wiederzufinden ist –, daß eine solche Gegenüberstellung letztlich steril bleibt. Einige der theoretischen Schlachten, die Sartre gegen den »marxistischen« Determinismus führt, nehmen gewiß ihren Ausgang von einer angreifbaren Marxlektüre – und weiter? Sie führen zu Schlüssen, die nicht als »Marx gemäß« definierbar sind – was soll's? Bestimmt werden sie gleichwohl von der *politischen* Orientierung, von dem Bedürfnis nach Aufdeckung einer theoretischen Dimension der Freiheit und des Engagements, die Sartre als verkrüppelt oder negiert empfindet – zu Unrecht gegenüber Marx, zu Recht gegenüber dem »Marxismus«. Auch wenn man mittels einer politisch-philosophischen Restauration Marx gibt, was Marx gebührt, so bleibt doch die Abrechnung mit dem »Marxismus« der Zweiten und Dritten Internationale immer noch zu machen – sofern man ihn nicht einfach als zufälligen Irrtum aus der Geschichte zu tilgen gedenkt. Und es geschieht genau um dieser Abrechnung willen, wenn Sartre an der Definition seines begrifflichen Universums arbeitet, an der Bestimmung seines Bedürfnisses, den Marxismus zu »komplettieren«, zu »integrieren« oder ihn zu modifizieren.

Sein politisches Ziel und die Geschichtlichkeit seines Denkens sind es also, die letzten Endes den entscheidenden Schlüssel zu seiner Bedeutung liefern. Und in diesem Sinne ist es dann nicht mehr so willkürlich, wie es zunächst scheinen mag, wenn man Sartres politisches Handeln, seine Bündnisse, seine Stellungnahmen von seiner sonstigen Arbeit scheidet – nicht nur, weil der politische Eingriff eine eigene Dimension und eine autonome Ebene besitzt, auf der sich das theoretisch Erarbeitete von Fall zu Fall zuspitzt und kristallisiert und dabei zu einer erbarmungslosen Prüfung seiner wirklichen theoretischen Stichhaltigkeit gelangt, sondern weil die Frage des persönlichen politischen Einsatzes, des Parteiergreifens, objektiv vom Verlauf der *hic et nunc* gegebenen gesellschaftlichen Konflikte gestellt wird, nicht einseitig im Bewußtsein des Philosophen sich bestimmt, vielmehr in bezug auf den Konflikt, mitten darin, als Projekt in Konfrontation mit anderen

Projekten, das unvermeidlich einer Prüfung unterzogen wird – entweder im aktiven Zusammenstoß mit der Trägheit des Seriellen oder dazu verdammt, sie widerzuspiegeln und ihr zu erliegen. »Das Problem«, sagt Sartre 1952 zu Camus, »ist nicht zu wissen, ob die Geschichte einen Sinn hat oder nicht, ob wir uns dazu herablassen können, in ihr Partei zu ergreifen oder nicht; wir stecken in jedem Falle bis zum Hals darin. Das Problem ist, zu versuchen, ihr denjenigen Sinn zu geben, der uns richtig erscheint, uns nicht zu weigern, unseren wie auch immer bescheidenen Beitrag zu all jenen Aktionen zu liefern, in denen er gefordert ist. Mehr noch, es ist müßig, zu diskutieren, ob es Werte gibt, die die Geschichte transzendieren: Angenommen, es gibt sie wirklich, so manifestieren sie sich durch das Tun der Menschen, durch die menschlichen Taten.«[2]

Es ist dies im übrigen das beherrschende Thema bei Sartre: Sein und Denken kommen aus der Praxis. Sartre selbst wäre wohl der letzte, der in Abrede stellen würde, daß – in Umkehrung jener von Raymond Aron gewählten Methode zur Rekonstruktion seines Weges, bei der alles pedantisch genau auf die Frage von Kohärenz oder Aporie in seinem philosophischen System verengt wird[3] – als einziges, zwar verkürztes, aber akzeptables Kriterium zur Einschätzung seines Werkes allein gelten könnte, welches politische Handeln es insgesamt bewirkt hat; ob es ihm gelungen ist oder nicht, an der Negation des Trägen zu arbeiten, dem der Mensch Sartre sich gegenüber sieht – oder, wie er heute sagen würde, ob es ihm gelungen ist oder nicht, für die Revolution zu arbeiten.

Fragen wir uns nun, ob diese Verkürzung bei Sartre selbst wirklich ohne Vorbehalt akzeptiert worden ist. Die Antwort ist nein. Tatsächlich teilt sich sein Leben in den letzten Jahren dichotomisch in zwei Sphären: in die des unmittelbaren Engagements – seine Verbindung mit den »Maoisten«, den Genossen von der *Cause du peuple* und heute der *Libération* – und in seine Arbeit über Flaubert, die er vorantreibt nicht als eine Forschung *neben der Politik,* sondern als eine *Politik daneben,* auf einer Ebene, die sich heute keiner Prüfung unterziehen läßt, weder in den Tatsachen noch im Bewußtsein der Massen – eine Politik außerhalb der Politik, entworfen für ein Morgen, obschon freilich nicht ausgemacht ist, ob sie dann noch den Sinn haben wird, den Sartre ihr heute zuschreibt.[4]

Es ist dies allerdings ein Widerspruch, der sehr viel weniger in Sartre steckt als in den historischen Bedingungen, unter denen ein Intellektueller heute zu arbeiten hat, insbesondere in Frankreich. Wir kommen darauf noch zurück; hier wollen wir nur nochmals hervorheben, daß Sartre der letzte wäre, sich dieser Überprüfung der Geschichte durch die Praxis zu widersetzen – und zwar nicht durch die Praxis im allgemeinen, sondern durch die spezifische eigene tägliche und kompromittierende Praxis. Das ist es ja gerade, was ihn unverwechselbar von den anderen linken Intellektuellen unterscheidet, von all denen, die sich beschieden haben mit einer Rolle als Kommentatoren am Rande – was sie aller direkten Entscheidungen enthebt, da sie die Verantwortung immer auf andere schieben können – oder auch mit einer Verkürzung des eigenen politischen Handelns auf bloßes »Zeugnisablegen« – sofern sie nicht gar davon reden, daß »wahre« Intellektuelle unmöglich konkret Partei ergreifen könnten, da ja die Geschichte immer unreiner und enttäuschender ist als die eigenen Gedanken. Hieran entzündeten sich auch die großen Brüche zwischen Sartre und Camus, Sartre und Merleau-Ponty (wobei der zweite bedeutend schmerzlicher war), aber auch zwischen Sartre und vielen Kommunisten, die sich allein wegen ihrer Mitgliedschaft in der Partei bereits *per definitionem* als engagiert und also von jeder Schuld freigesprochen erachten.

Vor kurzem ist in Frankreich ein vielbeachtetes Buch des kommunistischen Philosophen Louis Althusser erschienen, in dem die symmetrisch entgegengesetzte Position dargelegt wird[5]: Althusser löst das politische Handeln des Intellektuellen in reine Pflicht zur Verteidigung und Restauration der Prinzipien auf. Zwar gibt er sich nicht zufrieden mit dem Bündnis, das die KPF mit den Intellektuellen zu schließen bereit ist, vorausgesetzt, sie geben sich nicht mit Reflexionen über die Politik ab; doch er begründet ein nicht weniger hinhaltendes und im Kern opportunistisches Verhältnis, gerade weil seine spezifische Art, über Politik zu reflektieren, ihn jenes unmittelbaren Eingriffs enthebt, an dem sich ein Konflikt mit der Führungsgruppe der Partei entzünden könnte. Seine jüngste Schrift ist die theoretische Rechtfertigung dieser Haltung: Die

Polemik gegen Lewis (die auf den ersten Seiten so trocken scholastisch und pedantisch die Frage erörtert, wer die Geschichte mache, der Mensch oder die Massen, und was das heißt, »die Geschichte machen«) enthüllt ihr praktisches Ziel, sobald deutlich wird, daß Althusser den Marxismus dadurch »restauriert«, daß er die Geschichte auf den Mechanismus des Klassenkampfs an sich reduziert, unabhängig vom Eingriff eines agierenden Subjektes. Es ist diese zum fundamentalen Kriterium des »wahren« Marxismus bzw. des »Marxismus-Leninismus« erhobene »Objektivität«, die von allen je zufälligen Pflichten zur Intervention befreit: Da ja der Klassenkampf, ob man will oder nicht, stets als Motor am Werk ist, ist der Spielraum der Entscheidungen weniger als eng, und der Intellektuelle kann sich auf die Reflexion über den Verlauf des Kampfes beschränken, d. h. ihn zu »lesen« und zu seiner richtigen »Lektüre« zu verhelfen, um sich im übrigen – am ehesten wohl durch die dazwischengeschobene Partei – in dem großen Strom zu halten, der die objektiven Mechanismen des Kampfes widerspiegelt. Auch die Partei ist somit in gewisser Weise aus der Verantwortung entlassen, da sie ja durch die Klasse auf jeden Fall in einer »objektiv« antagonistischen Stellung bleibt; dies ermöglicht es Althusser, jenes »Gemeinsame Programm« des neuen Bündnisses zwischen KPF und Mitterands Sozialistischer Partei, das gewiß auch er nicht mit dem »Marxismus-Leninismus« vereinbaren kann, auszuklammern, gleichsam als einen Unfall im Fortgang jenes Klassenkampfes, der sich dennoch in seiner Wahrheit manifestieren muß. So erscheint schließlich das tägliche und unmittelbare Sichkompromittieren im Handeln nicht bloß als etwas Unnötiges, jedenfalls Sekundäres angesichts der ersten Pflicht – die objektive Dialektik der Gesellschaft zu verstehen –, sondern es läuft geradezu Gefahr, zu etwas Negativem zu werden, insofern es eine subjektivistische, also idealistische, also verfälschende Abweichung bedeuten könnte. Althusser schließt die Dichotomie zwischen Sein und Handeln zugunsten des Seins, so wie Sartre den Akzent auf das Handeln setzt; die wirkliche Zielscheibe der Althusserschen Kritik ist daher kaum der harmlose John Lewis, der für Frankreich und wohl auch für England nicht sehr wichtig sein dürfte, sondern der lästige und aufrüttelnde Sartre, das genaue Gegenteil zu jenem *maître à penser*, der stets bereitwillig seine Weisheit verabreicht und darauf achtet, nicht in die Verirrungen des lebendigen Lebens hineinzugeraten. Niemand steckt mehr als Sartre – um dessen eigene Worte zu gebrauchen – bis zum Hals darin: Er setzt sich sämtlichen Gefahren aus, sogar der, die für einen Intellektuellen die akuteste ist, nämlich die eigene Rolle zu negieren, wenn er sich mit den schlichtesten Genossen an der Basis in Gesten teilt, die einerseits niemals die restlose Identifikation mit den Ausgebeuteten und Unterdrückten herstellen können und ihm andererseits wohl einen höheren Preis abverlangen.

In der Tat hat Sartre in den letzten Jahren nicht nur immer wieder die Verlockungen der Institutionen zurückgewiesen, von der Universität bis zur Nobelpreis-Akademie; er hat auch nicht nur Appelle formuliert. Er hat auf den Straßen Flugblätter verteilt, die nicht von ihm stammten (und die er wohl anders verfaßt hätte), wobei er als gegeben nahm, daß man ihn erkennen würde und damit die von ihm verteilten Blätter ein ganz anderes, ein skandalerregendes Gewicht bekommen würden. Er hat, auf einer Tonne stehend, vor einem Werkstor von Renault in Billancourt gesprochen, während die von der CGT abgerichteten Arbeiter das Werk durch ein anderes Tor verließen und Schwärme von Journalisten, Fotografen und Fernsehleuten seine Isolierung notierten und verbreiteten. Er ist versteckt unter der Plane eines Kleintransporters ins Renault-Werksgelände eingedrungen, um sich hinauswerfen zu lassen und damit bildlich zu verdeutlichen, wie weit das Volk davon entfernt ist, der Herr der »nationalisierten« Industrie zu sein, deren Tore ihm verschlossen sind. Er hat an der Besetzung eines Betriebes teilgenommen, wohl wissend, daß sie schlecht vorbereitet und kaum erfolgversprechend war, weil ein Zurückbleiben bedeutet hätte, die Genossen im Stich zu lassen, die das Ganze angeregt hatten, und auch die Arbeiter, die aus seiner Teilnahme einen Vorteil ziehen könnten. Er hat wiederholt und fast immer vergeblich versucht, sich eine Strafanzeige einzuhandeln.

Das sind gewichtige Gesten, nicht leicht zu vollführen, vor allem dann nicht, wenn die Bewegung im Umschlagen begriffen ist und man voraussehen kann, wie sich ihr Spielraum zunehmend verengen wird – die Verständnislosigkeit der

Massen, denen die Bewegung Ausdruck zu verleihen strebte, die Begrenztheit der Avantgarden, die Fehler, die sie gerade aufgrund dieser Schwäche machen. So hat man Sartre nicht nur zuzugestehen, was ihm auch sein Gegner Althusser trotz aller Kritik zugesteht – so wie Marx es für Rousseau gelten ließ –, nämlich daß er sich niemals den Mächtigen gebeugt hat; Sartre ist zuzugestehen, daß er mit seinen politischen Eingriffen mehr als nur die Gunst der Mächtigen aufs Spiel gesetzt hat: Er hat sein eigenes Bild, sein öffentliches Gehör, seinen Besitzstand als Intellektueller riskiert, indem er verwarf, was die einfachste Lösung gewesen wäre – eine Kohärenz auf dem Felde der Ideen, wo Prüfungen stets vage bleiben und Niederlagen immer Ansichtssache sind.

2. Seine Entscheidung, in jedem Falle bis zum Ende zu gehen und den Preis dafür zu zahlen, entspringt der Überzeugung, daß kein Intellektueller sich von seiner Schuld gegenüber den Unterdrückten und Ausgebeuteten loskaufen kann. Es ist dies eine Überzeugung, die sich ganz allmählich vertieft hat: noch bis 1969, also nicht einmal im Feuer des »Mai«, sondern erst danach[6], war er sich nicht völlig darüber im klaren, wie tief ein Intellektueller kompromittiert ist, wie gründlich er sich selbst negieren muß und warum ihm das nicht völlig gelingt – weil eben Sartre immer Sartre bleibt, behaftet mit einer Vergangenheit, einem Gewicht, objektiv integriert in den Kulturmarkt, verdinglicht von einer Gesellschaft, die selbst noch ihre Widersacher in Waren zu verwandeln imstande ist. Doch der Kern dieser Überzeugung stammt aus alter Zeit, aus einem alten Gefühl für die Sünde, über das in *Die Wörter*, also noch vor dem »Mai«, ein abschließendes Wort gesagt wird und das den roten Faden seiner ungeheuren Studie über Flaubert bildet. Das Schuldbewußtsein des Intellektuellen rührt nicht allein aus seiner privilegierten Stellung und aus der Vermarktung der Kultur, es entspringt auch aus seiner ständigen Versuchung zur Distanz und Selbstgenügsamkeit, zum Zerstückeln und Verkleinern der Realität, zur Reproduktion seiner selbst und seines guten Gewissens. Ein Intellektueller, so sagt Sartre im Gespräch mit seinen maoistischen Freunden, ist jemand, der, kaum daß er von irgendwem irgend etwas gelernt hat, ein Buch daraus macht. Das heißt, er verwandelt

die Welt oder das, was er in ihr sieht, in ein Produkt, von dem er dann ziemlich parasitär lebt.

Diese Unruhe kommt ihm von langer Hand. Wahrscheinlich stammt sie aus dem schlechten Gewissen über jene dreißiger Jahre, in denen er an der Seite von Simone de Beauvoir – die länger als er die glückliche Erinnerung daran bewahrt hat – sein Intellektuellendasein als eine starke und fröhliche Bejahung der Freiheit gelebt hatte, ganz sich selbst genug. Gewiß, *die Hölle, das sind die Anderen;* gewiß, der Druck des Trägen lastete schwer auf ihm. Aber in der Analyse dieses Mechanismus und beim Schreiben darüber emanzipierte sich das Individuum Sartre davon, bestärkte es seine Außergewöhnlichkeit, skizzierte es sein Projekt – um so mehr, als er, wenn auch ambivalent, akzeptiert wurde. »Mein Ruf ist auf Haß erbaut«, wird er später sagen; freilich, aber Bestätigung und Anerkennung ist es doch. Außer in dieser Belohnung beruht die Freiheitsillusion des Intellektuellen darin, daß er sich der Welt gegenüber in eine Position kritischer Äußerlichkeit begibt. Er ist wohlsituiert und urteilend; er hat ein Bewußtsein von dem trüben Strom, der die Welt durchzieht, aber den Kopf über Wasser. Wenn man das Zeugnis nachliest, das Simone de Beauvoir in *La force de l'âge* darüber ablegt (der reichste Teil ihrer Memoiren, wo die Zeit von 1929 bis zum Ende des Krieges behandelt wird), so fällt ein heimliches Frohlocken auf, das ihr erlaubt, über alle Engpässe, Entbehrungen, Arbeitsschwierigkeiten und Ermüdungen hinwegzugehen. Sicher lebt in ihr, der Frau, auch die Genugtuung über eine endlich erreichte Emanzipation, nachdem sie ausgegangen war vom Status einer *jeune fille rangée.* Aber auch Sartre hat daran teil, mit seiner uneingestandenen Gewißheit, daß der Intellektuelle im Grunde nicht einzufangen ist, daß er sich heraushalten kann aus den total entfremdenden Mechanismen, denen die anderen unterliegen.

Wenn Sartre heute darüber spricht, bestätigt er diesen seinen »Individualismus«, aus dem ihn nicht einmal der Faschismus und die Volksfront herausgezogen hatten, da seine Anteilnahme ganz äußerlich blieb. Simone de Beauvoir schreibt: »Als man die Abkommen von Matignon unterzeichnete, waren wir glücklich für die Arbeiter«; und Sartre sagt 1972 zu Pierre und Philippe Gavi: »Ich war absolut für die Volksfront, aber es wäre mir nie in den Sinn gekommen zu wählen, um meiner Meinung den Sinn einer Entscheidung zu geben. [...] Ich blieb Individualist, hingezogen zu den Massen, die die Volksfront *machten*, aber ohne Verständnis dafür, daß ich einer der ihren war und mit ihnen zusammenzugehen hatte.« Heute fügt er hinzu, daß diese Haltung »vielleicht« durch ein dunkles Mißtrauen gegenüber der allgemeinen Wahl ausgelöst worden sein könnte (»die vage Idee, daß eine Stimmabgabe niemals den Willen eines Menschen konkret auszudrücken vermag; später sollte ich verstehen lernen, daß das, was mir an der Wahl solches Unbehagen bereitete, darin bestand, daß sie nur einer Delegierung der Demokratie dienlich sein kann, daß sie ein Betrug ist«) – aber das alles sind Erklärungen a posteriori. Die Wahrheit hieß bis 1939: »Ich war inaktiv geblieben, indem ich mich aufs Schreiben beschränkte, in perfekter Sympathie mit den Linken. Die ganze Zeit von 1918 bis 1938 habe ich wie die Morgenröte eines dauerhaften Friedens durchlebt. Es mußte erst der Krieg kommen, um mir die Augen zu öffnen. Ich hielt mich für ein schönes Atom, winzig und sauber, und mit einem Mal nahmen mich gewaltige Mächte in Beschlag und warfen mich an die Front, ohne nach meiner Ansicht auch nur gefragt zu haben.«

Simone de Beauvoir spricht besonders ausdrücklich über dieses brüske Erwachen, das ihr plötzlich enthüllte, wie trügerisch die Freiheit war, die sie für sich erobert zu haben glaubte. Sie durchlebt den Krieg wie eine schreckliche Auflage. Sartre erleidet die Gefangenschaft, aber nicht in derselben Weise, denn sein Kontakt mit den Genossen, zuerst im Schützengraben und dann im Gefangenenlager, wird zu einer neuen Entdeckung der Menschen, einer ganz andersartigen als der bisher kulturell vermittelten. Im kollektiven Schicksal findet er etwas, das die Verallgemeinerung des individuellen Schicksals ihm nicht gegeben hatte; und er findet es durch ein *praktisches* Moment, durch die Notwendigkeit, die eigene Verteidigung gemeinsam zu organisieren. »Die Anderen« werden nun zum Material eines gemeinsamen Handelns: Er entdeckt die Solidarität. Der Schritt zur Politik ist nicht mehr weit.

Von diesem Augenblick an verwandelt sich Sartres Bewußtsein als Intellektueller: Was ihm bleibt, ist der Stolz; was er jedoch für immer verloren hat, ist jenes ambivalente Glück, das aus einer »unschuldigen« Rezeption der Kultur entsteht. Nicht nur kann der Mensch nicht von sich aus frei sein, sondern der Intellektuelle kann nur deshalb, weil er dies für möglich gehalten und sein Leben infolgedessen prächtig eingerichtet hat, so gänzlich ungleich und abgetrennt von den Anderen, so »*injuste*« – ungerecht und ungerechtfertigt – werden. Es ist dies eine Lage, aus der man unmöglich herauskommen kann, ein untilgbares Privileg – sieht man von totalen Entscheidungen wie der eines Che Guevara oder eines Bethune ab, und auch in ihnen bleibt noch ein Rest –, doch man hat zumindest die Pflicht, sich dessen bewußt zu werden. Es gibt eine aufschlußreiche Replik in der Polemik gegen Camus 1952; auf dessen ärgerliches »Ihr habt mich ermüdet!« erwidert Sartre mit Nachdruck: »Wenn Leute wie ich und du müde sind, dann gehen sie schlafen, es fehlt ihnen ja nicht an Geld. Die Zahl derer, die Grund genug haben, um einiges müder als wir zu sein, ist unendlich, und ihnen unsere Müdigkeit um die Ohren zu schlagen, ist grotesk.«[7]

Aber wie soll man ein Verhältnis zu dieser Masse von Besitzlosen, Verfolgten, durch Arbeit und Ausbeutung Ausgelaugten herstellen? Als es Sartre gelungen ist, in Zivilkleidern aus dem Gefangenenlager zu entkommen und nach Paris zurückzukehren, fühlt er sich völlig geheilt von seiner individualistischen Freiheitsillusion: Er ist jetzt ein »antihierarchischer Sozialist«. Die Definition ist von heute, aber wir können wohl annehmen, daß sie damals schon paßte. Der Sozialismus war der natürliche Bezugspunkt, als die Wende erst einmal vollzogen war, und im Antihierarchischen kam nicht so sehr eine Entscheidung für den Egalitarismus zum Ausdruck als eine spezifische Akzentuierung der Autonomie des Subjekts. Der Egalitarismus, der seit 1968 mit der antiautoritären Thematik zusammengeht, ist tatsächlich eine neue Errungenschaft (bzw. eine Wiederentdeckung in der chinesischen Kulturrevolution und in der ideologischen Krise der Studentenbewegung wie auch einiger Arbeiterkämpfe, besonders in Italien), die auch im allerneuesten Sartre noch nicht bestimmend geworden ist. Was ihn davon abhält, ist wohl sein Mißtrauen gegenüber jenem autoritären, repressiven Moment, das auch die streng egalitären Instanzen noch an sich haben, da sie eben nicht für sich allein geradlinig und harmonisch sich entfalten, sondern eine lange Reihe von Negationen erfordern und enthalten.

Tatsache ist, daß sich ein »antihierarchischer Sozialist« mitten im Kriege vor dem Problem sah, mit wem er zusammengehen sollte. Zunächst bildet Sartre mit ein paar Freunden eine kleine, unabhängige Gruppe, »Socialisme et liberté«; doch bald bemerken sie, daß jeder Zugang zur Résistance über den führt, der ihre Strukturen beherrscht – vorab über die Kommunistische Partei. Sartre versucht also, mit ihr in Kontakt zu treten. Gleich zu Beginn will es nicht richtig klappen, weil die Kommunisten gewohnheitsmäßig jedem mißtrauen, dem eine Flucht aus den Lagern geglückt ist (viel Wasser muß erst noch die Seine hinabfließen, bis die KPF, die »Partei der Füsilierten«, sich als Generalsekretär einen Georges Marchais geben kann, der als mitteloser junger Arbeiter nicht in den Widerstand ging, sondern freiwillig nach Deutschland, um dort zu arbeiten, und von dem man nicht einmal weiß, ob er später zu fliehen versucht hat). Doch der Verdacht gegen Sartre wird fallengelassen, und als die KPF im Jahre 1943 die »Massenbasis« der Résistance aufbaut, wird er aufgenommen und natürlich gleich in das *Comité des Ecrivains* eingewiesen, von wo aus er dann fleißig Flugblätter verfaßt, mit den *Lettres Françaises* zusammenarbeitet und in den Tagen der Befreiung von Paris sogar zur bewaffneten Verteidigung der Comédie Française beordert wird, die im übrigen kein Deutscher zu erstürmen gedachte. Ein authentisches Verhältnis zum Maquis und zum verzweigten Netz der Résistance hat Sartre nicht herstellen können.

Diese erste Verbindung zur KP, dünn und bloß auf einem rein antifaschistischen und antideutschen Schema beruhend, mußte zwangsläufig zerbrechen, als der Krieg vorbei war. Sartre war der Autor von *Das Sein und das Nichts;* die Kommunisten mit ihren *Lettres Françaises* und der *Action* brauchten ihn nicht mehr, sahen in ihm einen »ideologischen Feind« und griffen ihn an. Seit dieser Zeit und bis in die sechziger Jahre verlaufen die Phasen seiner Annäherung an die KPF, des Stillstandes, der heftigen Polemiken und der vorübergehenden Bündnisse nach einem Muster, das sich zwanzig Jahre lang mit den je situationsbestimmten Varianten stetig wiederholt. Wir verzichten hier auf detaillierte Wiedergabe der Chronik; wichtiger ist, die Ursachen und die Ergebnisse zu verstehen.

Das Verhältnis zu den Kommunisten war vor allem etwas Unumgängliches, Obligatorisches. Für einen »antihierarchischen Sozialisten« war jener französische Sozialismus, der seinen großen Augenblick in der Volksfront gehabt und sich dann mit schweren Verfehlungen befleckt hatte, nicht ernsthaft in Betracht zu ziehen. Die SFIO mit ihrer armseligen, fast reaktionären theoretischen Tradition, ihrer auf lokalen Interessenklüngeln beruhenden Struktur und ihrem Arbeiterflügel in der spalterischen Gewerkschaft *Force Ouvrière* hatte wahrhaftig nichts an sich, was einen radikalen Intellektuellen anziehen konnte. Ein Bereich *sozialistischer Ideen* hat sich später in Frankreich – ähnlich wie in Italien zur Zeit des um sich greifenden *Centro-Sinistra* – eher am Rande als im Zentrum der Sozialistischen Partei herausgebildet. So gab es für Intellektuelle, die aus der Résistance kamen und auf der Suche nach einer neuen Gesellschaft waren, keine andere Wahl: Es kam nur die Beziehung zu den Kommunisten in Betracht.

Es war eine komplizierte Beziehung, in der offene Zusammenstöße mit Perioden stillschweigender Duldung wechselten. Auf der einen Seite steht die KPF mit ihrer in der Substanz festen, unveränderlichen Methode und ihrer eher scheinbaren als wirklichen Bereitschaft zu Kontakten mit Nichtkommunisten; auf der anderen Seite stehen Gruppen von Intellektuellen, die sich in der Partei weder heimisch fühlen noch sich von ihr abwenden mögen und folglich diskutieren, um einen Dialog zu entwickeln.[8] Die Mauer, an der sich Männer wie Sartre die Stirn einrennen mußten – wobei er unter den französischen Intellektuellen noch derjenige war, der sich dem Verhältnis zur KPF wohl am gründlichsten und direktesten zu stellen versuchte –, ist der Umstand, daß es für eine Kommunistische Partei unmöglich ist, sich die theoretische Arbeit mit Intellektuellen zu teilen, die nicht ihrer Disziplin unterliegen: Sie kann ihnen mehr oder weniger Zugeständnisse nur so lange machen, wie ihre Strategie nicht zur Debatte gestellt wird – weniger in der Schdanow-Periode, als das Zentralkomitee sogar den Anspruch erhob, die Bahnen der Malerei oder der Biologie vorzuschreiben, mehr Zugeständnisse, als auf dem 20. Parteitag der KPdSU von allen Bälgern der Vergangenheit allein der des »sozialistischen Realismus« wirklich geopfert wurde und man dem Künstler endlich gestattete, seinen Garten auf seine Weise zu bestellen – vorausgesetzt, daß in diesem Garten nicht die Pflanze der politischen Reflexion, der Strategiediskussion aufkeimt. In diesem Punkt wird die Partei schnell wieder intolerant, insbesondere wenn es sich um »linke« Blätter oder Blüten handelt, um zugleich radikale und libertäre Gewächse, deren Gerüche an längst Exorziertes gemahnen, Trotzkismus, Luxemburgismus, Anarchismus, Anarchosyndikalismus. Es sind dies – ja sogar die Rückkehr zu Marx und Lenin, wenn sie auf anderen als den vorgeschriebenen Wegen verläuft – lauter verderbliche Unterfangen, die von den Kommunistischen Parteien nicht mit demselben Maßstab wie andere »Kulturen« oder »Ideen« gemessen werden können, weil sie Teil der eigenen Geschichte sind, Infektionen, die jederzeit wieder endemisch werden und sich in Spannungen oder gar in einem Bruch niederschlagen könnten. Hier ist nicht der Ort, lange über das Drama zu sprechen, das der ideologische Monolithismus für die Kommunistischen Parteien dargestellt hat: Keine Führungsgruppe ist so verbohrt, daß sie seine Borniertheit nicht zugeben würde. Zu sprechen ist allerdings davon, daß ohne ihn die Gefahren noch größer sind; nicht zufällig pflegt die Versuchung zur Zementierung einer Einheit ohne jede Dialektik – vor allem, Gott behüte, ohne jedwede organisatorische Dialektik, aus der ja die verabscheuten Fraktionierungen wieder hervorgehen könnten – gerade diejenigen zu ergreifen, die sich von der KP losgesagt haben. Dahinter steckt freilich auch ein Grund, nicht bloß eine theoretische Rechtfertigung: die Gewißheit nämlich, daß der Marxismus, wenn er revolutionär sein soll, nicht auf rein relativistische Methodologie reduziert werden kann. Es ist *ein* Gesetz, das der gesellschaftlichen Entwicklung unterliegt – der Kampf der Klassen; ungeteilt ist demnach die Theorie der Gesellschaft, ungeteilt die daraus erwachsende Praxis – »die Linie« – und ungeteilt folglich das Instrument zu ihrer Realisierung – »die Partei«. Diese scheinbar eiserne Verkettung wird zudem in der Praxis verstärkt: Die Kommunisten fühlen sich im Krieg, im antagonistischen Gegensatz zur übrigen Welt, auch wenn sie nicht kämpfen, und Einheit ist im Kriege die erste Bedingung für Verteidigung und Angriff.

Diese Argumente lassen sich nicht ohne weiteres aus den Angeln heben; wäre es anders, so könnte man die Beständigkeit und Geschlossenheit der Kommunistischen Parteien nicht verstehen. Selbst dort, wo die Partei durch ihre Fehler gründlich geschwächt und quasi zerstört worden ist, wie in großen Teilen der Welt, ist noch keine andere, befriedigendere Organisationsform, Partei, Existenzweise der Klasse entstanden, die von ebensolcher Effizienz wäre. Dies ist die unpassierbare Klippe, an der bislang alle Kritik an der leninistischen Partei schließlich gescheitert ist. An noch steileren und plötzlicher auftauchenden Klippen zerschellt freilich der reine Spontaneismus, die »fusionierende Gruppe«, die ihrer Definition nach zu keiner Beständigkeit und Verallgemeinerung fähig ist.[9]

Vor einer solchen Struktur steht der linke Intellektuelle in Frankreich und in Italien. Damit er ein wirkliches Verhältnis finden kann, ohne sich selbst oder die Partei zu negieren, müßte diese imstande sein, ihre Linie als ein Sichausprägen des Klassenkampfes zu begreifen, als Linie, die auf ein theoretisches Erbe reagiert, indem sie sich unaufhörlich zu ihm in eine dialektische Beziehung setzt und die neuen Bedürfnisse, Ideen, Gruppen, Individuen, in denen der gesellschaftliche Konflikt zum Ausdruck kommt, in ihren Spannungen dialektisch vermittelt. Sie müßte alles in allem fähig sein, die Erfahrungen zur Einheit zurückzuführen, und gleichzeitig festzuhalten am provisorischen Charakter dieser Vereinheitlichung, an der Notwendigkeit, sie immer neu an der Praxis zu messen und nie zu vergessen, daß sie, kaum aus der Bewegung gelöst, in der sie entstanden ist, objektiv dazu tendiert, sich außerhalb und gegenüber der Bewegung zu kristallisieren. Wenn aber der linke Gesprächspartner der Partei – gleichgültig, ob der einzelne Intellektuelle, eine Gruppe oder die gesellschaftliche Avantgarde der Klasse – *dieses* Problem vor ihr aufwirft, so prallt er massiv mit ihr zusammen, und es kommt bis zum Bruch; es ist der Entscheidungsmechanismus der Institution, der nicht in Frage gestellt werden kann. Die Erfahrung der chinesischen KP während und nach der Kulturrevolution ist in dieser Hinsicht das lehrreichste Beispiel.

3. Nicht anders ist es Jean-Paul Sartre ergangen. Sein Verhältnis zur KPF, wie schwierig es auch war, beruhte lange Zeit auf einer ehrlichen Akzeptierung der Partei *ihres Inhaltes wegen.* Das hieß jedoch keineswegs Mitgliedschaft. Das engste Verhältnis, das Sartre vor dem Krieg zu Kommunisten gehabt hatte, war seine Freundschaft mit Paul Nizan, den er nicht nur als typisches Parteimitglied betrachtete, sondern geradezu als »Sprecher des Politbüros«; als Nizan dann zur Zeit des Deutsch-Russischen Vertrages die Partei verließ, sahen Sartre und seine Freunde nur bestätigt, was sie bereits wußten, nämlich daß die UdSSR der »Realpolitik«* den Vorrang gab vor den Prinzipien und der Rücksicht auf die französische KP, die sich unmöglich anders verhalten konnte. Ganz anders verlief die Entdeckung der UdSSR und des Kommunismus in Italien während des Widerstandes. Dort hatte der Faschismus von 1926 bis 1943 jede Möglichkeit zum politischen Ausdruck der Klasse abgeschnitten; die Kommunistische Partei war zur Arbeit im Untergrund gezwungen, ihre Führer saßen im Gefängnis oder im Exil. Einzig die Emigranten hatten das Drama der sowjetischen Führungsgruppe und der Internationale nach dem Tode Lenins miterlebt: Bei Gramsci kommt exemplarisch zum Ausdruck, wie abgetrennt er von dem war, was außerhalb geschah, selbst noch von der Internationale, die er ja sehr gut kannte; und als er aus dem Gefängnis entlassen wurde, war ihm der Zugang verwehrt. Das Schweigen bricht erst, als der Krieg beginnt, mit der *Resistenza* und dem stürmischen Heranwachsen einer kommunistischen und sozialistischen Generation, die von der Vergangenheit nichts weiß oder sie zum Abfall der Geschichte wirft. Die Kommunisten, das sind die großen Widerstandskämpfer; die UdSSR, das ist Stalingrad, und dies hat die Erneuerung Italiens in vielen Bereichen beeinflußt.

Der französischen Linken war sehr viel weniger Unschuld gestattet. In Frankreich war man über alles vorzüglich informiert – über den Bruch in der sowjetischen Führungsgruppe, die trotzkistische Kritik, das Verdorren und beinahe Verschwinden der Partei gegen Ende der zwanziger Jahre, die Isolierung in der Phase »Klasse gegen Klasse«, dann die

---

* Im Original deutsch. *Anm. d. Üb.*

Wiederauferstehung in der Volksfront (als die Zahl der Kommunisten sich in einem einzigen Jahre verzehnfachte) und zur gleichen Zeit die Moskauer Prozesse und der 7. Parteitag der KPdSU – und dieses Informiertsein hatte sich auch in Rissen und neuen Bündnissen der französischen Linken niedergeschlagen. Für jemanden, der sich nach dem Krieg in ein Verhältnis zur KPF begeben wollte – und folglich auch in eines zur UdSSR – bedeutete das, eine politische Kraft zu akzeptieren, die bereits weit von jener revolutionären Geradlinigkeit entfernt war, die in Italien von der »resistenza rossa« angeschwärmt wurde, und eine Sowjetunion gutzuheißen, die sich nicht auf den heroischen Nenner von Stalingrad bringen ließ. Kurzum, es bedeutete, die antagonistische Stellung von KPF und UdSSR in einer komplexeren und illusionsloseren Sicht zu akzeptieren.

Diese Klarsicht scheint uns trotz aller Schwankungen charakteristisch für Sartres Haltung seit den ersten Nachkriegstagen zu sein, und mit der Entwicklung des Kalten Krieges hat sie an Schärfe noch gewonnen.[10] Auch in der Gruppe um die Zeitschrift *Les Temps Modernes*, die er zusammen mit Merleau-Ponty, Aron, Pouillon, Leiris, Paulhan, Ollivier und Simone de Beauvoir erstmals im Herbst 1945 herausbrachte, dürfte dies das Besondere an Sartre gewesen sein, das ihn später auch zum Bruch mit Merleau-Ponty führen sollte. Tatsächlich wurden die *Temps Modernes* schnell von zwei verschiedenen Strömungen erfaßt, die gerade in ihrem Verhältnis zu den Kommunisten auseinandergingen: auf der einen Seite die linke Polemik gegen die »verratene Résistance«, gegen den Parlamentarismus und Legalitarismus der KPF, auf der anderen Seite eine Polemik gegen den »Dogmatismus«, die zwar auch in der ersten mitenthalten war, aber hier bald nach rechts abwich. Symbolisch verdichten sich diese beiden Pole in den Namen Merleau-Ponty und Aron. Sartre folgt keinem von beiden. Selbstverständlich geht er nicht mit Aron, dessen Weg bereits damals erkennbar »sozialdemokratisch« war; aber er geht auch nicht mit Merleau-Ponty, obwohl er ihm sehr viel näher steht, denn wenn zwischen der schmutzigen Konkretheit der Fakten und der reinen Abstraktion der Prinzipien keine Identität auszumachen ist, wählt Sartre eher das erste als das zweite. Für kurze Zeit hegt er tatsächlich die Illusion einer dritten Position, die beide zu versöhnen imstande wäre. Im Frühjahr 1948 vereinigen sich David Rousset, Georges Altman, Gérard Rosenthal und Jean Rous zu einer Gruppierung, die auf kritischen Positionen trotzkistischer Prägung von der KPF Abstand nehmen will und zugleich eine Vermittlung mit anderen Kräften anstrebt. Sartre gehört ihr zunächst an – trotz der negativen Einschätzung von Simone de Beauvoir –, zieht sich dann wieder zurück, als er die Gruppe bereits 1949 auf der Seite der USA stehen sieht. Und er zieht daraus den Schluß, daß es angesichts einer Konfrontation wie der des Kalten Krieges gänzlich illusorisch ist, eine »dritte Linie« erfinden zu wollen: Man steht entweder auf der einen oder auf der anderen Seite, und man muß sich entscheiden.

So entscheidet sich Sartre von Mal zu Mal rigoroser für die Seite der UdSSR und der KPF, ungeachtet der wütenden Polemiken, die sie ihm widmen. Er geht darüber hinweg wie über ein häßliches, aber unabänderliches Attribut der Kommunistischen Parteien, deren Vulgarität so offen zutage liegt – man denke an die Attacken eines Kanapa, in denen das Echo der Schdanowschen Entscheidungen jener Tage nachklingt, an das Epitheton »Hyäne der Schreibmaschine«, das Fadejew ihm anhängte, und an ähnliche Höflichkeiten –, daß man sie nicht als Maßstab einer Beurteilung gelten lassen kann, um so weniger, als die Rechte sich sofort daran stark macht: Seht, was für ein Abschaum die Kommunisten sind! Für derlei »politischen Gebrauch« hat Sartre ein feines Gespür; und er hat auch bald genug von den subtilen Unterscheidungen zwischen einem rechten und einem linken Antikommunismus. Als ein neues Buch von Kravcenko erscheint und Claude Lefort es in *Socialisme ou Barbarie* »von links« mit Wohlwollen rezensiert, während der *Figaro* und *L'Aurore* ihm von rechts Lobeshymnen singen, hat Sartre keine Zweifel über die politische Bedeutung der Operation; er wendet sich gegen Kravcenko und jeden, der ihn unterstützt.

So zeichnet sich ab, was Merleau-Ponty den »Ultrabolschewismus« Sartres nennen sollte, nämlich das Bestreben, dieser seiner politischen Stellung eine theoretische Grundlage zu geben. In dem bereits erwähnten Gespräch mit seinen maoistischen Freunden kennzeichnet Sartre diesen Weg mit folgenden Worten: »Als sich das RDR* auflöste, überlegte ich, was ich wohl im Falle eines Krieges zwischen den USA und der Sowjetunion getan hätte. Die Kommunistische Partei schien mir das Proletariat zu repräsentieren, und es war mir ganz unmöglich, nicht auf jeden Fall auf der Seite des Proletariats zu stehen. Im übrigen hatte mich die Geschichte mit dem RDR belehrt: Jeder Mikroorganismus, der vermitteln will, endet schließlich mit dem Zerfall. Angesichts der Drohung eines Krieges, die um 1950-52 immer bedrückender wurde, gab es nur eine mögliche Wahl: entweder mit den USA oder mit der Sowjetunion. Ich habe die Sowjetunion gewählt. Bestimmend war dafür die internationale Situation, aber auch die Existenz einer Kommunistischen Partei, die mir die Forderungen des Proletariats auszudrücken schien. Es war die Zeit des Ridgeway-Besuches in Paris, der davon provozierten heftigen Demonstrationen und der Verhaftung von Duclos**. Der Antikommunismus der Regierung lag offen zutage. Ich war so empört, daß ich drei Artikel für die *Temps Modernes* schrieb, unter dem Titel *Die Kommunisten und der Friede,* in denen ich mich zum Weggefährten der KPF erklärte. Wenn ich heute daran zurückdenke, glaube ich, daß mich eher der Haß auf das bürgerliche Verhalten als eine Zuneigung zur KPF dazu getrieben hatte. In jedem Falle war ich über den Graben gesprungen.«

In dem Gespräch mit den Maoisten geht Sartre weder auf die theoretische Arbeit ein, die ihm durch diese Entscheidung aufgezwungen worden war, noch auf die nachfolgende lange Diskussion mit Merleau-Ponty und Claude Lefort. Dennoch war dies eine entscheidende Etappe: Zwischen *Les communistes et la paix* und *Le fantôme de Staline* gewinnt das politische Denken Sartres seine größte Dichte und legt das nicht bloß tagespolitische – und auch nicht, wie er selbst behauptet, »auf einige präzise Punkte begrenzte« – Fundament für sein Verhältnis zu den Kommunisten. Paradoxerweise erhellt diese Zeit auch seine spätere Negation dieses Verhältnisses.

* D. i. »Rassemblement Démocratique Révolutionnaire« (Revolutionär-demokratische Sammlung), der Name jener oben erwähnten Gruppe von 1948, der Sartre kurze Zeit angehört hatte (*Anm. d. Üb.*).

** Vgl. die Fußnote oben auf S. 126. Jacques Duclos wurde trotz seiner Immunität als Parlamentsabgeordneter der KPF auf offener Straße verhaftet (*Anm. d. Üb.*).

Die Gliederung jener drei Artikel von 1952 ist ebenso wichtig wie ihr Inhalt, sie ist sogar der Schlüssel zum Verständnis. Es beginnt mit der Annahme der präzisen Geschichtlichkeit eines Ereignisses: die Ankunft Ridgeways in Paris, die Straßendemonstration, die französische KP im Kampf mit der Bourgeoisie, wobei diese in dem Zögern des Pariser Proletariats angesichts des Aufrufs der KP sofort eine freiheitliche Distanzierung von der sowjetischen Politik sehen will, eine wiedergewonnene »Autonomie«. Die salbungsvollen Glückwünsche, die den verstummten französischen Arbeitern von rechts und von links überbracht werden, bringen Sartre in Rage: Der erste Teil seiner Darlegung ist eine wütende Anklage gegen die »rats visqueux«, die Ratten aus den Abwässern, wiederaufgetaucht nach der großen Angst der Nachkriegszeit, um das Pariser Proletariat zu begeifern. Wie sollte die Niederlage der KPF von der des Proletariats zu unterscheiden, wie die Gefährdung der UdSSR von der Sache der Arbeiter zu trennen sein? Ob es einem paßt oder nicht: Dies ist der konkrete Widerspruch, hier verläuft die Klassenfront.

Damit ist Sartre zu einer ersten Verallgemeinerung gezwungen: Er muß beweisen, daß die Sowjetunion den Frieden wünscht und daß die Arbeiter sie zu verteidigen haben, um nicht vom Imperialismus überspielt zu werden in einem Vernichtungskrieg, der jede Perspektive einer zukünftigen gesellschaftlichen Befreiung abschneiden würde. Als er dann von Lefort angegriffen wird, kommt er zu einer zweiten Verallgemeinerung: zur Ablehnung einer Verherrlichung des Proletariats an sich, eines Begriffes von Proletariat, das einzig auf das Produktionsverhältnis reduziert wird, keinerlei historisch-politische Bezüge hat, nicht »situiert« ist (*prolétariat-gélatine*), sondern dermaßen abstrakt, daß all sein politisches Handeln sekundär wird, da nicht aus dem Moment der Subjektivität und konkreten Geschichtlichkeit zu lösen. Von hier aus gelangt Sartre zu einer dritten Verallgemeinerung, der kategorischsten von allen, die seine größte Annäherung an den Leninismus markiert: Die Klasse existiert nicht an sich, sondern nur als Bewußtsein und politisches Handeln; Bewußtsein und Praxis aber sind die aus ihrer passiven Unbestimmtheit herausgetretene und »Partei« gewordene Klasse. Ist die Identität zwischen organisiertem Denken, Praxis und »Partei« erst einmal hergestellt und befestigt, so ist es sekundär, ob die Partei sich irrt oder nicht, ob sie den Prinzipien mehr oder weniger entspricht, ob ihre Hände sauber oder schmutzig sind, angesichts der primären Feststellung, daß sie die einzige Form darstellt, durch die sich die Klasse zum Ausdruck bringt und folglich existiert. Wer sich von der Partei abkehrt, wendet sich vom Proletariat ab, selbst wenn er dessen Integrität zu verteidigen beabsichtigt; er läuft einem Phantom, einem Hirngespinst nach, schlimmer noch, er verteidigt sein gutes Gewissen, das ihm erlaubt, zusammen mit seinen Prinzipien in der warmen Ecke zu bleiben, in der bequemen Nische der Universität. Die Identität zwischen Partei und Klasse ist sogar in einem Grade objektiv, daß sie noch in der Umkehrung gilt; nicht einmal die Partei selbst kann sie auflösen: Mag die Partei noch so viele Verdammungen aussprechen gegen den, der sich ungebeten auf ihre Seite schlägt, sie wird ihn dennoch nicht zum Verräter machen.

Die drei Artikel sind eine im Feuer der Kritik ständig weiterentwickelte Argumentationsreihe; gleichwohl hat Merleau-Ponty recht, wenn er sagt, daß sie ein gemeinsames ideologisches Bindemittel haben: die Faktizität, die Kraft dessen, was ist, gegenüber dem, was »sein sollte«.[11] Das, was *ist*, ist die Nichtidentität der UdSSR und der KPF mit dem Imperialismus und der Bourgeoisie. Merleau-Ponty mag noch so berechtigt dagegenhalten, daß dies nur heißt, die UdSSR und die KPF durch Negationen zu definieren anstatt als positive Entgegensetzung einer neuen Geschichte und neuen Gesellschaft, Sartre kann stets erwidern, daß sie – wie verkommen sie auch im Vergleich zu den Marxschen Vorstellungen und Voraussagen sein mögen – immerhin und trotzdem Antagonisten des bürgerlichen Systems bleiben. Während die USA und die französische Regierung die herrschende Klasse in ihrem ganzen Schrecken repräsentieren, vertreten die UdSSR und die KPF den Sozialismus nicht in seinem ganzen Glanz; und was weiter? Sie bleiben dennoch der einzige aktuelle Kontrahent der Bourgeoisie, der einzige, den sie fürchtet; sie markieren die einzige Trennungslinie, an der sich die französische Gesellschaft spaltet. An *dieser* Front, nicht an anderen, die vielleicht besser zu den Prinzipien passen, aber völlig illusorisch sind, gilt es, Stellung zu beziehen, da man in *dieser* Geschichte und in keiner anderen bis zum Hals drinsteckt.

Sartre präzisiert, daß eine solche Entscheidung nicht Bedingungslosigkeit impliziert, und in allen drei Artikeln verspricht er, *auch* das Unzureichende der Kommunistischen Front zu untersuchen. Doch dazu kommt er nicht: Zuerst muß er notgedrungen versuchen – anders als die Kommunisten, die dazu keine Veranlassung sehen –, dem von ihm verteidigten faktischen Antagonismus eine theoretische Grundlage zu geben. Was die Sowjetunion betrifft, so scheinen die Dinge einfach zu liegen: Theorie und Geschichtlichkeit scheinen übereinzustimmen in der objektiven Frontstellung gegen die USA, wie sie sich im Kalten Krieg abzeichnet, sowie in der objektiv friedlichen, weil Frieden benötigenden Natur der UdSSR jener Jahre. Sartre braucht nicht viel weiter zu gehen, weil niemand ihm dies bestreiten kann, ohne sich im Netz der Amerikaner zu verfangen und darin hängenzubleiben. Niemand, nicht einmal die Trotzkisten haben damals jene einzige These aufgestellt, mit der die internationale Rolle der UdSSR hätte erschüttert und ins Wanken gebracht werden können, nämlich daß sie eine Großmacht wie die anderen sei. Merleau-Ponty konzidiert Sartre etwas Wesentliches: »In einem Punkt kann man ihm ohne weiteres zustimmen, nämlich daß die Macht in der Sowjetunion nicht der Bourgeoisie gehört, daß die grundlegende Entscheidung Stalins nicht die Rückkehr zum Kapitalismus ist.« Dann aber verschlägt es nichts, wenn er im weiteren dagegen protestiert, daß Sartre die *spezifische* Natur dieser zwar *andersartigen* aber kaum *revolutionären* Gesellschaft unberücksichtigt läßt, daß er die Konsequenzen des »Rückflusses« nach der Oktoberrevolution nicht prüft, die Frage nicht stellt, ob die Entscheidungen Stalins notwendig waren oder nicht, ob die dadurch angerichteten Schäden reparabel sind oder nicht. Denn außer dem Zugeständnis einer objektiven Konfliktsituation zwischen USA und UdSSR, französischem Kapitalismus und französischer Kommunistischer Partei, braucht Sartre nichts mehr: Er braucht nicht auf die Reinheit der KPF zu schwören, um ihre Partei ergreifen zu können; und solange sie gegen das amerikanische Imperium Stellung bezieht, steht die Entscheidung für ihn wie für den größten Teil der linken Intellektuellen außer Zweifel.[12] Diese

Ableitung sitzt so tief, daß Sartre, als er einige Jahre später in *Le fantôme de Staline* die Thematik anpackt, die vernachlässigt zu haben ihm Merleau-Ponty 1952 vorgeworfen hatte, unversehens in einer Weise vorgeht, die der von 1952 analog, allerdings noch paradoxer ist: 1952 entdeckte Sartre die Gründe der Partei, weil er sie leidenschaftlich zu verteidigen begann; 1956-57 entdeckt er diejenigen der UdSSR, indem er sie leidenschaftlich zu kritisieren beginnt. Wieder ist es der historisch-faktizistische Ansatz, der ihn dazu bringt, jene Erklärung der Stalinzeit aufzubauen, die bis heute neben der Arbeit Isaak Deutschers (der sie in vielem nahesteht) die am meisten überzeugende ist.

1952 freilich war dies noch nicht der Kern der Diskussion. Sartre interessiert sich viel weniger für die Hoffnungen und Enttäuschungen der europäischen Linken im Hinblick auf die Sowjetunion als für die Bedeutung, die die antisowjetische Polemik innerhalb des Klassenkampfes in Frankreich annimmt. So stellt er die Frage nach dem Wesen der UdSSR erst, als 1956 die Krise im sowjetischen Lager aufbricht und nicht die Ideen, sondern die handgreifliche Geschichte zur Debatte steht. 1952 dagegen war die Existenz des französischen Proletariats in Frage gestellt: Über der KPF schwebte die Drohung des Verbots, die Massen erhoben sich nicht zu ihrer Verteidigung, und es gab einige, die im Namen von Marx zweifelten, ob man sie überhaupt verteidigen müsse. Um das Falsche daran zu demonstrieren, genügte es Sartre nicht, wie im Falle der UdSSR einfach auf die Macht der Fakten zu verweisen: Die KPF hatte keine revolutionären Parolen aufgestellt, hatte eine ganze Reihe von Fehlern gemacht, war eher zu definieren durch die Verfolgungen, die sie erlitt, als durch die Schlachten, die sie schlug. Und dennoch zweifelte Sartre 1952 — anders als 1972 in seinem Gespräch mit den maoistischen Freunden — nicht daran, daß sie der einzige Repräsentant der Massen war, wenn auch in bloße Verteidigungstaktik gezwungen angesichts der doppelten Umzingelung durch die internationale Lage und durch eine erstickende Bourgeoisie, die nicht mehr expandieren konnte und keinen ökonomischen Spielraum mehr hatte, um zu den Ausgebeuteten in ein anderes Verhältnis als das der Unterdrückung und immer neu versuchten politischen Zerstörung zu treten. Vor diesem Hintergrund betrachtet Sartre die Klassenkämpfe in Frankreich zu Beginn der fünfziger Jahre. Es ist also gerade die Geschichtlichkeit, aus der Stellung und Wesen sowohl der latenten, unterdrückten, schweigenden, aber nicht integrierten französischen Arbeiterklasse als auch Stellung und Wesen ihrer Partei abzuleiten sind.

Welches andere Kriterium – so Sartre gegen Lefort – sollte es denn geben, um das Proletariat zu definieren und zu beurteilen? Die Prinzipiendefinition, der zufolge das Proletariat existiert, insofern das Kapital existiert – und umgekehrt –, führt auf analytischer Ebene nicht aus der Tautologie heraus und bringt auf politischer Ebene stets die Gefahr mit sich, das Bewußtsein zu unterschätzen, das hier und jetzt das Proletariat von sich selbst haben muß, um politisch kämpfen zu können. In dem Bemühen, »linker« als die KPF sein zu wollen, verfällt man in einen rein mechanischen Materialismus, der unhistorisch und letzten Endes unpolitisch ist: Ihm zufolge würde es ja bereits genügen, wenn das Proletariat bloß *existiert* oder, besser, *weiter existiert,* um seine antagonistische Stellung täglich neu aufzubauen und langfristig jenen schicksalhaften Widerspruch zwischen Produktionssystem und Produktivkräften zu erzeugen, in welchem unterzugehen dem System bestimmt ist. Die beste Art, das Kapital zu unterhöhlen – so schließt Sartre ironisch –, wäre demnach, fleißig in der kapitalistischen Fabrik zu arbeiten. Dies genau ist aber der Weg der Zweiten Internationale, der unversehens in der linken Kritik der Antistalinisten um *Socialisme ou Barbarie* wieder zum Vorschein kommt. Damit freilich das Proletariat, Produzent und Produkt des Kapitals, zum politischen Subjekt werden kann, genügt es nicht, daß es Objekt der Ausbeutung ist: Es muß sich dessen bewußt werden, sich organisieren, handeln, kurzum, es ist nötig, daß die Klasse Partei wird.

Liest man heute, nach zwanzig Jahren, erneut die Polemik gegen Lefort, so fällt einem auf, daß Sartre ihm ungefähr dieselben Thesen zum Vorwurf machte, die heute von Althusser vertreten werden – die Annahme, daß die Geschichte kein handelndes Subjekt brauche, da der Mechanismus des Klassenkampfes *per se* der Generator ihrer grundlegenden Umwandlungen sei. In Wirklichkeit jedoch konnte man Lefort – wie Merleau-Ponty richtig bemerkt – nicht auf diese

Position festlegen: Er wurde von Sartres polemischer Zuspitzung vergewaltigt. Und wenn einerseits Lefort tatsächlich die Bestimmung jenes Punktes umgeht, auf den ihn Sartre festlegte (nämlich *wie* die Klasse das Bewußtsein ihrer selbst gewinnt und als antagonistische Klasse lebt, *wie* sie ihr Handeln bestimmt, durch welche Formen, und schließlich *welche* konkrete Klasse, Situation für Situation, zum Ausdruck kommt, mit *welcher* Organisation, Programmatik, politischen Praxis?), so ließ andererseits Sartre bei seiner Betonung der Subjektivität und des Bewußtseins ständig die objektive, materielle Grundlage außer acht, ohne die eine Klasse allenfalls zufällig existieren könnte: das Produktionsverhältnis, das deswegen, weil es – wie er in Erinnerung ruft – ein »Verhältnis zwischen Menschen« ist, nicht weniger »materiell« im Marxschen Sinne ist. Aus Furcht, dem Determinismus in die Falle zu gehen, liest und zitiert Sartre Marx tatsächlich so, als wäre das *Kapital* ein Nebenwerk; er nimmt das Marxsche Werk als einen mit ökonomischen Zusätzen angereicherten Historismus, nicht als eine Art und Weise, sowohl Ökonomie wie auch Geschichte als ein System gegenseitiger Bezüge zu verstehen, in dem sich Subjektivität stets im Verhältnis zu einer Objektivität bestimmt, zu dem Gesetz der Bildung, Akkumulation und Reproduktion des Kapitals. Offenbar ist es das Schicksal von Marx, immer nur zur Hälfte gelesen zu werden – entweder in objektivistischer, deterministischer und folglich evolutionistischen Interpretationen à la Zweiter Internationale unterworfener Sicht (die Sartre auf Engels zurückführt) oder subjektivistisch, historistisch und also in der Art Lenins und der Dritten Internationale. Sartres »Ultrabolschewismus« steckt genau darin, daß er – wie die Kommunisten – diese zweite Lesart angenommen hat: Auch sie ziehen es vor, das *Kapital* beiseite zu lassen. Doch hat man erst einmal den Akzent auf das handelnde Subjekt gelegt, d. h. auf die rein politische Praxis, dann wird das Verhältnis zwischen Klasse und Partei äußerst eng und zugleich willkürlich in dem Maße, in dem es sich nur an sich selbst überprüfen läßt. Wenn die Klasse *nur* in ihrem organisierten Bewußtsein von sich selbst besteht, so zieht dieses organisierte Bewußtsein seine Legitimität aus sich selbst und kann als revolutionär oder opportunistisch beurteilt werden, je nachdem, welchen

Maßstab man anlegt – wobei dann dieser Maßstab seinerseits auch rein politisch ist, außerhalb der unmittelbaren und konkreten Besonderheit der Klasse. Um ihrer reinen Objektivität als passive gesellschaftliche Gegebenheit zu entrinnen, riskiert die Klasse immerzu, das materielle Fundament ihres Handelns zu verlieren: Entweder sie kapselt sich in der Fabrik ab oder sie vergißt die Fabrik.

So kommt es, daß Sartre zu Anfang der fünfziger Jahre wirklich mit den Kommunisten zusammentrifft – wenn sie auch nicht mit ihm zusammentreffen –, und zwar keineswegs nur in »begrenzten und präzisen Punkten«, sondern durchaus im Kernpunkt: im Vorrang der politischen Führung durch die Partei. Das führt ihn dazu, die Beziehungen in einer Reihe von gemeinsamen Initiativen zu festigen, von der Affäre Henri Martin bis zu vielfältigen inneren und internationalen Kampagnen. Desgleichen veranlaßt es ihn, über lange Zeit die Partei der Sowjetunion zu ergreifen, und als es schließlich zum Bruch mit ihr kommt, ist er alles andere als formal. Die Beziehung zerbricht nicht einmal im Jahre 1956 – im Gegenteil; denn wenn auch Sartres erste Reaktion auf die Ereignisse in Ungarn der Protest war und jene Definition, die für die KPF so böse klang – »von der Partei der Füsilierten zur Partei der Füsilierer« –, sofern uns nicht alles täuscht, von ihm stammt, so hat doch die heftigste Polemik bald nachgelassen und dafür eine gründliche Forschung eingesetzt – jener Sartresche Versuch, das zu tun, was die Kommunisten nicht getan haben, nämlich das Wie und Warum der stalinistischen Deformationen zu rekonstruieren –, die schließlich zu der bereits erwähnten ernsthaftesten aller Rechtfertigungen der Entscheidungen Stalins werden sollte.

In der Tat hat Sartre unversehens (ähnlich wie Isaak Deutscher), in voller kritischer Freiheit, ohne irgendeine Fessel der Parteidisziplin und ohne apologetische Absicht oder angestrengte Suche nach Rechtfertigungsgründen, ganz im Gegenteil, die »Gründe« für den Stalinismus gefunden. Worin? In den Bedingungen jener außerordentlichen Rückständigkeit und Armut der russischen Gesellschaft. »Wir wissen, was die ursprüngliche Akkumulation in unseren Ländern gekostet hat, wir haben die ungeheure Vergeudung von Menschenleben, die Zwangsarbeit, das Elend, die Revolten und die

Repressionen nicht vergessen. Die Industrialisierung in der UdSSR hat weniger gekostet; und dennoch, welche entsetzlichen Anstrengungen hat sie verlangt, wieviel Schweiß, wieviel Blut! Es war ein Wettlauf gegen die Zeit in einem Lande, das unterentwickelt, fast ganz bäuerlich, umzingelt war und trotz der ökonomischen Blockade und der ständigen Drohung einer bewaffneten Aggression wachsen mußte. Niemand wird je sagen können, bis zu welchem Punkt diese belagerte Festung das Leiden und die Mühsal hätte verringern können, ohne die totale Zerstörung zu riskieren.«[13] Dieser Rahmen ist es, der die Widersprüche quasi obligatorisch hervorbringt – Widersprüche zwischen den langfristigen Interessen des sozialistischen Aufbaus und den kurzfristigen der arbeitenden Klassen, Widersprüche aus »spontanen Reaktionen der Masse, die negativ im Verhältnis zu den allgemeinen Erfordernissen der Ökonomie sind« (obwohl der Arbeiter »weiß, daß seine Kräfte dank der Vergesellschaftung der Produktionsmittel der gesamten Arbeiterklasse und durch sie dem ganzen Volke nützen werden«), Widersprüche zwischen Führern und Massen, Regierenden und Regierten; später, gegen Ende der zwanziger Jahre, auch Widersprüche zu den ländlichen Massen, für die »ab 1930 die sowjetischen Führer gezwungen waren, im Namen des Proletariats eine eiserne Diktatur über die feindseligen Bauern auszuüben«. Der Stalinismus entsteht aus dieser Abfolge von *unvermeidlichen* Gegensätzen, vermehrt noch um den Druck von außen (»der ›Sozialismus in einem Land‹ oder der Stalinismus, das ist keine Abweichung vom Sozialismus; es ist ein längerer Weg zu ihm hin, erzwungen durch die Umstände selbst«). Dieses »blutige Monstrum, das sich selbst zerfleischt – kann man es Sozialismus nennen? Ich antworte ohne Umschweife: Ja. Mehr noch, es ist *der* Sozialismus in seiner Anfangsphase, der einzig mögliche außerhalb des Reiches der platonischen Ideen.«

Die wahren Fehler, so betont Sartre nachdrücklich, kamen später: als die UdSSR ihre anfänglichen Schwierigkeiten überwunden und ihre inneren Kräfteverhältnisse umgewandelt hatte und sich daran machte, ihr Modell den jungen Volksdemokratien aufzuzwingen – jenen Gesellschaften also, die im Gegensatz zu der jungen sowjetischen nach dem Oktober *anders hätten verfahren können.* Daher die ungarische Tragödie, daher die Abschließung des Sowjetblocks in sich selbst, der Pessimismus, die Rückfälle in den Terrorismus, kurzum jenes Bild, das die Umzingelung und den Kalten Krieg widerspiegelt, deren Ende aber überlebt hat. *Fehler* waren es, weil sie unnötig waren, um so schlimmer, je heilbarer. Stalin ist heute ein Gespenst: Anders als während der grausamen Zwangsrealität der zwanziger und dreißiger Jahre kann man ihn jetzt exorzieren. In diesem Exorzismus erkennen wir heute den eigentlichen Kern der russischen Gesellschaft.

Die KPF gelangte zu denselben Schlußfolgerungen wie Sartre, allerdings mit fünfzehn Jahren Verspätung. Die KPI war ein wenig schneller, was sie 1956 jedoch nicht hinderte, wütende Attacken gegen Sartre zu reiten. Dabei ist festzuhalten, daß durch die um zehn bis fünfzehn Jahre verspätete Zustimmung zur Argumentation von *Le fantôme de Staline* ihrem historistischen und zugleich kritischen Ansatz eine ganz andere Bedeutung verliehen wird: Es wird ihr die innere Spannung genommen, die Sartre damals hineingelegt hatte, indem er auf eine positive Freisetzung von Kräften hoffte und damit auf die Kontinuität der Geschichte als der Erzeugerin von Widersprüchen. Gerade wegen seines Vertrauens in diese Kontinuität beging Sartre damals zwei Einschätzungsfehler, zum einen was die Unvermeidlichkeit des Geschehenen betrifft und zum andern im Hinblick auf das akkumulierte Potential für die Zukunft. Keine seiner Schriften zeigt so deutlich wie *Le fantôme de Staline* die Grenze seiner leidenschaftlichen Hingabe an das Faktum, jenes Zaubers, den die durchlebte Geschichte auf ihn ausübt, weil – paradoxerweise – in keiner seiner Arbeiten die historischen Gegebenheiten ähnlich approximativ genommen werden, eher abgeschätzt als abgewogen. Vielleicht war eine andere Beurteilung der notwendigen Etappen des »sozialistischen Aufbaus« in der UdSSR 1957 einfach noch nicht möglich. Sicher ist jedenfalls, daß später, als sie durch die Erfahrung der chinesischen Kulturrevolution möglich geworden war, Sartre nicht mehr davon gesprochen hat. Er blieb in seiner Stellung an der Seite der Kommunisten bis zum 20. Parteitag, und zwar – auch wenn es ihm heute anders erscheint – mit Überzeugung.[14]

Dies läßt sich unschwer erklären: Es war eine schreckliche,

aber grandiose Geschichte, vor allem eine, die neue Möglichkeiten hervorzubringen schien – nicht nur für die Sowjetunion. Jene Einheit der Linken, an der zu arbeiten Sartre nie aufgegeben hat, schien nun möglich zu werden auf der Basis einer nicht länger hinausschiebbaren und ergiebigen kritischen Neubegründung. Nicht zufällig schließt Sartre seinen Aufsatz über die ungarische Tragödie mit einem Appell für die Volksfront in Frankreich: »Nur die Volksfront kann unser Land retten; nur sie kann uns vom Kolonialismus heilen, unsere Wirtschaft dem Malthusianismus entreißen, ihr einen neuen Impuls geben, unter der Arbeiterkontrolle eine Massenproduktion organisieren, um den Lebensstandard zu erhöhen, die Grundlagen einer sozialen Demokratie legen, die nationale Souveränität wiedergewinnen, das atlantische Bündnis zerbrechen, die Potenz Frankreichs in den Dienst des Friedens stellen.« Kurzum, die Kritik zielte darauf ab, die KPF aus ihrer Verfestigung zu lösen, sie in Bewegung zu bringen. Es kam Sartre darauf an, die entkrampfende Wirkung des 20. Parteitages und den Schock der ungarischen Revolution zu benutzen, um die Geschichte wieder auf jenes Gleis zu bringen, das fünfzig Jahre kommunistischer Bewegung voller Fehler, Schuld und Blut ihr bereitet haben und das sie noch immer nicht sieht. Nie zuvor war Sartres Kritik an den Kommunisten und der Sowjetunion heftiger, und nie zuvor beruhte sie fester auf der Anerkennung ihrer objektiven Größe, die bedeutend solider ist, als ihrer angeblichen Undurchsichtigkeit halber die Kommunisten selbst anzuerkennen imstande sind.

4. Sartre als Fellow-traveller der KP, wie lange dauerte das? Vielleicht ein Jahrzehnt. Es ist jedoch nicht leicht, weder für andere anhand seiner Schriften noch für ihn selbst, genau zu bestimmen, in welchen Phasen sich seine Entfernung von der Kommunistischen Partei und der Sowjetunion vollzogen hat – wie es ja auch nicht leicht war, die Etappen seiner Annäherung zu verfolgen. Zweifellos war eine ganze Reihe von Faktoren im Spiel; im Inland die Stellungnahme der französischen Kommunisten zum Algerienkrieg, als Sartre mit dem *Manifest der 121* erneut eine hervorstechende Position einnimmt, die sich mit großer polemischer Kraft von der KPF

absetzt; auf internationaler Ebene die negativen Auswirkungen des 20. Parteitages: der allmähliche Zerfall der Hoffnung auf jenen Neuansatz, den Sartre (wie Deutscher) in den »objektiven« Bedingungen zu erblicken geglaubt hatte, die durch Stalins Tod und die von ihm hinterlassenen Entwicklungsprobleme der sowjetischen Gesellschaft geschaffen worden waren. Wenn Sartre heute über sich selbst spricht, so behauptet er, seine Distanzierung sei erfolgt, als er sich allmählich darüber klar wurde, wie die KPF auf ihre antagonistische Stellung und auf die Gewalt verzichtete und daß die UdSSR mit der Koexistenzpolitik ihre Opposition gegen das amerikanische Imperium aufgegeben hatte. Das sind freilich keine sehr tief begründeten Argumentationen; sie wirken eher wie nachträgliche Rekonstruktionen, als daß sie den wirklichen Phasen dessen gerecht würden, was seine neue Bewußtwerdung wohl gewesen sein muß: Über die Wirklichkeit des revolutionären Geistes der KPF war der Sartre der fünfziger Jahre vollkommen im Bilde, was in manchen seiner Reflexionen und Schriften zum Ausdruck kommt. Auch war es nicht die »friedliche Koexistenz« an sich, was ihn mit Abscheu erfüllte. Selbst der Dissens zwischen China und der UdSSR sollte ihn später nicht ernstlich beschäftigen.

Für den, der sein Werk nachliest oder direkte Aussagen darüber vernimmt, erscheint dennoch die Krise seines Verhältnisses zu den Kommunisten als der Schlüssel zum Sartre der sechziger Jahre, allerdings gleichsam als ein heimlicher, verborgener Schlüssel. Nicht zufällig ist dies die Zeit einer Wende in seiner Arbeit; er läßt die Fortsetzung seiner *Kritik der dialektischen Vernunft* – jener wohl ambitioniertesten theoretisch-politischen Synthese – unvollendet liegen und macht sich an die immense analytische Arbeit über Flaubert, die in mehrfacher Hinsicht deutlicher vom politischen Handeln entfernt ist – eine Reflexion auch über sich selbst, wie *Die Wörter*. Sicher ist jedenfalls, daß sein Verhältnis zur Politik – mag es auch weiterhin aktive Praxis in Interventionen und Bekundungen bleiben, für Algerien, Cuba, Vietnam, im Russell-Tribunal, später im Nahen Osten – in dieser Zeit nicht mehr direkt ist, nicht mehr so aggressiv und vor allem nicht mehr so ambitioniert. Liegt es an der Ermüdung, dem Zerfall der vom 20. Parteitag geweckten Hoffnungen – Hoffnungen eben nicht auf eine Pazifizierung, sondern gerade auf einen neuen Aufschwung der Arbeiterbewegung, denn dies war es ja, worauf er in *Le fantôme de Staline* gesetzt und worin er verloren hatte –, daß Sartre sich in größeren Abstand zum politischen Handeln begibt? Ich meine, daß man dies wohl bejahen kann, wenn er es selbst auch nicht präzisiert. Es entspricht übrigens, als eine zögernde Reaktion, jenem zögernden Prozeß, den die Sowjetunion und die Kommunistischen Parteien bis 1968 durchmachen: jener undurchsichtig-wirren inneren Krise, die nie offen ausbricht, jener allmählichen Verschiebung der Gewichte und Zusammenhänge, die nie eindeutige und entscheidende Augenblicke hat, kurzum, dem Triumph des Breschnewismus.

Tatsache ist jedenfalls, daß in den frühen sechziger Jahren, als sich die internationale Lage und die politische Szene in Frankreich wandelt, als der Gaullismus seine Karten ausspielt und die grundlegenden Daten der ökonomischen Entwicklung des Landes sich so nachdrücklich verändern, daß die politischen Zielpunkte der Analyse, die Sartre während der gesamten fünfziger Jahre vertreten hatte, plötzlich in neuen Zusammenhängen stehen (De Gaulle macht den Frieden in Algerien, De Gaulle betreibt die ökonomische Expansion, De Gaulle bricht mit der atlantischen Allianz – alles, was Sartre noch im Januar 1957 als die großen Aufgaben bezeichnet hatte, die nur die Volksfront verwirklichen könne) –, da macht Sartre sich nicht an eine umfassende Überprüfung seiner Analyse. Zwar bleiben die *Temps Modernes* weiterhin offen für die politische Forschung (insbesondere für die Mitarbeit von André Gorz) wie auch für direkte Interventionen in dieser oder jener Sache. Doch auf die großen Fragen der internationalen und internen Strategie, die Sartre in den fünfziger Jahren ausführlich und ausdauernd behandelt hatte, kommt er jetzt – soweit wir sehen – nicht mehr zurück, denn seine damalige Analyse hatte als Adressaten einen Gesprächspartner gehabt, einen politischen Agenten, an dem er nun mehr und mehr zweifelt – so sehr schließlich, daß er, als ein Jahr vor der Explosion des Mai eine Volksfrontperspektive auftaucht und endlich jene Einheit der Linken zustande zu kommen verspricht, für die er sich früher so heftig geschlagen hatte, zwar noch eine öffentliche Wahlempfehlung gibt (für die KPF, keine Enthaltung), ihm aber die ganze Angelegenheit völlig jener Inhalte und jenes Interesses beraubt zu sein scheint, die sie Ende der fünfziger Jahre wohl noch gehabt hätte. Viele politische Kategorien haben sich in dem Jahrzehnt seither allmählich verbraucht; die Latenz, das Verharren der Bewegung hat mehr als lediglich ein paar kurzfristige Hypothesen zerrieben. Sartre schweigt; genauer vielleicht: Seine wahren politischen Schriften jener Jahre sind das Vorwort zu *Aden Arabie* von Paul Nizan* oder gewisse Artikel und Interviews über die »zornigen« jungen Leute, in denen er ein verdecktes, aber durchaus reales politisches Subjekt erblickt, eines, das die integrierten Kategorien des Systems sowie der etablierten Linken nicht hinnimmt. Ansonsten weiß er nicht, zu wem er sprechen soll, außer eben, wenn es um Vietnam oder die Dritte Welt geht, um die große Sache der Ausgebeuteten und Unterdrückten, wobei Europa jedoch wieder ausgeklammert bleibt. Als der »Mai« »explodiert«, ist Sartre – wie alle anderen – unvorbereitet und draußen.

Wie selbstverständlich sieht er in dieser Explosion den Beweis für die Richtigkeit seines bisherigen Schweigens, den befreienden Schlüssel zur Interpretation seiner inneren Unruhe, der ihm nun erlaubt, die vergangene Geschichte neu zu betrachten, genauer: sie zu verurteilen, der ihm vor allem einen neuen Zugang zur aktiven Politik eröffnet. Wieder ist Sartre voll engagiert. Doch diesmal ist es ein neues Engagement, unter anderem Vorzeichen: Es ist zugleich größer und geringer als während seines Verhältnisses zu den Kommunisten in den fünfziger Jahren: *größer* in dem Sinne, daß er die tägliche politische Basisarbeit entdeckt, auch in ihrer Bescheidenheit, die »neue Art, Politik zu machen« mitsamt dem völligen Verschwinden seines schlechten Gewissens als »separatem« oder »freischwebendem« Intellektuellen; *geringer* in dem Sinne, daß die neue Basisarbeit zwar auf praktischer und moralischer Ebene hohe Anforderungen stellt, aber von der historisch-strategischen Reflexion weitgehend entbindet: Gerade ihre Jugendlichkeit, ihre Entscheidung, mit den Denk- und Lebensweisen der Vergangenheit zu brechen, enthebt sie scheinbar davon. Es ist dies der Sartre der *Cause*

---

* Erschienen in der »petite collection Maspero«, Paris 1967 (*Anm. d. Üb.*).

du peuple, der *Libération,* des Gespräches mit Pierre und Philippe Gavi, des Vorworts zu *Maos en France* von Manceaux*, der Sartre der skandalösen Gesten des Protests gegen die Herrschenden.

Gibt es nur diesen einen Sartre? Kaum; er ist nun nicht mehr einheitlich. Zwei rote Fäden, so scheint uns, ziehen sich parallel und unverknüpfbar durch seine letzten fünf Jahre: zum einen der des »neuen Typus von Fellow-traveller«, der sich entschlossen hat, an der Seite derjenigen linken Gruppe zu gehen, in der er sich am leichtesten – oder sagen wir, mit den geringsten Schwierigkeiten – wiedererkennt: der Maoisten von der *Cause du peuple* (nicht der marxistisch-leninistischen Partei! Sie nennen sich »les maos«, weil sie sich ideell auf die Seite der chinesischen Revolution und Kulturrevolution stellen, doch ohne Abhängigkeiten oder Gehorsamspflichten); zum anderen der des Intellektuellen-als-Politiker, der sich unversehens in eine Position gestellt sieht, die wegen des geringen Umfangs der Avantgarde, der er angehört, und wegen der herben Erfahrung des begrenzten Gehörs, das sie findet, durchaus Ähnlichkeiten mit jener Position aufweist, die er früher der »antistalinistischen« Linken zum Vorwurf gemacht hatte: Sie ähneln sich in ihrer relativen Handlungsunfähigkeit und Äußerlichkeit gegenüber der Front, an der sich das wirkliche Leben der Massen – in all seiner Verwirrung und vielleicht auch Erstarrung – tagtäglich abspielt, an der die reale Bewußtwerdung stattfindet: das also, was der Klassenkampf in Frankreich *ist,* und nicht, was er *sein sollte.*

Darum kann Sartre sein altes Bedürfnis nach Totalisierung, nach Beherrschung und Unterwerfung der Gesamtheit des Faktischen mit Hilfe eines Entwurfes nun nicht mehr auf seinem naturwüchsigen Terrain – der *Politik* – zu befriedigen versuchen, sondern nur in der Übertragung auf eine langfristige Reflexion – seinen Flaubert, jenen »nicht-militanten« Teil seiner Arbeit, dazu bestimmt, sich nicht im Heute politisch zu »verbrauchen«. Daraus ergibt sich eine Dichotomie, die so scharf ausgeprägt ist, daß sie zugleich zur Unmöglichkeit einer Einheit des Lebens wird, zu der Trauer eines Mannes, dem die totale Entsprechung zwischen dem, was er

---

* Deutsch: *Der Westen wird rot. Die »Maos« in Frankreich,* München 1973. (*Anm. d. Üb.*)

denkt, und dem, was er tut, verwehrt ist. Mehr als einmal läßt er das durchscheinen, wenn er im Gespräch mit seinen maoistischen Freunden von dem Widerspruch redet, den das Alter oder das Nachlassen der physischen Kräfte mit sich bringt: »Wie kann ich die Pariser zu Demonstrationen aufrufen, wenn ich selbst es nicht schaffe, zu Fuß bis zum Ende mitzugehen?« Solche Sätze bezeichnen unbewußte Maskierungen einer tieferen Dualität: der Altersunterschied als ein Unterschied in der ganzen Bildung, als die Unmöglichkeit einer totalen Identifikation, die Unmöglichkeit für Sartre, ein »mao« zu sein, und zugleich auch die Unmöglichkeit, auf jenen echten Keim von Wahrheit zu verzichten, den er in den jungen Maoisten entdeckt, den Brüdern jener »kaum zwanzigjährigen« jungen Leute, in denen er schon 1960 »die einzigen wahren Männer der Linken« erblickt hatte.[15]

Das Jahr 1968 und die neue Militanz der Jugendlichen scheinen für Sartre die einfachste Erklärung des Niedergangs der kommunistischen Bewegung zu sein – eine Erklärung, die zugleich am ehesten seinem alten Bedürfnis und Versuch entspricht, eine restlose Identifikation zwischen Politik und Moral, Strategie und Gestus, globalem Projekt und Gewalt herzustellen. Der Fehler der Vergangenheit war demnach, daß man sich in der »Geschichtlichkeit« der Bewegung samt allen ihren Umwegen verloren hatte; die Revolution kann sich nur retten, wenn sie zur Identität mit dem Leben zurückfindet. Gewiß ist diese Operation geradlinig, aber sie fordert auch ihren Preis: die Tilgung, Verwerfung ins Negative jenes ganzen schmutzigen und lebendigen Stromes der Geschichte, den Sartre einst gegenüber der abstrakten Reinheit der Camus, Merleau-Ponty und Lefort als die einzige Handgreiflichkeit des Realen in Anspruch genommen hatte; dazu auch – und dies wiegt noch schwerer – den Widerspruch zwischen Bejahung einer Politik als totaler Befreiung der Massenkreativität aus den trügerischen Netzen der Vermittlungen und Vertretungen einerseits und andererseits der Unmöglichkeit, den Massen lebendig zu machen oder auch nur ihnen mitzuteilen, was ihr unmittelbares und erkennbares Bedürfnis zu sein hätte – quasi als ob man, je tiefer man ins Zentrum ihrer Erfahrungen vorzudringen sucht, desto weniger von ihnen anerkannt werden könnte.

Ist dies nun also die Umkehrung der Positionen, die Sartre in den fünfziger Jahren vertreten hatte? Wenn man seine aktuellen Erklärungen über die Kommunistischen Parteien liest, so muß man das wohl bejahen. Die Faktizität, die er damals so voll akzeptierte, daß er keinerlei Messung an einem »Es müßte sein« erlaubte, wird jetzt verworfen im Namen eines »Es hätte sein müssen«. Im Gespräch mit Pierre und Philippe Gavi beschuldigt er die KPF schlichtweg, sie habe die Revolution nicht machen wollen, während sie doch verpflichtet gewesen sei, sie wenigstens zu versuchen, auch ohne Rücksicht auf die Kräfteverhältnisse, denn nur so erziehe man die Massen. Mehr noch, die gesamte Internationale gilt ihm nur noch als Mittel, die Revolutionen zu verhindern oder zu ersticken. Das wenn auch nur stellenweise hohe Niveau an Bewußtsein und Organisierung, die Verschiebungen des ganzen historischen Gefüges, die ein halbes Jahrhundert kommunistischer Bewegung immerhin bewirkt hat, werden hier einfach gestrichen. Es ist, als ob das in den sechziger Jahren herangereifte Urteil über die Kommunisten und die UdSSR, als ob die ganze erlittene Enttäuschung nun auf die gesamte Geschichte zurückschlägt, so daß kein Funke einer Lösung in Kontinuität darin zu entdecken ist. Für die eigene Erfahrung als Weggefährte der KPF braucht Sartre folglich keine andere Rechtfertigung mehr als dies: »Ich glaubte damals, daß die KPF das Proletariat repräsentierte.« Es wäre nicht schwer, dem heutigen Sartre zu entgegnen: »Wen aber repräsentierte sie dann? Oder gab es sie gar nicht?« – ihm also dieselben Argumente entgegenzuhalten, die er damals gegen seine antistalinistischen Freunde vorbrachte. In Wirklichkeit jedoch klingt seine heutige Anklagerede wie eine bewußte Vereinfachung, sozusagen wie eine »antirevisionistische« Pädagogik: Der Sartre von 1973 mag wohl hoffen, daß irgendwann einmal, in einer neuen politischen Generation, die Identifikation von Politik und Moral sich herstellen wird, doch er kann nicht vergessen haben, daß eine Identifikation der Geschichte mit der Moral unmöglich, wenn nicht gar grotesk ist.

Es handelt sich mithin, so scheint uns, um eine gewollte *Reduzierung* der Politik, die Sartre heute für nötig hält und die ihm ermöglicht wird durch zwei Elemente der Kontinuität seines Denkens – dieselben, die wir schon als konstitutiv für seine Entscheidungen in den fünfziger Jahren identifiziert hatten. Das erste ist wiederum die Priorität des Faktischen: Empfindet Sartre sich als kohärent, wenn er heute jene Einheit von Mitteln und Zielen fordert, die er 1952 seinen Freunden als moralistischen Aberglauben zum Vorwurf machte, so deshalb, weil es nach 1968 möglich geworden ist, einen konkreten politischen Ausdruck des Proletariats *anders* zu denken als in Form der Kommunistischen Parteien. Während 1952 jede Entscheidung für ein »Es müßte sein« angesichts der Realität schließlich zu gefährlichen Tendenzen nach rechts führte, erscheinen heute einerseits die Kommunistischen Parteien nicht mehr als Antagonisten des Systems, und andererseits wird das, was »sein müßte«, bereits keimhaft sichtbar in den spontanen Wellen der Bewegung und gerinnt in der Erinnerung der kleinen Gruppierungen, so daß diese zwar minoritär, aber immerhin authentisch sind, nicht nur imstande, eine Reflexion hervorzubringen, sondern eben ein Handeln.

Geht dies nun so weit, daß sie für Sartre als *die derzeitige Front des Klassenkampfes* gelten? Gewiß kann ihm nicht entgangen sein, daß die Klasse in diesem Falle wie ein immenser Eisberg wäre, tief eingetaucht in das Meer der Integration, aus dem nur ein paar isolierte Spitzen herausragen. Das ist vielleicht auch der Grund, warum er die beteiligten Kräfte paradoxerweise heute, nach der befreienden Welle von 1968, bedrückter und pessimistischer als je zuvor einschätzt, warum seine Hoffnungen auf die Revolution geringer sind und gleichsam mit dem Rücken zur Wand stehen. Sicher ist jedenfalls – und hier zeigt sich ein Zögern bei ihm –, daß er nicht mehr versucht, den untergetauchten Teil dieses Eisbergs zu erforschen – d. h. jene politisch unklare, halb serialisierte, halb ins System und halb in den Reformismus integrierte Masse, ohne die freilich keine politische Perspektive denkbar ist – mit Hilfe einer Reflexion, die von derselben totalisierenden Kraft wie seine Aufsätze aus den fünfziger Jahren sein müßte, aber nicht mehr die Kommunisten zum Adressaten hätte, sondern sozusagen den auftauchenden Eisberg selbst. Denkt Sartre vielleicht, daß es keine Avantgarden gibt, die solche Reflexion in Aktion umsetzen könnten? Gilt ihm eine ganze geschichtliche Phase als verloren? Meint er vielleicht, daß heute nichts anderes mehr bleibt, als *für* die Revolution *gegen* die Kommunistischen Parteien Zeugnis abzulegen, da das heute möglich geworden ist, ohne sich mit der Rechten zu identifizieren, aber auch ohne Hoffnung auf einen Durchbruch und eine Hegemonie der Linken?

Das zweite Element tiefer Kontinuität seines Denkens ist theoretischer Natur: Es ist Sartres »Ultrabolschewismus« in *Les communistes et la paix,* der es ihm damals ermöglichte, die Kommunisten zu akzeptieren, und der es ihm heute möglich macht, sie wieder zu verlassen. Dieselbe Betonung des subjektivistischen Voluntarismus, des Elementes einer »Führung« erlaubte ihm in den fünfziger Jahren, einen Lefort auf die Faktizität des »Die Klasse existiert nicht außerhalb ihres politischen Ausdrucks« festzunageln, und erlaubt ihm heute, den Kommunisten entgegenzuschleudern: »Ihr seid nicht der politische Ausdruck der Klasse, die und die Gruppe ist es!« Die Richtigkeit der politischen Führung, des Subjektes, hat sich in der Tat nur an sich selbst zu bemessen; und hier taucht auf, was nach unserer Meinung seit je die Grenze des Sartreschen Denkens war: seine subjektivistische Lesart von Marx, sein rein *politisches* Verständnis von Klassenkampf. Paradoxerweise liegt der Ursprung seines heutigen Pessimismus, seiner Reduzierung des Kampfes auf das Zeugnisablegen der Avantgarden in dem, was Sartre mit den Kommunistischen Parteien noch immer gemeinsam hat: in dem voluntaristischen Zauber des Leninismus, mitsamt seinem unvermeidlichen Umschlag in den Opportunismus oder in die Rede vom Verrat der Führungsgruppen.

Steht der Sartre von heute ganz auf dieser Linie? Wir meinen nicht. Sicher ist dies die Klippe, an der sich seine politische Kreativität verfangen hat und die ihn zwingt, seinen Diskurs über die Klassenbewegung dieses halben Jahrhunderts hier abzubrechen und völlig neu anzusetzen mit der Kultivierung eines Keimlings total neuer, *ex-novo* entstehender Politik. Doch den Weg einer Reflexion über die Ergebnisse der Oktoberrevolution, der zurückzugehen hätte bis zum Leninismus, um neben dem Faden seiner »Notwendigkeiten«, der in *Le fantôme de Staline* so scharfsinnig verfolgt worden ist, nun auch den seiner »Möglichkeiten« aufzuspüren – das wäre: ein anderes Entwicklungsmodell, die Überwindung des zugleich subjektivistischen und evolutionistischen Moments der leninistischen Phase (subjektivistisch in der Politik, evolutionistisch in der Übernahme des Modells der industriellen Revolution), die Vertiefung der Dialektik von Destruktion und Egalitarismus bei Marx, kurzum, all jene nicht bloß rein ideologischen, sondern auch praktischen Perspektiven, die der Maoismus eröffnet hat – diesen Weg hat Sartre nicht zu beschreiten versucht. Möglich, daß ihn sein Mißtrauen gegenüber der chinesischen Kulturrevolution davon abgehalten hat. Fest steht jedoch, daß seine Absperrung gegenüber solcher Forschung – und folglich gegenüber einer neuartigen Totalisierung, einer Rückgewinnung-als-Destruktion der kommunistischen Bewegung, einer Wiedergewinnung des derzeitigen geschichtlichen Stadiums von Klassenbewußtsein und damit wahrscheinlich einer neuen Art, die Revolution zu denken – ihm keinen anderen Ausweg läßt als die Unmittelbarkeit des »militantisme«, der täglichen politischen Kleinarbeit, die im wesentlichen nur begriffen wird als ein gesellschaftlicher Basisprozeß, den es von unten aufzubauen gilt, der aber keine historischen Bezüge aufweist, außer jenen wenigen, die schließlich – die Welt ist groß, aber doch ungeteilt – ganz und gar unverzichtbar sind. Kurz, es bleibt nur die Philosophie, aus der eine Zeitung wie *Libération* entstanden ist.

Schwer zu sagen, wie weit sich Sartre mit dieser Art politischer Arbeit, für die er sich immerhin entschieden hat, auch tatsächlich identifiziert. Auf der Ebene des täglichen Lebens, des politischen Engagements, scheint die Identifikation vollständig zu sein. Doch es fehlt ihr nicht an scharfem Bewußtsein über die Grenzen der symbolischen Aktion, in der sie sich ausdrückt. In diesem Sinne kann Sartre wohl kaum umhin, sein Zeugnisablegen wieder als Niederlage zu erleben, als einen unbefriedigenden Ersatz für die wirkliche Hegemonie der Klasse. Aber waren nicht auch seine Beziehungen zu den Kommunisten eine solche Niederlage? Den Kommunisten hatte Sartre doch auch – unbeirrt von ihren Taktierereien, Vulgaritäten, Schematismen, Mißtrauensbezeugungen, Morallosigkeiten – jene Gründe aufzuzwingen versucht, als deren Träger er sie sah; aber seine Stimme erklang wohl zu spät und war als einzelne nicht laut genug, um wirklich gehört zu werden. Niemandem ist es in den sechziger Jahren gelungen, jene Krise der kommunistischen Bewegung aufzuhalten, die angefangen hatte als ein Fieber, eine Zersetzung, und die von Mal zu Mal ungefüger wieder zusammengekittet wurde kraft der mächtigen »sozialistischen« Länder und kraft der nicht einfach liquidierbaren, komplexen, reichen und ambivalenten Aussaat der Internationale: Niemandem, außer eben – wo sie aufkam – jener Massenbewegung auf neuer Stufe, die bald in tiefen Widerspruch zu dem treten mußte, woraus sie hervorgegangen war. Sich in diese Krise einzuschalten, um ihre Massenkomponenten positiv freizusetzen, ist sogar für eine große Gruppe nicht leicht; um wieviel schwieriger mußte es für einen Intellektuellen wie Sartre sein! »Kommunist ist man nicht für sich allein«, hat er einmal geschrieben.

Es ist schwierig, im Innern des kommunistischen Horizontes zu operieren, und schwierig ist es auch, von außen wirksam zu werden. Denn außen, im Verhältnis zu den »Maoisten«, reproduziert sich nochmals Sartres gewissermaßen äußerliche Stellung zu der Gruppe, die er gleichwohl anerkennt und als Gesprächspartner respektiert. Dies wird sichtbar in seinem Verhältnis zu den Genossen von *Cause du peuple* und *Libération*, die Sartre zwar suchen, aber es nicht schaffen, ihn als einen der ihren zu betrachten, während sie für ihn wohl (das mehrfach zitierte Gespräch mit den beiden Gavis bezeugt es auf jeder Seite) ein wertvoller Partner sind, den man zwar schätzt, aber durchaus nicht vorbehaltlos akzeptiert. Es muß Sartre so scheinen, daß diese neuen Avantgarden ständig in der gefährlichen Versuchung stehen, die alten Schematismen der Kommunisten zu wiederholen – Schematismen, die sie nicht kennengelernt haben und daher naiv wiederholen: den Paternalismus gegenüber den Massen, die Versuchung zum Volksfront-Denken in der Bündnispolitik, die geschichtliche und analytische Oberflächlichkeit, den starken Hang zu einem geradezu vor-leninistischen Populismus, das widersprüchliche Bedürfnis nach Hierarchie. Doch ebenso wie Sartre einst den Kommunisten ihren extremen Taktizismus nachsah, so sieht er heute den Maoisten ihren extremen Schematismus nach: In den Kommunisten anerkannte er einen Wert, der jenseits ihrer je zufälligen Ausdrucksweisen in dem von ihnen selbst in Gang gesetzten Geschichtsprozeß lag; in den derzeitigen Avantgarden anerkennt er den Ansatz zu einem neuen Verhältnis von Politik und Moral, eine neue Integrität der politischen Erfahrung, verbunden mit einer Verweigerung der Integration – Werte also, die ihm als der Anker erscheinen, an dem das fehlgegangene Schiff der Revolution noch zu halten ist.

Für heute ist diese Revolution freilich nicht. Heute, so denkt Sartre vor allem, ist der Weg noch lang und der Preis sehr hoch – auch (wie übrigens immer) der Preis für das Verschweigen, für die nicht zu Ende geführten Analysen. Sartres letzter politischer Text, den wir kennen, ein Pamphlet unter dem Titel *Elections piège à cons**, ist ein einzigartiges Beispiel für einen im Namen einer Handlungsentscheidung bewußt halbfertig belassenen Diskurs – dessen andere, hier fehlende Hälfte Sartre großenteils in der Vergangenheit geschrieben hatte –, diktiert von der Notwendigkeit im Jahre 1972, den Massen ihre Illusionen über das Blendwerk der Parlamentswahlen zu nehmen. Hätte Sartre dasselbe geschrieben, wenn er 1972 der Meinung gewesen wäre, daß es Hoffnungen auf einen Wahlsieg der Volksfront in Frankreich geben könnte? Wäre in einem solchen Falle der Aufruf zur Stimmenthaltung und die Parlamentarismuskritik nicht wieder verdrängt worden durch die Vorausschau auf die politischen Verschiebungen, die ein solcher Wahlsieg immerhin bewirken müßte, indem er – wie in Chile ja geschehen – den politischen Avantgarden ganz neue Perspektiven eines Verhältnisses zu dem untergetauchten Teil des »Eisbergs« eröffnen würde – ein Verhältnis also zur Klasse in ihrer Gesamtheit?

Dies ist schwierig zu beantworten. Für den *totalen,* nicht halbfertig belassenen Diskurs eines Sartre gibt es heute nur *eine* Ebene: die seiner Arbeit als Intellektueller. Und genau das ist der letzte Widerspruch – nicht seiner Person, sondern des politischen Schicksals eines »Kommunisten für sich allein« –, unter dem er besonders zu leiden hat, denn er bedrängt ihn ausgerechnet in der Phase seines Lebens, in der er jenen Mythos vom Intellektuellen völlig verarbeitet hat, auf dem er zuerst glücklich und später schuldbewußt aufgebaut hatte – glücklich bis zum Weltkrieg, schuldbewußt danach, aber stets in der Gewißheit einer Rolle, mochte sie auch Jahr für Jahr

* Etwa: *Auf Wahlen fallen nur Blöde rein!* – eine Parole, mit der ein Teil der französischen Linken zur Stimmenthaltung aufforderte *(Anm. d. Üb.).*

mehr die Bedeutung einer Pflicht, einer abzutragenden Schuld annehmen. Daß diese Rolle gekünstelt (und also die Schuld geringer) sein könnte, muß ihm 1968 mit einem Schlage aufgegangen sein; und auch da noch erschien es ihm so fremd, daß er Schwierigkeiten hatte, es zu begreifen. Das gibt er selbst zu: Nicht 1968, sondern erst ein Jahr später, als er in Italien darüber diskutiert, hat er endlich verstanden, was die geschichtliche Schuld, das Urübel des Intellektuellen in Wirklichkeit ist: daß er Produkt der Arbeitsteilung, Symbol des Privilegs, geprägt mit dem Brandzeichen des Kapitals ist.

Verstanden hat er das wohl; aber die Thesen über die Kultur, wie sie 1968 vorherrschten, hat Sartre nie wirklich akzeptiert, völlig zu Recht übrigens, denn die einzige Geschichte, die wir durchleben, ist die vom Kapital gebrandmarkte Geschichte. Jeder trägt das Brandzeichen auf sich, keiner kann sich davon befreien, ohne in Aphasie zu verfallen, in ein Verstummen des Denkens und sogar allen Handelns. Aber gerade diese Erkenntnis ist es, die Sartre auf eine zweite Ebene des Widerspruchs festnagelt: nicht mehr nur Widerspruch zwischen politischem Handeln und intellektueller Arbeit, sondern zwischen der objektiven Lage des Intellektuellen und seiner subjektiven Ablehnung dieser Lage. »Ich kann nicht anders sein: Ich bin ein Intellektueller, ein Bourgeois, ein alter Mann.« Wenn seine jungen Freunde, denen er diesen Satz oft entgegenhält, verstehen, welchen Sinn er hat – den einer klarsichtigen Annahme des eigenen Status, nicht einfach eines Schuldbekenntnisses, da ja niemand unberührt ist von der Bürde der bürgerlichen Herkunft –, dann hat die politische Arbeit Sartres, die er mit ihnen vollendet, ihren wichtigsten Niederschlag gefunden.

Sartre gibt in der Tat – wenn eine Zusammenfassung dieser Untersuchungsfragmente provisorisch versucht werden soll – eine Lektion in revolutionärer politischer Moralität – die einzige, die einem Intellektuellen unter den Bedingungen des Abgetrenntseins und in den von Sartre erlebten Jahren zu erproben und zu übermitteln erlaubt war. Jeder andere Weg wäre im Opportunismus verkommen – entweder in dem jener, die mit unterschiedlichen Alibis von einem direkten Verhältnis zur Arbeiterbewegung, wie immer verzweifelt es auch sein mag, Abstand genommen haben, oder in dem jener, die aufgrund ihres Beitritts zur Kommunistischen Partei sich des Denkens und Überdenkens enthoben meinen. Sartre lehrt, sich nicht mit sich selbst zufrieden zu geben; seine Intransingenz zeigt sich in dem nicht zur Ruhe kommenden Bedürfnis, stets neu zu prüfen, wie die Klassenfront beschaffen ist und wo sie verläuft, um sich zugleich frei und solidarisch in sie einzufügen. Sie äußert sich darin, daß er Delegierungen oder Disziplinen zwar ablehnt, aber nach Kampfgefährten sucht und die Erfordernisse und Pflichten des gemeinsamen Kampfes versteht, daß er Taktiererei verwirft, aber stets nach Einheit sucht – kurzum, daß er politisches Handeln versteht als permanente Infragestellung seiner selbst, als die Fähigkeit, erneut von vorn zu beginnen und bei jedem Schritt ein vorbehaltloses Engagement wiederaufzubauen. Es wäre schwierig, wollte man Sartres Mißerfolge von denen der ganzen revolutionären Linken der letzten vierzig Jahre trennen. Hoffnungen und Niederlagen der Revolution im Westen haben in ihm wie nur in wenigen anderen nicht bloß einen Zeugen und Historiker, sondern einen einzigartigen Punkt, in dem sie sich zuspitzen, in dem sie sich zu einem Leben verdichten, das ihnen stürmisch vorausgeeilt ist und sie ebenso stürmisch reflektiert hat.

1 Vgl. dazu v. a. die Arbeit von P. Chiodi, *Sartre e il marxismo*, die kürzlich bei Feltrinelli neu aufgelegt worden ist.

2 *Réponse à Albert Camus*, in: *Les Temps Modernes*, August 1952, abgedruckt in J.-P. Sartre, *Situations* IV, Paris 1964.

3 R. Aron, *Histoire et dialectique de la violence*, Paris 1973.

4 In einem Gespräch mit den »Maoisten«, dessen Aufzeichnung (inzwischen bei Gallimard publiziert: J.-P. S. / P. et Ph. Gavi, *On a toujours raison de se révolter*, Paris 1974) uns Sartre freundlicherweise zur Verfügung gestellt hat, sagt er unumwunden: »Ich werde es niemals akzeptieren, wenn ihr als Organisation meinen Flaubert kritisiert.« Denn: »Ich arbeite daran seit Jahren mit Techniken und Methoden, die ich zu wechseln versucht habe. Ich denke nicht, daß dies alles auf Massenebene erneut zur Diskussion gestellt werden kann. Eines Tages wird es eine neue Kultur geben, für alle, und alle werden gleichzeitig geistige und körperliche Arbeiter sein. An jenem Tage wird man meinen Flaubert lesen und sagen: ›altes Zeug‹, oder: ›Das ist interessant‹. Aber heute kann das noch nicht geschehen.« Dennoch »betrachte ich dies als ein sozialistisches Werk, insofern es, wenn es mir gelingt, erlauben müßte, einen Fortschritt im Verständnis der Menschen unter sozialistischer Perspektive zu machen.«

5 L. Althusser, *Réponse à John Lewis*, Paris 1973.

6 Vgl. das genannte Gespräch mit den Freunden von *Libération*, in dem er bestätigt: »Es war in Italien gewesen, wenige Tage vor der Invasion der Tschechoslowakei, als Studenten in Bologna mich fragten, welche Bedeutung der Mai habe, und ich anfing darüber nachzudenken. [...] Ich brauchte dafür das ganze Jahr 1969. Das Verständnis des Mai kam über die Infragestellung unserer selbst als Intellektuelle.«

7 Vgl. die *Réponse à Camus*.

8 Das ist allen Kommunistischen Parteien gemeinsam, von der »rigidesten«, wie die KPF genannt zu werden pflegt, bis hin zur »morbidesten«, wie der italienischen KP, die in dieser Frage mehrfach Reibereien mit ihrer Schwesterpartei gehabt hat; doch diese Reibereien – abgesehen vielleicht von den allerletzten Jahren Togliattis, in denen der alte Parteiführer die Notwendigkeit eines neuen Verhältnisses zu spüren schien – verrieten mehr Nervosität und Konkurrenz zwischen den beiden größten westeuropäischen KPs als einen wirklichen Unterschied in der Linie.

9 Vgl. hierzu die Ansichten Sartres, von der *Kritik der dialektischen Vernunft* bis zu den unmittelbarer politischen Aspekten in unserem Gespräch über Partei und Klasse, oben Kapitel 4.

10 Vgl. hierzu F. Fé, *Sartre e il comunismo*, Florenz 1970. In der Information über die Fakten ist die Arbeit präzise; was die theoretische und politische Interpretation angeht, so bin ich freilich ganz anderer Ansicht.

11 Vgl. *Sartre et l'ultrabolchévisme*, in: Merleau-Ponty, *Les aventures de la dialectique* (dt. *Die Abenteuer der Dialektik*, Frankfurt 1968).

12 Dies ist meines Erachtens der wirkliche Schlüssel zum Verhältnis zwischen der westeuropäischen Linken und der Sowjetunion; vgl. dazu meinen Artikel in *Kursbuch* 30, Dezember 1972.

13 J.-P. Sartre, *Le fantôme de Staline*, in: *Les Temps Modernes*, November 1956/Januar 1957, abgedruckt in J.P.S., *Situations* VII, Paris 1965.

14 Vgl. etwa die Ausführungen über die Unvermeidlichkeit der Entstalinisierung auf S. 258 ff. in *Situations* VII.

15 Vgl. den Artikel *Sartre on violence*, in: *New Statesman* vom 25. August 1960, aus Anlaß der französischen »insoumis«, die den Algerienkrieg ablehnten und sich der Einberufung in die Armee durch Untertauchen entzogen.

6 Gierek und die polnischen Arbeiter*

Kein italienischer Arbeiter, der an den Lohnkämpfen der letzten Monate, um nicht zu sagen am heißen Herbst 1969 teilgenommen hat, wird die Aufzeichnung jener stürmischen Versammlung am 24. Januar 1971, als die streikenden Arbeiter der Stettiner Warski-Werft mit den polnischen Partei- und Regierungsspitzen zusammenprallten, nicht als unmittelbar verständliche Lektüre empfinden. Darin genau liegen das Außerordentliche und der Ernst dieses Dokuments. Im allgemeinen erfordern die Materialien aus den sozialistischen Ländern, wenn sie für Laien hierzulande verständlich sein sollen, eine Erklärung, Anmerkungen, eine nochmalige Übersetzung des Kontextes und der Begriffe: Sie handeln tatsächlich von einer »anderen Welt« – einer anderen Kultur, anderen Lebensmodellen, anderen Bedürfnissen, anderen Dimensionen. Nicht so im vorliegenden Falle. Jeder, der im Betrieb gearbeitet hat, jeder, der einen harten Konflikt mit dem Fabrikherrn durchgemacht hat, jeder, der einmal vor den Werkstoren oder auf der Straße der Polizei gegenübergestanden hat, findet sich hierin wieder. Das Dokument ist unmittelbar verständlich, weil es eine bekannte Erfahrung widerspiegelt; und zwar *dieselbe* Erfahrung – dies ist das Unannehmbare, der Skandal. So dürfte es eigentlich nicht sein. Es dürfte nicht dieselbe Art von Konflikt sein. Wir sind nicht bei Fiat oder Renault, nicht in Turin oder Paris: Wir sind in Stettin, in Polen. Und wir sind auch nicht im Jahre 1931, sondern 1971, sechsundzwanzig Jahre nach der Abschaffung des Privateigentums an Produktionsmitteln, nach der Ablösung der Fabrikherren, die den Profit aus der Arbeit der Werktätigen

Gierek e gli operai polacchi – geschrieben als Einleitung zu der gleichnamigen italienischen Veröffentlichung (Florenz, La Nuova Italia, 1973) des Tonband-Protokolls vom Treffen zwischen Gierek, Jaroszewicz etc. und den streikenden Arbeitern der Werft »Adolf Warski« in Stettin am 24. Januar 1971. Das Tonbandprotokoll wurde von polnischen Arbeitern selbst illegal angefertigt und »zur Unterrichtung der den Kapitalismus bekämpfenden Arbeiter« in den Westen geschickt, wo es zuerst in Frankreich 1971 erschien. Die deutsche Übersetzung aus dem Polnischen besorgte der Trikont Verlag, *Rote Fahnen über Polen*, München 1972, vgl. in allen einzelnen Punkten dort. *Anm. d. Üb.*

in die eigene Tasche stecken. Dennoch spricht der Arbeiter der Warski-Werft nicht nur die gleiche Sprache wie wir: Er findet sich in der gleichen Lage, in der Fabrik, in der Werft. Aber im Unterschied zu Italien und Frankreich ist die Klasse, die die Macht innehat, der Definition nach die »seine«. Es ist »sein« Direktor, der ihn entläßt, »sein« Abteilungschef, der die Produktionsprämien willkürlich verteilt, »sein« Staat und Gesetz, von denen diese scheinbar unabänderliche Situation gewährleistet wird. »Sein« ist die Armee, der er gegenüberge-standen hat, »sein« die Volksmiliz, die auf ihn geschossen hat und dann bei Nacht die Leichen seiner getroffenen Arbeits-kollegen, eingehüllt in Nylonsäcke, eiligst begrub. »Ich will gar nicht anfangen, die Leichen zu zählen; wir werden nie erfahren, wie viele man von der Straße aufgesammelt hat. Ich will mich nicht mit diesen Toten aufhalten. Aber sicher ist, daß es welche gegeben hat, daß Kugeln geflogen sind. [...] Und wir sind es, die diese Waffen, mit denen man auf uns geschossen hat, bezahlt haben, wir, mit dem Geld aus unserer schweren Arbeit! Das ist es, was uns so erschreckt. Wie ist es möglich, daß die Klasse sich gegen sich selbst wendet? Denn wir waren ja dieselbe Klasse, dieselbe Partei, und auch die Parteilosen, alle, die nur irgendwie konnten, waren auf unse-rer Seite. Wie ist es möglich, daß die einen auf die anderen schießen konnten?«

In dieser Frage liegt die tiefe Bedeutung des Protokolls der Versammlung vom 24. Januar – in dieser Frage und in der Unmöglichkeit, sie innerhalb der Ideologie der europäischen sozialistischen Länder ohne Paradoxie zu beantworten. Die polnische Arbeiterrevolte im Dezember 1970 und Januar 1971 hat die *scheinbare* Einheit der Gesellschaft auseinander-gebrochen. Eine Klasse schießt nicht auf sich selbst; wenn es zum Aufstand kommt, so heißt das, daß die gesellschaftliche Einheit nur scheinbar besteht. Und eben dieser Schein ist es, der durch die Arbeiterrevolte im Winter 1970/71 in Scherben gegangen ist, ähnlich wie zuvor schon 1956. Das hier vorge-legte Dokument ist ein Ausdruck dieses Sachverhalts und zugleich der Unmöglichkeit, alle erforderlichen Konsequen-zen daraus zu ziehen: Es zeigt auch, daß die Machthaber und die Arbeiter hinter der vollen Erkenntnis dieses ihres Antago-nismus zurückbleiben.

Die Regierungsmaßnahmen auf dem Gebiet der politischen Ökonomie

Bevor wir uns den Inhalten der Diskussion selbst zuwenden, empfiehlt es sich, ihren Anlaß in Erinnerung zu rufen, und zu rekapitulieren, was vorher geschehen war. Dabei genügt es wohl, sich auf die jüngste Entwicklung zu beschränken, denn wenn es auch interessant wäre, einmal zu untersuchen, warum hier, wie auch in anderen Fällen, die Arbeiterklasse in Polen einen härteren und entschiedeneren Ton gegenüber der »sozialistischen Macht« angeschlagen hat als in den anderen Volksdemokratien, so ist doch auch festzuhalten, daß die Erinnerung an die historischen Klassenkämpfe in den Revolten von Danzig und Stettin keine große Rolle gespielt haben dürfte. Man spricht mehr vom Krieg gegen die Deutschen – die gefährlichen Nachbarn im Westen (wir befinden uns auf dem im Zweiten Weltkrieg »zurückgewonnenen Territorium«), deren Flotte auf der Ostsee kreuzt und die sich immer noch nicht dazu bereitfinden, die Oder-Neiße-Grenze anzuerkennen – als von Rosa Luxemburg oder auch nur von dem Aufstand in Posen vor fünfzehn Jahren – vielleicht, weil die vergangene Erfahrung sich mittlerweile im Bewußtsein abgelagert hat, in die Reflexion des Alltags eingegangen ist? Sicher ist jedenfalls, daß der Arbeiter, der hier das Wort ergreift, zu klarer Erkenntnis über seine proletarische Lage gekommen ist und damit zugleich über die Anomalität, die eben diese Lage, so wie er sie erlebt, in einem »sozialistischen« Lande bedeutet. Er hat einen unmittelbaren Sinn für das, was wir »Arbeiterautonomie« zu nennen pflegen. Die Kluft zwischen seiner Existenzweise und jener Macht, die er formal trägt, ist ihm gegenwärtig und explosiv bewußt. Eben dazu bedarf es freilich einer durchlebten Geschichte.

Was sie jedoch akut gemacht hat, waren die jüngsten Ereignisse. Welche? Rekonstruieren wir sie in aller Kürze. In Polen gibt es vier Schiffswerften. 1970 beschäftigten sie 36 000 Personen, davon 28 000 Arbeiter. Sie liegen in den Woiwodschaften Gdansk (Danzig) und Szczecin (Stettin), die neben Schlesien die höchste städtische Bevölkerungsdichte aufweisen: 72 bis 80% der Gesamtbevölkerung leben in Städten, während es im Landesdurchschnitt nicht mehr als 51,2% sind, d.h.

16484000 Einwohner von insgesamt 32426000. Die beiden Distrikte bilden somit die modernste, am stärksten urbanisierte, proletarischste Zone in Polen.

Die Produktion der Werften ist von grundlegender Bedeutung für die Wirtschaft des Landes. Bisher haben sie fast ausschließlich für die sozialistischen Länder gearbeitet (bei dem Treffen mit Gierek verlangten einige Arbeiter, den Tauschhandel auf die kapitalistischen Länder auszudehnen, um dadurch »harte Devisen« zu erhalten); daher wird die Werftarbeit höher als jede andere bezahlt. In den Tagen der Revolution hat *Trybuna Ludu,* die Zeitung der Polnischen Vereinigten Arbeiterpartei, mehrfach hervorgehoben, daß die Werftarbeiter besser als die übrigen im staatlichen Sektor bezahlt werden: im Durchschnitt mit 3044 Zloty monatlich, während der Durchschnitt in den übrigen Industriezweigen monatlich 2330 Zloty nicht übersteigt.[1] Allerdings sind die Agrarprodukte in dieser industrialisierten Zone auch spürbar teurer – ein Umstand, der dem Parteivorsitzenden in zahlreichen Diskussionsbeiträgen unverblümt vorgehalten wird. Fleisch und Hühner z.B. kosten in Danzig 35,06 bzw. 59,43 Zloty pro Kilo, während ihr Preis in einigen ländlichen Gegenden nicht über 30,88 bzw. 41,90 Zloty liegt.[2] Das gleiche gilt für andere Grundnahrungsmittel wie übrigens auch für die Tarife der öffentlichen Verkehrsmittel, die nur in Warschau und Schlesien noch höher sind. Kurzum, was der Staat dem Norden in Form von Lohn zugesteht, nimmt er in Form von Kosten für den Lebensunterhalt wieder weg.

Doch das ist noch nicht alles. Die Arbeiterklasse hat in den sechziger Jahren eine relative Verschlechterung ihres Lebensstandards hinnehmen müssen, insofern durch die allgemeine Orientierung der »ökonomischen Reform« – die auf die Wiederherstellung eines Zusammenhanges zwischen Preisen und Markt zielt – jener Teil des »sozialen Lohns« verringert worden ist, der in der Zuweisung von Gratiswohnungen besteht. Wohnungen erwirbt man seither auf der Grundlage eines Rechtes auf sieben Quadratmeter pro Person (als Minimum; für den, der mehr bezahlen kann, gibt es keine Grenze nach oben) in Kooperativen, bei denen man sich einschreibt und denen man die jeweiligen Raten zahlt, während diese ihrerseits mit (oft reprivatisierten) Baufirmen vertraglich verbunden sind. Im Jahre 1970 beschäftigten die Bauunternehmen – den offiziellen Statistiken zufolge – über 40 000 Arbeiter, und von den 20 970 900 in Polen vorhandenen Wohnungen waren 12 691 800 im privaten Besitz derer, die darin wohnen. Eine Analyse der sozialen Schichtung dieser Wohnungsbesitzer ergibt jedoch, daß ihre Zahl direkt proportional mit ihrem Abstand vom sozialen Status des Arbeiters anwächst: Die Wohnungen sind überwiegend im Besitz von Funktionären und Angehörigen der Mittelschicht.[3] Dies erklärt, warum die Werftarbeiter trotz ihrer relativ hohen Löhne ein stark ausgeprägtes Gefühl für die der Arbeiterklasse aufgebürdeten Lasten haben – Lasten, die im übrigen freilich auch das Ergebnis anderer, weniger spektakulärer und nicht so offen unterdrückter Streiks aus den sechziger Jahren sind. Zudem werden eben diese Durchschnittslöhne, wie aus der Debatte zwischen Gierek und den Arbeitern der Warski-Werft hervorgeht, ihrerseits einer Analyse unterzogen, und zwar sowohl im Hinblick auf die eindrucksvollen Lohnunterschiede innerhalb der Werft (nicht nur zwischen Direktoren und Arbeitern, sondern auch zwischen verschiedenen Kategorien von Arbeitern) als auch auf den Zwang zu einem Rückgriff auf Überstunden. Einer der Arbeiter hält Gierek vor, daß es in der Stettiner Werft Kollegen gebe, die zusätzlich zu den obligaten 48 Wochenstunden bis zu 150 Überstunden pro Monat erreichen. Dazu kommt schließlich ein feingliedriges System von Produktionsprämien, die als differenzierter Anreiz direkt von den Abteilungsleitern verteilt werden.

Es wird verständlich, daß die allgemeine Unzufriedenheit und Wut im Jahre 1970 explosiv werden, wenn man sich die Maßnahmen vor Augen hält, die die Regierung zur Behebung der schwierigen wirtschaftlichen Situation des Landes beschließt. Hier haben wir einen objektiven Faktor. Schon als Gomulka Ende 1968 die Zügel wieder fest in die Hand nehmen konnte, nachdem der General Moczar sie ihm einige Zeit lang streitig gemacht hatte, war die Lage ernst, und seither hat sie sich stetig weiter verschlechtert. 1969 war ein schwieriges Jahr für die meisten Volksdemokratien und auch für die UdSSR, aber für keine – nicht einmal für die CSSR nach der Intervention – war es so katastrophal wie für Polen. Hier einige Daten:

Anstieg des Volkseinkommens in Polen und seinen Nachbarländern (in Prozenten)

	Jahresdurchschnitt 1961–1968	Plansoll für 1969	Planergebnisse 1969
UdSSR	6,7	6,5	6,0
Polen	6,5	5,0	3,5
ČSSR	5,2	7,0	6,5
DDR	4,2	6,0	5,0
Ungarn	5,9	6,0	5,6

Anlaß für die Schwierigkeiten in sämtlichen Ländern des Comecon war in erster Linie ein Absinken der Agrarproduktivität (4,7% in Polen, 3% in der UdSSR) gegenüber 1968. Der Mangel an Lebensmitteln, vor allem an Fleisch, wurde in Polen und der UdSSR akut, was starken Inflationsdruck, Ausbreitung des Schwarzmarktes und einen weiteren Rückgang der Produktivität zur Folge hatte. Die UdSSR, obwohl relativ unabhängig von äußeren Märkten, hatte zu wenig Devisen und mußte Kredite aufnehmen, unter anderem von Japan und von der BRD. Anders gesagt, der ganze Comecon war kaum in der Lage, den polnischen Bedürfnissen ernsthaft entgegenzukommen.

Andererseits hatten sich die früheren Versuche, den Teufelskreis vor allem durch Steigerung der Agrarproduktion zu durchbrechen, als Mißerfolg erwiesen. Dabei hatte man den Bauern bessere Bedingungen als je zuvor geboten: 1969 zahlte der polnische Staat den Bauern dreimal soviel wie 1956 für Weizenlieferungen (352 statt früher 132 Złoty pro Doppelzentner), dreimal soviel auch für Kalbfleisch (12,58 statt 4,68 Złoty pro Kilo) und doppelt soviel für Rindfleisch (14,99 statt 6,21 Złoty); doch die Produktion war keineswegs in gleicher Proportion gestiegen. Der Zuwachs war bescheiden, was zur Folge hatte, daß die nicht sehr ertragreichen Agrarsubventionen immer schwerer auf die Staatsfinanzen drückten und auf Kosten der Finanzierungen für Industrie und Bauwirtschaft gingen. Als sich dann 1970 bei gleichzeitiger Stagnation im Agrarsektor auch noch eine Verlangsamung der Industrieproduktion abzeichnete (gemessen am Plan nur 7% Zuwachs gegenüber 8,9% im Vorjahr), wurde deutlich, daß die Quellen der Akkumulation gefährlich nahe am Versiegen waren und das Land am Rande einer Krise stand.

Angesichts dieser Probleme entschied sich Gomulka für eine radikal deflationistische Politik. In der Praxis bedeutete das: Verringerung der Kaufkraft bei der städtischen Bevölkerung, vor allem bei den Arbeitern, von denen man ja – seinen Vorstellungen zufolge – alles verlangen konnte, da sie als die sichere Stütze des Regimes galten, während die viel weniger politisierten Bauern oder die politisch ambivalenten Mittelschichten mit größerer Behutsamkeit zu traktieren waren. Es ging also darum, für 1971 auf der einen Seite eine Produktionssteigerung zu erzielen, bei eingefrorenen Löhnen und Verzicht auf Arbeitszeitverkürzung, auf der anderen Seite den Konsum mittels Preiserhöhung zu verringern. Praktisch »plante« man, daß die Polen in den nächsten vier Jahren bis 1975 mehr arbeiten und weniger essen sollten (vor allem weniger Fleisch). Gomulkas Ziel war, 1971 einen Kredit von der BRD zu bekommen und einen Tauschhandel in Gang zu setzen, der als Schwungrad funktionieren und einige Jahre später ein neues Gleichgewicht zwischen Produktion und Konsum herstellen sollte. Wir werden im folgenden sehen, wie nach der Danziger Krise fast die gesamte polnische Führungsgruppe gegen Gomulka den Vorwurf erhebt, er habe diese Entscheidung im Alleingang getroffen, oder jedenfalls – da sie immerhin vom Zentralkomitee am 13. Dezember formal gebilligt worden ist – er habe sie in unerträglich autoritärer Weise durchgesetzt. Und es ist sicher, daß diese Maßnahmen insgesamt, die als »neues Anreizsystem« und »Strategie der ökonomischen Entwicklung« in einem Bericht von Boleslaw Jaszczuk in *Trybuna Ludu* vom 11. März 1970 angekündigt worden waren, auch bei denjenigen Ökonomen Sorge und Opposition hervorriefen, die am ehesten zu einer »Rationalisierung« des Produktionssystems bereit sind: Einige Monate nach den Ereignissen von Danzig schreibt Wlodimierz Brus in der *Rinascita* (Wochenzeitung der KPI), die Fortsetzung einer Politik, die unweigerlich dazu führt, daß die arbeitenden Massen den Preis für die wirtschaftlichen Schwierigkeiten zahlen müssen, habe die ökonomische »Reform« und ihre Anhänger diskreditieren sollen.[4]

Der Verlauf der Revolte bis zum 20. Dezember

Tatsache ist, daß es den polnischen Arbeitern seit März 1970 gelungen war, in der »neuen Entwicklungsstrategie« trotz der komplizierten Sprache einen Mechanismus zur weiteren Einschränkung ihres Lebensstandards zu erkennen. Die Industrieregionen waren insbesondere von der Ankündigung alarmiert, daß ab 1. Januar 1971 die Arbeitsorganisation und das System der Produktionsprämien in den Werften umgestaltet werden sollten. Es sollte nach zwei Prinzipien vorgegangen werden: Zur besseren und intensiveren Ausnutzung der Anlagen sollten sie zum einen im ununterbrochenen Zyklus von 8-Stunden-Schichten befahren werden, wodurch jede Möglichkeit zu Überstunden entfallen würde; zum anderen sollte das neue Prämiensystem auf der Grundlage von 1970 berechnet werden, jenem Jahr also, in dem die Anti-Inflationspolitik den Fonds für die Produktionsprämien bereits beträchtlich geschmälert hatte. Beide Maßnahmen zusammen hätten zu einer Kürzung des Reallohnes der Werftarbeiter um etwa 20% geführt und ihn dadurch auf die durchschnittliche Höhe des ganzen Landes gedrückt. Die Unzufriedenheit war so groß, daß schon im Oktober die ersten Streiks ausbrachen: In den Werften zählte man von Oktober bis Dezember insgesamt neunzehn Arbeitsniederlegungen.

Das war ein deutliches und beunruhigendes Signal. Doch die Führung der Polnischen Vereinigten Arbeiterpartei gab sich ungerührt und empfahl lediglich den regionalen Parteigremien, die »besonders unruhigen Elemente« unter ihre Kontrolle zu bringen. Und als ob nichts gewesen wäre, zog sie die Schraube am 13. Dezember noch fester an: Am selben Tage, an dem das Zentralkomitee seinen ehrgeizigen Plan einer Integration in den Weltmarkt durch ein Entgegenkommen gegenüber der Ostpolitik des Kanzlers Brandt in einer Resolution vorlegte, kündigte die Führung auch eine umfassende Neuordnung der Preise an. Die beiden Beschlüsse hingen nicht nur zeitlich zusammen: Die Maßnahme zur »Sanierung« der Binnenwirtschaft sollte als Garantie für die Westdeutschen dienen – auch im Hinblick auf neue Kredite, mehr noch, sie sollte »Devisen freisetzen«, denn wenn Polen auch mehr Maschinen und Rohstoffe als Agrarprodukte exportiert, so geht doch das Gros der Industrie- und Mineralexporte in den Osten, während Fleisch und Eier fast ausschließlich in den Westen exportiert werden. Indem nun die polnische Regierung eine Verringerung des Konsums dieser Produkte im Inland plante, wollte sie sich Reserven bilden, die sie auf devisenstarke Auslandsmärkte werfen könnte, um so ihre Kreditmöglichkeiten zu erhöhen.

Plötzlich standen die Arbeiter des Nordens vor einem Doppelmanöver: Kürzung der Löhne und gleichzeitig – zudem unmittelbar vor den Festtagen am Jahresende – eine heftige Preissteigerung. Es geschah, was jede nicht gänzlich blinde Regierung hätte voraussehen können: Der Protest wurde explosiv.

Es begann in Danzig und Gdingen. Am Abend des 13., einem Sonntag, hatte die Regierung ihre Anordnung getroffen. Am Montag, dem 14. Dezember, erschienen die Arbeiter morgens nicht in der Danziger Werft. Statt dessen versammelten sie sich zu großen Demonstrationen und zogen hinter Lautsprecherwagen zum Sitz des regionalen Parteikomitees. Das gleiche geschah in Gdingen, wo der Demonstrationszug jedoch zum Rathaus ging. Offensichtlich war die Arbeiterklasse von der Entscheidung nicht überrascht worden: die Schnelligkeit, mit der sich die Züge bildeten, ihre Einheitlichkeit und Form (die Arbeiter trugen Schutzhelme und waren mit Eisenstangen und Fahrradketten bewaffnet), die sofort hergestellte Verbindung zu den Werften im über dreihundert Kilometer entfernten Stettin und zu den Nebenwerken in Elbing und der übrigen Region bezeugten Erfahrung und Fähigkeit zur Selbstorganisierung für den Kampf. Einige Zeit, nachdem sich die Arbeiter in der Stadt verteilt hatten, erschienen Einheiten der Miliz und versuchten, sie brutal zusammenzutreiben. An diesem Punkt wurde der Protest zur Revolte. Die Arbeiter, unterstützt von der Bevölkerung (offenbar auch von Matrosengruppen und einigen Studenten) reagierten mit Gewalt. Sie begannen harte Straßenschlachten, schlugen die Polizei zurück, drangen in öffentliche Gebäude ein und plünderten sie oder steckten sie in Brand; sie legten die Bahnhöfe lahm, um die Ankunft von Verstärkungen aus Warschau zu behindern. Die Regierung mußte Soldaten schicken, die allerdings, im Unterschied zur Miliz, nicht schossen. Es wurde ein

Waffenstillstand erzwungen, die ganze Region Danzig-Gdingen-Zoppot war wie gelähmt. Zwei Tage später brachen die Tumulte in Stettin und in Elbing aus; dort verhielt sich die Polizei noch brutaler: Allein in Stettin soll es hundert Tote und drei- bis fünfhundert Verletzte gegeben haben – Zahlen, die freilich niemals offiziell bestätigt worden sind; die Opfer wurden von der Polizei aufgesammelt, in Nylonsäcke gesteckt und in Anwesenheit allenfalls eines oder zweier terrorisierter Angehöriger schleunigst bei Nacht begraben.

Am Donnerstag, dem 17. Dezember, vier Tage nach der ersten Revolte, besetzte die Armee die Werften in Danzig und Gdingen und forderte die Wiederaufnahme der Arbeit; doch die Arbeitsplätze blieben leer. Am Sonntag, dem 20. Dezember, nach einer Woche härtester Auseinandersetzungen, die den Norden Polens an den Rand eines Bürgerkriegs gebracht hatten, stürzte Gomulka: Das Zentralkomitee der Arbeiterpartei hatte sich gespalten in Anhänger des alten Parteichefs, die alle getroffenen Maßnahmen und also auch die harte Repression hartnäckig verteidigten, und in Gegner, die nun hervorheben (später werden sie sagen, sie hätten das immer schon getan), daß beide Seiten ihren Teil zu einem unheilbaren Konflikt zwischen Regierung und Volk beigetragen hätten. Auch eine explizite Einmischung der Sowjetunion fehlte in diesen Tagen nicht: Breschnew empfahl Vorsicht, eine »politische Lösung« um jeden Preis. Ihm hätte es gerade noch gefehlt, nach allen politischen Preisen, die er für den Einmarsch in Prag vor anderthalb Jahren entrichten mußte, wenn er nun auch noch in Polen hätte intervenieren »müssen«. Gomulka wurde geopfert. In der Woche vor Weihnachten schickte die Regierung keine Soldaten mehr in die Industriegebiete des Nordens – nur noch Unterhändler. Was sie mitbrachten, waren zwei ökonomische Angebote und eine politische Garantie: Lohnerhöhung um 15 % und die Beibehaltung des bisherigen 2-Schichten-Turnus (d. h. die Garantie für Überstunden) sowie die Zusicherung, keinerlei Repressalien gegen die Organisatoren und Teilnehmer des Streiks zu ergreifen.

Die Wachablösung an der Spitze

Nie zuvor hatte ein Arbeiterprotest einen ähnlich spektakulären Regierungswechsel bewirkt. Gewiß war auch Gomulka 1956 nach jenem stark vom Arbeiterkampf geprägten Oktober an die Macht gekommen, doch die damaligen Ereignisse hingen mit der viel breiteren Spaltung zusammen, die durch den 20. Parteitag der KPdSU und die Anklage gegen Stalin im gesamten europäischen Kommunismus entstanden war. Nun aber, im Dezember 1970, hatte ein isolierter, allein von Arbeitern getragener Kampf offenbar durch seine Radikalität und Gewalt binnen weniger Tage die bei weitem bedeutendste Persönlichkeit des polnischen Kommunismus hinweggefegt: einen alten Bolschewiken, der einen Großteil der kommunistischen Geschichte Polens verkörperte.

In Wirklichkeit war die Partei- und Regierungskrise nach Danzig der Höhepunkt einer ganzen Serie von Spannungen und Umwälzungen, durch die seit Gomulkas Rückkehr an die Macht und während der sechziger Jahre die Partei innerlich erschüttert worden war. Am Anfang stand die schwierige Suche nach einer »demokratischen« Erneuerung, gestützt auf die neuentstandenen Arbeiterräte sowie auf die ökonomische »Reform«, die von einigen hochangesehenen marxistischen Ökonomen – Lange, Bobrowski, Kalecki, Brus – propagiert wurde. Das war der »Frühling«, das »Tauwetter« nach der stalinistischen Phase, das jedoch bald wieder nachließ, als zuerst die Räte an den Rand gedrängt wurden und dann, wenngleich vorsichtiger, auch die technokratisch-reformistischen Gruppen, die damals in Polen eine starke politische Komponente enthielten, die auf ihre Weise das Problem eines vernünftigen Verhältnisses zwischen Staat, Partei und Massen stellte. Zu der bürokratisch-autoritären Restauration gesellte sich bald – zuerst an der Seite Gomulkas, später in Konkurrenz zu ihm – der langsame Aufstieg des nationalistischen Flügels: General Moczar, alter Partisanenführer und nach der Befreiung einer der Chefs der Staatssicherheitsdienste, überzeugt davon, daß die Macht stabilisiert und die Unruhen befriedet werden könnten, wenn man an die traditionellen Mythen und Ängste der Polen appellierte – an ihren Nationalismus, ihren Haß gegen die Deutschen, ihre Angst vor den

Russen, an einen finsteren Antisemitismus. Die letzte Phase begann mit dem Parteitag 1968, auf dem Moczar genau in dem Augenblick entmachtet wurde, als er auf dem Gipfel seiner Karriere angelangt zu sein schien; kurz zuvor hatte er noch mit Billigung Gomulkas die Studenten- und Intellektuellenbewegung vom März 1968 zerschlagen, hatte eine üble antisemitische Hetzkampagne entfacht und die integersten der alten kommunistischen Parteiführer ausgeschaltet.

Diese gewaltsamen Verschiebungen des inneren Gleichgewichtes mußten dazu führen, daß eine Generation von Bürokraten aufsteigen und sich konsolidieren konnte – Männer, die, wie Gierek, oft aus Arbeiterkreisen stammten, die bedächtig und daher imstande waren, zum allgemeinen Bezugspunkt zu werden, falls die autoritäre und unrealistische Rigidität Gomulkas oder die technokratische Bewegung für »Rationalisierung« oder auch die Exzesse des kompakten Nationalismus Spannungen im gesellschaftlichen Organismus auslösen sollten, die nicht mehr lenkbar sein und somit die Gefahr einer rasch sich zuspitzenden Krise heraufbeschwören würden. Im Dezember 1970 fiel ihnen die Macht gleichsam von selbst zu: Sie waren als einzige in der Lage, die Kraftprobe zu vermeiden, indem sie die Kanten abrundeten, im geeigneten Augenblick nachzugeben verstanden und an die Einsichtigkeit des Volkes appellierten.

Die neue Gruppe – angeführt von Edward Gierek, einem gelernten Bergmann, in jungen Jahren Emigrant in Frankreich und Belgien, dort in die Kommunistische Partei eingetreten, sofort nach Kriegsende Parteifunktionär in Polen, zur Zeit der Krise Mitglied des Politbüros und Parteisekretär in Schlesien, der wichtigsten Region des Landes – entfaltete sofort eine rege Aktivität. Die Karte, die sie ausspielte, war die eines »neuen Verhältnisses« zwischen Arbeitern und Regierung; man gab zu, daß die Regierung in der Tat »nicht funktioniert« hatte. Aber warum hatte sie nicht funktioniert? Weil Gomulka es nicht zugelassen hatte. Unmittelbar nach dessen Rücktritt ließ Gierek jedermann wissen, daß Gomulka der Alleinverantwortliche sei für sämtliche Fehler und Schikanen, unter denen die Bevölkerung zu leiden gehabt hatte; er und sonst niemand. Sogar Moczar, von dem man fürchtete, er werde aus der allgemeinen Unruhe Vorteile ziehen (diese

Furcht war so intensiv, daß man wochenlang den Arbeitern wie auch den Kritikern in der Partei warnend zuraunte: »Seid vorsichtig! Von jeder Unruhe kann *er* profitieren!«), wurde zumindest offiziell nicht erwähnt. Und sogar Cyrankiewicz, Ministerpräsident seit 1947, wurde von Gierek gedeckt, obwohl gerade er es gewesen war, der in einer Radioansprache am 17. Dezember den Streik hart verurteilt hatte und der formell für den Schießbefehl auf die Streikenden verantwortlich war. Gierek nahm lieber von Cyrankiewicz die Demission entgegen und machte ihn dann wieder zum Staatsoberhaupt (um ihn später, wenn die Lage sich wieder beruhigt haben würde, zum Verzicht auch auf dieses Amt zu bewegen), als daß er die Zielscheibe der Angriffe des Volkes vergrößert hätte. Gomulka war der einzige Verantwortliche, er und seine unmittelbarsten Mitarbeiter mußten fallen.

In den anderthalb Monaten zwischen dem 20. Dezember und der ZK-Sitzung, die die Schlußfolgerungen aus der Arbeiterrevolte zu ziehen hatte (ursprünglich für Mitte Januar angesetzt, wurde sie mehrfach verschoben, bis sie schließlich in der ersten Februarwoche stattfand), wurden die entscheidenden Ablösungen vorgenommen: Zu gehen hatten Gomulka, sein Innenminister Switala (der den Schießbefehl erteilt hatte), sein ideologischer Berater Zenon Kliszko, wenig später auch der Chef der Gewerkschaften und Liquidator der Arbeiterräte, Loga Sowinski (Mitte Januar ersetzt durch Kruczek, einen noch älteren Bürokraten, der jedoch aus Arbeiterkreisen stammte) sowie zwei kleinere Funktionäre, die sich noch zu retten gehofft hatten: die regionalen Verantwortlichen in Danzig und Stettin, der brillante Kociolek und der weniger brillante Walaszek. Gierek bewahrte jedoch die gesamte Armee, die nicht geschossen hatte und deren Zurückhaltung den Arbeitern immer wieder ins Gedächtnis gerufen wurde, vor jeder Veränderung. Die freigewordenen Stellen besetzte er fast durchweg mit seinen Männern, die von der gleichen Vorsicht wie er selbst waren, angefangen mit dem neuen Innenminister Szlachcic. Als das Zentralkomitee dann Anfang Februar die ganze Operation ratifizierte, wurden Gomulka, Kliszko und Jaszczuk auch aus dem ZK und Loga Sowinski sowie Kociolek aus dem Politbüro ausgeschlossen.

Die gleiche elastische Taktik — nämlich vor allem die

Reibungsflächen zu verringern – wurde auch gegenüber den östlichen Verbündeten angewandt. War die Sowjetunion dieses Mal in der Tat für eine »politische Lösung« eingetreten und hatte damit den Weg für Gierek freigemacht, so sollten die Verbündeten nun auch garantieren, daß sich das Feuer nicht weiter ausbreitete. Eine Rebellion der Arbeiter, die zu nichts geringerem als einem Regierungswechsel geführt hatte – also erfolgreich war –, stellte ein gefährliches Vorbild dar. Zwar konnte die sowjetische Presse die Ereignisse noch ignorieren oder herunterspielen, doch in der CSSR oder der DDR war das nicht möglich, da zwischen ihnen und Polen ein ständiger Informationsfluß auch auf nicht offiziellen Wegen besteht. So mußte Gierek gegenüber den Führungsgruppen dieser Ländern versichern, die Arbeiter hätten zu Recht protestiert, weil Gomulka sozusagen verrückt geworden sei. Es empfehle sich daher, nicht auf harten Maßnahmen zu beharren, und zu begreifen, daß der Protest der Werftarbeiter ein heilsames Signal gewesen sei, auf daß Partei und Staat sich eines Besseren besännen. Sei die Anpassung erst einmal vollzogen, so werde sich auch die Ordnung ohne weiteres wieder einstellen, sofern man Gierek nur machen lasse. Dies ungefähr war die Botschaft, die er selbst zusammen mit seinem neuen Ministerpräsidenten Jaroszewicz in der UdSSR überbrachte und die von anderen seiner Getreuen auf zahlreichen Reisen um die Jahreswende allerorts verbreitet wurde. So konnte er sich bei den Verbündeten eine besorgte Neutralität sichern.

Als Gierek dann wenige Wochen später zu Verhandlungen mit den Arbeitern nach Stettin fuhr, soll angeblich – wie die geschwätzige Zagreber Zeitung *Borba* enthüllt – der »Präzedenzfall«, den dieser Schritt darstellte, in den übrigen Ostblockländern mit außerordentlichem Unmut gesehen worden sein. Gierek muß das gewußt haben: Nicht zufällig entgegnet er den Arbeitern gleich zu Beginn des Treffens, als sie ihm ihre Genugtuung über seine Anwesenheit zu verstehen geben, zu ihrer Verblüffung und Empörung: »Nein, in Zukunft wird es keine derartigen Treffen mehr geben!«

Der Neubeginn der Unruhen im Januar

Doch diese Taktik, die nach Giereks Absichten eine rasche Wiederherstellung der inneren Ordnung bewirken sollte, funktionierte nicht richtig. Obwohl die Arbeit kurz vor Weihnachten wiederaufgenommen wurde, blieb die Unruhe unter den Arbeitern bestehen, und zwar aus zwei Gründen: *Erstens* wurde die Entscheidung gegen Repressionen, die gleichsam die Grundlage für Giereks Umbesetzungen bildete, nicht auf allen Ebenen angewandt. Nachdem der Industrieminister Kaim in Danzig die Zusicherung gemacht hatte, daß niemand für die Organisierung der Streiks oder die Mitwirkung bei ihnen bestraft werden solle, auch nicht für vorgefallene Zerstörungen, »mit Ausnahme der Rowdies und Brandstifter«, schritten die lokalen Behörden unter recht extensiver Auslegung des Begriffes »Rowdies und Brandstifter« in zahlreichen Einzelfällen zu Verhaftungen und Einschüchterungen. Das gleiche geschah in den Betrieben: Die Bedrohung wurde massiv und permanent. *Zweitens* gingen die Ansichten der Regierung über das, was sie den Arbeitern zugestanden hatte, und die der Arbeiter über das, was sie tatsächlich erhalten hatten, bald weit auseinander. Der neuen Führung erschien es bereits als enorm (und in gewissem Sinne war es das in der Tat), daß eine Arbeiterrevolte mit Straßenkämpfen, Brandstiftungen und Plünderungen nicht unterdrückt worden war und daß man mit dem Segen der Sowjetunion und ohne ihre Intervention zur Amtsenthebung Gomulkas und der Seinen hatte schreiten können; die Erinnerung an Prag war lebendig und die Nervosität der Nachbarn verständlich. Zudem dachte Gierek tatsächlich an eine gewisse Neubelebung der Partei- und Gewerkschaftstätigkeit – und zwar in jenem italienischen Stil einer »Erneuerung in der Kontinuität«, der schließlich im Ostblock nicht allzu geläufig ist. Für die Arbeiter dagegen erwies sich der erkämpfte Sieg bald als wenig handfest: Man hatte sie zwar nicht einfach allesamt bestraft, aber ihre neuen Kampforganisationen waren nicht anerkannt worden. Zwar sollten die neuen Normen für Löhne, Produktionsprämien und das Schichtsystem am 1. Januar in Kraft treten, doch in der Praxis geschah nichts; auf einer Versammlung Anfang Januar unter dem Vorsitz von Kociolek (dem Parteisekretär für die Reorganisation der Wirtschaft) war bloß allgemein von einer »Modifikation« des Prämiensystems die Rede, wobei es den lokalen Gremien überlassen blieb, soviel wie möglich von der vorgesehenen Reform zu verwirklichen (wie etwa im Falle der Röhrenabteilung der Warski-Werft, der in der Diskussion zwischen Gierek und dem Streikkomitee genannt wird; daraus geht hervor, daß sich einige Arbeiter zur Übernahme besonders hoher Verpflichtungen hatten überreden lassen, was dann in der Presse sofort breit propagiert wurde, um so die übrigen Abteilungen und das ganze Werk unter Druck zu setzen). Die zweite der beiden Regierungsmaßnahmen, von denen die Revolte ausgelöst worden war, nämlich die Erhöhung der Preise, ist gar nicht erst zurückgenommen worden: Die Regierung hatte lediglich am 31. Dezember Lohnerhöhungen von insgesamt etwa 7,5 Milliarden Zloty dekretiert, mit denen die untersten Lohngruppen verbessert werden sollten. Das Minimum wurde von 850 auf 1000 Zloty angehoben, und das Kindergeld wurde erhöht: Fünf Millionen Arbeiter und vier Millionen Kinder – so erklärte Gierek – stünden sich nun besser. Richtig, nur daß gerade die höheren Löhne, eben die der Werftarbeiter, *nicht* davon betroffen waren: Die ganze Operation, die, für sich genommen, gewiß nicht angreifbar ist, hatte auch den Zweck, die Forderungen der Streikenden zu isolieren (ähnlich wie derzeit in Chile die Regierung Allende versucht, die Forderungen der Bergleute, der kämpferischsten und bestbezahlten Arbeiter, unter Hinweis auf die schwächeren Teile des Proletariats zu isolieren). »Ich kann eure Löhne nicht auch noch erhöhen«, hält Gierek den Werftarbeitern entgegen, »da mir schon diese Geldmenge, die in einen schlecht gerüsteten Markt eingeschleust werden muß, die größten Schwierigkeiten bereitet.« Das Ergebnis all dessen war: Am 10. Januar 1971, soweit im Westen zu erfahren war, setzte die Agitation auf den Werften erneut ein. Diesmal beginnt sie mit politischen Inhalten: In Danzig wird die Arbeit niedergelegt, um nachdrücklich die Freilassung von 180 Kollegen zu verlangen, die als »Rowdies« verhaftet worden sind. Zwischen dem 10. und dem 16. Januar kommt es zu Agitationen auch in der gesamten Stettiner Region. Am 13. versucht die Regierung noch, ihr mit oberflächlichen politischen Maßnahmen zu begegnen: Die Porträts der Parteiführer sollten aus den öffentlichen Gebäuden verschwinden (ein Happen für die, die mehr Demokratie fordern), es genüge der weiße Adler im polnischen Wappen (ein Happen für die Nationalisten); Gesprächspartner der Regierung seien die Arbeiterräte (die das ZK plötzlich wiederentdeckt und denen es ein imposantes Rundschreiben schickt, nachdem es sie 1958 praktisch völlig ausgeschaltet hatte), mit ihnen müsse man *direkt* über alles diskutieren, über Löhne, Produktionsprämien, Sozialleistungen, Frauen- und Jugendarbeitsschutz – aber auch über die »Notwendigkeit, auf die Bewahrung der finanziellen Reserven zu achten«.

Weniger vage Maßnahmen werden am nächsten Tag für die Stettiner Region getroffen, wo die Agitationen heftiger sind: Der Distriktsekretär Walaszek wird seines Postens enthoben (das Echo dieser Maßnahme, die von den Arbeitern gern zu einem Parteiausschluß verschärft worden wäre, ist in der Diskussion mit Gierek zu hören). Die Operation wird von einem Mitglied des Politbüros, Szydlak, vorgenommen: Erst fegt er Walaszek beiseite, dann geht er offen gegen den harten Kern der Arbeiter vor: »Einige Aufwiegler«, so erklärt er, »haben versucht, einen Streik in der Warski-Werft zu organisieren, aber es ist ihnen nicht gelungen, die Arbeiter mit sich zu ziehen. Die Belegschaft der Werft hat das destruktive Werk einiger Individuen zunichte gemacht und die Ordnung mit Erfolg aufrechterhalten. Die Mehrheit der Arbeiter«, so schließt er, »ist für Besonnenheit.«

Am 16. Januar wird der Verantwortliche für die Gewerkschaften, Loga Sowinski, abgesetzt; gleichzeitig wird überall im Lande die politische Diskussion lauter. Zu viele Fragen sind durch die Dezemberereignisse aufgeworfen worden, und die Tatsache, daß die Regierung zwar unablässig versichert, sie wolle ihr Verhältnis zur Basis neu gestalten, dabei aber nur sehr spärliche Informationen über die wirklichen Geschehnisse gibt, befeuert nur die Auseinandersetzungen über das Recht auf Information und die Grenzen, die ihm nach Meinung der Führungsgremien auferlegt werden müssen. Am selben Tage, Samstag den 16., bricht der Konflikt wieder voll in Danzig aus: Die Arbeiter streiken und verlangen, daß die Liste der Toten vom Dezember veröffentlicht wird und daß ihre Streikkomitees voll anerkannt werden. Man spricht von Demission des Innenministers. Am Montag, dem 18., publiziert die Danziger Presse eine erste Liste von 28 Getöteten. Doch der Streik geht weiter. Auch in Stettin weitet er sich aus, heftiger noch als im Dezember. Die Nachrichten sickern nur langsam durch; sicher ist, daß am 22. nicht nur die Warski-Werft erneut besetzt wird (ein ausländischer Journalist berichtet später, auf den Mauern neben den Werkstoren habe in großen Lettern gestanden: STREIK MIT BESETZUNG – WIR SIND ARBEITER, KEINE ROWDIES – DIE GESTAPO STEHT IMMER NOCH FEST AUF BEIDEN BEINEN, NIEDER MIT DEN FASCHISTEN! ARBEITER-MACHT!), sondern auch die Transporte, die im Dezember weiter funktioniert hatten, diesmal zum Zeichen der Solidarität stillstehen. In der gesamten Region ruht die Arbeit. Die Regierung fordert Verhandlungen und schlägt vor, daß eine Delegation der Werftarbeiter nach Warschau kommt. Das Streikkomitee antwortet darauf: »Gierek soll zu uns kommen.« Das geschieht tatsächlich: Gierek trifft am Sonntagabend ein und spricht in der Arbeiterversammlung bis zwei Uhr morgens; am nächsten Tag wird die Polizei von allen neuralgischen Punkten der Stadt abgezogen. Es ist diese beispiellose Versammlung, die hier dokumentiert wird. Gierek kam direkt aus einer Diskussion im Politbüro, bei der es vor allem darum ging, ob es zweckmäßig sei, den Arbeitern in diesem Punkt nachzugeben. Er kam in großer Eile, »ohne zuvor noch das Hemd zu wechseln«, wie er sagte. Mit ihm kamen der neue Ministerpräsident Jaroszewicz, der neue Innenminister Szlachcic, der Industrieminister Kaim – der schon im Dezember als Unterhändler nach Danzig gefahren war –, der General Jaruzelski, Abgeordneter von Stettin und Verteidigungsminister, der Erste Distriktsekretär Oblubek (soeben erst an die Stelle von Walaszek getreten) und andere mehr. Kurzum, alle von dem Streik unmittelbar betroffenen Regierungsmitglieder fahren zu dem Treffen. Und sie erreichen tatsächlich, daß der Streik beendet wird.

Sie erreichen es weniger durch Erfüllung der konkreten Forderungen als durch Zugeständnisse auf politischer Ebene. Wie schon gesagt, war die für den 1. Januar vorgesehene Einführung des 3-Schichten-Turnus und des neuen Prämiensystems bereits formell ausgesetzt worden, wenn man auch im Einzelfall, je nach Lage, versuchte, sie doch noch durchzusetzen. Die in den Werften sofort wieder einsetzende Agitation bestärkt nun die Aussetzung, indem sie das Aushandeln der Produktionsrhythmen und -prämien wieder von den realen Kräfteverhältnissen zwischen Arbeitern, Gewerkschaften und Regierung abhängig macht. Doch im entscheidenden Punkt – der Frage der Löhne in den nördlichen Industrieregionen im Verhältnis zu den erhöhten Preisen – ist Gierek zu keinem Nachgeben bereit. »Ich kann nicht, ich kann nicht«, sagt er immer wieder zu den Warski-Arbeitern.

Es muß erst so weit kommen, daß im Februar die Textilarbeiter von Lodz – jene älteste Gruppe der polnischen Arbeiterklasse mit einer ruhmreichen Tradition, die 1905 die ersten Barrikaden errichtet hatte – ihrerseits in den Streik treten, bis die Regierung aus Sorge, daß die Streiks sich unkontrollierbar ausweiten könnten, endlich definitiv auf die Preiserhöhung verzichtet und überdies eine bislang ungekannte Menge von Konsumgütern, die für den Export bestimmt waren oder zum Teil erst eingeführt werden mußten, nun plötzlich auf den Markt wirft. Die ökonomische »Rationalität« weicht der vordringlichen politischen Stabilität – gewiß nicht ohne tätige Mithilfe der Verbündeten. Erst jetzt kommt die allgemeine Bewegung der Arbeiter, hier und da noch ein paarmal isoliert aufflackernd, allmählich wieder ins alte Gleis.

Es bleibt die Erinnerung, die Wut. Für den 1. Mai beschließen die Arbeiter der Nordregionen, zum Gedenken an die gefallenen Genossen Trauerumzüge mit roten Fahnen zu veranstalten, und geben bekannt, daß sie eine Sammlung von Haus zu Haus für die Familien der Getöteten machen werden. Eilfertig fragt die Regierung an, wieviel man zu sammeln gedenke, und überweist die Summe ohne Zögern, um zu verhindern, daß der Kontakt zwischen Werftarbeitern und der Bevölkerung eine neue Flamme entzündet oder eine schlecht erstickte Glut neu entfacht.

Der Verlauf und die Themen des Treffens

Dies ist der Kontext des Treffens zwischen Gierek und den Arbeitern der Warski-Werft. Beiden ist er als außerordentliches und dramatisches Geschehen sehr gegenwärtig, und zwar nicht nur, weil ein blutiger Konflikt vorangegangen ist, sondern auch, weil beide sich darüber im klaren sind, daß sie die Konvention durchbrechen, auf der die gesamte Ordnung der sich als sozialistisch definierenden Länder beruht: die Annahme einer wesentlichen Identität zwischen Arbeiterklasse und Regierung. Daß Gierek sich erst im letzten Moment zu der Fahrt nach Stettin entschlossen hatte (es heißt, er habe die Mehrheit der Führungsgruppe so hart bedrängt, daß er seinen Privatwagen benutzen mußte und die anderen sich ihm erst anschlossen, als er schon aufbrach), entsprang nicht einfach der psychologischen Hinhaltetaktik eines Bürokraten: Sein ganzes Verhalten und alles, was er in der Versammlung auf der Werft sagte, zeigen deutlich, daß er sich als ehemaliger Arbeiter fühlt, daß er weiß, wie man zu Arbeitern redet, daß ihm die Form gleichgültig ist, ihm einzig daran liegt, ihnen begreiflich zu machen, daß er selber, so wie er hier vor ihnen steht, von großen, ja unüberwindlichen Schwierigkeiten geplagt werde. Ganz anders der Ton von Jaroszewicz, dessen Rede zwar scheinbar taktisch besser klingt, aber zweifellos den Lebensformen der Arbeiter »äußerlich« bleibt und von ihnen auch so empfunden wird.

Was Giereks Entschluß zu etwas gefährlich Neuem machte, war der Umstand, daß eine sozialistische Regierung – um nicht zu sagen: eine kommunistische Partei – es nicht hinnehmen kann, sich den Arbeitern als die »Gegenpartei« zu präsentieren. Zwischen der »sozialistischen Macht« und der Klasse dürfte es nur eine wohlwollende Rollenverteilung geben; im Prinzip ist es jedoch ein und dasselbe politische Subjekt, das einerseits in der Fabrik produziert und andererseits mittels seiner Partei oder seinen Institutionen die Angelegenheiten der Gesamtgesellschaft verwaltet. Als »Staat« kann es Repression gegen die Klassenfeinde ausüben und sogar, mag dies auch unangenehm sein, gegen nicht unmittelbar proletarische Gruppen und Schichten der Gesellschaft: Als 1968 die Studentenrebellion ausbrach, überzeugte die Miliz nicht wenige Arbeiter davon, daß es sich hier um kleinbürgerliche, zu unterdrückende Gruppen handelte, wodurch sie, wenn schon nicht die Unterstützung, so doch die Neutralität der Arbeiter für sich gewann (damit hatte sie einen so tiefen Graben zwischen den Arbeitern und den Studenten aufgerissen, daß die Mehrheit der Studenten, als dann die Werftarbeiter revoltierten, nicht bereit war, sich ihnen anzuschließen und die Universitäten allenthalben ruhig blieben). Weder die einen noch die anderen hatten jedoch begriffen, 1970 ebensowenig wie 1968, daß diese Einteilung in starre Kategorien eben nicht ein Relikt aus früheren Zeiten ist, sondern das Ergebnis einer höchst gegenwärtigen Arbeitsteilung, bei der den Arbeitern die übliche Rolle der unterbezahlten Produzenten überlassen bleibt: Der Ideologie obliegt es dann, diese Realität zu verschleiern, indem sie Staat, Regierung und Partei mit den Insignien von Organen der Arbeiterklasse selbst ausstattet – was die Klasse wiederum politisch entschädigen soll für ihre andauernde Handarbeiter-Lage, die man »selbstverständlich« nicht einfach von heute auf morgen abschaffen kann.

Dieser ideologische Schleier zerreißt allerdings, wenn die Arbeiterklasse nicht mehr bereit ist, die Regierung als die ihre anzuerkennen, wenn sie ihre Dispositionen durchkreuzt und gegen sie demonstriert. Durch die Absetzung Gomulkas hatte man den Skandal noch einigermaßen begrenzen können: Die Anmaßung und Ruchlosigkeit dieses Mannes waren es, was den Staat und die Regierung daran gehindert hatten, »ganz und gar« sozialistisch zu sein. Aber danach? Wenn die Streiks nun weitergehen, wenn die Arbeiter erneut eine feindselige Haltung einnehmen und alle Appelle zur Ruhe zurückweisen, dann wird die erwünschte Identität wiederum negiert. Also gibt es tatsächlich einen Antagonismus, auch mit einer »guten« Regierung. Schlimmer noch: Wenn die Arbeiter sich weigern, eine Delegation aus ihren Reihen nach Warschau zu entsenden, und statt dessen verlangen, die Regierung solle gefälligst zu ihnen kommen und ihnen Rechenschaft ablegen über ihr Tun und Lassen, so »als ob« ihre Macht aus der Arbeiterklasse abgeleitet sei, dann können sich die Verhältnisse in gefährlicher Weise verkehren. Durch seinen Gang nach Stettin gibt Gierek implizit zu, daß ein solcher Antagonismus besteht und daß die Möglichkeit einer Infragestellung der Beziehungen zwischen Partei, Staat und Klasse nicht von der Hand zu weisen ist.

Während der ganzen Dauer des Treffens sind seine Beiträge

wie auch die der anderen Regierungsmitglieder von dem verzweifelten Bemühen geprägt, die Identifikation wiederherzustellen, da sie die einzige Grundlage ist, auf der sich das Autoritätsprinzip neu begründen läßt: Der Streik kann und muß beendet werden, da die Klasse sich schließlich an »ihre eigenen« politischen Entscheidungen, wie sie von »ihren« Instanzen – Partei und Regierung – vertreten werden, zu halten hat. Haben diese Instanzen nicht funktioniert, so wechselt man die Personen aus: Geradezu monoton wiederholen sowohl Gierek als auch der Ministerpräsident, der Innen- und auch der Verteidigungsminister immer wieder, sie hätten von dieser oder jener Pflichtverletzung untergeordneter Funktionäre nichts gewußt, womit sie den ganzen Konflikt seit dem 20. Dezember auf eine bloße Funktionsanomalie zurückführen. Gierek setzt noch einen besonderen Akzent darauf: Ich bin ein Arbeiter wie ihr, ich würde lieber in den Ruhestand treten; wenn ich dennoch hier bin, so nur aus einem Gefühl der Verantwortlichkeit angesichts einer katastrophalen Lage. In diesem Punkt ist er unnachgiebig, unterstreicht ihn mit echten Ausbrüchen, die allem Anschein nach ihre Wirkung nicht verfehlen: Ihr braucht mir nicht zu glauben, aber so liegen die Dinge nun einmal, weder ich noch ihr könnt mit dem Kopf durch die Wand. Oder glaubt ihr etwa, *ich* sei schuld? Wenn ja, dann gehe ich! Er spricht unmittelbar, ohne Umschweife und mit Würde, er spielt – gleichgültig ob ehrlich oder nicht – auf zwei Registern zugleich: auf dem seiner *persönlichen* Identität mit den Arbeitern und auf dem der politisch-ökonomischen Notlage. Und tatsächlich gelingt es ihm auf diesem Terrain, den Auftrag zur Machtausübung und damit auch die Disziplin zurückzugewinnen, die Spannung zu lösen, den Antagonismus wieder zuzudecken, indem er ihn als einen »Nebenwiderspruch« darstellt, wie hoch der Blutzoll dafür auch gewesen, was immer auch geschehen sein mag.

Wie viele von den Arbeitern, die auf der Warski-Versammlung das Wort ergriffen haben, sind sich dessen bewußt? Wie viele, die instinktiv als antagonistische Klasse gehandelt haben, weichen zurück vor den Implikationen des Konfliktes, den sie selbst eröffnet haben? Wie tief sitzt die Verflechtung von uralter Unterwerfung unter die Macht und neuer Ideologie einer »Identifikation« mit ihr? Wie deutlich empfinden sie den Widerspruch zwischen ihrer Lage als abhängige, noch immer entfremdete Klasse und ihrer oftbeschworenen Stellung als Führende? Beim Hören und Lesen dieser Aufzeichnung wird einem klar, daß der Knoten unaufgelöst bleibt. Sogar in der heißesten Phase des Kampfes wurde er nicht gelöst. Die Chronik des ersten Tages der Agitation in Danzig, des 14. Dezember – veröffentlicht in der Lokalzeitung *Glos Wybrzeca (Stimme der Ostseeküste)*[5] –, ist dafür bezeichnend: Die Arbeiter hatten ihre Agitation unmittelbar zu Beginn der Arbeit in zwei Teilen der Werft begonnen, zuerst in der Abteilung W 3, dann auch in den anderen. Sie fanden kein Gehör oder wurden wohl an die Behörden verwiesen. Erst jetzt, nach drei Stunden, verlassen sie das Werk und marschieren zum Sitz des Parteikomitees. Als sie dort nur zweitrangige Funktionäre vorfinden, kündigen sie für vier Uhr nachmittags eine zweite Demonstration an. In diesem Moment – so schreibt die Zeitung – kommen erstmals »politische« Parolen auf. Gruppen von Arbeitern ziehen zur nördlichen Werft, um sie zur Solidarisierung zu bewegen, verschaffen sich wohl auch gewaltsam Eintritt, andere gehen zur Polytechnischen Hochschule, bedrängen dort den Rektor. Um drei Uhr besetzen sie das Rundfunkgebäude, verlassen es dann aber wieder, um sich zum Parteikomitee zu begeben. Zu diesem Zeitpunkt, nach nunmehr acht Stunden, hat sich die Stimmung bis zur Glut erhitzt: Schlägereien brechen aus, Steine fliegen, Scheiben klirren, brutaler Eingriff der Miliz. Die Straßenschlachten dauern bis zehn Uhr abends. Das Parteibüro und andere öffentliche Gebäude, auch der Bahnhof, werden gestürmt und demoliert, Zeitungskioske und Autobusse angezündet, die Feuerwehrwagen umgestürzt. Begonnen hatte dieser Tag also mit einem Protest, der noch an bloße Petition erinnerte. Langsam hatte der Protest dann seinen Charakter verändert und die »Illegalitäten« vervielfacht. Doch sogar als er sich zum regelrechten Straßenkrieg ausgewachsen hatte, wollten die Arbeiter eher ihrer Wut einmal Luft machen, den Machthabern eine harte Lektion erteilen, um damit einen Wechsel »in den Methoden« zu erreichen, als daß sie die Macht zu stürzen beabsichtigten. Aufschlußreich ist das Geschehen im Rundfunkgebäude: Um drei Uhr – so schreibt *Glos Wybrzeca* – wurde es besetzt, und »herrisch verlangt man vom diensthabenden Techniker, er solle den Sender so einschalten, daß die Demonstranten einen Radio-Appell an das Land ausgeben könnten. Die Demonstranten drohen den Radio-Funktionären, sie würden ihnen ›die Köpfe einschlagen‹. Sie ließen ihnen eine Viertelstunde Bedenkzeit, danach würden sie alles zusammenhauen. [...] Die Funktionäre nehmen Kontakt zum stellvertretenden Chefredakteur auf, der sich im angrenzenden Gebäude befindet. Eine Delegation der Arbeiter begibt sich zu ihm, zwei treten ein, um ihn zu sprechen, die anderen warten in der Halle. Der Redakteur, Wierzbaniwski, weigert sich, den Strom anzuschalten. Sein vernünftiges Zureden hat Wirkung. Die Marschsäule zieht in Richtung Stadtmitte ab.« Kaum eine halbe Stunde später entzündet sich auf der Blenim-Brücke die erste Straßenschlacht.

Es war also nicht Angst vor der Polizei, was die Arbeiter stoppte; es war die politische Qualität einer derart spektakulären Geste wie einer Botschaft an das Land, die mögliche Dimension eines Aufstandes, dessen Horizont weit über den eigenen Kontrollbereich hinausgehen würde, was sie zögern und schließlich zurückweichen ließ. Was sie behinderte, war die Ungewißheit angesichts der Frage, wie weit sie als politisches Subjekt gehen sollten, keineswegs das persönliche Risiko: wenige Minuten später schlugen sie sich ohne Rücksicht auf ihr Leben. In den folgenden Tagen machten sie zwar der Miliz die Stadt streitig, kehrten aber offensichtlich nicht nochmals zum Rundfunkhaus zurück. Später wird dann die Frage der richtigen Information eine entscheidende Rolle in dem Forderungskatalog spielen, den sie der Regierung vorlegen, ohne letzterer jedoch das Eigentum an den Informationsmitteln ernstlich streitig zu machen.

Eben dieses Schwanken zwischen Protest, Forderung und Behauptung der eigenen Hegemonie zieht sich durch den gesamten Dialog zwischen Gierek und den Warski-Arbeitern. Die verschiedenen Schattierungen spiegeln im übrigen jene Zersplitterung der Klasse, die Ergebnis und Voraussetzung einer Arbeitsteilung ist, durch die ihre Vereinigung weiter erschwert wird (der italienische Arbeiter, der diese Seiten liest, wird überrascht feststellen, daß hier praktisch nichts von seinen aktuellen Forderungen nach Gleichheit zu finden ist, und er wird noch mehr erstaunt sein, wenn er entdeckt, daß in

Italien sogar noch die Gegenplattform der Federmeccanica oder der Chemieindustriellen* zum Thema der Schichtarbeit oder des einheitlichen Lohnes fortschrittlicher ist als die derzeit gültigen Lohnabstufungen in den polnischen Werften nach fünfundzwanzig Jahren sozialistischer Macht). Vergegenwärtigt man sich dazu noch, wie unterschiedlich das Niveau der politischen Erfahrungen bei den Kommunisten und bei den Parteilosen ist, so hat man eine Spannweite an Positionen, die von dem verzweifelten »Gebt uns irgendwas« jenes Delegierten der Arbeiter aus der Kielabteilung bis zu der langen Anklagerede von Urbanski reicht, in der das Echo der Rätebewegung von 1956 widerhallt. Die erste Position artikuliert vor allem den Wunsch, einmal »alles herauszulassen«, die eigene miese Lage darzustellen und anzuprangern: das Fehlen jedweder Norm, die, wenn schon nicht selbstverwaltet, so doch wenigstens festgelegt und garantiert wäre, die Willkür der Abteilungsleiter, die Ungerechtigkeit bei der Entlohnung (daß nämlich nur die tatsächlich gearbeiteten Tage bezahlt werden, im Winter also viel zu wenige), die kaum erträglichen Härten einer Arbeit im Freien, bei der man im Sommer vor Hitze krepiert, im Winter zu Eis erstarrt und bei Regen die Sicherheitsvorkehrungen in den Starkstromanlagen oft ausfallen, so daß schon mehr als einer vom Schlag getroffen zusammengebrochen ist. »Wir haben kaum genug zum Leben, Brot und Wasser. Aber unsere Arbeit ist hart, ein Arbeiter in der Kielabteilung braucht was zu essen, wenn er es nicht kriegt, ehrlich, dann liegt er nach fünfzehn Jahren auf dem Friedhof. Da führt kein Weg dran vorbei. Danke.« Und als der Sprecher vom Präsidium aufgefordert wird, er solle seine konkreten Forderungen zusammenfassen, da antwortet er bloß müde: »Unsere Abteilung ist dafür, daß der Lohn irgendwie erhöht wird. Und daß man weiß, womit man rechnen kann. Denn wir haben überhaupt keine Norm, keine Garantie für das, was wir am Monatsende nach Hause bringen können. Wenn es regnet oder schneit, weiß ich nicht, wie ich bis zum nächsten Monat durchkommen soll. Danke.«

* Gemeint sind die »Alternativvorschläge« zu den Forderungen der Gewerkschaften, die von den italienischen Unternehmerverbänden (die *Federmeccanica* ist das Pendant zur deutschen »Gesamtmetall«) in den Tarifkämpfen von 1971 vorgelegt worden sind. *Anm. d. Üb.*

Am anderen Ende des Bogens steht der Arbeiter Urbanski aus der Abteilung MKP. Er ist Kommunist und sagt es auch gleich. Zu Beginn trifft er zwei Feststellungen zum Thema Macht: Erstens müsse klar sein, daß die Avantgarde, die einzige Avantgarde, aus denen bestehe, die sich jetzt und hier versammelt haben; zweitens habe die Regierung ihnen hier Rechenschaft abzulegen. Und mit knappen, trockenen Fragen bedrängt er die Partei- und Regierungsführer am Präsidiumstisch, einen nach dem anderen, ohne ihnen Ausflüchte zu gestatten. Als der Innenminister versucht, anstelle des Verteidigungsministers zu antworten, wird ihm das Wort abgeschnitten. Dann redet Urbanski das Zentralkomitee an: Weiß es, was die Warski-Arbeiter wollen, oder weiß es das nicht? Wenn nicht, so soll es das jetzt erfahren. Er nimmt Gierek in die Zange: Übernimmt er diese und jene konkrete Verpflichtung, ja oder nein? Gierek kann sich dem schließlich nur durch die Erklärung entziehen, er könne hier keine Verpflichtungen für das gesamte Zentralkomitee übernehmen. Urbanski akzeptiert dies, nicht ohne eine ironische Spitze darauf zu setzen: »Bravo, mit dem Personenkult ist also wirklich Schluß gemacht worden.« Schließlich verlangt er, daß der Werftleiter komme und sich vor den Arbeitern entschuldige, was auch sofort, mitten in seinem Beitrag, geschieht. Nachdem er die Gegenpartei diesen Prüfungen unterzogen hat, spricht Urbanski von den größeren Zusammenhängen. Mag sein Beitrag – nach allem, was man aus der Lektüre entnehmen kann – am Ende auch ausschlaggebend dafür gewesen sein, daß die Versammlung ein Ende des Streiks akzeptierte, so war er gewiß auch derjenige, der die Behauptung einer Hegemonie der Klasse am weitesten vorantrieb.

Zwischen Urbanski und dem Delegierten der Kielabteilung ordnen sich die übrigen Beiträge der Arbeiter ein, in denen vor allem immer wieder angeprangert wird, was geschehen ist – noch immer voller Entsetzen und Wut: »Habt ihr auf die Arbeiter geschossen? Ihr, die Volksmiliz! Sogar mit den Uniformen unserer nationalen Armee haben sie sich verkleidet, um uns zu entwaffnen! Die Verantwortlichen müssen bestraft werden, man soll wissen, daß so etwas nie wieder vorkommt.« Dann folgen die spezifischen Forderungen der einzelnen Abteilungen, mit weniger Unterschieden in Tonfall und Qualität. Daß die Liste der Forderungen ungeordnet erscheint, bezeugt nur ihre Authentizität, ihren Charakter einer im Konflikt entstandenen Kampfschrift, in der die wirklichen Prioritäten noch sichtbar sind. Zunächst verlangt das Streikkomitee, daß die Lebensmittelpreise wieder auf das Niveau vom 12. Dezember 1970 herabgesetzt werden: Dies ist Punkt eins. Die Frage der Schichten und Produktionsprämien wird nicht erwähnt, spielt aber in den mündlichen Beiträgen eine große Rolle. Punkt zwei fordert sofortige demokratische Wahlen in den Gewerkschaften und den Arbeiterräten und artikuliert eine analoge Forderung, die in der Partei und den Jugendorganisationen laut geworden ist. Dabei werden die verschiedenen Ebenen klar herausgestellt: zuerst die Vollversammlung als Ausdruck der direkten Demokratie, dann die Räte und die Gewerkschaften, schließlich die Institution, die Partei. In Punkt zehn wird verlangt, daß bis zu den Wahlen das jetzige Streikkomitee in eine Arbeiterkomission, parallel zu Betriebsrat und Arbeiterräten, umgewandelt wird (also an die Stelle des im Kampf zerriebenen Gewerkschaftskomitees tritt). Die Punkte drei und vier und im wesentlichen auch elf und zwölf enthalten die Forderung, daß die Streiktage voll bezahlt werden und jedwede Repression, direkte sowie indirekte, gegen die Organisatoren und Teilnehmer des Streiks sowie gegen die zu institutionalisierende Arbeiterkommission jetzt und für alle Zukunft vollständig eingestellt wird. Punkt fünf war die Forderung, daß Gierek und Jaroszewicz in die Warksi-Werft kommen sollten. Die restlichen Punkte (sechs bis neun) verlangen das Recht auf volle Information über die früheren und jetzigen Kampfereignisse in allen Werften sowie die Bestrafung der lokalen Presse, die durch übertriebene Darstellung der Meinung einiger Arbeiter aus der Röhrenabteilung den Eindruck hatte entstehen lassen, daß die gesamte Belegschaft neue und höhere Produktivitätsnormen akzeptiert habe.

Dies sind unmittelbar dringende Forderungen, die von italienischen Arbeitern wohl allesamt – abgesehen von der zweifelhaften Genugtuung, z. B. den Ministerpräsidenten Andreotti plötzlich unter sich zu haben – als »rückständig« empfunden würden. Besser als jede komplizierte Analyse bezeugen sie, wie weit die Klasse politisch enteignet worden ist. In welchen

Grenzen werden sie erfüllt? An welchen Klippen bricht sich der Kompromiß mit der Regierung?

Vollständig akzeptiert wurde während des Treffens mit Gierek – abgesehen natürlich von Punkt fünf, eben seinem Gang nach Stettin – lediglich der Punkt drei: die Bezahlung der Streikstunden (dies allerdings erst nach bösen Vorwürfen von Gierek: Meiner Ansicht nach – so sagte er – bräuchten sie nicht bezahlt zu werden. Wir sind in einem so schwierigen Stadium, und da streikt ihr einfach! Doch als sich die Versammlung formell verpflichtet, den Plan voll zu erfüllen, ist er schließlich dafür). Auch Punkt zwei (Gewerkschaftswahlen) und zehn (vorübergehende Institutionalisierung des Streikkomitees) kommen noch durch, obschon von Gierek mit einem Akzent versehen, der ihre Interpretation gegenüber der des Forderungenkataloges durchweg verändert: sämtliche Organe der Arbeiterautonomie werden rein »funktional« eingeschränkt. Klar ausgesprochen wird dies im Zusammenhang der Gewerkschafts- und Rätewahlen (Wählt ruhig, wen ihr wollt, auch Parteilose, warum nicht? Wir sind alle Arbeiter! Aber wenn ihr erst einmal eure Organe gewählt habt, dann respektiert sie auch, gehorcht und tut eure Schuldigkeit!) und der Garantien für das Funktionieren der Arbeiterkommission (es gebe immerhin eine Hierarchie im Werk, so betont Gierek, ohne die nichts mehr funktionieren würde). Was die anderen Punkte betrifft, so ist die Antwort entweder ein schlichtes Nein (so zur Forderung nach Rückkehr zu den Lebensmittelpreisen vor dem 12. Dezember) oder ein sehr stark konditioniertes Ja (so zu den Punkten über Information und Repression).

Beim Thema der Information macht Gierek so wenig Zugeständnisse wie irgend möglich: Genügt euch denn nicht, was ich euch hier gesagt habe? Bin ich nicht selber hergekommen? Ist es nicht gerade ein Beweis meiner Ehrlichkeit, daß ich euch keine Versprechungen mache, die Realität nicht in rosigen Farben zeichne, sondern euch die Schwierigkeiten und begangenen Irrtümer rücksichtslos darlege? Das muß euch genügen! Was sollte eine breite Information über die Dezemberereignisse in der überregionalen Presse? Der Feind würde daraus Vorteile ziehen, die Verbündeten wären irritiert, vergeßt bitte nicht Deutschland im Westen und die Sowjetunion im Osten!

Allenfalls wäre er, Gierek, für eine Richtigstellung in der *lokalen* Presse zu dem Thema der berühmten Verpflichtungen, die angeblich von der Röhrenabteilung übernommen worden sind; doch auch in diesem Fall, in dem die Arbeiter verlangen, daß die Sache als Pflichtverletzung und Verfälschung gebrandmarkt werde, will Gierek nur zugeben, daß hier eine ungebührliche Verallgemeinerung der Verpflichtung einiger weniger vorliegt, einiger Arbeiter, Namen und Zunamen, die er übrigens, wohlgemerkt, als die wahren Avantgarden der Arbeiterklasse betrachte. — Dieser ganze Abschnitt des zwischen ihm und der Versammlung zustandegekommenen Kompromisses ist außerordentlich interessant und sollte hierzulande jenem Teil der revolutionären Linken zu denken geben, der die Forderung nach freier Information, die bei jeder Krise in den sozialistischen Ländern heftig hervorbricht, immer gern als bloß »demokratistisch« unterschätzt. Hier jedoch ist zu erkennen, daß das Informationsrecht untrennbar mit dem Klassenkampf zusammenhängt und sich nicht an irgendeine Macht delegieren läßt, gleichgültig, welche Gefahren daraus erwachsen können: Der Mangel an Information oder, besser gesagt, ihre Monopolisierung in den Händen der Herrschenden ist das wichtigste Mittel zur Atomisierung der Gesellschaft, zur Zerstückelung ihrer Bewußtseinsebenen, zu ihrer Manipulierung mit dem Ziel, jegliche politische Wiederzusammenfügung zu verhindern. In diesem Punkt – der Forderung nach freier Information, die das tragende Element im polnischen Oktober 1956 gewesen war und auch im März 1968 wieder heftig hervorbrach – trifft sich denn auch die gesamte Opposition, von Brus und Kalecki bis hin zu den Werftarbeitern. Freiheit der Information ist hier kein Selbstzweck, sondern eine grundlegende politische Bedingung. Dies ist der Grund, warum sie bedeutend spärlicher gewährt wird als alles andere, und warum das Wenige, das die Machthaber auf diesem Gebiet haben zugestehen müssen, schleunigst wieder zurückgenommen wird.

Das gleiche gilt für die Repression. Hier feiert Giereks Zweideutigkeit Triumphe: Sicher, die Arbeiter dürfen nicht behelligt werden, aber ihr werdet doch nicht etwa behaupten wollen, daß alle Verhafteten wirklich Arbeiter sind! Hat es denn keine professionellen Schläger gegeben? Waren es nicht

Rowdies, die in den mühsam mit euren Geldern und eurer Hände Arbeit errichteten Gebäuden gewütet und geplündert haben? – Sowohl Gierek als auch seine Gesprächspartner wissen sehr wohl, daß es in allen Hafenstädten, auch in denen an der polnischen Ostseeküste, eine Reihe von sozial instabilen Gruppen gibt, die sich wahrscheinlich bei den Unruhen eingemischt haben; doch Gierek versucht hier – und nicht nur zum Zwecke der Repression –, jede Gewaltanwendung mit Subproletariat und ausgeflippten Jugendlichen (den sogenannten »Blauvögeln«) gleichzusetzen, während die Arbeiter beharrlich feststellen: »Es hat zwar Rowdies gegeben, aber unsere Gewalt hatte einen Grund, und wir sind es, die von euch verfolgt werden.« – Auch in der Frage des Verhaltens von Miliz und Armee weicht die Regierung keinen Fußbreit zurück: Sie hätten richtig gehandelt, stünden auf der Seite des Volkes, und wenn geschossen worden ist, so sei nur Gomulka daran schuld. Gomulka sei nun weg, also gebe es nichts mehr zu diskutieren. Kurzum: Wir verurteilen die Entgleisungen, aber nicht die Methode; die Methode kann kein Gegenstand von Verhandlungen sein; der sozialistischen Macht obliegt es lediglich, sie richtig anzuwenden.

In einem letzten Punkt erscheint die Debatte recht zurückhaltend, fast wie in stillschweigender Übereinkunft der beiden Teile: in der Frage des Wertes und der Legitimität eines Rückgriffs auf den Streik. Die Arbeiter wollen ihn so sehr als gesichert darstellen, daß sie ihn nicht zu einem eigenen Punkt in ihrem Katalog gemacht haben. Geschickt erwähnen sie das Streikrecht nebenbei, als ob es eine Selbstverständlichkeit wäre: »Da der Streik von keinem Gesetz verboten ist, muß er als legitim angesehen werden.« Die Regierungsmitglieder bestreiten dies zwar nicht prinzipiell, definieren aber den Streik, wann immer sie darauf zu sprechen kommen, als eine Art Unglück, einen Beweis für mangelnde Verantwortlichkeit.

Im Schlußbeitrag des Streikkomitee-Sekretärs Baluta wird das Wesen des zustande gekommenen Kompromisses in aller Schärfe faßbar. Baluta fordert die Versammlung auf, die von der Regierung verlangte Beendigung des Streiks zu akzeptieren und im Punkt eins, der Frage der Lebensmittelpreise, nachzugeben. Für alle übrigen Punkte dagegen legt er präzis dar, *wie* die Arbeiter den Kompromiß verstehen, und setzt dabei Akzente, die sich von denen des Ersten Parteisekretärs explizit unterscheiden. Er spricht Gierek das Vertrauen aus, doch nur auf Zeit und eingeschränkt durch eine allzu lange Erfahrung mit scheinbar gewonnenen Positionen, die dann wieder absorbiert worden sind. Baluta verbirgt keineswegs, daß er Zweifel an Giereks Möglichkeiten hat, die übernommenen Verpflichtungen ernstlich wahrzunehmen; er gibt ihm zwar Schützenhilfe, fordert ihn aber bezeichnenderweise auf, mit größerem Engagement zu kämpfen als es – wie Gierek zu Beginn eingestehen mußte – unter Gomulka möglich gewesen war.

Das Neue in den Worten Balutas wie auch in denen des ungenannten Arbeiters, der am Schluß um ein Schweigen zum Gedenken an die Toten bittet, ist jedoch der Geist, in welchem der Kompromiß akzeptiert wird, die Betonung einer den Arbeitern eigenen Art und Weise, die Verteilung von Pflichten und Rechten zwischen Partei und Volk, Regierung und Massen zu interpretieren, einer Art und Weise, die nicht mit der des Präsidiums übereinstimmt. Es ist der feste Wille, sich eine möglichst breite Autonomie zu bewahren; so als wären die Arbeiter – erneut zurückgetrieben in ihre Lage als Verfolgte und Ausgebeutete, bis sie wieder *revoltieren müssen* – entschlossen, ihre neugewonnene spezifische Identität als Gegenpartei nie wieder aufzugeben. Der Antagonismus ist reduziert, aber nicht annulliert worden; er scheint akzeptiert als relativ naturwüchsige Größe, als Rahmen für zukünftige Gleichgewichte und Erschütterungen.

Eine politische Einschätzung

Ist dies wenig, ist es viel? Das zu beurteilen ist schwierig, und für uns, die wir den Gegenstand von außen betrachten, empfiehlt sich Vorsicht. Die Hypothese, die wir trotz dieser Vorbehalte vorbringen, lautet, daß Entwicklung und Ausgang der Revolte auf den Werften als ein starkes Moment von Reifung in der polnischen Arbeiterklasse einzuschätzen sind.

Wir sagen das nach reiflicher Überlegung. Auf den ersten Blick erscheinen die *politischen* Elemente tatsächlich weniger

reichhaltig als im polnischen Oktober 1956 und der anschließenden Auseinandersetzung um die Arbeiterräte. Unter dem
Blickwinkel der Räte ist die Diskussion diesmal deutlich
beschränkt. Und insgesamt fehlt ihr jenes Echo, jene Fähigkeit
zur Ausbreitung und Einbeziehung der ganzen Gesellschaft,
die die Ereignisse von 1956 aufwiesen. In dieser scheinbaren
Begrenztheit und Isolierung steckt jedoch unseres Erachtens
ein Mehr an Radikalität, das 1956 noch nicht vorhanden war
oder von der Stalinismusdebatte, die damals das Feld
beherrschte, noch zugedeckt wurde. Damals war es faktisch
eine Auseinandersetzung, die ausschließlich die *politischen*
Formen betraf, die *politische* Erfahrung der Volksdemokra-
tien und der UdSSR – wobei wir mit Politik die Sphäre der
Institutionen meinen, das Ausbalancieren der Mächte und
Gegenmächte zwischen Überbau und Basis, Zentrum und
Peripherie, Partei und Klasse. Doch bereits dieses letzte
Begriffspaar wurde zu eng gefaßt, da man das Verhältnis von
Partei und Klasse nur als ein Gegenüber zweier politischer
»Willen« verstand. Es fehlte jene Erkenntnis, die die Revolte
der Werftarbeiter mit sich brachte: die Zurückführung des
Konflikts auf sein nicht nur politisches, sondern *gesellschaftliches* Wesen, also auf die *objektive* Stellung der Arbeiterklasse,
die in den Übergangsgesellschaften weiterhin gilt. Was in dem
Treffen zwischen den Arbeitern und Gierek vorherrscht, ist
nicht mehr der alte Streit über die Bürokratien, sondern der
anhaltende, nicht versöhnte Gegensatz zwischen dem Akku-
mulationssystem des »sozialistischen« Staates und dem »Interesse der Arbeiterklasse«. Die Objektivität dieses Konfliktes
drängt sich brutal in den Vordergrund, so daß sie sich sowohl
für Gierek als auch für die Arbeiter in Form eines wechselseitigen »Notstandes« darstellt, also explizit in Begriffen des
Klassenkampfes: Was aus den Nebelschwaden der Ideologie
auftaucht, ist der kapitalistische Mechanismus.

In Giereks Position erscheint die Notwendigkeit, innerhalb
der Regeln seines Modells zu verbleiben, als evident. Er
bewegt sich in engen Grenzen, weil er implizit davon ausgeht,
daß andere Entwicklungsmodelle in Polen nicht möglich sind.
Als der Versuch einer Einbeziehung der Bauern in die Kollektivierung gescheitert war, konnte man nichts anderes tun, als
ihnen das Privateigentum an Boden zurückzugeben und im

übrigen zu versuchen, das Beste daraus zu machen, indem man sie in politischer, ideologischer und gesellschaftlicher Hinsicht stets mit größter Vorsicht behandelt. Das gleiche gilt für die Mittelschichten, die mit ein paar Zugeständnissen an ihren Konsum bei der Stange gehalten werden (hier hatte sich Gomulka nach Meinung der neuen Führung zu sehr gesträubt), ergänzt durch eine fester angezogene Repressionsschraube, was durch die relativ große Toleranz der polnischen Partei mehr oder weniger wieder ausgeglichen wird. Bleibt die Arbeiterklasse, aus der mithin soviel wie möglich herausgepreßt werden muß, um die Ressourcen wieder aufzufüllen und eine gewisse Höhe des Gesamteinkommens zu garantieren.

Je mehr nun aber dieses Modell akzeptiert wird und je gründlicher man sich von den traditionellen Verschleierungen befreit, desto deutlicher tritt auch die Ähnlichkeit mit dem kapitalistischen Akkumulationsmodell hervor, einmal im Gewande der »Rationalität«, ein andermal als »Korrespondenz zwischen Preis und Markt«. Und auch die unvermeidlichen Nebenerscheinungen drängen sich auf: die Inflations-/Deflations-Manöver, die Suche nach ausländischen Krediten, die Vorbereitung innerer Maßnahmen, mit denen man die Kreditmöglichkeiten im Ausland zu steigern hofft.

Dieses System ist von sehr geringer Flexibilität. Wenn die Revolte der Arbeiter es angreift, so besteht die Gefahr, daß alles zusammenbricht; Gierek sagt dies mehrfach ganz klar, bevor er in die Debatte über die Forderungen eintritt: Dies sind unsere derzeitigen Ressourcen; ihr müßt weniger konsumieren und mehr produzieren, sonst kommen wir da nicht heraus! Wenig überzeugend klingt in diesem Zusammenhang die spätere Argumentation von »reformistischen« Ökonomen wie Brus, der meinte, diese nun offen dargelegte Praxis habe gezeigt, wes Geistes Kind sie sei. Im Kern ist es doch immer derselbe Mechanismus – für die Reformisten wie für Gomulka wie für Gierek, wenn erstere vielleicht auch ein paar funktionelle Einsichten oder eine politische »Glättung« durch anderweitige Entschädigungen für die Klasse beigebracht hätten und damit dramatische Reibungen vielleicht besser hätten vermeiden, einen politischen Konsens geschickter hätten herbeiführen können, als es die Gomulka-Regierung in ihrer

Grobheit vermochte. Es ist wirklich nicht zu erkennen, wo aus der polnischen Diskussion der letzten Jahre ein radikal und grundlegend andersartiges Modell herauskommen soll.

Das liegt daran, daß es, um zu einem solchen Modell zu gelangen, eben nicht bloß einer »Demokratisierung« der politischen Sphäre bedarf, sondern einer radikalen Umschichtung der gesellschaftlichen Verhältnisse und *folglich* der Bildungs- und Reproduktionsmechanismen der Produktivkräfte. Dies ist das *Hic Rhodus, hic salta* der sogenannten Übergangsgesellschaften. Wenn sie da nicht hindurchgehen, bedeutet die ganze Revolution nicht mehr und nicht weniger als die Abschaffung des Privateigentums an Produktionsmitteln (nicht darin inbegriffen, wie wir gesehen haben, das Privateigentum an Boden) und die Bildung einer neuen herrschenden Klasse zur Verwaltung des ganzen Verbliebenen, das heißt der Essenz, der kapitalistischen Produktionsweise – einschließlich jenes Akkumulationsmodells, das im Kern auf der Aneignung des von den Arbeitern geschaffenen Mehrwerts beruht. Sehr klar hatte das seiner Zeit Eugen Preobrashenskij gesehen, der es allerdings ein wenig eleganter formulierte, als er den Gedanken vorbrachte, daß die Arbeiterklasse sich während der gesamten Dauer der sogenannten sozialistischen Akkumulation »von einem reinen Objekt der Ausbeutung zugleich in ihr Subjekt« verwandele.[6] Dies sind freilich Nominalismen, in denen sich der gesamte politisch-gesellschaftliche Mechanismus der UdSSR und der Volksdemokratien zwangsläufig verfangen hat.

In der Revolte von Danzig ist dieser Mechanismus zu seinem natürlichen Ende gelangt: Die Ausbeutung hat die Revolte gezeugt. Und in der Revolte hat sich das Bewußtsein eines *gesellschaftlichen* Antagonismus abgelagert – dies, wie uns scheint, deutlicher als 1956. In dem Augenblick, in dem die Arbeiter angesichts des von Gierek ihnen vorgehaltenen Notstandes zum Teil nachgeben, begreifen sie in Wirklichkeit zweierlei: zum einen die »Objektivität« dieses Notstandes – d. h. den Umstand, daß Polen, das sich als sozialistisch bezeichnet, weit davon entfernt ist, seine eigene Entwicklung umfassend und vermittels einer allgemeinen gesellschaftlichen Teilhabe zu beherrschen, daß diese Entwicklung vielmehr immer noch »äußerlich«, erzwungen, offenkundig vorpolitisch ist, ganz wie im Wesen des Kapitalismus – und zum zweiten seinen Widerspruch zur materiellen und politischen Emanzipation der Klasse. Kurzum, der Gegensatz zwischen Kapital und Arbeit ist unheilbar ans Licht getreten.

Dies verleiht den Arbeitern ihre Argumentationskraft, und dies ist es auch, was sie letztlich zum Kompromiß drängt. Sie bemerken tatsächlich, daß bei diesem Stand der Dinge keine Zwischenlösungen mehr existieren: Es gibt keine »gemeinsame« Verwaltung und Leitung der Gesellschaft mehr. Damit ist die Illusion der Räte vielleicht zweifach zusammengebrochen: in dem, was in ihr an Hoffnungen auf eine friedliche Dialektik zwischen Regierenden und Regierten steckte, und in dem, was den Räten zur Überwindung ihrer eigenen Grenzen in der Realität von Gesellschaft und Produktion noch fehlte und was sie daher zwang, die Wahrnehmung der »nationalen Angelegenheiten« an die Führungsspitze zu delegieren. Darum wohl konnten die Räte nach 1956 so leicht ausgeschaltet werden: nicht nur durch das Vorgehen der Zentralmacht, sondern auch wegen der Schwierigkeit für die Arbeiterräte selbst, sich am Leben zu halten, ohne sofort in einen Antagonismus zur Zentralmacht zu geraten und ohne sich in ein allgemeineres System von Gegenmacht einzufügen. Das war offenbar auch der Grund, warum die Warski-Versammlung von den Arbeiterräten Abstand nahm und auf einen rigiden Syndikalismus zurückwich, der dem heute in Italien gängigen so viel eher vergleichbar ist. Es war ein erster Schritt zur Wiedergewinnung der eigenen Dimension als Klasse, der durch die Umstände selbst in höchstem Maße politisiert worden ist. Kurzum, was die Revolte von 1970 zutage gefördert hat, sind die Kernprobleme der »Übergangsgesellschaft«, ihre fortwirkenden und immer stärker sich reproduzierenden kapitalistischen Mechanismen. Auf theoretischer Ebene hatten sie einige wenige bereits in der Debatte der sechziger Jahre in Umrissen erkannt: die in Warschau mehrfach unterdrückte Gruppe um Modzelewski und Kuron. Sie hatte auch vorausgesehen, wie infolgedessen der Klassenkampf erneut einsetzen würde. Nicht anders ist es dann geschehen.

Das Ganze war und bleibt ein großer Schritt nach vorn. Angesichts der weiteren Schritte ist es verständlich, daß die Versammlung der Warski-Werft schließlich zurückgewichen ist. Es kommt in der Tat nicht nur darauf an, sich mit der Macht zu schlagen – und daß sie dazu durchaus fähig sind, haben die polnischen Arbeiter ja deutlich gezeigt. Es kommt auch darauf an, sich so zu organisieren, daß die gesellschaftlichen Wurzeln der fortbestehenden Entfremdung ausgehoben werden können, daß man fähig wird zu einem andersartigen Akkumulationsmodell (und folglich zu einem radikal anderen System von gesellschaftlichen Bündnissen, das allein durch eine Revolutionierung der heute bestehenden Schichtungen erreichbar ist) und zu einer direkten Infragestellung jener kapitalistischen Arbeitsorganisation in Fabrik oder Werft, die Punkt für Punkt aus der Vergangenheit ererbt und überkommen ist. Diese Probleme sind keine anderen als die, vor denen die italienische Arbeiterklasse – der dieses Zeugnis ihrer Klassenbrüder in Stettin gewidmet ist – heute steht. Was anders ist, sind die Bedingungen, unter denen sich ihr Kampf dort entfaltet: sie sind leichter und schwieriger zugleich. Doch der Kampf ist derselbe, und wenn bei den Warski-Arbeitern die Aufzeichnung einer italienischen Metallarbeiterversammlung aus diesen Tagen einträfe, so würden sie sich darin wiedererkennen und dadurch eine Hilfe haben.

1 1970 war der offizielle Wechselkurs 1,00 Zloty = 0,15 DM. Doch wie stets bei sozialistischen Ländern ist die Umrechnung in Westgeld kaum aufschlußreich, da sich die Lebenshaltungskosten ganz anders zusammensetzen. Wie auch aus den Diskussionsbeiträgen zu entnehmen ist, liegt z. B. der Prozentsatz der Ausgaben für Lebensmittel, anders als hierzulande, beträchtlich über dem der Ausgaben für die Wohnung.

2 Diese und die anderen angeführten Daten stammen aus offiziellen polnischen Quellen, im einzelnen aus der *Rocznik Statystyczny* von 1969, Warschau 1970. Vgl. K. S. Karol, *Ricomincia la lotta di classe*, in: *Il Manifesto*, Jg. 2, Nr. 12, Dezember 1970.

3 Zu der Reprivatisierung des Wohnungswesens und der daraus entstehenden Schichtung vgl. die Untersuchungen von Andras Hegedüs und Maria Márkus für Ungarn, zum Teil veröffentlicht in *Il Manifesto*, Jg. 2, Nr. 3-4, April 1970: *Quale modello di consumi?*.

4 Vgl. den Artikel *Sei mesi dopo la crisi del Baltico*, in: *Rinascita* vom 25. Juni 1971.

5 Vgl. *Le Monde* vom 20. Januar 1971.

6 Vgl. E. Preobrazenskij, *Die neue Ökonomik*, Übersetzung der zweiten erweiterten russischen Ausgabe (von 1926), Berlin (Verlag Neuer Kurs) 1971, S. 156. – *Anm. d. Üb.*

7 Über Chile

I. Lehren, gegen die sich die Linke sträubt* ✕

a. In dem einen Monat seit dem Staatsstreich in Chile hat die europäische Linke bewiesen, daß sie partiell zur Solidarität imstande ist, sich aber heftig sträubt, die nötigen Lehren zu ziehen. In Frankreich ist der »chilenische Weg«, den die verschiedenen Teile der Linken soeben noch propagiert hatten wie eine Hypothese, die bald auch hierzulande Wirklichkeit werden könnte (wer wollte ausschließen, daß Mitterand die Präsidentschaftswahlen 1976 gewinnt?), hastig begraben worden wie eine exotische, für uns nicht spezifische Erfahrung.

In Italien ist die Reaktion auf den Putsch zwar noch immer heftig und massenhaft. Doch auf die Fragen: Warum ist es in Chile so gekommen? Und im gleichen Atemzug: Und wie wäre es bei uns? – womit erfaßt wird, welche auffälligen Gemeinsamkeiten wir mit der chilenischen Situation haben: eine starke reformistische Linke, eine breite Christdemokratie, die als »Volkspartei« auf einer Klassenmischung beruht, ein politisches Gleichgewicht, das gänzlich vom Verhältnis dieser beiden Komponenten abhängig ist – sind nur wenig ernsthafte Antworten gegeben worden. Die Kommunistische Partei hat sich jeder Analyse der Gründe für das Scheitern des »friedlichen Weges zum Sozialismus« entschlagen: Sie sieht es lediglich als uneingestandene Bestätigung für ihre Behauptung, daß es nicht angebracht sei, in Italien ein Übergangsproblem überhaupt nur zu formulieren, und sie beschränkt sich darauf, entschieden für eine Beschleunigung ihres institutionellen Kompromisses zwischen Arbeiterbewegung und Christdemokratie einzutreten – wohlverstanden in den Grenzen des Systems. Ein großer Teil der außerparlamentarischen Linken hat sich aus der Affäre gezogen, indem er die These »Der Staat gehört zerschlagen, nicht verändert!« wiederholte,

---

* Geschrieben im Oktober 1973 als Einleitung zu einer Sammlung von Berichten, Dokumenten und Analysen, erarbeitet von der Gruppe *Il Manifesto*, über die Klassenkämpfe in Chile 1970-1973: *Sul Cile. Tre anni di lotta di classe…*, Edizioni del Manifesto, Rom, Oktober 1973. *(Anm. d. Üb.)*

die immer richtig ist und kaum je in ein Programm umgesetzt wurde, das auf den Beinen der Massen voranschreitet; damit zeichnet er von Chile dasselbe Bild – sturer Legalismus und Parlamentarismus –, das der KPI so teuer ist, um dann freilich die umgekehrten Schlüsse daraus zu ziehen, mit gleicher Oberflächlichkeit, aber geringerer Durchschlagskraft.

Einen Ansatz zu ernsthafter Antwort haben wir zu entwickeln versucht. Und gemeinsam mit uns haben der PdUP*, Lotta continua, die Linke der katholischen Arbeiterjugend, die Linke der Sozialistischen Partei, Teile der gewerkschaftlichen Linken und der Fabrikräte in Hunderten von Demonstrationen und Diskussionen eine andere Interpretation des chilenischen Prozesses vorgetragen – auch ein anderes Verständnis der Konsequenzen sowohl im Hinblick auf die militante Solidarität als auch für unser politisches Handeln in Italien. Natürlich gibt es in dieser gemeinsamen Front noch unterschiedliche Akzente und Artikulationsweisen; aber in zwei Punkten stimmen wir alle überein: erstens in der Überzeugung, daß der Allendismus nicht auf eine rein pazifistische und legalistische Utopie vom Übergang reduziert werden kann, da er immerhin eine heftige Klassenbewegung in Gang gesetzt hat, mit Reifegraden, Zielvorstellungen und Organisationsformen, die einer heranwachsenden Revolution entsprechen; zweitens darin, daß die Herausbildung eines neuen gesellschaftlichen Blocks unter proletarischer Hegemonie, die in Chile von 1970 bis 1973 deutliche Konturen angenommen hat, heute im bewaffneten Widerstand gegen den »Putsch« zum Ausdruck kommt, also in einem einheitlichen und nicht volksfrontartigen Konzept, dessen Horizont nicht von der schlichten Rückkehr zum »civismo«, dem »friedlichen Leben als Bürger« bestimmt sein kann, sondern nur von einer Klassenalternative als Antwort auf den Punkt ohne Umkehrmöglichkeit, an den das Land durch die schroffe Rechtswendung der Bourgeoisie geführt worden ist. Auf dieser Basis formt sich in unserem Land eine Bewegung für Chile, die aus der bloß abstrakten Solidarität heraustritt und sich anschickt, die Schuld abzutragen, mit der sich die Linke aus Indifferenz, Oberflächlichkeit oder eigennütziger Haltung gegenüber den

* *Partito di Unità Proletaria*, eine aus dem PSIUP hervorgegangene Organisation, die eng mit *Il Manifesto* zusammenarbeitet (*Anm. d. Üb.*).

chilenischen Genossen beladen hat. Denn die erste Bedingung ist, sich bewußt zu machen, daß Chile für eine Bewegung und Niederlage steht, die *unsere eigene* ist; die der revolutionären Arbeiterbewegung in ihrer Gesamtheit; daß sie also nicht aus der Distanz und für die Chilenen zu diskutieren ist, sondern im Feuer unseres eigenen, gegenwärtigen Handelns hier und für die Italiener – wie es übrigens in Zeiten geschah, als Internationalismus noch mehr als eine Parole war.

Es ist dieser Geist, in dem wir auf den folgenden Seiten erneut die Reflexionen vorbringen, die *Il Manifesto* im Zuge der sich entfaltenden chilenischen Erfahrung erarbeitet hat. Auch wir mußten in der Tat erst lernen, richtig zu verstehen, mußten Vorurteile und Skeptizismus stückweise abbauen, unterstützt von den chilenischen Genossen selbst, deren Fähigkeit, sich ohne jede Rhetorik oder Vereinfachung verständlich zu machen, modellhaft für die vernünftige Begründung eines internationalen Verhältnisses gewesen war. Und wenn wir verstanden, war es auch nicht immer rechtzeitig; in dieser Sammlung finden sich auch ein paar fehlerhafte Einschätzungen, die zu streichen uns nicht angebracht schien – viele sind es nicht, was beweist, daß unser politischer Ansatz im Kern stichhaltig ist. Aber es kommt uns hier nicht auf Bestätigung an, sondern darauf, im erneuten Durchgang durch sämtliche Phasen des Prozesses die wichtigsten Fragen herauszuarbeiten, die er für alle aufwirft und auf die die Linke erst noch antworten muß. Sie lassen sich unserer Meinung nach auf zwei Grundfragen konzentrieren. Die erste ist, ob der Ausgang in Chile die Möglichkeit eines Angriffs auf die kapitalistischen und imperialistischen Strukturen – also einer Revolution oder wenigstens eines Ansatzes dazu – ohne Rückendeckung durch ein starkes internationales Kampfbündnis nicht überhaupt auslöscht. Die zweite betrifft das Verhältnis zwischen politischer und sozialer Revolution, also nochmals das Problem der Reife oder Unreife einer Revolution und der Zwangslagen, die sowohl für die politische Macht als auch für den Übergang zum Sozialismus daraus erwachsen.

b. Die erste Frage – ob eine Revolution überhaupt möglich ist, ohne von den »sozialistisch« sich nennenden Großmächten UdSSR und China unterstützt oder garantiert zu werden – ist ziemlich ernst. Prinzipiell impliziert sie eine Infragestellung der Autonomie revolutionärer Prozesse; im Hinblick auf die Fakten zwingt sie zu einer präzisen Einschätzung der heutigen Kräfteverhältnisse zwischen »Reaktion und Fortschritt«.

Chile stellt diese Frage in dramatischer Weise – nicht nur und nicht so sehr, weil der »Putsch« die Unterstützung und den Segen des Pentagons gehabt hat. Auch wer, wie wir, nicht die unerschütterliche Gewißheit besitzt, daß Allende in der Moneda auf Befehl von Nixon und Kissinger bombardiert worden ist, weiß gleichwohl, daß die USA in Lateinamerika allgemein an einem Scheitern der *Unidad popular* interessiert waren und daß zu diesem Zweck eine Reihe von Manövern inszeniert worden sind, sowohl durch einzelne amerikanische Monopole im Einverständnis mit der Regierung (wie in den Fällen der ITT, der Anaconda und der Kennecott) als auch durch den kapitalistischen Block in seiner Gesamtheit, der ja nur Kredite zu kürzen, Lieferungen zu blockieren, den »Club der Zehn« in bestimmter Weise wirksam werden zu lassen brauchte, um ökonomische Schwierigkeiten in Chile zu Katastrophen werden zu lassen, die er bei relativer Neutralität gegenüber dem chilenischen Versuch auch hätte abschwächen können. Mit anderen Worten: Auch wenn es nicht als sicher gelten kann, daß die USA den »Putsch« unter genau den Bedingungen gewollt haben, unter denen er stattgefunden hat, so ist dennoch nicht zu bezweifeln, daß sie im Laufe des Jahres 1971 klar erkannt hatten, daß eine Rückkehr der Macht in die Hände der chilenischen Christdemokraten für sie essentiell war. Essentiell, so meinen wir, mehr um ihrer *politischen* als um ihrer ökonomischen Ziele willen. In Chile waren die US-Investitionen, verglichen mit anderen Ländern, relativ gering; das Goldene Zeitalter der rücksichtslosen Ausbeutung von Rohstoffen wie Kupfer war bereits abgeklungen, und sein definitives Ende scheint heute unabwendbar (auch die Junta kann die Minen nicht den Amerikanern zurückgeben – und sie will es wohl auch nicht). Das gemeinsame Interesse der Vereinigten Staaten und der chilenischen Rechten, der militärischen wie der übrigen, ist vielmehr der Stopp eines Experiments, das auch dann, wenn es wegen der unterschiedlichen

Bedingungen nicht ohne weiteres auf andere Länder des Subkontinents übergreifen würde, im Hinblick auf die Gleichgewichte und die Glaubwürdigkeit des Systems sehr wohl eine
sprengende Bedeutung gewinnen könnte.

In der Tat, je weniger der dynamischste Teil des amerikanischen Establishments daran zweifelte, daß in Lateinamerika
»Reformen« ins Werk gesetzt werden müssen, um eine Entwicklung wieder anzukurbeln, die dem Imperialismus nicht
weniger süße Früchte bringen würde als die alte Raubbauwirt-
schaft, zudem noch mit geringeren politischen Kosten (man
sollte nicht vergessen, daß die diversen Versuche, von der
»Allianz für den Fortschritt« bis hin zu den Theorien eines
Prebisch, stets Antworten des Systems auf die Krise der Mili-
tärdiktaturen – des *gorillismo* – der fünfziger Jahre waren:
auf die mittlerweile unüberwindlichen ökonomischen Erstik-
kungsanfälle – das *estancamiento* – in fast der gesamten Wirtschaft des Subkontinents sowie auf das Aufkommen revolutionärer Volksbewegungen, die unter dem ideologischen Einfluß
der kubanischen Revolution schnell erstarkten), desto unab-
dingbarer wurde es, daß dieser Reformismus sich unzweideutig als ein neuer Aufschwung des Kapitalismus und als relative
Stabilisierung der Gesellschaft präsentierte.

Die Aufmerksamkeit, mit der die USA den Versuch Allendes
zu Beginn verfolgten, ihre relative Zurückhaltung bei Interventionen und selbst noch bei Repressalien nach jenem harten
Schlag, der ihnen weniger durch die Nationalisierung des
Kupfers (damit hatten sie gerechnet) als durch Allendes Verweigerung einer Entschädigungszahlung versetzt worden war
– all dies zeigt deutlich, daß die USA bereit waren, kurzfristig
ein paar Zechen zu bezahlen, um dafür stabilere politisch-
ökonomische Gleichgewichte einzuhandeln. In anderen Worten: Wenn es den lateinamerikanischen Christdemokraten
gelingen sollte, um den Preis eines strategischen Kompromisses mit der Linken zum Hebel eines neuen kapitalistischen
Expansionsmodells zu werden – desselben Modells, das in einigen Ländern schon von den »progressiven« – den *desarrollisti-
schen* – Militärs gewährleistet wird –, dann könnten die USA
mit Interesse auf das chilenische Experiment sehen: Totale
»Abhängigkeit« ist durchaus nicht die einzige Form, in der
die imperialistischen Interessen gewahrt werden.

Als jedoch, wie es in Chile geschehen ist, diese Grenze über-schritten wurde (und zwar nicht, weil ein revolutionärer Aus-gang des Experiments bereits feststand, sondern weil eine nicht mehr umkehrbare Veränderung der Gleichgewichte ein-getreten war), konnten die USA nicht mehr »kritisch-neutral« bleiben. Eine zweite sozialistische »Enklave« – nach Kuba – war im Begriff, sich in ihrer unmittelbaren Einflußzone fest-zusetzen. Nun wurde Chile zur Figur auf dem Schachbrett, auf dem die große Partie zwischen USA und Sowjetunion ausgetragen wird. Die UdSSR pflegt zwar im allgemeinen ihrem mächtigen Gesprächspartner bereitwillig den Status quo zu garantieren, sie muß aber auch ihr Prestige verteidi-gen; und dieses Prestige ist direkt proportional zu den Garan-tien, die sie einem sozialistischen Versuch zu gewähren imstande ist, wann immer ein solcher, gleichgültig, ob mit oder ohne ihren Willen, irgendwo Gestalt annimmt. Den chi-lenischen Versuch niederzumetzeln – auch noch auf so brutale und blutige Weise, bei der eine große Kommunistische Partei zerschlagen und das Leben ihres Führers aufs Spiel gesetzt wurde –: das war also *auch* eine Herausforderung an die Sowjetunion, die um so risikoloser war, als sich zwischen den beiden Supermächten keinerlei Präsenz oder Druck eines dritten Protagonisten bemerkbar gemacht hatte – weder von seiten der Volksrepublik China, die überhaupt keine Latein-amerika-Politik hat (den letzten Beweis dafür lieferte sie mit ihrer katastrophalen Anerkennung der Junta, so als ob es sich hier um eines jener zahlreichen kleineren Länder handelte, in denen China ohne Beachtung des sozialen Regimes ein Inter-esse zu entdecken glaubt, das dem der Großmächte antagoni-stisch entgegenstünde), noch durch ein Bündnis von wie auch immer blockfreien Interessen (wobei wir nicht allein die Dritte Welt meinen, sondern auch an gewisse europäische Strebungen nach einer autonomen Rolle denken). In der Tat sollte man nicht unterschätzen, welches Gewicht ein dritter Protagonist hätte geltend machen können, insbesondere in jenem Jahre 1972, das für die *Unidad popular* entscheidend war: Mit einer ökonomischen und technischen Hilfe von außen – um von einer politischen Unterstützung ganz zu schweigen – hätte sie wohl zu Bedingungen gelangen können, die den Putsch jedenfalls beträchtlich erschwert hätten.

Tatsache ist, daß ein dritter Protagonist nicht da war und daß die Sowjetunion die Herausforderung über sich ergehen ließ. Warum aber ist Chile 1973 gefallen und Kuba 1961 nicht? Erstens ist klar, daß Castro eine viel festere Kontrolle über die kubanische Gesellschaft hatte als Allende über die chilenische: In Kuba war ein Umsturz von innen ausgeschlossen, da die Armee sogleich von der Revolution erfaßt und umgewandelt worden war; es mußte schon eine regelrechte Landung, eine Invasion von außen sein. Nicht so in Chile, wo die Interessen der USA im Lande selbst durch Dritte betrieben wurden. Doch man darf einen zweiten Grund nicht verschweigen: Der Imperialismus konnte es sich *erlauben,* Allende niederzumachen. Bei Castro war so etwas nicht möglich, auch deshalb nicht, weil die UdSSR das ganze Gewicht ihrer Verhandlungsmacht für Kuba eingesetzt hatte; für Chile dagegen *nicht.* Die Sowjetunion hat den Tod Allendes und die nachfolgenden Massaker beklagt, sie hat ihre diplomatischen Beziehungen zu Chile abgebrochen. Ihre Beziehungen zu Washington jedoch sind von der ganzen Angelegenheit unberührt geblieben. Nicht einmal in den Vereinten Nationen hat sie davon gesprochen, obwohl die Amerikaner sich doch offensichtlich bloßgestellt hatten.

Wo muß man den Grund dafür suchen? In jenen sowjetisch-amerikanischen Abmachungen etwa, die inzwischen so allumfassend geworden sind, daß die Welt noch eindeutiger als 1960 in klar begrenzte Einflußzonen aufgeteilt erscheint – Zonen, in denen sich jeder der beiden »Partner« mit unterschiedlicher Freiheit und aufmerksamer Dosierung der Reibungsflächen bewegt? Oder in jenem komplexeren und zugleich kurzsichtigen Stabilisierungsplan, in dem die UdSSR und die USA ohne exzessive Zusammenstöße konvergieren zu können glaubten – auf der Basis dessen, was die einen noch immer »die Vollendung der bürgerlich-demokratischen Revolution« nennen, und was den anderen, wie oben dargelegt, eine nicht von den *Gorillas* bewerkstelligte Modernisierung der kapitalistischen Strukturen in Lateinamerika ist? Demnach wären also, als der soziale Konflikt in Chile explodierte, *beide* aus dem Konzept gekommen und hätten die Gegensätze einfach sich austoben lassen, in stillschweigender Übereinkunft, daß die Sowjetunion in Lateinamerika nicht ernsthaft einzugreifen hätte? Eine dritte Möglichkeit (allerdings nur eine Variante der beiden ersten Hypothesen) wäre die, daß trotz der großen Bedeutung, die die Kommunistischen Parteien dem chilenischen Versuch beigemessen haben (er galt ihnen sicher mehr, als ihnen 1960 der kubanische Erfolg gegolten hatte), und daß trotz ihrer direkten Beteiligung daran (ebenfalls anders als in Kuba) das Bündnis zwischen Chile und der UdSSR um vieles schwächer als das kubanisch-sowjetische war, weil sich beide gegenseitig nicht ganz trauten.

Alle drei Hypothesen zeichnen nun allerdings das Bild einer Gesamtsituation, in welcher der Krise des Imperialismus, dem Explodieren der Bedürfnisse und der Massenbewegungen nicht nur keinerlei feste, Sicherheit verleihende Front entspricht, sondern nicht einmal ein Ansatz von Strategie in jenem Sektor, der sich selbst als sozialistisch bezeichnet. Ist angesichts eines solchen Mangels jeder Versuch eines Übergangs zum Sozialismus, der sich nicht durch andere konditionieren lassen will, von vornherein zum Scheitern verurteilt? Die Entschlossenheit Castros und der vietnamesischen Genossen, sich – koste es, was es wolle – die Sowjetunion und in Vietnam dazu auch noch China als riesiges Hinterland einer Schlacht zu sichern, die sie selbst in vorderster Front zu bestehen haben, käme demnach aus der Gewißheit, daß ohne ein Mindestmaß an Rückendeckung ihre Sache verloren gewesen wäre?

Wenn dies wahr ist, so erhält nicht nur die These von den »nationalen Wegen zum Sozialismus« einen harten Schlag; das wäre noch das geringste Übel. Vielmehr erscheint es dann in der Tat als äußerst schwierig, daß eine revolutionäre Bewegung sich entfalten kann in einer Situation, in der die Gegensätze zwischen den Supermächten immer wieder neue Räume eröffnen, die einzig von erdrückenden Kräften oder solchen, die erdrückende Kräfte miteinzubeziehen imstande sind, tatsächlich effektiv gemeistert werden können. Kurzum, jede Revolution ist gezwungen, gleichzeitig auf die objektiven und die *spezifischen* Kontraste zu setzen, die im Rahmen des Abkommens zwischen USA und UdSSR noch verblieben sind, indem sie die UdSSR zwingt, sich gerade von dem zu entfernen, was sie als ihre strategische Priorität ansieht (d. h. die

Vermeidung jeglicher Reibungen mit den USA). Das kann nur gelingen, wenn die Verteidigung dieser Revolution derart große Bedeutung gewinnt, daß sie zur expliziten Machtprobe zwischen den beiden Supermächten wird, der die UdSSR nicht ausweichen kann, ohne die Verhandlungsstärke und jene Bündnisse einzubüßen, die sie wiederum braucht, um ihren »Dialog mit den USA« nicht zum eigenen Nachteil zu führen. Doch welche Bedingungen – im Innern und in der internationalen Front – muß eine Revolution dann um sich herum schaffen, damit ihr dies – wie in Vietnam – tatsächlich gelingen kann? Und welche besonders in Lateinamerika? Erneut tritt das Problem des Sozialismus in einem Lande hervor, aber nun in völlig verändertem Rahmen: Das entscheidend neue Element ist jetzt die Macht und die Stellung der Sowjetunion. Dies freilich führt uns wieder zur Frage nach dem Wesen des »sozialistischen« Blocks, und es bestätigt erneut: Wenn die internationale Strategie des Lagers ein unabtrennbarer Aspekt jeder einzelnen Revolution ist, so gilt eben auch das Umgekehrte: Keine Revolution kann sich dem Zwang entziehen, die Lösung der heutigen Krise der UdSSR und des »sozialistischen« Lagers, aus ihrem Innern heraus wie auch von außen, als ihr eigenes, schwerwiegendes und unaufschiebbares Problem voll anzunehmen.

c. Die zweite große Frage betrifft den wesentlichen Inhalt der chilenischen Revolution, das, was sie prägte. Wie immer verkürzt und mystifiziert und auch nicht frei von der These des »verfassungskonformen Weges«, tritt es handgreiflich hervor in der realen Praxis jenes breiten Teils der *Unidad popular* und der chilenischen Arbeiterbewegung, der sich die Frage des Übergangs ernsthaft stellte. Unserer Meinung nach war es der Versuch, eine politische Revolution anzusteuern als *Ausweg oder Freisetzung einer sozialen Revolution*, d. h. einer tiefen Umschichtung der strukturellen, institutionellen und subjektiv-politischen Gegebenheiten, die so beschaffen ist, daß sie einen Bruch mit dem System erlaubt, ohne zwangsläufig eine Zwischenphase zu verlangen – eine Phase weniger der proletarischen Hegemonie oder Diktatur (worüber die *Unidad popular* als Ganzes sich nie klar ausgedrückt hat) als einer rigiden, autoritären Hierarchisierung, wie sie bisher in allen revolutionären Gesellschaften unmittelbar nach der ersten Aufstiegsphase eingetreten ist (und *dazu* hat sich Allende mehrfach deutlich geäußert). Wichtiger als dies ist jedoch, daß auch der leninistische Flügel der Front (wir denken an das neue Leninverständnis im MIR und in der sozialistischen Linken), der an der proletarischen Diktatur nie zweifelte, aktiv an dieser Konzeption teilhatte, indem er am Aufbau eines alternativen gesellschaftlichen Blocks arbeitete, der nicht in bloß subjektivem Bewußtsein, sondern bereits in der konkreten Organisierung einer »Macht des Volkes« zum Ausdruck kommen sollte – in dem *»poder popular« als Bedingung für die Eroberung der politischen Macht.* Der faktische Kompromiß zwischen dem revolutionären und dem reformistischen Flügel der *Unidad popular* war möglich geworden, weil die Koalition, trotz ihrer zwei Seelen, diesen Reifeprozeß gestattete, der unter anderen Bedingungen wohl kaum hätte stattfinden können: Es war in der Tat die unabdingbare Voraussetzung für jede revolutionäre Veränderung, daß dem chilenischen Proletariat eine Überwindung seines bisherigen Niveaus – einerseits rein gewerkschaftliche Forderungspraxis, andererseits, in politischer Hinsicht, vollständige Delegierung der Macht – zumindest in Ansätzen gelang. Und diese beiden qualitativen Sprünge – aus denen allein eine Vereinigung des Proletariats resultieren konnte – ließen sich nicht abstrakt vollziehen: Sie wurden zur konkreten Alltagserfahrung, als in der Situation jener gewiß auch zweideutigen »Verwaltung« der Ressourcen die Grenzen der gewerkschaftlichen Forderungspraxis schnell sichtbar wurden, desgleichen die Grenzen der Machtdelegierung im Zusammenstoß der Methoden, Gangarten, Zielsetzungen zwischen Bedürfnissen der Massen und Prioritäten der Regierung.

Allerdings war es auch wiederum der Zwang, diese Phase nicht überspringen zu können, der den schwachen Punkt der Regierung hervortreten ließ. Unter den konkreten Bedingungen, die der Wahlsieg 1970 eröffnet hatte, zeigte sie in der Tat auch jene halbherzige Handhabung der institutionellen und vor allem der ökonomischen Mechanismen, die dem Kapital eine rasche *politische* Reorganisation erlaubte und es eine *ökonomische* Gegenoffensive führen ließ, bei der es ihm genügte, seine »wilden«, unkontrollierten Mechanismen in

Gang zu setzen (Inflation, Schwarzmarkt, Warenver-
knappung durch Horten, korporative Strömungen), um die
Akkumulations- und Distributionsprozesse durcheinander zu
bringen, die der politische Rahmen der *Unidad popular* hätte
garantieren müssen.

Es gibt absolut keinen Zweifel, daß solche Mechanismen nur
mit autoritären Mitteln eingedämmt und unter Kontrolle
gebracht werden können. Das Konzept der Kommunisten
mußte zur Niederlage führen, nicht nur, weil es subjektiv
kompromißlerisch war und folglich in Konflikt mit den fortgeschrittenen Teilen der *Unidad popular* und der Massen
geriet, sondern weil ein echter Kompromiß mit den Christdemokraten eine präzise *Hypothese reformierter Entfaltung des
Kapitals* verlangt hätte: die Garantie, daß die Expansion
schneller als die Löhne wächst und somit ein reales Bündnis
mit einer Fraktion des Kapitals (nicht nur des verstaatlichten)
möglich wird, sowie die Garantie, daß über lange Zeit hinweg
die Arbeiter in der Produktion und die Arbeitslosen am Rande
der Gesellschaft zumindest relative Verständnisbereitschaft
an den Tag legen (und also Ruhe halten). Ein solches
Programm konnten die Kommunisten nicht haben; es wäre
für jede Art Volksregierung unrealisierbar gewesen. Die politische und theoretische Schwäche der Kommunisten war ihr
Glaube, man könne den Kompromiß auch billiger kriegen,
mit ein paar Zugeständnissen hier und dort an das Kapital und
an die Christdemokratie: Das doppelte Ergebnis war, daß
man die Christdemokraten nicht befriedigen konnte und die
Linke verwirrte und irritierte, insbesondere an der Basis. Im
übrigen konnten aus entgegengesetzten Gründen auch die
Christdemokraten keinen billigen Kompromiß bekommen.
War es nicht gerade diese Schwierigkeit, die Tomic, den
Repräsentanten des »linken« Flügels der DC, als politische
Kraft liquidiert hat? Ist nicht dies überhaupt die grundlegende
Schwierigkeit jedes Reformismus – und unter Bedingungen
der Unterentwicklung sogar die grundlegende Schwierigkeit
dessen, was noch weniger als Reformismus ist, nämlich der
relativen Modernisierung des Kapitals? Mehr und mehr
erscheint der Spielraum möglicher Programmierungen heute
konditioniert durch die Zwangsmechanismen gerade des
rückständigen und stagnierenden Kapitals, das sich mittler-

weile als Bedingung und Widerspruch, Kondition und Kontradiktion des imperialistischen Systems zu halten weiß. Die Unterentwicklung ist im Begriff, vollständig jene These von den beiden Entwicklungsphasen zu annullieren, die sich die kommunistische Bewegung zu eigen gemacht hat: *erst* die bürgerlich-demokratische Revolution, *dann* die sozialistische Zielsetzung. Heute erweist sich schon die erste als total in Frage gestellt, als gescheitert einerseits an den Strukturen der Abhängigkeit, andererseits an den nicht länger zurückzudämmenden Bedürfnissen der Massen, die zu bremsen eine traditionelle Restauration nicht zufällig nicht mehr genügt: Es braucht schon das Massaker, die Dezimierung der Klasse in den Fabriken, in den Stadtvierteln, in den Barackensiedlungen.

Doch gerade deshalb erscheint die Revolution heute mehr denn je als aufs äußerste beschleunigte Strategie einer Verbindung von *Aufbau einer gesellschaftlichen Alternative an der Basis* – Vereinigung des Proletariats, sein Ausdruck in den Räten, sein Heranreifen als Führungsmacht eines alternativen Systems, seine Bewaffnung, seine Befähigung zur Hegemonie über die gesellschaftlichen Zwischenschichten, deren Ambivalenz es aufbricht – und *proletarischer Diktatur* im Sinne einer Zerschlagung des staatlichen Apparats und des politischen Systems, einer schnellen Enteignung der herrschenden Fraktion des Kapitals sowie einer straffen Zentralisierung der Geld- und Distributionsmechanismen. Es gibt einige, die behaupten – z. B. die sozialistische Linke in Chile –, daß in diesem Punkt Gelegenheiten verpaßt worden seien, insbesondere ein Plebiszit, das Allende unmittelbar nach der Bestätigung seiner Mehrheit im April 1971 hätte veranstalten sollen. Wir sind nicht dieser Ansicht, denn damals fehlte der Klassenbewegung noch jene *politische Qualität*, die sie erst in der zweiten Hälfte des Jahres 1972 erlangen sollte. Ganz allgemein ist es stets recht gewagt, verpaßte Gelegenheiten bestimmen zu wollen, auch wenn kaum zu bestreiten ist, daß die *Unidad popular* nach dem 11. März 1973 ihre Karten insgesamt so schlecht gespielt hat, daß sie kurz vor dem »Putsch« dann selber nicht viel mehr als der Schatten jener Koalition war, die einige Monate zuvor noch die Wahlen politisch gewonnen hatte.

Gewiß, nach dem Putschversuch vom 29. Juni verfügte Allende über die faktischen Gründe und die politische Legitimation, um einen Anlauf zur Ausschaltung des Gegners unternehmen zu können. Aber hätten auch die subjektiven Bedingungen bestanden? Es ging ja nicht allein um eine Entmachtung der Armee, sondern auch darum, ob die *Unidad popular* bereits eine Taktik und Strategie des Angriffs auf das Kapital entwickelt hatte, die auf dem neuen, gerade erst entstehenden gesellschaftlichen Block unter proletarischer Hegemonie beruhen und politische sowie technische Reifeprozesse, im Sinne wirklicher ökonomischer Lösungen, enthalten mußte – sofern man die Massen nicht in mehrfacher Weise unterdrükken wollte, auch durch eine mehr oder weniger eindeutige »Volkspolizei«. Und diese Reifeprozesse waren ohne Zweifel noch nicht weit genug fortgeschritten. Es war das Drama der letzten Monate des Allendismus, daß die ganze Problematik in den Vordergrund trat, die in einer autoritären Phase in den Hintergrund gedrängt zu werden pflegt, indem man anstelle der bürgerlichen Zwangsmechanismen andere Zwänge installiert, die dann aber nicht nur gegenüber dem Kapital wirksam werden, sondern gegenüber der gesamten Gesellschaft; denn sie reagiert in ihrer Gesamtheit auf die unkontrolliert-wilden Strömungen, die entstehen, wenn neue Elemente von Macht und eine neue Art zu produzieren eingefügt werden in einen Kontext, der noch auf lange Sicht von der kapitalistischen Produktionsweise bestimmt wird – sogar dann noch, wenn die politische Macht besser gesichert wird, als es in Chile geschah.

Man kann daran zweifeln – wie wir es tun –, daß unter den Bedingungen des Frühjahrs 1973 ein Zögern noch gerechtfertigt war. Zu dieser Zeit hatte sich, wie die weiteren Ereignisse blutig bestätigen sollten, der Sprung in die »Unreife« der Revolution bereits vollzogen, und alle damit verbundenen Gefahren waren schon spürbar: nicht nur die einer Niederlage in der Machtprobe, sondern auch die Gefahr, daß man, um siegen zu können, den Prozeß vergewaltigte, daß man also der Versuchung erlag, Chile dem Modell der »Volksdemokratien« anzunähern und damit seinen revolutionären Prozeß zu denaturieren. Und da solche Vergewaltigung wahrscheinlich die Sowjetunion direkter hineinziehen würde und innerhalb der Koalition den Kommunisten größeres Gewicht geben müßte (nicht nur wegen ihrer internationalen Verbindungen, sondern auch wegen ihrer Organisationsform und Tradition), wäre die Verteidigung des ursprünglichen sozialen Inhalts der chilenischen Revolution so gut wie verloren gewesen: Kuba ist lehrreich. So versteht man wohl, wieso nicht nur die reformistische Seele der *Unidad popular* gezögert hat, sondern auch die revolutionäre, die aus einer starken Tendenz zur Hegemonie an der Basis hervorgegangen war.

Es ist offensichtlich, daß die Rettung der chilenischen Revolution eine aktive Auseinandersetzung mit der internationalen Gesamtlage erfordert hätte: *In* ihr und *gegen* ihre Logik hätte man eine Front zur eigenen Verteidigung aufbauen müssen. Die Besonderheit, die spezifische Natur der chilenischen Revolution zu retten, das hieß, gegen jenes Modell anzugehen, das aus dem »sozialistischen Lager« kommt, nicht als subjektives Produkt seiner Ideologie, sondern als Ergebnis seiner objektiven Unterlegenheit angesichts des ökonomisch-gesellschaftlichen Prozesses, den der Kapitalismus in die Übergangsphase einführt und ständig in ihr verstärkt. Und Rettung der chilenischen Revolution hieß auch, bei der Entwicklung eines alternativen Modells weit über das hinauszugehen, was der vollendete Aufbau des Sozialismus – so wie er anderswo »vollendet« ist – heute darstellt: zwei Probleme, die anzupacken weder die Zeit noch die Kräfte, noch vielleicht überhaupt die Möglichkeiten ausreichten.

d. Sie reichten auch deshalb nicht aus – und hier müssen wir auf uns zu sprechen kommen –, weil die Bewegung der Arbeiter und Kommunisten insgesamt, auch die neuen revolutionären Ansätze der letzten Jahre, noch weit davon entfernt sind, diese Probleme, ich will gar nicht sagen, gelöst zu haben, sondern überhaupt nur *klar zu erkennen*, sie als unverdrängbar und unumgänglich zur Kenntnis zu nehmen. Dabei sind es – man sehe nur, welche Erschütterungen in den sechziger Jahren auch unser Land erfaßt haben und was heute daraus geworden ist – genau die großen Fragen, auf die man stößt, wenn man unserem Bedürfnis nach Revolution und unserer Unfähigkeit, sie zu machen, auf den Grund geht.

Auch in Italien ist es unmöglich, das Fundament einer neuen, alternativen politisch-gesellschaftlichen Kraft zu legen, ohne einerseits die interkapitalistischen Integrationen und Gleichgewichte voll zu berücksichtigen (eine Frage, die besonders in Frankreich virulent wird, wenn die Vereinigte Linke die Wahlen gewinnen sollte) und andererseits das aktuelle System der Beziehungen zwischen USA und UdSSR, zwischen China, USA und UdSSR miteinzubeziehen. Vor ein paar Jahren hatte es den Anschein, als könne China einen Hinweis, wenn auch nicht gleich eine Lösung geben, wie auf seiner strategischen Linie die revolutionären Kräfte und Befreiungsbewegungen insgesamt sich treffen könnten, um unnachgiebig vorwärtszudrängen in der doppelten Reihe von Gegensätzen, sowohl denen, die langfristig zwischen der amerikanischen und der sowjetischen Strategie auftreten müßten, als auch denen, die sich unmittelbar zeigen zwischen beiden und den Erfordernissen des Klassenkampfs in jenen Gebieten der Welt, in denen er sich unvermittelt und explosiv entfaltet. Heute legt die Volksrepublik China den Akzent auf die Gegensätze zwischen den Staaten, so daß alle nationalen Bewegungen, die nicht das Glück haben, sich direkt mit den Staatsinteressen einer Nationalbourgeoisie verbünden zu können, erbarmungslos und für eine ganze historische Phase geopfert werden – mit der einzigen Ausnahme Indochinas. Und man kann auch verstehen – schaut man z.B. auf den Nahen Osten, wo die amerikanisch-sowjetischen Absprachen und Pressionen in diesen Tagen wieder überaus deutlich werden –, warum China den Gegensatz zu den Supermächten heute an erste Stelle setzt; es bliebe allerdings zu prüfen, ob die gegenwärtige chinesische Strategie des Angriffs auf die Supermächte etwas taugt. Jedenfalls ist es unmöglich, von diesen Sachverhalten einfach abzusehen, im geschlossenen Kreis der eigenen gesellschaftlichen Situation zu arbeiten, den Schrebergarten einer atomisierten Teilpraxis an der Basis zu bestellen inmitten einer Welt, deren Scharniere so eisern verschraubt sind, daß sie gesprengt werden müssen, ehe sich irgendeine proletarische Struktur behaupten kann.

Noch offensichtlicher ist das Gemeinsame zwischen den inneren Problemen, wie sie die chilenische Erfahrung aufgeworfen hat, und unserer Strategie; nicht nur wegen der Analogie im Negativen: Ein Kompromiß zwischen der institutionellen Linken und der Christdemokratie wäre ebenso katastrophal, das Programm ist ebenso ärmlich, eher noch schlimmer, und die verbreitete Unklarheit über die Neutralität des Staates ist nicht weniger entwaffnend. Auch die positiven Elemente sind ähnlich. Zwei wichtige Punkte erscheinen sogar günstiger für uns: Erstens steht Italien – wie in diesen Jahren Westeuropa insgesamt – in einer nicht ganz so engen Beziehung zu den direkten Interessen des US-Imperiums. Nicht daß kein enges Verhältnis mehr bestünde oder daß es nicht mehr von hoher strategischer Bedeutung wäre: Eine Revolution in Italien oder Frankreich hätte unkalkulierbare Konsequenzen in der ganzen Welt. Aber sie könnte sich auch einige interimperialistische Widersprüche zwischen Europa und den USA zunutze machen, obschon nur vorübergehende und obwohl dort, wo man nicht mehr mit dem *State-Department* zu tun hätte, sofort die Sowjetunion zur Stelle wäre, die Europa, immer im Horizont ihrer vorrangigen Übereinkunft mit den Vereinigten Staaten, als eine ihrer privilegierten Interessensphären betrachtet; sie wäre sicherlich kein unproblematischer Kontrahent, wie ihre Reaktionen auf den französischen »Mai« und die Bewegungen der letzten Jahre gezeigt haben.

Der zweite und wichtigere Punkt ist, daß in Italien das Proletariat und die Klassenbewegung von 1967 bis heute einen Weg zurückgelegt haben, der sie zu einer politischen Vereinigung, einer Wiederentdeckung ihrer antagonistischen Stellung und ihrer Autonomie geführt hat – und inzwischen auch zu den Grenzen einer Autonomie, die nicht in zusammenhängende politische Strategie mündet. Das Ergebnis all dessen ist heute ein steiles Gefälle zwischen dem gesellschaftlichen und dem politischen Niveau. Der Kompromiß, den wir heute erleben, ist weniger der zwischen KP und DC als der zwischen einem reifen Proletariat und seinen historischen Ausdrucksformen. Die potentiellen Möglichkeiten sind hierzulande um vieles reicher als im Chile von 1970 und vielleicht auch von 1973: Dort ist es ein überaus harter und nun auch blutiger Kampf, der sie zusammenschweißt und rasch beschleunigt; wir dagegen haben die Ambivalenz der Zeit und des institutionellen Gleichgewichts für uns. Gegen uns steht die ungelöste, aber stets latente Krise des Reformismus. Die Nutzung dieser Möglichkeiten und der verfügbaren Zeit – die wir verspätet und mit zu geringen Kräften wahrnehmen – drängt, und es wäre ein schwerer Fehler, zu glauben, daß hierzulande – wo kein »Putsch« vor der Tür steht und kein Kommunist an der Regierung ist – die politischen Fristen und Gefahren andere seien als jene, welche die chilenischen Genossen erlebt haben und heute erleben. Durchaus nicht jede historische Niederlage der Bewegung kommt durch einen »Putsch« oder durch offene Reaktion; durchaus nicht jeder Fortschritt läßt sich an institutionellen Kräfteverhältnissen ablesen – eher schon in tieferliegenden, aber nicht weniger entscheidenden Ungleichgewichten. Wir stehen an derselben Front.

Der chilenische Widerstand braucht Solidarität, materielle Hilfen, Stimmen, die unaufhörlich in die Welt hinausschreien, daß Chile besetzt ist und sich nicht ergibt; aber mehr noch benötigt er, daß die Lehren aus diesen drei Jahren gezogen werden – nicht nur um zu verstehen, sondern um zu handeln, und zwar rechtzeitig.

II. Das erste Jahr der *Unidad popular**

Aus Chile zurück. Ein Jahr nach der Regierungsbildung der *Unidad popular* sind die großen Demonstrationen zur Begrüßung Fidel Castros in Chile das erste deutliche Anzeichen für den geistigen Zustand eines Landes, in dem man nur selten »auf die Straße« zu gehen pflegt. Seit dem stürmischen Sommer vergangenen Jahres, als der Kampf um die Präsidentschaft der Republik gewalttätige Formen angenommen hatte, war nicht mehr massenhaft demonstriert worden; auch nicht in jener unruhigen Zeit zwischen Allendes Wahlsieg im September und seinem schließlichen Einzug in die *Moneda*, den Präsidentenpalast, nach einer mühsamen Übereinkunft mit den Christdemokraten und in einem Klima rechter Provokationen, die in der Ermordung eines der wenigen sicheren Parteigänger Allendes, des Generals Schneider, gipfelten.

* *Il primo anno di Unità popolare* – Bericht über eine Reise nach Chile im Oktober 1971, geschrieben für die Tageszeitung *Il Manifesto*, dort in 5 Folgen veröffentlicht am 18., 20., 21., 23. und 25. November 1971; abgedruckt in der Sammlung *Sul Cile*, a.a.O., S. 13-25. *Anm. d. Üb.*

Doch während die Regierung seither rascher als erwartet gehandelt hatte – Allende weiß, daß er mit der Zeit um die Wette läuft –, schienen die Leute wieder nach Hause gegangen zu sein. Noch vor wenigen Wochen hatte man den Eindruck, als wäre es nirgendwo ruhiger als in Santiago oder Concepción. Lediglich hier und da ein paar reaktionäre Mauerinschriften, hakenkreuzähnliche Embleme und Parolen wie »Freiheit und Vaterland«, denen ein energisches »Schnauze, ihr Mumien!« entgegensteht, ein bißchen Unruhe auf der Universität, ein paar Zusammenstöße zwischen Polizei und ungeduldigen Bewohnern der Barackenlager in den Vorstädten, doch alles in allem wenig Spannung. Die Regierungsfeier vom 4. November, mit der Allende das einjährige Bestehen der *Unidad popular* beging, fand in würdigem Rahmen statt, ohne öffentliche Begeisterungskundgebungen oder Tumulte.

Alles wird anders, als Castro eintrifft – nicht etwa, weil die Chilenen hingerissen wären von seinen beschwichtigenden Worten, die er Tag für Tag eindringlicher wiederholt (»Haltet euch an euren Präsidenten! Die kubanische Revolution läßt sich nicht imitieren! Hütet euch vor der sektiererischen Linken, wie wir es euch vorgemacht haben« – als wäre in Kuba der Kampf gegen das »Sektierertum« nicht in Wahrheit ein Kampf gegen die prosowjetische KP gewesen – und »Hoch lebe die Sowjetunion!«), sondern weil Kuba für Lateinamerika immer noch das genaue Gegenteil der vielfältig-friedlichen Wege zur Revolution bedeutet: Es verkörpert die Herausforderung an die USA, die Idee eines neuen Sozialismus, die Entscheidung für die Revolution, die Vernunft der MP oder des Revolvers, den nicht wenige Chilenen seit geraumer Zeit in ihrer Schublade bereithalten.

Es ist dies das andere Gesicht, das Zeichen für die Ungewißheit und zugleich Entschlossenheit eines großen Teils jenes Volkes, das sich so problembewußt und nachdenklich gibt und dessen Problem darin besteht, wie man für Allende sein und dennoch über ihn hinausgehen kann. Gewiß, abgesehen von gelegentlichen Schnörkeln in den Versammlungsreden hat die politische Sprache in Santiago nichts von den sonst in Lateinamerika üblichen Klischees. Wenig Rhetorik, ein gemäßigter Gebrauch schmückender Adjektive, eine ausgeprägte Neigung, das Pro und Contra abzuwägen und keine allzu großen Hypotheken auf die Zukunft zu nehmen. Chile scheint heute abzuwarten, vorsichtig wie ein Luchs, aber keineswegs schläfrig: Wenn man irgend jemanden befragt – und man kann tatsächlich jeden beliebigen fragen, den Intellektuellen wie den Arbeiter, den Taxifahrer, die kleine Angestellte, denn alle sind sie »politisiert« in der besten herkömmlichen Bedeutung des Wortes –, so bekommt man nie kategorische Antworten – allerdings nicht deshalb, weil die Chilenen, wie manche Journalisten gern behaupten, »institutionell« eingestellt und also ruhig wären, sondern weil sie sehr wohl wissen und es auch keineswegs verheimlichen, daß die Lage nicht stabil ist. Nicht zufällig war von allen, die ich dort getroffen habe, der am ehesten noch kategorische jener Chilene *par excellence,* der Präsident Salvador Allende Gossens, der wie alle seine Landsleute die Worte zu wägen pflegt und heute gleichwohl entschlossener als vor einem Jahr (ich meine zur Zeit seines berühmten Gesprächs mit Régis Debray) über seine Absichten und Erwartungen spricht – eben weil er seine Karten entschlossen und rechtzeitig ausspielen muß.

a. Ein Gespräch mit Salvador Allende

Ich habe lange mit Allende gesprochen, während eines Essens im Präsidentenpalais, das er für Paul Sweezy, Michel Gutelman und mich gab, als wir auf Einladung der Universität von Santiago an einem Seminar über die »Übergangsgesellschaften« teilnahmen. Unsere Anwesenheit hatte die Kommunisten so sehr irritiert, daß sie dem Seminar fernblieben und uns äußerst vulgär attackierten – in ihrem nicht-offiziellen Blatt, einer Art *Paese sera,* das sich mit dem schlicht nationalistisch inspirierten Namen *Puro Chile* ziert –, indem sie uns als *»gringos ignorantes«,* »pekinesische Renegaten« und dergleichen mehr bezeichneten. Die Einladung des Präsidenten, der ja immerhin feste Bindungen an die Kommunisten hat, sollte daher eine Lektion in gutem Stil sein: Es war ihm durchaus klar, daß keiner von uns seine Zweifel unterdrücken oder seine Positionen widerrufen würde, bloß weil er von der Regierung eingeladen worden war. Wenige Minuten, nachdem wir Platz genommen hatten, fragte Allende mich lächelnd: »Haben Sie trotzdem etwas gefunden, Genossin, was Sie in diesem Lande überzeugt?«

»Was Sie zu tun versuchen, ist wichtig, Herr Präsident« (und sofort unterbrach er mich: »Nicht Herr Präsident. *Genosse.* Ich bin ein Genosse wie Sie«); »aber von hier bis zum Sozialismus scheint mir der Weg noch weit.« Meine Antwort hat ihn nicht gerade begeistert, aber er stimmt zu: »Ja, es ist ein schwieriger Weg.« Doch dies ist kein Thema, das ihn lange interessiert: Worauf es ihm ankommt, ist, daß wir begreifen, wie er vorgeht, was er will, und vor allem, wie groß die Schwierigkeiten sind, mit denen er es zu tun hat und über die er keinerlei optimistischen Schleier breitet. Gleich zu Beginn, kaum eingetreten in den Saal, in dem wir auf ihn gewartet hatten, war Allende – klein, rundlich und röter im Gesicht, als nach den Fotos anzunehmen, offensichtlich übermüdet, aber mit fester Miene – direkt auf uns zugekommen mit den Worten: »Ich danke Ihnen, daß Sie gekommen sind. Sie haben Einfluß auf die Meinungsbildung in Ihren Ländern, es ist für uns von großer Bedeutung, daß Sie wissen und sagen, was Chile heute ist.« Und nach wenigen Koketterien (»Ich bin Arzt, ich mache nur aus Zwang Politik«) kommt er zur Sache und beginnt mit den aktuellen Schwierigkeiten. Ich frage, ob er auch internationale sieht. »Auch«, antwortet er. »Wir haben viertausend Kilometer Grenze, niemand kann sie verteidigen. Wir befinden uns hier am Ende des Kontinents, allein. Und wir sind ein Ärgernis für viele.« Der Hinweis auf Brasilien, dessen Name nicht fällt, ist offensichtlich, wie überall in Lateinamerika: Stark, gewalttätig und expansionslüstern hat Brasilien den Staatsstreich in Bolivien gesteuert und damit Allende einen möglichen Bündnispartner genommen. »Ich denke nicht an einen militärischen Angriff. Aber es ist essentiell für uns, nicht isoliert dazustehen. Es war Lanusse, der argentinische Präsident, der mir die Tür zu den Ländern des Andenpaktes geöffnet hat. Gewiß verfolgt er damit auch seine eigenen Interessen« – sein Blick verrät, daß er nicht ignoriert, wie die politisch verfolgten Exil-Argentinier in Chile darüber denken –, »aber im Augenblick sind wir es, die den größeren Vorteil dadurch haben.« Und damit hat Allende recht: Durch seine Abkommen mit Lanusse hat er Chile gegenüber den USA gestärkt und der chilenischen Rechten ein mögliches Hinterland genommen – jener Rechten, die ja nie ein Hehl daraus gemacht hatte, daß sie auf die Militärs des riesigen Nachbarlandes zählt, das über die ganze Länge der Cordilleren mit Chile Rücken an Rücken steht. »Heute können wir uns sicher fühlen im *Cono Sur**, auch wenn der Staatsstreich in Bolivien eine schlimme Sache ist.« Schlimm gewiß, aber schließlich kommt er Allende in gewisser Weise sogar zugute: Indem Oberst Banzer unvorsichtig mit der alten bolivianischen Forderung nach einem Zugang zum Meer auf Kosten Chiles herumschwadroniert, stellt er unversehens die Einheit der chilenischen Armee – immer noch der wundeste Punkt in Allendes Plan – mit ihrem Präsidenten wieder her. Was aber ist mit den USA? Wie schätzt Allende die Erklärungen des US-Außenministers Rogers ein, die nach der Verweigerung einer Entschädigungszahlung für die nationalisierten Minen abgegeben worden sind? Sind es nur ärgerliche Gesten oder reale Drohungen? »Sehr real«, bestätigt Allende, »und sehr viel ernster, als jeder hier oder anderswo zu meinen scheint.« Und nochmals faßt er seine Argumentation zusammen, wie er sie bereits in der trockenen Antwort an das *State-Department* vorgebracht hatte: Die USA finden sich nicht damit ab, daß ein Land die Reichtümer, die ihm geraubt worden sind, zurückhaben will, um so weniger, als Chiles Vorgehen einen Präzedenzfall darstellen könnte; sie richten ihre Erpressung gegen ganz Leinamerika. Aber anders als *Newsweek* behauptet (und noch heuchlerischer der *Mercurio*, Allendes großer Gegner unter den chilenischen Zeitungen), zielt die Regierung der *Unidad popular* keineswegs auf den Bruch, sondern bewegt sich mit äußerster Vorsicht voran, indem sie nur dort wirklich bis zum Letzten geht, wo das Recht – wie im Falle der Minen – ganz unleugbar auf ihrer Seite steht. Die ganze Operation, einschließlich der hochgespielten Gegenrechnung zu einer Entschädigungszahlung an die Anaconda und die Kennecott (»Nicht bloß, daß wir euch nichts schulden, sondern ihr müßtet uns noch etwa 400 Millionen Dollar zurückzahlen«) ist ohne viel Geschrei, mit einem Minimum an politischen Parolen und einem Maximum an Absicherung durch internationale Experten durchgeführt worden. »Die USA können uns viel Schaden zufügen. Alle

* Span. »Südkeil« – ein Ausdruck für Chile (*Anm. d. Üb.*).

Ersatzteile für die Kupferindustrie kommen aus den Vereinigten Staaten, desgleichen die chemischen Hilfsmittel. Sie können unsere Produktion von einem Tag auf den anderen lahmlegen. Darum brauchen wir die internationale Unterstützung.«

Ich frage ihn, welche Schwierigkeiten im Augenblick am größten sind. Auch hier kommt die Antwort ohne Umschweife: »Versorgung und Devisen.« Chile muß seit jeher Lebensmittel und Konsumgegenstände importieren; nachdem nun die Reallöhne um etwa 40% erhöht worden sind, ist die Nachfrage nach Konsumgütern gestiegen. Sie können nur aus dem Ausland kommen: Das kostet in diesem Jahr fast 300 Millionen Dollar, im nächsten noch mehr. Dann die jährlich 360 Millionen Dollar zur Deckung der Auslandsschulden, die mit der Verstaatlichung der Minen furchterregend angewachsen sind. Und es ist kein Geheimnis, daß die Reserven allmählich knapp werden; sie betragen heute schon nicht mehr als 100 Millionen Dollar. »Müssen Sie denn wirklich bezahlen?« Der Präsident schaut mich von der Seite an: »Chile steht treu zu seinem Wort. Wir werden bezahlen.« Die Gläubiger sind die großen Banken der Welt, die man sich lieber nicht zu Feinden macht. Die beiden genannten Punkte, Importe und Schuldentilgung, fressen zusammen praktisch das ganze Einkommen auf, das Chile aus seiner einzigen Devisenquelle, dem Kupfer, gewinnt. »Wir brauchen Kredite«, erklärt Allende, und er tut nicht so, als hätte er sie bereits gefunden. »Auf diesem Gebiet ist noch alles offen. Wir haben das Problem den sozialistischen Ländern vorgelegt, wir stecken noch in den Verhandlungen, nichts ist beschlossen, alles noch in der Diskussion.« Da wäre auch Westeuropa, doch es ist weit, und die Fiat zum Beispiel, die – wie ich höre – an einer Verbesserung der Beziehungen zu Chile offenbar interessiert war, weil sie dort große Investitionen tätigen wollte, hat sich plötzlich mit tausend Regierungsgarantien eingedeckt. Und was ist mit der BRD und mit Japan, die ihre vielen Millionen Dollars, die sie in diesem Sommer kassiert haben, doch wohl auch irgendwo hineinstecken müssen? In der Tat, Japan hat schon seine Fühler ausgestreckt. Aber es ist klar, daß angesichts der irritierten Haltung der USA – und vielleicht auch wegen der ungewissen Zukunft Allendes im Innern – kein Land bisher zur Vergabe großer Kredite an Chile bereit gewesen ist, da eine Rückerstattung in Form von Industriegütern ihre Zeit braucht und da allein die Agrarreform in Chile mehr kosten wird, als sie einbringt. Was schließlich die Sowjetunion angeht, so ist ihre Zurückhaltung offenkundig.

Daß dies das Problem Nummer eins ist, sagt Allende ganz unverblümt; auch verbirgt er nicht seine Gewißheit, mit einer Lösung dieses einen auch alle übrigen regeln zu können – sowohl die Probleme mit der Rechten wie die mit der Linken. Rechts ist er inzwischen mit der Christdemokratie im Nahkampf. »Sie sind alle dagegen, alle zusammen.« – »Aber Tomic hat sich doch anfangs anders verhalten.« – »Ja, aber heute stehen sie alle zusammen auf der anderen Seite.« Er sagt das mit verhaltener Wut, mit Bitterkeit und zugleich mit einem halben Lächeln, das die Grenzen der Rechtsopposition andeuten soll. »Immerhin ist die Armee für den Augenblick neutralisiert.« Die chilenische Armee – so erklärt er mir, wie es jeder in Chile tut – ist nicht das traditionelle Putschinstrument. Sie ist Ausdruck einer stark institutionell eingestellten Mittelschicht. Doch anders als andere scheint sich der Genosse Präsident nicht in Illusionen zu wiegen: Er dosiert die Adjektive und begnügt sich damit, die Armee als »für den Augenblick neutral« zu bezeichnen. Darum liegt ihm auch so entschieden an einer Politik der Auslandskäufe, die vermeiden soll, daß ihm die Mittelschichten durch Konsumbeschränkungen entfremdet werden und eine Massenbasis für die Nervositäten jener Rechten liefern, die bedeutend weiter verzweigt ist als die Partei Alessandris. Es liegt ihm um so mehr daran, als ein Kampf über das berühmte Gesetz zur Begrenzung der Bereiche einer Staatsintervention vor der Tür steht. Allende hat sich zwar beeilt, die wichtigsten Industrien zu verstaatlichen, bevor die Masse des Kapitals im Ausland verschwinden konnte, aber es ist evident, daß kein Privatkapitalist – abgesehen von den Besitzern der kleinen und mittleren Betriebe, die geschützt sind – mitten im Hagelsturm noch irgend etwas investiert, und es liegt ebenso auf der Hand, daß die Christdemokratie versucht, angesichts der relativen Minderheit der *Unidad popular* im Parlament Gesetze durchzubringen, die den Enteignungen durch die Regierung Grenzen ziehen. So hat die DC vorgeschlagen, gesetzlich festzulegen, wo der Staat intervenieren darf, wo gemischte Intervention notwendig ist und welche Bereiche den Privatbesitzern zu belassen sind. Allende erklärt mir den Mechanismus und sagt, daß er, wenn keine Einigung zustande kommt, das Gesetz mit einem Präsidenten-Veto zu Fall bringen und ein eigenes durch Plebiszit vorlegen werde. Bis dahin werde es darauf ankommen, die Massenbasis des Gegners auf ein Minimum zu reduzieren. Und der Gegener wisse das.

Die Partie muß in der Tat schnell gespielt werden, und die Besorgnis Allendes ist nicht zu verkennen. Während er zu mir spricht, mit leiser Stimme und in knappen Sätzen (die Tafel ist zu groß, um sich nicht in eine Vielzahl von Zweiergesprächen, jeder mit seinem Nachbarn, aufzulösen), ißt er nur wenig und zeigt sich in keiner Weise geneigt, irgendein Thema diplomatisch zu überspielen. »Wie haben Sie die Stimmung der Leute gefunden?« fragt er mich. Ich antworte, daß mir das Land offensichtlich bar jeder Spannung zu sein scheint: Die größte Leidenschaftlichkeit ist bei den jungen Leuten, die von der Regierung herangezogen worden sind, und ansonsten im MIR zu finden. Eine aktive Beteiligung der Massen ist nicht zu erkennen. »Die Massen können wir mobilisieren, wann immer wir wollen.« – »Aber«, so halte ich ihm entgegen, »wäre es nicht wichtig, daß sie sich selbst mobilisieren? Wenn die Lage schwierig ist, wäre es dann nicht gut, wenn die Massen ihre eigenen Interventionsmittel hätten?« Hier kann mir Allende nicht folgen, auch wenn ihm einen Augenblick später ein Schmunzeln um die Brillenränder zuckt, als ob ihm gerade einfiele: »Die Genossin ist eine Ultralinke.« Er sagt: »Die Massen müssen von den Parteien mobilisiert und organisiert werden; das ist deren Sache. Wir haben ja Parteien und Gewerkschaften. Wie haben Sie die Sozialistische Partei gefunden?« Sie scheint mir interessant, wie ein Schwamm, der verschiedene Kräfte in sich aufgesogen hat; die Sozialistische Partei ist nicht so geschlossen wie die KP, eher fähig, die gegensätzlichen Strömungen einer politischen Basis zu reflektieren, die von einer neuen Situation erfaßt worden ist. Allende hält die Partei für schlecht organisiert – und damit hat er recht. Er sagt mir, er habe keine Zeit, sich darum zu kümmern, obwohl er jeden Mittwoch und Freitag hingehe.

Aber es ist klar, daß ihn etwas anderes mit Sorge erfüllt –

etwas, das seinen politischen Horizont übersteigt, nämlich jenes allmähliche Hervortreten einer Präsenz der Masse oder der Klasse, das der MIR mit seiner Arbeit unter den Landarbeitern, die sich nicht an die Regeln des politisch-institutionellen Spiels hält, bewußt fördert. Diese Massen, dieser MIR, die aus einem sorgfältig abgestimmten Rhythmus ausbrechen könnten – so meint Allende, wenn er es auch nicht ganz so eindeutig ausdrückt –, müssen ebenfalls »neutralisiert« oder »kanalisiert« werden. Und nicht zufällig versichert er mir, daß seine persönlichen Beziehungen zum MIR vorzüglich seien: Seine Schwester, eine Ärztin, so erklärt er mir, habe einen Sohn, der zu den Kadern des MIR gehört, und so habe sie ihn und seine Genossen ständig im Hause... In Chile bedeuten solche Bande viel.

Bald danach, als das Essen beendet ist und ich – ein wenig beschämt, den Präsidenten so ausschließlich für mich in Beschlag genommen zu haben – mich zu entfernen versuche, um ihn den anderen zu überlassen, schlägt er einen anderen Ton an. Das Gespräch war auf einen Prozeß gekommen, den Allende selbst vor einigen Tagen gegen seinen Neffen, eben jenen MIR-Kader angestrengt hatte (»Verstehen Sie bitte: Daß er mein Neffe ist, spielt keine Rolle!«), weil dieser im Organ der Partei – *El Rebelde* – ein paar Worte zuviel über die Armee geäußert hatte. Der Präsident erregt sich: »Mit dem Feuer spielt man nicht. Ich dulde keine verantwortungslosen Provokationen! Wenn einer glauben sollte, in Chile werde ein Putsch der Armee nicht schlimmer als in anderen lateinamerikanischen Ländern sein, ein einfacher Wachwechsel hier in der Moneda, dann irrt er sich gewaltig. Wenn hier die Armee aus der Legalität tritt, dann ist das der Bürgerkrieg! Indonesien! Glauben Sie etwa, daß die Arbeiter sich die Industrien wegnehmen lassen? Und die Bauern das Land? Es wird hunderttausend Tote geben, ein Blutbad. Ich dulde nicht, daß man damit spielt!« Er denkt wirklich so; nur daß er auch hier wieder, wie schon in der Frage des Verhältnisses zu den Massen, die einzige Garantie in der Zeit sieht, die er der ganzen Entwicklung verschafft, in seinem Stil der »legalen Gewalt«, vereint mit einer seltenen Geschicklichkeit, die gegnerische Front durcheinanderzubringen. Jede direkte, elementare Basisinitiative birgt in seinen Augen die Gefahr, daß die Gleichgewichte negativ erschüttert werden und einstürzen. – Ich glaube nicht, daß der Neffe ins Gefängnis muß, aber dem MIR wird nun strenger auf die Finger (und nicht nur darauf) geschlagen.

Auch die Arbeiter werden, wo es nötig scheint, strenger zur Ordnung gerufen. Während wir uns verabschieden, nach etwa zweieinhalb Stunden, erzählt Allende, daß er gleich zu einer Reise in den Norden aufbrechen werde, zu der riesigen Kupfermine von Chuquicamata, deren Arbeiter eine aufsehenerregende Lohnforderung gestellt hätten, 50-70% mehr. »Das geht nicht, das können wir nicht. Ich werde hinfahren, um es ihnen zu sagen. Und warum müssen sie gleich streiken? Gegen wen stehen wir denn im Krieg?! Sie selbst sind doch jetzt die Herren der Mine!« – »Nicht die Arbeiter sind die Herren der Mine, Genosse Präsident, der Staat ist es.« Der Doktor Allende blickt mich streng an wie einen widerspenstigen Kranken: »Das Volk ist der Herr!« – »Aber, Genosse Präsident…« – »Es *ist* der Herr. Es *wird* es sein!«

Einen Augenblick später – wir haben uns bereits verabschiedet – ruft er mich nochmal zurück: »Ich weiß, daß Sie morgen nach Concepción fahren. Ich finde das gut. Es ist wichtig, daß Sie Concepción sehen. Ich würde gern später noch einmal mit Ihnen darüber reden, in Ruhe.« Die Sache ist die, daß meine Einladung nach Concepción von der dortigen Universität gekommen ist, die als »MIR-Universität« gilt, und daß es vor allem dort ist, wo der MIR die Landnahmen organisiert. Allende, der mich vorher schon überrascht hatte, als er sich informiert über *Il Manifesto* zeigte, glaubt an die Kraft der Diskussion, will überzeugen, will »sein« Chile verteidigen und seine Linie, will alle dafür gewinnen, auch die »Ultralinken«. – Aber das »später« sollte nicht sein, ich habe den Doktor Allende nicht wiedergesehen. Zwischen meiner Rückkehr aus Concepción und meiner Abreise lag nur noch ein Tag, und am Abend vorher war ein großer Skandal ausgebrochen: Anläßlich der Eröffnung einer lateinamerikanischen Landwirtschaftsmesse, bei der Minister und Botschafter zugegen waren, wollte die agrarische Rechte die »staatliche Willkür« der Regierung anprangern, da die Werte des Eigentums und der bäuerlichen Initiative von ihr untergraben würden. Allende, der präsidieren sollte, war erst eine Stunde vor Beginn der Veranstaltung dahinter gekommen, als er erfuhr, daß Benjamin Matte eine Rede halten wollte; Matte ist eine Art chilenischer Bonomi [bzw. Heeremann], der sich wohl dadurch gedeckt glaubte, daß er Präsident des Instituts für die Beziehungen zu Kuba ist. Allende war wütend; er weigerte sich nicht nur, die Messe zu eröffnen, sondern zwang Matte auch, vor Beginn seiner Rede einen Brief von ihm, Allende, zu verlesen, einen Brief, in dem der Bauernführer ohne Umschweife als verantwortungslos bezeichnet wurde. So begann die Messe in einer unsäglich gespannten Atmosphäre: frenetischer Beifall der Leute für den Brief Allendes, Matte, der sich inmitten der Pfiffe und Schreie (»Momio, maricon!« – »Mumie, Stinker!«) Gehör zu verschaffen sucht, Botschafter und Minister, die sich verdrücken, befreundete Länder, die überstürzt ihre Ausstellungspavillons schließen. Am nächsten Morgen herrscht große Aufregung in der Presse, es findet eine Ministerratsbesprechung statt und gibt Krach mit den Christdemokraten. Es war unmöglich, an diesem Tag den Präsidenten nochmals zu treffen.

Diese Episode vervollständigt allerdings das Bild dieses Mannes: Sie bezeichnet das Terrain, auf dem er vielleicht am stärksten ist, unschlagbar, den Grund, aus dem ihn Freunde wie Feinde, auf der Rechten wie auf der Linken, hochachten. Sie sprechen von ihm, den sie *el Chicho* nennen, mit einer Mischung aus Zuneigung und Respekt. Sie zählen seine Fehler auf, aber mit Vorbehalten. Man kann auf einer Position stehen, die sich radikal von der seinen unterscheidet – wie etwa der MIR –, und dennoch wird man ihm nie seine Bestimmung zum Politiker großen Formats absprechen: ein alter Sozialist, der – anders als gewöhnlich die Sozialisten und Präsidenten in Lateinamerika und anderswo – keine Kompromisse macht. Der Doktor Allende hat dreimal versucht, an die Regierung zu kommen, um sein Experiment zu Ende zu führen. Jetzt, wo er es durchführt, schachert er mit niemandem darüber. Es bleibt zu prüfen – was wir im folgenden tun wollen –, wie es mit der inneren Stabilität seines Projektes bestellt ist: Kann es dauerhaft sein, muß es auf eine Niederlage zustreben oder spitzt es sich zwangsläufig zu bis zu jener Revolution, die Allende bereits gemacht zu haben glaubt?

b. Die ökonomischen Probleme, die Allendes politisches Projekt einzwängen

Als Allende vor einem Jahr ins Präsidentenpalais einzog, hatte er ein ehrgeiziges Programm. Man weiß ja, wie es mit Wahlversprechungen steht: Selbst seine glühendsten Anhänger dachten damals, daß er sie wohl nur zu geringen Teilen würde einlösen können. War es so? Wenn man mit den politischen Gruppen diskutiert und die Dokumente prüft – in Chile wird alles publiziert, und es wird viel diskutiert, die Mitglieder der Regierung und der Planungsbüros verstecken sich nicht hinter Amtsgeheimnissen –, so kommt man eher zu einem entgegengesetzten Bild. Zweifellos stößt die Regierung der *Unidad popular* auf Schwierigkeiten in großer Zahl, allerdings nicht, weil sie ihre Versprechungen *nicht* eingelöst hätte, sondern im Gegenteil: Paradoxerweise entstehen die Probleme gerade daraus, *daß* die Versprechungen erfüllt worden sind. Sehen wir genauer hin. Allende hatte versprochen, dem chilenischen Staat jenen Reichtum an Rohstoffen zurückzuerobern, den ihm der Imperialismus geraubt hatte – vor allem das Kupfer, die »*gran miniera del Cobre*«, ausgebeutet durch die großen Monopole, die Allende gleichzeitig der Unterschlagung von Reichtümern und einer geringeren als möglichen und notwendigen Ertragsleistung beschuldigte. Die ökonomische Struktur Chiles ist, läßt man die Kupferindustrie beiseite, deformiert und brüchig wie in allen »abhängigen« Ländern. Es kam also darauf an, dem Land Profite zurückzugewinnen, um sie wieder zu investieren, dadurch die industrielle Basis zu verändern und Mittel freizusetzen, mit denen man dann eine bessere Einkommensverteilung erzielen und die Agrarreform finanzieren konnte. Dies ist, in einfachen Worten, der ganze Mechanismus. Lassen wir für den Augenblick außer acht, ob es ein »revolutionärer« Mechanismus ist: Mit Sicherheit ist es ein bedeutend klareres, zugänglicheres und zusammenhängenderes Entwicklungsmodell als alles, was unsere hiesige Mitte-Links-Koalition in ihren besten Tagen je vorgetragen hat. Und verglichen mit realen Revolutionsprozessen ist es weniger improvisiert, genauer geplant anhand von hinreichend präzisen Kalkulationen und genügend präzisen Bestandsaufnahmen. Was immer auch jene Professoren der Volkswirtschaft sagen mögen, deren Spezialität es ist, allen alles unverständlich zu machen: Die Bilanz der Ressourcen eines Landes ist nicht weniger durchschaubar als die Bilanz eines Familienhaushalts. Es war einer der Verdienste Allendes – vielleicht unterstützt durch eine bestimmte chilenische Tradition, gewiß unterstützt durch seinen Wirtschaftsminister Vuskovic –, daß er den Leuten klar und einfach gesagt hat, wie die Lage ist und wie man sie konkret zu ändern gedenkt. Skizzieren wir knapp die Haushaltsrechnung seiner Regierung.

Zunächst der Umfang der Familie: Die Chilenen sind zehn Millionen an der Zahl, schlecht verteilt über das langgestreckte und äußerst schmale Territorium von den Tropen bis zur Antarktis. Zehn Millionen, das ist ein Fünftel der italienischen Bevölkerung auf einem Gebiet von zweieinhalbfacher Größe Italiens (und von sechseinhalbfacher, wenn man den fast unbewohnten antarktischen Teil, der auf den Karten wie ein Schwanz am Lande hängt, hinzurechnet). Diese zehn Millionen Menschen drängen sich immer mehr im Umkreis der größten Städte zusammen und entvölkern das Land: Allein in Santiago leben mehr als zweieinhalb Millionen. Da nicht alle in der Stadt Arbeit finden, aus Mangel an aufnahmefähigen Produktionsstätten, lebt ein Drittel am Rande, in den Barakkensiedlungen, den *poblaciones* – in einer abgesonderten Welt, überschwemmt von Schmutz und Elend, ohne Wasser und Licht, buntwimmelnd von Kindern, Hunden und Katzen – denn die Armen schützen sich untereinander, Menschen und Vieh... Alle diese zehn Millionen Chilenen müssen oder müßten zu essen haben, sie bräuchten Wohnungen, Versorgungen. Womit bezahlen, woher nehmen? Von den rund drei Millionen, die optimistisch als »Arbeitskräfte« gezählt werden (in Wirklichkeit schwankt ein Teil von ihnen dauernd zwischen Arbeit und Arbeitslosigkeit), ist ein Viertel in der Industrie und im Verkehrswesen und ein weiteres Viertel in der Landwirtschaft beschäftigt; es sind also, grob geschätzt, weniger als eine Million Menschen, die etwas »produzieren«. Dabei blieb der bedeutendste Teil des Industrieproduktes in amerikanischer Hand: das Kupfer, das allein 800 Millionen Dollar netto jährlich abwarf, entsprechend mehr als 80% der Devisen (also des Geldes, das Chile auf dem internationalen Markt ausgeben kann). Der Rest ist eine abhängige Monopolstruktur, um die herum sich eine unselbständige Kleinwirtschaft entwickelt hat. Was die landwirtschaftlichen Produkte betrifft, so waren sie in den Händen der Großgrundbesitzer. Das Ergebnis all dessen ist nicht nur eine allgemeine Brüchigkeit der gesamten Produktionsstruktur, sondern, genauer, Ausplünderung der Ressourcen durch Raubbau betreibenden Imperialismus, Monopolprofit, Grundrente, mit der Konsequenz einer Krise auf dem Lande und einer Verelendung in den Städten – Erscheinungen also, in denen sich – vermehrt um ein modernes Konsummodell und Vergeudung – sämtliche grundlegenden Daten der Unterentwicklung wiederfinden.

Bei diesem Stand der Dinge hat die Regierung Allende dargelegt, was sie zu tun gedenkt: Erstens, die vom Imperialismus ausgebeuteten Reichtümer des Landes, im Guten oder im Bösen, für den Staat zurückzugewinnen, vor allem das Kupfer. Zweitens, den »Überschuß«, sprich die Extraprofite der Monopole, für den Staat zurückzugewinnen, indem man die Monopole verstaatlicht und sie mit voller Leistung arbeiten läßt – wenn möglich im Guten, d.h. durch Verhandlungen und mit Entschädigungen. Drittens, die so gewonnenen Mittel freizusetzen, um – nach Zahlung der Entschädigungen – zu einer ersten wesentlichen Erhöhung des Lebensstandards voranzuschreiten: durch Lohnerhöhung und Verteidigung der Kaufkraft des Geldes, durch Unterstützung der Kleinindustrie, durch Reinvestierung zum Zweck einer industriellen Restrukturierung an der Basis. Viertens, den Großgrundbesitz zu enteignen und das Land an die Bauern zu verteilen, auch hier wieder im Guten, also mit Entschädigungen, und im Vertrauen auf schnelle Steigerung des Ertrags, wenn der parasitäre Großgrundbesitz erst einmal abgeschafft ist.

Soweit das Projekt. Wie sollte es verwirklicht werden? Mittels einer stark in regierungsnahen Parteien und Gewerkschaften institutionalisierten Unterstützung durch das Volk. Mit welchen Instrumenten? Mit einem institutionellen System, das ein wahrer »Dietrich« ist, ein Schlüssel zu allen Türen: Die Machtfülle des Präsidenten erlaubt ebenso legitime wie durchschlagende Operationen. In Chile pflegt man *zuerst* zu enteignen und *dann* ein höchst kompliziertes und abgesichertes System von Diskussionen über die Rechte und

Entschädigungen in Gang zu setzen, das sich über Jahre hinzieht, während inzwischen eine neue Lage mit vollendeten Tatsachen entsteht und sich stabilisiert. Kein Wunder also, daß die Grundbesitzer entsprechend reagieren: Wenn der Präsident mit seiner formal perfekten Requisitionsforderung am Horizont einer *Hacienda* auftaucht, ziehen sie es vor, zu einer gütlichen Einigung zu kommen, ein paar Scheine einzustecken und sich an andere Gestade zu verdrücken.

Hat das Projekt funktioniert? Man kann es kaum leugnen. Von November 1970 bis Oktober 1971 sind »in den gesellschaftlichen Sektor eingegliedert oder mehrheitlichem Staatseigentum unterworfen« worden: 36 Produktionsbetriebe (Grundindustrie und Minen, einschließlich jener den Amerikaner streitig gemachten *»gran miniera«*), fünf große Energie- und Brennstoffversorgungsnetze, Kommunikations- und Distributionssysteme, Transporte, 13 Banken. In der Grundstoffindustrie ist die Vorherrschaft des »gesellschaftlichen Sektors« unbestritten, und in der Textil- und Zementindustrie sowie in der Infrastruktur (einschließlich der Distribution und der Dienstleistungen) zeichnet sie sich bereits ab. Vom Bankwesen waren im Oktober bereits 64% verstaatlicht. Freilich ist die ganze Operation dadurch erleichtert worden, daß vorher schon ein relativ ausgedehnter staatskapitalistischer Sektor bestand; aber sicher ist auch, daß sie der Entwicklung ein neues Tempo und eine neue Bedeutung gegeben hat.

Auch die Agrarreform hat den legalen Rahmen, den die Regierung Frei ihr gegeben hatte, nicht überschritten. Doch während zwischen 1965 und 1970 nur 1408 Grundstücke mit einer Gesamtfläche von 3 564 000 Hektar enteignet worden waren, hat die Regierung der *Unidad popular* in einem einzigen Jahr nochmals etwa drei Millionen Hektar enteignet (die Zahlen variieren seit dem Sommer; für die laufenden Enteignungen im Herbst werden 2 400 000 Hektar angegeben).

Die Löhne? Sie wurden in einem Nominalwert von durch-schnittlich ca. 60% erhöht; berücksichtigt man die Preissteigerungen, die von der Regierung offenherzig mit ca. 25% angegeben werden (sie kann dies auch leichten Herzens zugeben, da die Inflationsrate in den voraufgegangenen Jahren bis zu jährlich 37% angestiegen war), so erhält man eine reale

Lohnsteigerung von 35%, zu der noch die »sozialen« Ausgaben, vor allem der Beginn eines Wohnungsbauprogramms, hinzugerechnet werden müssen.

Man hat also getan, was man tun konnte. Dennoch steckt das Projekt in ernsten ökonomischen und politischen Schwierigkeiten – in ökonomischen, weil der offenkundigen Steigerung aller öffentlichen Ausgaben (Löhne, Sozialversorgung, Entschädigung für Enteignungen, Investitionen) eine keineswegs ähnlich eindrucksvolle Bilanz auf der Eingangsseite gegenübersteht. *Erstens* hat die Regierung Allende bei ihrem Antritt eine beträchtliche Auslandsverschuldung geerbt, die mit der Verstaatlichung der großen amerikanischen Minen nur noch größer geworden ist, für Anlagen, die später nicht verwirklicht worden sind. Die Tilgungsrate für die Auslandsschulden ist heute auf über 350 Millionen Dollar pro Jahr angewachsen. *Zweitens* haben sich die Produktionsrhythmen nach einem ersten, recht glücklichen Aufschwung wieder verlangsamt; insbesondere ist die Kupferproduktion niedriger als vorgesehen ausgefallen (die Gründe werden wir später untersuchen), und um das Maß voll zu machen, ist auch noch der Kupferpreis auf dem Weltmarkt gefallen: von 64,2 Cents pro Pfund im Jahre 1970 auf 45,8 Cents im Januar 1971; erst in den letzten Wochen ist er wieder auf über 50 Cents gestiegen. Das bedeutet einen Verlust von ungefähr einem Drittel der kostbaren Devisen. *Drittens* hieß Lohnerhöhung natürlich auch Steigerung der Nachfrage und damit der Importe an Konsumgütern: Sie wurden mit einem Schlage verdoppelt und wachsen weiter an. Nach Bezahlung dieser Importe und der Auslandsschulden bleibt von den Erträgen aus der Kupferproduktion kaum noch etwas übrig. Die Devisenreserve ist auf ein Drittel zusammengeschmolzen, und so steckt die Ankurbelung eines Investitionsprogramms in argen Nöten. *Viertens* ist der Inflationsdruck nicht mehr so leicht zu kontrollieren, seit sich ein gewisser Mangel an Konsumgütern bemerkbar macht.

Kurzum, die Buchführung des Systems beginnt, kompliziert zu werden. Und was die gesellschaftlichen Kosten angeht, so wiegen sie noch schwerer. Aber ist das nicht ein und dasselbe Problem? Auf dem Seminar »Übergang zum Sozialismus« beendete Alberto Martinez, der Berichterstatter für die

Regierung, sein Referat mit dem Hinweis, daß heute der Rückgang der Investitionen, die Preissteigerungen, der Lohndruck, die Schwierigkeiten einer weiteren Verlagerung von Surplus aus dem privaten Sektor in den öffentlichen insgesamt Probleme aufwerfen, die weniger ökonomischer als politischer Art sind. In anderen Worten: Die ökonomischen Schwierigkeiten fangen an, das »politische« Projekt Allendes einzuzwängen, es von den Rändern her in die Zange zu nehmen. »Etwas ähnliches«, so schloß Martinez, der in Kuba während der ersten Revolutionsjahre gearbeitet hatte, »war auf ökonomischer Ebene auch in Kuba geschehen und im Jahre 1961 in ganzer Schärfe herausgekommen. Nur daß in Kuba bereits die Macht erobert worden war.« Hier dagegen, in Chile, hat es keine Machteroberung, sondern nur eine »Eroberung der Regierung« gegeben, und die Verlagerung der Führungshebel in der Ökonomie hat eine Reihe von neuen Bewegungen in Gang gesetzt. Untersuchen wir zunächst, was für Bewegungen das sind und welche Art von politischer Dialektik, von Klassenkampf, sie vorzeichnen.

c. Die Nöte einer sozialistischen Regierung in einem kapitalistischen System

»Zur selben Stunde, als eine Gruppe von Barackenbewohnern sich weit entfernt vom Palast des Präsidenten Mann gegen Mann mit der Polizei schlug, kündigte der Staatsrat an, daß den USA keine Entschädigungen für die enteigneten Kupferminen bezahlt würden. Die Leute aus den Baracken demonstrierten gegen den Generalkontrolleur der Republik. Die Entscheidung, keine Entschädigungen zu zahlen, war vom Generalkontrolleur der Republik unterzeichnet worden. Die Leute aus den Baracken mußten unter den Schlägen und im Rauch der Tränengasbomben zurückweichen und ihre Verwundeten und Verhafteten zurücklassen. Im Radio rief der Rat zur Verteidigung des Staates die Nation zur Einheit gegen die wütende Reaktion des Imperialismus auf. Auch in den Baracken war dieser Aufruf zu hören ... Aber am nächsten Tag gingen sie wieder auf die Straßen von Santiago, damit alle begreifen, daß ihr Kampf unverzichtbar ist.« Dies schrieb der *Punto Final*, das Blatt der revolutionären Linken, am

26. Oktober. Am selben Tag begab sich Salvador Allende in den Norden des Landes, zu der großen Kupfermine von Chuquicamata, um den Arbeitern zu sagen, daß ihre Forderung nach einer Erhöhung ihrer Löhne um mehr als 50% als Grundlage des neuen Arbeitsvertrages unannehmbar sei. Die Arbeiter hörten ihm respektvoll zu. Dann erhoben sie ihre Forderung erneut. Fidel Castro ging gleich nach seiner Ankunft in Chile nach Chuquicamata und erklärte den Arbeitern, daß der Ertrag des Kupfers nationales Eigentum und also jede Erhöhung ihres Lohnes eine Verminderung des Volkseigentums sei. Sie empfingen ihn mit Triumphbögen. Vorgestern aber, als die Versammlungen vorbei waren, haben sie ihre Forderungen Punkt für Punkt wiederholt.

Ist dies bloß die »Ungeduld« der Ausgebeuteten und Unterdrückten, oder ist der Konflikt von anderer, tieferer Natur? Die Regierung der *Unidad popular* gibt zur Antwort: Die Leute haben zu große Eile, sie begreifen nicht, was los ist. Sehen sie denn nicht, auf welche Auseinandersetzung mit der Rechten wir zugehen? Man kann in der Tat nicht bestreiten, daß der Kampf mit der Rechten in vollem Gange ist: Allende hat außerhalb der *Unidad popular* keine Gesprächspartner mehr. Die enteigneten Großgrundbesitzer, die in Schwierigkeiten gestürzten Kapitalisten, die große »unabhängige« Presse (die aufgebracht ist, weil die Regierung das Papier verstaatlicht hat, um so eine Kontrolle nicht über die Ideen, aber über die Vorgehensweise und die Mittel der kapitalistischen Informationsfreiheit zu gewinnen): alle sind inzwischen in einer gemeinsamen Front auf der Gegenseite versammelt, wo die nationalistische Rechte von Anfang an war.

Und da Allende sehr wohl weiß, daß er jede Möglichkeit einer Verzögerung des Kampfes mit der Rechten verloren hat, versucht er wenigstens, jene Mittelschichten zu neutralisieren, die ein gewisses politisch-gesellschaftliches Gewicht haben. Aber *wie* neutralisieren? Vor allem durch Aufrechterhaltung des Konsumniveaus. Für die dazu benötigten Importe muß er, wie wir gesehen haben, bereits die Hälfte der verfügbaren Devisen aufwenden. Es genügt schon, wenn in bestimmten Stadtvierteln das Fleisch nicht rechtzeitig eintrifft – und das kommt vor, zum einen, weil manchmal keins da ist, zum andern, weil es, wenn es da ist, bevorzugt in die ärmeren

Gebiete geliefert wird –, und schon bricht die Welt zusammen, alles schreit Alarm, und der *Mercurio* drängt zu Hamsterkäufen. Es genügt schon, wenn die Kontrolle des Geldumtausches ein wenig verschärft wird, und schon blüht der Devisenschwarzmarkt auf: In manchen Läden werden die Dollars, die offiziell noch 28 Escudos wert sind, für 70 Escudos genommen. Den Mittelstand bei der Stange zu halten, das ist ein im Wortsinn teures Unterfangen. Aber es ist noch teurer im politischen Sinne: Um die Mittelschichten nicht gegen sich aufzubringen, ist die *Unidad popular* gezwungen, in der kleinen und mittleren Industrie – die sie verwöhnen muß, um nicht die ganze Produktionsaktivität zu lähmen – die Löhne fest im Griff zu behalten; und Angriffe gegen das hierarchische System der Einkommensstaffelung und der Arbeitsteilung kann sie auch nicht führen. Dies genau ist der Punkt, an dem die Klassenschranke der ganzen Operation ebenso wirr wie hart zutage tritt.

Die Bauern im Süden nehmen sich das Land, wo sie gerade sind, ohne vorher zu prüfen, ob der betreffende Grundbesitz groß genug ist, um unter die Kategorie der »Latifundien« zu fallen. Wenn aber irgendwo ihr Kampf das mittlere kapitalistische Bauerneigentum erfaßt, dann erscheinen sogleich die Parteien und die Polizei auf der Bildfläche. Die schlecht bezahlten Arbeiter der kleinen und mittleren Betriebe gefährden mit jeder Forderung den Fortbestand dieser Betriebe; aber warum, zum Teufel, sollten sie auch ruhig bleiben und ihren Kopf hinhalten, noch dazu, wo es sich nicht einmal um verstaatlichte oder gemischt verwaltete Betriebe handelt? Noch brennender wird das Problem in den verstaatlichten Betrieben.

Es mag noch angehen, wo es sich um moderne Produktionsstätten handelt, in denen die Arbeit nicht allzu drückend und das Produktionsniveau hoch ist. Als ich einen großen, eben erst verstaatlichten Textilkomplex besuchte, die *Algodones Hirmas*, wo die rohe Baumwolle in großen Ballen hineingeht und fertige Konfektionsware in mittlerer und teurer Preislage herauskommt, sagte mir der junge »Requisiteur« des Betriebes, Pedro Holz: »So glatt wie hier geht es nicht überall.« Wir werden noch untersuchen, wie die Teilnahme der Arbeiter an der Verwaltung funktioniert; hören wir zunächst, was sie selber sagen. In der ersten Abteilung, wo die Baumwolle gekämmt wird – gewickelt auf allmählich immer weißer, weicher und sauberer werdende Spulen, von einer Halle zur anderen erst zu Flocken und schließlich zu Fäden verarbeitet, wo es überall aussieht, als ob es schneit –, sagten mir die Arbeiter an den Maschinen immer dasselbe. »Wie geht es jetzt nach der Verstaatlichung?« – »Oh, sehr viel besser.« – »Ach wirklich? Was ist denn anders geworden?« – »Na ja, wir sind jetzt die Herren der Fabrik.« – »Und was ist in Ihrer Arbeit anders geworden?« – einen Augenblick Schweigen; die Leute sind aufgeweckt, reden gern, folgen mühelos meinem schrecklichen Spanisch und verstehen, worauf ich hinauswill. »Nichts ist anders geworden. Doch ja, etwas schon: Wir haben nicht mehr die Aufseher über uns. Man arbeitet ruhiger.« – »Arbeiten Sie weniger?« – »Nein, im Gegenteil, aber ich habe sie nicht mehr über mir. Es ist anders.« – »Und was würden Sie noch gern anders haben?« – »Daß sie mir mehr bezahlen würden.« – »Wer, ›sie‹?« – »Sie, die Betriebsleitung, na ja, die Fabrik eben.« Der Arbeiter, der mir eben noch gesagt hatte, er sei Herr der Fabrik, weiß sehr wohl, daß er es nicht ist – und nicht aus Bösartigkeit des Verwaltungsrates: Die Fabrik ist immer noch kapitalistisch.

Der bei *Algodones Hirmas* produzierte Mehrwert ist groß, die Produktivität hoch, der Arbeitsrhythmus intensiv. Finde ich denn keine anderen Forderungen, solche, die man hier bei uns »Machtforderungen« zu nennen pflegt? »Diskutieren Sie über die Aufteilung der Arbeitsgänge?« Sie tun es nicht, höchstens diskutieren sie, wie man mehr produzieren könnte. Die Akkordarbeiterinnen in der Konfektionsabteilung diskutieren auch über die Arbeitszeiten, aber selten; der Rest der Fabrik ist hochgradig automatisiert, der Produktionsablauf ist rigide. Die Stundenzahl ist drückend: 48 pro Woche, aber nicht einmal die vielen Frauen, junge oder reife, lebhafte, die ich in den aneinandergereihten Abteilungen beim Kontrollieren unendlicher, kaum sichtbarer Spulenfäden antreffe, beklagen sich darüber. »Würden Sie nicht gern weniger arbeiten? Wie machen Sie es mit den Kindern?« – »Nein, wieso?« Und mit einem Schlage fällt einem ein, daß unter Bedingungen der Unterentwicklung Arbeiter zu sein ein Privileg ist. Ihre Kinder bringen die Frauen in den schönen Betriebskindergarten.

»Daß sie mir mehr zahlen würden, das hätte ich gern.«

Ein einziger Arbeiter hat vor der Forderung nach mehr Lohn noch eine andere: »Ich würde gern die Tätigkeit wechseln, häufig. Es ist schrecklich, immer dasselbe zu tun.« Aber seine Arbeit ist in der Tat primitiv und immer gleich. Ein anderer, der zwei komplizierte Maschinen bedient und mir voller Stolz die modernere zeigt, sagt, daß er seit sechsundzwanzig Jahren an diesem Platz steht und ihn um nichts in der Welt mit einem anderen in der Fabrik vertauschen will. Den ersten hatte ich gefragt, ob in den Abteilungskomitees über eine umschichtige Verteilung der einzelnen Tätigkeiten gesprochen werde. Er hatte den Kopf geschüttelt.

Was kriegen sie bezahlt? Die Arbeiter, Männer und Frauen ziemlich gleichmäßig, kriegen 500-600 Escudos pro Woche; in Dollars macht das 70-80 pro Monat, aber die reale Kaufkraft entspricht – das Leben ist billig – etwa einem Lohn von 70-80000 Lire in Italien [oder etwa 500,— DM in der BRD]. Die Abteilungsleiter, überaus zufriedene Leute mit einem zuvorkommend »mitbestimmungsfreudigen« Tonfall, kriegen ein Drittel mehr. Draußen vor der Fabrik drängen sich viele, die hineinkommen wollen; aber die Listen sind geschlossen, das Personal ist komplett. Und niemand fordert drinnen eine Verkürzung der Arbeitszeit, um mehr Arbeitsplätze zu schaffen.

Mit den Arbeitern in den Kupferminen ist die Sache ernster. Das Kupfer liegt in schwer zugänglichen Gegenden, auf dem Gebirge, in Ödlandschaften weit ab von jeder Stadt. Auf der einen Seite das Quartier der Techniker, auf der anderen das Arbeiterlager. Die Arbeitszeit beträgt wöchentlich 48 Stunden; einige Arbeiter machen noch vier Überstunden pro Tag. Was, zum Teufel, sollten sie auch sonst tun? Aber man arrangiert sich, um wenigstens nicht so schnell arbeiten zu müssen: Die Uhr läuft vom Augenblick des Eintritts in das Bergwerk an, man zieht sich erst drinnen um, dann fährt man ein, sucht sich sein Werkzeug, begibt sich an seinen Arbeitsplatz... Die Amerikaner, die sich auf so etwas verstehen, haben ausgerechnet, daß von den acht Stunden Anwesenheit im Werk nur dreieinhalb Stunden wirklich produktiv gearbeitet werden. Aber sie haben nichts dagegen unternommen. Sie haben die höchsten Löhne in Chile bewilligt: 6000 Escudos pro Monat, dreimal soviel wie bei den Textilarbeitern. Mit den Überstunden kommt man auf 10000. Die Ingenieure, Aufseher und Techniker (von denen einige große Könner sind, denn die Minen sind schwierig) kommen über 30000, einige auf 40000 Escudos (dazu noch Wohnung oder Haus und Erholungsanlagen). Die Amerikaner wollten keine Streiks – kein Wunder, schließlich trugen sie jedes Jahr Hunderte von Dollarmillionen nach Hause. Nun ist der chilenische Staat dahergekommen, um den Arbeitern der Kupferminen zu erklären, daß sie dem Imperialismus einen jährlichen Reingewinn von rund achthundert Millionen Dollar erarbeitet haben – jedes Jahr zwanzigtausend Dollar Mehrwert pro Mann. Nicht schlecht. Der sozialistische Staat sagt, daß jetzt *er* dieses Geld haben will. Die Kupferarbeiter erwidern, daß sie es endlich *selber* haben wollen. Und sie fordern es mit der ganzen Verhandlungsmacht, die ihnen aus der Tatsache erwächst, daß sie – wie sie sehr wohl wissen – die große Devisenreserve Chiles darstellen. Sie fordern es, weil sie an ihren Staublungen krepieren. Sie fordern es, weil die chilenischen Minenarbeiter, die seit hundert Jahren auf dreitausend Meter Höhe erbarmungslos ausgebeutet werden, heute abrechnen wollen. Und weder Allende noch Castro mit ihren Reden über Volk und Nation können sie davon abhalten. Gewiß bläst auch die Rechte mit ins Feuer, aber es ist das Feuer einer Realität: jener rohe, »ökonomistische«, aber deswegen nicht weniger wahre Umstand, daß sich der Akkumulationsmechanismus durch den Regierungsantritt der *Unidad popular* in keiner Weise verändert hat, daß es weiterhin die Arbeiter sind, die es auszubaden haben. Die Operation der *Unidad popular* erweist sich als das, was sie ist: eine großangelegte Verlagerung der ökonomischen Entscheidungshebel vom privaten und imperialistischen Kapital auf das öffentliche und reformistische Kapital; dieses tut sich schwer, wenn es vom Arbeiter verlangt, er solle ihm helfen und seine Bilanzen sanieren: Es gibt nur eins, wofür der Arbeiter auf den von ihm produzierten Mehrwert verzichten kann – und das ist die Macht.

Um aber die Arbeiterklasse an der Macht sein zu lassen, bedarf es zweierlei: daß Allendes Reformismus auf eine Revolution zusteuert und daß die Arbeiter, heute aufgesplittert in den brüchigen und ständisch-korporativen Strukturen der

Unterentwicklung, sich zum Proletariat konstituieren. Dies freilich impliziert die Krise des gesamten politischen Konzepts der *Unidad popular*, der Parteien und Gewerkschaften, aus denen sie besteht. Nichts anderes als diese Krise ist es, was in dem Klassenkonflikt zum Ausdruck kommt, den Allende nicht bloß nicht zu beenden vermag, sondern der sich ständig radikalisiert und die gesellschaftliche Basis des Reformprogramms jeden Tag mehr verkleinert. Wie alle reformistischen Projekte ist auch der »chilenische Weg« zugleich von rechts und von links bedrängt. Gerade aufgrund seiner inneren Logik wird Allende früher oder später gezwungen sein, über seinen Horizont hinauszugehen – außer er träte zurück oder schickte die Soldaten in die Minen, was im übrigen auf dasselbe hinausliefe.

d. *Parteien und Gewerkschaften unter dem Druck der neuen Klassenspannungen*

Seit Allendes Experiment begonnen hat, ist in Chile und vor allem außerhalb Chiles der Enthusiasmus ausgebrochen: Also doch! Ausgerechnet in jenem Kontinent, in dem alle von der Unmöglichkeit jeder nicht gewaltsamen Transformation sprachen, macht man nun eine »Revolution auf legalem Wege«! Am lautesten triumphieren die Kommunistischen Parteien, allen voran die italienische, die im Allendismus ihren kühnsten Traum verwirklicht sieht, und gleich danach folgen die jüngsten Begeisterungsschreie aus dem Munde von Mitterand und Claude Estier, die – so kürzlich in *Le Monde* – angesichts des unleugbaren Parteienpluralismus in Chile versichern, daß nun das letzte Hindernis einer sozialistischen Umwandlung Frankreichs beseitigt sei. Chile erscheint auf der ganzen Welt als die Trumpfkarte, die der Revisionismus der »vielfältigen und friedlichen« Wege nun doch noch in seiner Hand gefunden hat. Seit sich nun auch noch Castro zum Bannerträger dieser Vorstellung gemacht hat, scheint die Partie endlich gewonnen.

Soweit die Stimmung im Ausland. In Chile selbst erscheinen die politischen Kräfte, alle ohne Ausnahme, bedeutend weniger selbstischer. Die Schwierigkeiten, denen das Programm der *Unidad popular* gegenübersteht, lassen keine der Fronten unberührt. Sie erfassen die Rechte: Der Christdemokratie ist es heute nicht mehr möglich, noch länger jene Rolle einer gemäßigten Opposition oder kritischen Unterstützung zu spielen, für die sie sich nach Allendes Wahlsieg entschieden hatte. Abgesichert war diese Rolle damals durch die komplexen Abstimmungsabsprachen, die zwischen September und November vorigen Jahres ausgehandelt worden waren und schließlich Allendes parlamentarische Wahl zum Präsidenten ermöglichten; ihre Basis bestand in der Zusicherung, daß der Staatsapparat, die Polizei und die Armee nicht sofort von Grund auf umgewandelt würden und daß eine Reihe von Kontrollmechanismen zwischen Regierung und Opposition intakt blieben. Man weiß ja, wie die Christdemokratie später gerade mit Hilfe dieser Kontrollmechanismen wiederholt Erpressungen versucht hatte. Inzwischen allerdings ist es Allende gelungen, ein neues Machtsystem – obschon innerhalb dieser Grenzen – zu errichten, das den Einfluß der Opposition tagtäglich ein Stück weiter zurückdrängt, und so sieht sich die Christdemokratie im gleichen Maße, in dem ihr der Prozeß aus den Händen gleitet, immer weiter nach rechts gedrängt, immer mehr in der Versuchung, aus den Regeln auszubrechen (denn es wird ja immer gefährlicher für sie, die Wahlen von 1973 abzuwarten, die zu allem Überfluß womöglich in einer einzigen Kammer durchgeführt werden, wodurch sich das Gewicht der Rechten noch weiter verringern würde), um damit einen vertikalen Konflikt zu eröffnen. Doch genau im Augenblick eines solchen Konfliktes könnte es für die Christdemokratie – selbst wenn die Wahlen zu ihren Gunsten ausgehen sollten – tatsächlich unmöglich werden, die vorübergehend der Volksfrontregierung überlassenen Zügel auf *friedliche* Weise wieder in eigene Hand zu bekommen: Wer sollte dann die Bauern *demokratisch* von ihrem Land verjagen und wer die Arbeiter aus den Verwaltungsräten der Fabriken? So kommt es zu dem Paradox, daß ausgerechnet diejenige politische Kraft, die sich als die am meisten »den Institutionen treue« darzustellen beliebt, sich im Rahmen der Institutionen allmählich bis zur Unerträglichkeit beengt fühlt.

Aber die Schwierigkeiten erfassen auch die Kräfte, die hinter der Regierung stehen: die Sozialistische Partei, die Kommunistische Partei, die kleine katholisch-marxistische MAPU und die neue christliche Linke, die der Agrarreformminister Chonchol gegründet hat, sowie neben den Parteien auch die Einheitsgewerkschaft CUT unter kommunistischer Hegemonie. Die Kraft und die politische Selbstdarstellung all dieser Gruppierungen liegt nicht so sehr darin, daß sie im Parlament oder in der Regierung repräsentiert sind, als daß sie im verstaatlichten Sektor und in den Zentren der Agrarreform an der Macht teilhaben. Jede neue Verstaatlichung oder Enteignung endet mit der Einrichtung von Verwaltungsstrukturen, die streng nach Proporz zwischen den Parteien der Regierungskoalition aufgeteilt werden. Daraus ergibt sich eine Umverteilung der Machtbefugnisse, die aus den Parteien die realen Zentren der politischen Entscheidungen macht. Die Regierung ist eher ihr Reflex als ihre Steuerungsinstanz, und das gesamte Gleichgewicht der Koalition beruht auf der direkten Beziehung zwischen Allende und den verschiedenen politischen Gruppen.

Dieses System bewirkt nun auch, daß die Arbeiterparteien sich plötzlich gezwungen sehen, einen von rechts und von links attackierten Staatskapitalismus selber verwalten zu müssen. Sitzungen des Verwaltungsrates eines verstaatlichten Betriebes sind bezeichnend dafür: Es sitzen zwar viele Arbeiter in dem Rat, sowohl von der Belegschaft gewählt wie auch Vertreter der Regierung; aber die Diskussion kreist einzig um die Frage, wie man die Produktionsrhythmen aufrechterhalten oder steigern und wie man die Konflikte mit dem Personal lösen kann. In einer Situation, die durch ein Nachlassen des industriellen Angebots charakterisiert wird, ist Produktivität das wichtigste Ziel. Noch kritischer ist die Lage der Gewerkschaft. Sie, die stets mit quantitativen Forderungen operiert hatte, überdies in einer zersplitterten, von starken korporativen Elementen durchsetzten Lohnstruktur, steht heute wie gelähmt vor der Ohnmacht der Regierung, noch weitere Zugeständnisse zu machen, sowie vor der Schwierigkeit, über neuartige Forderungen hinwegzugehen – solche zur Verringerung der Stundenzahl und zur Umorganisierung der Arbeit und solche »zur Machtfrage«, Forderungen also, die vielleicht noch nicht ganz ausgereift, gewiß aber völlig neu sind. Jedes egalitäre und antihierarchische Bestreben schließlich, das ohne »Erhöhung der Kosten« vorangetrieben und befriedigt werden könnte, stößt auf tief verankerte politische Schranken: zum einen die Angst vor einem Konflikt mit der Schicht der Angestellten und Techniker, deren Neutralität für das derzeitige Gleichgewicht des Allendismus ausschlaggebend ist, zum anderen die Sorge eines einsetzenden Radikalisierungsprozesses, der die ideologischen Borniertheiten der Gewerkschaft und der Kommunistischen Partei frontal angreifen könnte.

Genau das ist der Kern des Problems. Die Kommunisten sind heute allendistischer als Allende: Sie sind seine sicherste und vorsichtigste Truppe, jene, die niemals drängt – höchstens zur Vorsicht – und die mit Vorliebe nach links schlägt. Die chilenischen Kommunisten mußten sogar schon von Allende zurückgepfiffen werden – als nämlich ihre Strafkader in Concepción einen Studenten vom MIR getötet hatten.

Doch das Zögern fängt bereits an, der Partei und der Gewerkschaft in den eigenen Reihen teuer zu stehen zu kommen. Jedesmal, wenn irgendwo Polizei gegen Barackenbewohner vorgegangen ist oder gegen Bauern, die »unerlaubt« Land besetzt hatten, ist die Diskussion in der Partei von neuem entbrannt; es sind vor allem die jungen Mitglieder, die nicht mehr stillhalten, und es gibt bereits aktive, von der Führung nicht mehr kontrollierbare Verbindungen zwischen einem Teil der Kommunistischen Partei und dem MIR oder den linken Sozialisten. In der Gewerkschaft wird die bislang unbestrittene Vorherrschaft der Kommunisten über die Arbeiter erstmals in Frage gestellt – sowohl durch den Druck der Sozialisten als auch durch das Aufkommen erster Arbeitergruppen des MIR, der »Arbeiterfront«. Doch es ist die Tätigkeit der Sozialisten, die der Gewerkschaft heute die meisten Sorgen bereitet. Und in der Tat gibt es ja in Allendes Partei neben dem traditionellen reformistischen Flügel auch eine junge, unruhige Gruppe mit »miristischen« Neigungen und »technokratischer« Ausbildung – jene Experten, die Allende in den großen Planungsstäben versammelt hat; nicht wenige von ihnen kommen aus der Kommunistischen Partei, aus der sie Anfang der sechziger Jahre nach links ausgeschert waren. Die wenig organisierte und überhaupt nicht monolithische Sozialistische Partei war gleichsam das natürliche Sammelbecken für diese Kräfte, die heute keinen geringen Einfluß auf den derzeitigen Parteisekretär Altamirano ausüben. Tatsache ist jedenfalls, daß der fällige Gewerkschaftskongreß auf Drängen der Kommunisten um zwei Monate verschoben worden ist: In den Gewerkschaftswahlen verlieren die Kommunisten zur Zeit viele Stimmen an die Sozialisten – und zwar, paradoxerweise, nach links.

Im Grunde spiegelt sich in den »Arbeiterparteien« die Schwierigkeit, von Regierungspositionen aus mit den neuen Klassenspannungen zurecht zu kommen. Dies führt inzwischen zu Problemstellungen ideologischer Art. »Welche Phase durchleben wir eigentlich gerade?«, fragt sich die junge Garde der Kommunisten, der Sozialisten und des MAPU. »Wir nehmen den Mund voll mit unserem Sozialismus, und dabei sagt Allende selber, daß die Übernahme der Regierung noch nicht die Übernahme der Macht ist. Wie aber sollen wir die Macht ergreifen, wenn wir die Arbeiter als Klasse politisch entwaffnen? Und wie können wir sie politisch bewaffnen, ohne gleich das ganze Schiff kentern zu lassen, während die Rechte und die Armee danebenstehen?«

Nirgendwo habe ich diesen Widerspruch stärker ausgeprägt gefunden als in der Gruppe des CODELCO, des Amtes für die Planung der Kupferindustrie. Die jungen oder weniger jungen Mitarbeiter des CODELCO waren die Protagonisten der berühmten Verrechnung der Entschädigungszahlungen an die Anaconda und die Kennecott gewesen: Im April von Allende in die Minen geschickt, hatten sie nicht nur den Raubbau, sondern geradezu das Banditentum der imperialistischen Verwaltung während der letzten Monate aufgedeckt, hatten die Schäden säuberlich inventarisiert, die Summe gezogen und zunächst die Partei, dann die Regierung zu der skandalerregenden Verweigerung von Entschädigungszahlungen an die USA gedrängt. Es war ein aufregendes Abenteuer, rasch und perfekt bestanden, so daß die chilenische Rechte und das *State Department* gleichermaßen in Bedrängnis gerieten, durchgestanden vor den Augen einer zunächst schweigend und mißtrauisch zuschauenden Arbeiterklasse, deren Mitarbeit sie schließlich nach viel Mühe gewinnen konnten. Heute ist diese Phase vorüber. Sie haben die Minen kennengelernt, sie sind Ökonomen, Geologen, Soziologen, sie wissen, daß die Erträge reicher sein könnten, daß die Produktivität, jawohl, es ist nicht zu leugnen, gering ist – und das in einem Sektor, der für das Chile Allendes eine Frage von Leben und Tod darstellt. Die Versuchung, das Ganze effektiver neu zu ordnen, ist groß und hat gute Argumente für sich. Doch so, wie die Dinge heute liegen, wer würde für die Neuordnung bezahlen, wenn nicht die Arbeiter? Noch dazu angesichts einer Gewerkschaft, die unten ständisch-korporativ und oben kompromittiert ist? Der junge Mann, der über dieses Problem mit mir spricht, die Daten stets zur Hand und erfüllt von einer wirklichen Hingabe an die Minen und die dort Arbeitenden – jenes ganze wunderschöne, riesige offene Amphitheater von Chuquicamata, *Chuqui*, wie er bündig und fast liebevoll sagt –, weiß nicht mehr, wo er eigentlich steht, wohin er sich stellen soll, mit wem und gegen wen er ist. Gegen den Imperialismus, indem man die Arbeiter schuften läßt? Mit den Arbeitern, und dann zum Teufel mit der Produktion? Das wäre ein Schlag gegen die Regierung, jetzt sofort, während keine Ablösung auf der Linken bereitsteht! Wo gibt es eine Analyse, eine Strategie, eine Organisation, die sich mit diesen Problemen heute in Chile befaßt?

»Ich weiß nicht, ich weiß nicht, was ich tun soll«, sagt er mir. Und dann: »Doch, ich weiß, daß nur eins zu tun bleibt: das Gewehr bereitzuhalten!« – denn alle Probleme, die alten wie die neuen, spitzen sich zu angesichts jener einen Unbekannten: der Armee und der Rechten. So ist nun also – nach einem Jahr legalen Vorgehens und während die ganze Welt vollmundig von der Friedlichkeit des »chilenischen Weges« schwärmt – auch dies kein Geheimnis, für niemanden: In Chile ist die Rechte bewaffnet, ist die Armee bewaffnet, sind die linken Gruppen bewaffnet, und bewaffnet sind auch – mit Vorsicht – die Arbeiterparteien – nicht etwa, weil eine gewaltsame Revolution bevorstünde – keiner strebt sie an –, sondern weil alle glauben, daß sie sich sehr wahrscheinlich bald verteidigen müssen. Gleich einer Welle steigt eine neue Phase des Klassenkampfes auf, und die Linken wissen, daß sie nicht auf sie vorbereitet sind. Die Vorsicht der Kommunisten entspringt nicht einer inneren Berufung zum Zurückweichen, sondern genau diesem Wissen. Und aus derselben Quelle kommt auch die Klarsicht des MIR, der einzigen Kraft, die – mit ungeheuren Schwierigkeiten, wie wir sehen werden – heute das wirkliche Grundproblem der chilenischen Situation erfaßt: den Aufbau eines neuen revolutionären Blocks, rechtzeitig, solange es den Allendismus noch gibt, ehe er von der Rechten besiegt worden ist.

e. Der MIR – Von der minoritären Gruppe zum Aufbau eines neuen revolutionären Blocks

Die erste förmliche Distanzierung von Allende, die der *Movimiento de Izquierda Revolucionaria* (»Bewegung der revolutionären Linken«) vorgenommen hat, ist am 1. November dieses Jahres in Form einer Rede des Generalsekretärs Miguel Enriquez in Temuco veröffentlicht worden. Schon vorher hatte es verschiedentlich Vorbehalte und Proteste anläßlich dieser oder jener Repressionsmaßnahme der Regierung gegeben, aber sie hatten noch nicht die Breite einer politischen Stellungnahme. Diese ist erst in den letzten Wochen ausgereift und liegt nun vor, sorgfältig formuliert bis zum letzten Komma.

Die Genossen vom MIR – gleichgültig, ob im politischen Büro oder in der Basis unter den Studenten, den Arbeitern oder den Bauern – verhehlen nicht, wie schwer ihnen das gefallen ist. Wer die diversen lateinamerikanischen MIR von 1967 gekannt hat – wir meinen jene, die sich zur Hypothese des Guerrilla-Focus bekannten, obwohl natürlich jeder MIR von Land zu Land verschieden war, in seiner zeitlichen Entwicklung wie in seinen Inhalten –, der findet, wenn er heute mit ihnen spricht, zu seiner Überraschung dieselbe Leidenschaftlichkeit, denselben revolutionären Subjektivismus wie damals, nun allerdings ergänzt durch eine außerordentliche Bemühung um genaue Prüfung, um Analyse der Fakten, um die Wiederentdeckung der politischen Theorie, kurz, um das Bedürfnis nach einer nicht mehr voluntaristischen, nicht mehr ungefähren Begründung von Strategie und Taktik, das Bemühen um eine Strategie für die Massen – also um eine lange, geduldige Arbeit. Es ist dies eine Operation, die eine gründliche Umwandlung, politisch wie ideologisch, erfordert. In Chile muß sie im Kampf gegen die Zeit erfolgen, unter Bedingungen, die leichter und zugleich schwieriger sind als anderswo – *leichter*, weil die Legalität dem MIR Bewegungsfreiheit, freie Verbreitung von Ideen und ungehindertes Auftreten erlaubt; *schwieriger*, weil ihn dies bei jeder Gelegenheit zu Stellungnahmen verpflichtet, zur Führung oder Anleitung der Massen, zur Selbstdefinition in einer hochgespannten Atmosphäre, unter den Blitzschlägen der Rechten und in kompliziertem Verhältnis zu Allende.

Die Anwesenheit des MIR macht sich überall bemerkbar. Sie ist »anders« als die der übrigen Parteien: Selten stellt sich einer vom MIR als solcher vor, wenn das Treffen nicht ausdrücklich dafür organisiert worden ist. Jemanden zu fragen: »Sind Sie vom MIR?« ist immer noch eine Taktlosigkeit. In den Fabriken kann es geschehen, daß auf einer Mauer in großen Kohlestrichen der Name MIR zu lesen steht, und daß, wenn der Besucher ihn betrachtet, die Arbeiter zwar lächelnd danebenstehen, aber kein Wort sagen. Wie viele Mitglieder die Organisation hat, fragt man nicht. Mir schien es, als gäbe es überall welche, und ich glaube nicht, daß ich mich getäuscht habe. »Überall« jedenfalls in dem Sinne, daß einer immer noch straff als Führungs-Avantgarde strukturierten Gruppe, geformt noch immer nach dem Modell der langjährigen Illegalität – was nicht wenige »Miristen« inzwischen als ernstes Hindernis empfinden –, sich heute viele Tausende von Jugendlichen anschließen, durch aktive Mitarbeit und in verschiedenen Formen und Graden von Zugehörigkeit, so daß sie in der Praxis zu ihren Kadern werden. Leichter beantwortet man die Frage, *wer* die MIR-Leute sind: Es sind immer noch, gewiß und in der großen Mehrzahl, Jugendliche von intellektueller Herkunft, aus Familien der kleinen und mittleren Bourgeoisie, die jedoch im Laufe eines Jahres begonnen haben, unter den Arbeitern und Bauern Wurzeln zu schlagen. Der Sekretär der Organisation, Miguel Enriquez, der als einer der brillantesten Köpfe Lateinamerikas gilt und mit großer menschlicher Überzeugungskraft begabt ist, mit dem Charisma eines gleichsam natürlichen Anführers, ist der Sohn des hochachtbaren Rektors der Universität von Concepción, Mitglied des *Partido Radical*. Wie sie leben? Sie leben in dauerndem Engagement, als ausschließlich politisch tätige Revolutionäre; es fehlt ihnen – im Guten wie im Schlechten – die Fähigkeit zur Agitation in Versammlungen, die in manchen europäischen Gruppen der außerparlamentarischen Linken so klar ausgeprägt ist; von den »Werten« des Jahres 1968 haben sie die Ablehnung jener bei den Kommunisten üblichen formalisierten und abstrakten Parteizugehörigkeit, überhaupt die ganze Erbschaft aus dem Besten der kubanischen Erfahrung, den Guevarismus, verstanden als die totale Aufopferung. Sie leben zusammen, ohne viel Aufhebens von den Kommunen zu machen, dabei mit einer unerwarteten Bemühung um Ordnung. Was ihnen völlig abgeht, weil die Lage es ihnen wirklich nicht erlaubt, ist der Sinn für das Paradoxe, für das intellektuelle Spiel. Sie lesen mit geradezu verzweifelter Wut Lenin, Engels, Marx. »Eine Epidemie an Leninismus« sagte mir einer von ihnen im Scherz. »Um zu begreifen, was wir sind und was wir werden müssen«, erklärt mir einer, »darfst du nicht vergessen, daß im vorigen Sommer niemand glaubte, Allende werde in den Präsidentenpalast einziehen. Außerdem, als man dann merkte, daß Allende sich doch durchgesetzt hatte, konnte jeder sehen, wie die Rechte sich organisierte. Es war eine ungeheure politische Spannung damals. Zwischen den Wahlen und dem Regierungsantritt konnte jeden Tag, jede Stunde so gut wie alles passieren: Sogar Allendes Leben hing nur an einem Faden.« Er spricht nicht davon – und ich frage auch nicht danach, weil ich es weiß –, wie der MIR damals beschlossen hatte, die Rolle der Prätorianergarde des zukünftigen Präsidenten zu übernehmen, und wie es ihm gelungen war, die Fäden der Ermordung des Generals Schneider zu entwirren, wodurch er einen politischen Sieg errang und ein Prestige gewann, das ihn mit einem Schlage vor der öffentlichen Meinung und den Massen legitimierte. »Dann«, so fährt er fort, »ist Allende an die Regierung gekommen. Ich weiß nicht, wie viele an eine Verwirklichung seines Programms glaubten. Als es anfing und als die Regierung eine gewisse Stabilität erreicht hatte, standen wir unversehens vor ganz neuen Problemen. Darauf waren wir nicht vorbereitet. Keine revolutionäre Gruppe in Lateinamerika war darauf vorbereitet, sich in einem reformistischen Rahmen bewegen zu müssen.« – »Aber ist denn die Regierung wirklich stabil?« – »Nein, das ist es ja gerade. Sie hatte einen gewissen Spielraum und hält ihn auch fest; aber inzwischen ist klar, daß ihr Programm die Rechte immer mehr und zu immer heftigerem Widerspruch treibt, so daß sie auch kurzfristig wieder oder erstmals ›putschistisch‹ werden kann. Allende glaubt, man müsse, um sie zu exorzieren, eine grundlegende Konzession machen: die Bewegung in bestimmten Grenzen halten, die Rechte nicht erschrecken, sie gegen uns absichern. Mehrere Dutzend unserer Genossen sitzen mittlerweile im Gefängnis. Bisher haben wir Allende noch nicht angegriffen; aber jetzt wird diese Politik für die *Unidad popular* allmählich selbstmörderisch. Wenn Allende sich von der linken Basis abschneidet, wenn er sich nicht eine andere Unterstützung der Massen verschafft, dann schwächt er sich jeden Tag selber mehr.« – Aber wenn er nach links geht, dann ist es nicht mehr dasselbe, dann ändert sich alles: Dann beginnt die revolutionäre Phase.

Dies ist die grundlegende Politik, aus der sich erklärt, welche Position der MIR heute hat und welchen Weg er im vergangenen Jahr gegangen ist. Allerdings stellt sie ihn vor sehr delikate Entscheidungen: Wenn man sagt, wie Miguel Enriquez in seiner Rede in Temuco, daß die einzige Rettung vor dem Faschismus in Chile eine Radikalisierung der Regierung Allende durch das Volk sei, so heißt das nicht nur, dem Präsidenten zu bedeuten, wer sein wahrer und einziger Verbündeter ist; es heißt angesichts der Realität auch, diesen Verbündeten aufzubauen: das Proletariat, die Bauern und die Intellektuellen zu einem gesellschaftlichen Block zusammenzuschweißen, der nicht bloß potentiell, sondern *real* revolutionär ist. Dem MIR genügt seine Klarsicht allein nicht, er braucht auch die Kraft, um das zu tun, was die Arbeiterparteien, allen voran die kommunistische, *nicht* getan haben. Und während er das tut, muß er zugleich sich selbst verwandeln: von der begrenzten »Focus-Gruppe«, die er im vorigen Jahr noch war, zur Partei des chilenischen Proletariats. Ein doppelter Salto mortale.

Erfolgreich war der MIR bislang mit Sicherheit unter den Bauern. Das ist kein Zufall: Die Agrarreform ist der schwächste Punkt des ganzen Regierungsprogramms, und gewiß auch der politisch zwiespältigste. Auf der Basis des alten Gesetzes der Regierung Frei, das auf Abschaffung des Großgrundbesitzes zielte, kann man sowohl zur Bildung eines effizienteren, modernen agrarkapitalistischen Bauerneigentums gelangen (nicht umsonst ist die Enteignungsgrenze bei

80 Hektar gezogen worden – eine Dimension, die gewiß nicht bloß der Lösung der Familienfrage dienen soll) als auch zur Bildung von sozialistischen Bauernkollektiven. Ausschlaggebend ist jedoch die Art der Bewegung: Wo sie überhaupt aufkommt, tendiert sie sogleich dazu, die gesetzlich fixierten Grenzen zu überschreiten. Sie akzeptiert nicht die Auflage, daß der Staat Entschädigungen zu zahlen habe. Sie akzeptiert nicht, daß nur der Boden enteignet werden kann und das Agrarkapital folglich über Verkauf oder *Nicht*verkauf von Gebäuden, Maschinen und Ausrüstungen verfügen soll. Sie akzeptiert auch die Grenze von 80 Hektar nicht – zum ersten, weil in Chile durchaus nicht nur Großgrundbesitz existiert, sondern auch ein bäuerlich-kapitalistisches Siedlertum, das auf Landstücken unterhalb der Kategorie der »Latifundien« zu einer der brutalsten Formen von Ausbeutung der kleinen, landlosen Bauern – der *mapuches* – geführt hat, zum anderen schließlich, weil es durchaus nicht immer nur das – häufig brachliegende – große Land ist, was der Bauer mit größter Mühsal bearbeitet hat und nun für sich haben will.

Mit der Entscheidung, den Tiger dieses Widerspruchs zu reiten, genauer, ihn, wo er noch schläft, überhaupt erst einmal zu wecken, hat der MIR eine präzise und folgenreiche Wahl getroffen. Er ist aufs Land gegangen (fünfzehnhundert Studenten allein aus der Universität Concepción haben die Sommermonate unter den Bauern im Süden verbracht) und hat sich an die Spitze der Bewegung gesetzt. Und hier hat er einen wirklichen Reifeprozeß durchgemacht, nicht nur im Hinblick auf die organisatorischen Probleme, denen er sich plötzlich konfrontiert sah, sondern auch im politischen Sinn: Seine Analyse des Klassenkampfes auf dem Lande ist so präzise, daß sie ein gegliedertes Aktionsprogramm ergibt, eines, das die Regierung und die Rechte auf fortgeschrittenem Terrain in Schwierigkeiten bringt, das Allende die Wahl zwischen Repression und Toleranz aufzwingt und ihn somit veranlaßt, die Zwiespältigkeit der Agrargesetzgebung zugunsten der einen oder der anderen Klasse aufzugeben. Der »gesetzestreue« Minister für die Agrarreform und Gründer des MAPU, Chonchol, zeigt offen seinen Ärger über diese Bewegung, gerade weil sie so schwer zu behandeln ist: Doch »sein« MAPU hat sich, wo immer er einen realen Einfluß unter den

Bauern behalten wollte, nach links radikalisiert und ist in den meisten Fällen zu einem Verbündeten des MIR geworden. Das gleiche gilt für die jungen Sozialisten. Wenn also Regierung oder Polizei vom Ärger zur Repression übergehen, dann ist es Allende, der den Preis bezahlen muß, und nicht der MIR. Als am 22. Oktober dieses Jahres ein Bauer von den Rechten umgebracht wurde, bedeutete dies die Eröffnung der Anklage gegen Allende, jene neue Oppositionsplattform eines MIR, den die Bauern inzwischen voll anerkennen als eine Kraft auf ihrer Seite.

Weniger klar ist das Programm des MIR in anderen Bereichen. Dies liegt daran, daß es in den Industriebetrieben, verstaatlicht oder nicht, und im Ausbildungssektor sehr viel schwieriger ist, ein »revolutionäres« Konzept zu entwickeln. Eine Arbeiterbewegung mit langer Tradition, aber aufgesplittert in eine Vielzahl von korporativen Einzelsituationen und eingebunden in die von den Kommunisten gehätschelte Ideologie der »Mitbestimmung«, neigt ständig dazu – solange sie ihre politische Autonomie als Klasse nicht entdeckt hat –, sich lediglich im Kampf um höhere Löhne auszudrücken. Der MIR erkennt klar, daß es heute gerade diese Forderungen sind, die die Regierung am schnellsten zugrunderichten können (sei es, daß sie der Rechten mehr Spielraum verschaffen, sei es, daß sie die Regierung zwingen, sich bedingungslos in die Arme der Sowjetunion zu retten – und dann Adieu Allende und rascher noch Adieu MIR…), und daß mit ihnen gewiß kein politischer Klassenblock errichtet werden kann. Doch wie anders wäre das chilenische Proletariat zu rekonstruieren, wenn nicht auf der höchsten Stufe, die der Klassenkampf in Europa je erreicht hat? Es geht darum, einen historischen Sprung zu vollführen, auf den niemand vorbereitet ist. Dies sind die Schwierigkeiten, unter denen sich heute die allerersten Keime der Arbeiterfront des MIR in den Betrieben bilden müssen. Eines ist ihnen bereits klar, wenn auch noch nicht in allen Konsequenzen: daß die Syndikalisierung der Arbeitermitverwaltung eine Grenze hat; und einen ersten Punkt treiben sie zusammen mit der sozialistischen Linken voran: die Betonung der direkten Arbeitermacht – wenn auch keiner von denen, die mit mir gesprochen haben, bereit war, im Namen einer eindeutigen Doppelherrschaft auf jene Formen von »Partizipation« zu verzichten, die heute unweigerlich die Regierung und die traditionellen Institutionen weiter stärken.

Noch deutlicher erscheint diese Schranke in der Studentenpolitik des MIR. Unter den Arbeitern hatte er im Grunde noch nie existiert; er beginnt gerade erst, sich dort zu verankern. Unter den Studenten dagegen besaß er seit langem eine beachtliche Macht. Das negativste Symptom ist heute, daß nicht nur die Rechte ihre Vorherrschaft in der Universität Santiago zurückgewonnen hat, sondern der MIR auch seine bislang unbestrittene Hegemonie in Concepción verliert. Als ich mit dem Studentenführer dort sprach, wiederholte er immerfort: »Die Studenten sind eben Kleinbürger.« Ein wenig besser war es in Santiago, wo wir am Vortag meiner Abreise eine Diskussion über die europäische Studentenbewegung veranstalteten; hier war die Selbstkritik deutlicher. Daß der MIR in den Universitäten schwächer wird, liegt nicht an der Stärke der Rechten, sondern daran, daß er im Grunde nicht mehr politisch vorhanden war, seit er aufgehört hat, ein bloßer ideologischer Bezugspunkt zu sein (die Idee der lateinamerikanischen Revolution, Kuba, Che…), seit er sich darangemacht hat, eine Strategie zu entwickeln.

Über all das – so konnte ich feststellen – sind sich die Führer des MIR im klaren. Schließlich haben sie erst ein Jahr »dieses« Lebens hinter sich; wie sollte man nicht zugeben, daß sie Wunder vollbracht haben? Und etwas noch Dramatischeres liegt hinter ihnen – etwas, aus dem jener Akzent einer resoluten Bescheidenheit kommt, mit dem sie über sich selbst und über ihre Aufgaben sprechen: der Aufstieg und das Ende des guevaristischen Revolutionsmodells, aus dem sie politisch hervorgegangen sind. Hinter allen lateinamerikanischen MIR steht diese Realität – eine Geschichte, eine nicht abgeschlossene Bilanz, die mit der Bürde einer ungeheuren Anstrengung und zuviel vergossenen Blutes auf ihnen lastet. Diese Geschichte zu vollenden haben nur sie das Recht.

»Die Strategie des Guerrilla-Focus, der *foquismo*, hat eine ganze Generation von Revolutionären gekostet, doch ohne den *foquismo* gäbe es heute keine revolutionäre Bewegung in Lateinamerika, keine, die auf neuen Grundlagen neu beginnen könnte.« Dies sagte mir – nach einer Totenzählung, die einem das Herz zusammenschnürte – ein brasilianischer

Genosse, der heute im Exil lebt. In ganz derselben Weise spricht auch der venezolanische MIR, der nach neun Jahren der Guerrilla den harten Kampf um eine proletarische Rekonstruktion aufgenommen hat. Die revolutionäre Bewegung hat keine anderen Kader als die aus dieser schrecklichen Aussaat hervorgegangenen – aus der einzigen, die es gab, gegenüber Jahrzehnten des kommunistischen Opportunismus. Und dieselbe oder nur eine geringfügig andere Geschichte steht hinter dem chilenischen MIR, der ebenfalls gezwungen war, die Abrechnung mit seinem Ursprung zu machen, und der sie in mühsamen Spaltungen und Wiedervereinigungen ausgedrückt hat.

Vor diesem Hintergrund von Krise und Aufstieg der lateinamerikanischen Revolution und in einem politischen Rahmen von beispielloser Besonderheit muß der chilenische MIR, noch dazu in lächerlich kurzer Zeit, seine Alternative begründen: Allende vor der Rechten retten, indem man über Allende hinausgeht. Ein doppelter Salto mortale, sagten wir. Und ohne Netz. Denn welches politische Hinterland gäbe es wohl? Kuba nicht mehr; Kuba ist nur noch der große Nährboden, das Ideal, aus dem sie alle hervorgegangen sind. Heute ist es jedoch nicht fähig oder nicht bereit, die wahre Abrechnung mit der wahren Erbschaft des Guevarismus zu machen: Castro war nach Chile nur gekommen, um Allende zu decken und den »Ungeduldigen« vom MIR Ruhe zu empfehlen. Auch nicht China, das von Lateinamerika weit entfernt zu sein scheint, obwohl es – was die Probleme des sogenannten »Übergangs« in Chile betrifft – der einzige theoretische Bezugspunkt, der einzige Kompaß sein könnte. Auch eine wirkliche Verbindung zwischen den revolutionären Kräften des Subkontinents gibt es heute nicht, obwohl Chile Exilierte aus allen Ländern beherbergt und die Solidarität durchaus echt ist. »Wir wissen, daß wir ohne einen internationalen Rahmen nicht existieren können«, sagte mir ein Führer des MIR, »aber wir haben keine privilegierte Beziehung mehr, zu niemandem.«

Ist das schlimm? Es ist schlimm, für die Genossen vom MIR wie für uns – nur daß sie in einem bedeutend gefährlicheren Rahmen operieren. Eines aber ist neu: Daß heute mehr als zur Zeit der Guerrilla die Probleme der revolutionären Kräfte in

Lateinamerika auch die unseren sind, und umgekehrt. Entwicklung und Krise der traditionellen imperialistischen Formen haben, gemessen an 1967 (dem Jahr der OLAS-Konferenz), die Außergewöhnlichkeit Lateinamerikas verringert; und sie sind dabei, die Außergewöhnlichkeit Chiles auf dem Subkontinent zu verringern. Die Probleme vereinigen sich. Wenn die Genossen des chilenischen MIR die Aufgaben bewältigen, denen sie gegenüberstehen, so verrichten sie nicht nur für sich, sondern für ganz Lateinamerika und sogar für uns eine gewaltige, weit vorantreibende Arbeit.

III. Eine Hoffnung unter Panzern begraben*

War es unvermeidlich? Nach den ersten Reaktionen von Bestürzung, Wut und Schmerz – wer die chilenischen Genossen gekannt hat, erlebte gestern die Beklemmung jener Augenblicke, in denen das handgreifliche Geschehen der Tagesgeschichte sich umsetzt in die Lebendigkeit von Bildern, in unmittelbare Vorstellung von den Protagonisten und ihren Leiden – ist dies die drängende Frage: War es unvermeidlich? Mußte es so enden? Und ist es wirklich zu Ende?

Wir bescheiden uns nicht mit den beiden simpelsten Antworten, die zu dieser Stunde in der italienischen Linken umgehen. Die KPI erklärt alles mit der Verschwörung der Rechten, reduziert das Ganze auf einen faschistischen Putsch. Damit erklärt sie gar nichts, denn begreiflich zu machen ist, wieso nach dreijähriger Herrschaft des Volkes ein faschistischer Staatsstreich von solcher Brutalität erfolgreich sein kann, ohne auch nur den Vorteil der Überraschung für sich zu haben – denn schließlich hatte er sich mehrfach in früheren Versuchen angekündigt. Die revolutionäre Linke erklärt alles, indem sie den Allendismus auf »bloße Illusion«, auf reinen Demokratismus und Legalismus reduziert, der als solcher natürlich zum Scheitern verurteilt war. Doch damit erklärt sie nicht, wie ein reiner Demokratismus und Legalismus es

---

* *Una speranza sotto i carri armati* – geschrieben am 12. September 1973 als Kommentar zu den ersten Meldungen über den Putsch in Chile, veröffentlicht in der Tageszeitung *Il Manifesto* vom 13. 9. 1973; nachgedruckt in *Sul Cile*, a.a.O., S. 77 ff. (*Anm. d. Üb.*).

geschafft haben sollen, den Klassenkampf in Chile so weit zu radikalisieren, daß er gestern zu einem Putsch führen konnte, der offensichtlich weiter nach rechts gegangen ist, als es die Kräfte, die ihn betrieben, selbst erwartet und gewünscht hatten – zu einem Putsch also, der politisch ziemlich schwach ist.

Zweifellos trägt er, so wie er schließlich durchgeführt worden ist, das Prägezeichen des Faschismus. Doch was die KPI verschweigt, ist, daß diese neue Charakterisierung der Armee *nicht* von der äußersten Rechten des Landes bewirkt worden ist, sondern vom innersten Kern des Besitzbürgertums und seiner traditionell »zentristischen« oder gar »zentristisch-reformistischen« Partei, der Christdemokratie. Diese hatte zwar die Wahl Allendes zu einem Zeitpunkt unterstützt, als sie zu schwach war und nur zwischen ihm und der agrarischen und faschistischen Rechten wählen konnte; aber sie tat das in der tiefen, fest im Großbürgertum verwurzelten Überzeugung, daß sie ihn schon werde erpressen können, wann immer sie wolle. Doch als der »chilenische Prozeß« sich radikalisierte und der Allendismus sich in der Frage der staatlichen Eingriffe in die Wirtschaft nicht von der parlamentarischen Opposition bremsen ließ, war es die Christdemokratie, die als erste und eigenhändig zum vernichtenden Angriff überging – auf zwei Ebenen und mit zwei Perspektiven zugleich: zum einen auf parlamentarischer, indem sie die legislative Tätigkeit der Regierung bei jeder Gelegenheit blockierte, Allende mit dem Rücken zur Wand drängte und ihn damit provozierte, die Grenzen seiner ohnehin enormen Präsidentenvollmachten zu strapazieren, um ihn dann für »illegal« erklären und die eigene »Verfassungstreue« zu seinem Sturz benutzen zu können – kurzum, der »friedliche Weg zur Konterrevolution«; zum anderen auf der Ebene der Massenaktionen, indem sie kaltblütig die unzufriedenen Mittelschichten, die unmittelbar von der Produktionskrise und der Inflationswelle betroffen waren, organisierte, ihnen schließlich sogar eine regelrechte paramilitärische Organisation verschaffte, in die sich dann natürlich die Kommandos von *Patria y Libertad* einnisten konnten – also der schlichte und pure Faschismus. Dies war der offene Weg zum Umsturz, der Aufbau einer gesellschaftlichen Basis für den »Putschismus«. Keine ernsthafte Analyse der Ereignisse in Chile ist möglich, wenn man davon absieht, daß ein politisch-gesellschaftlicher Block, zusammengesetzt aus dem Besitzbürgertum und den übelsten Gruppen der Mittelschicht, die sich vom reformistischen Prozeß ideologisch und materiell geschädigt sahen, *bewußt zum Zwecke des Umsturzes geschaffen* worden ist, und daß die historische Verantwortung dafür einzig und allein bei der Christdemokratie liegt – nicht bei diesem oder jenem ihrer Flügel, sondern bei der gesamten chilenischen DC, die teils aus freiem Willen und teils aus Feigheit die Schuld an dieser Entscheidung trägt.

Doch dieselbe Analyse verbietet auch, den Allendismus als »bloße Illusion« des Demokratismus und Legalismus abzutun. Die »bloßen Illusionen« erschüttern niemanden: Der Allendismus aber hat nicht nur die alten Gleichgewichte erschüttert, sondern auch die neuen, auf denen der »Reformismus« eines Frei voranschreiten sollte, der ja ebenfalls nicht ohne eine Reihe von Verstaatlichungs- und Rationalisierungsmaßnahmen auskam und ebenfalls eine relative, wohlkontrollierte Einkommensverbesserung der am meisten Verelendeten implizierte. Auch setzen die »bloßen Illusionen« keine Menschenmassen in Bewegung: Der Allendismus aber hat ein revolutionäres Potential geweckt und in Gang gesetzt, das ihn selbst rasch in Schwierigkeiten brachte. Gewiß, er hat es durch seine eigenen Borniertheiten in Gang gesetzt, indem er die Massen rasch an jenen Punkt führte, wo sie geradezu handgreiflich erkannten, wie weit sie noch gehen konnten, und wo sie unweigerlich mit dem Klassenfeind zusammenprallen mußten, sowohl im politischen Mechanismus wie im ökonomischen, in der ganzen Undurchsichtigkeit der kapitalistischen Anarchie und ihrer zügellosen Reaktionen. Dies gilt so sehr, daß – als die ersten Monate des Enthusiasmus erst einmal vorüber und die dringendsten sozialen Maßnahmen (Neuverteilung der Einkommen, Löhne, Renten, Wohnungen) erst einmal getroffen waren – der Bewußtwerdungsprozeß des Volkes nie so rasch voranschritt wie zu der Zeit, als die christdemokratische Opposition wieder voll einsetzte, als die Front des Klassenkampfes wieder in aller Härte hervorzutreten begann – als die einfachen Illusionen zusammenbrachen.

In diesem Punkt waren sämtliche Voraussagen falsch, in Chile ebenso wie außerhalb: Je härter die Christdemokraten angriffen und je drückender die ökonomische Erpressung wurde, desto schneller reifte jenes Bewußtsein unter den Massen, das sich in dem für alle unerwarteten Triumph des Wahlsieges vom März 1973 äußerte. Wir sagen absichtlich *Triumph,* denn das größere Gewicht, das die *Unidad popular* damit gewonnen hatte, bedeutete damals nicht allein die Zerstörung der einzigen legalen Waffe der DC – einer Zweidrittelmehrheit, mit der sie die legale Absetzung des Präsidenten hätte erreichen können –, sondern auch einen Sieg über die Christdemokratie im Namen einer sozialistischen Idee und nichts anderem, im Namen einer Macht des Volkes und nichts anderem, denn keinerlei rosige Illusion oder Hoffnung eines leichten Weges war zu diesem Zeitpunkt noch möglich.

Der Wert und das Drama des Allendismus waren dies: einen revolutionären Reifeprozeß in Gang gesetzt zu haben, der die Grenzen des aufgeklärtesten Reformismus schnell sprengen mußte. Hierin hatten die Genossen vom MIR durchaus recht, und hierin hatten auch wir recht: Der legale Rahmen wurde bald nicht nur zu eng, sondern auch brüchig, da der gesellschaftliche Konflikt ihm von allen Seiten hart zusetzte, sowohl die Rechte wie die Linke radikalisierte, auch die Armee erfaßte, sie mit hineinriß und den Gesetzen des institutionellen Kompromisses seine ganze Wahrheit machtvoll aufzwang. Aber recht hatte der MIR, der ja nicht zufällig die »Focus-Strategie« aufgegeben hatte, und recht hatten wir auch mit diesem: Die allendistische Phase mit ihrem rigorosen Reformismus – Allende hat stets versucht, mit der DC zu diskutieren, aber letztlich hat er ihr niemals Zugeständnisse gemacht und dafür nun auch mit seinem Leben bezahlt – war eine zuvor nicht vorhandene Bedingung für die *gesellschaftliche* Reifung des chilenischen Revolutionsprozesses. Der Allendismus schuf erstmals die Bedingungen für einen Übergang des chilenischen Proletariats aus seiner doppelten Unselbständigkeit – reiner Ökonomismus plus reiner Elektoralismus – zur politisch autonomen Kraft der Klasse, die sich als antagonistischer gesellschaftlicher Block im Produktionsprozeß erkannte, einen ersten sehr schwierigen Versuch zur eigenen Vereinigung unternahm, in eine erste sehr schwierige Beziehung zu den Studenten und den Randgruppen trat, ihre neuen Organisationsformen – die Räte – entdeckte und eine Dialektik mit ihren traditionellen sowie zugleich mit den revolutionären Organisationen eröffnete, indem sie insgesamt die Inhalte des Klassenkampfes von Grund auf umwandelte. Die *cordones industriales,* die sozialistische Linke, der chilenische MIR – sie alle sind politische Formen von einer Reife, die in Lateinamerika ohne Beispiel ist. Und es war kein Zufall, daß sie allesamt nicht etwa auf rasche Beendigung der allendistischen Phase drängten, sondern im Gegenteil auf ihre Verlängerung – eben weil die Perspektive einer linken Überwindung dieser Phase ein langes Heranwachsen jenes gerade erst sich bildenden neuen politisch-gesellschaftlichen Blockes erforderte, der schließlich zur Zerstörung der *Unidad popular* bei gleichzeitig völliger Neubegründung der chilenischen Linken führen mußte.

Genau dies ist der Prozeß, gegen den der »Putsch« nun entfesselt worden ist; und Allende wurde niedergemacht, nicht weil er sein Ausdruck, aber sehr wohl seine Bedingung war. Das ist das Drama, das sich in Allendes Schicksal verkörpert: daß er nur das vorübergehende Bindeglied sein konnte, der Auslösemechanismus für Prozesse, die nicht nur über seinen Willen und Horizont hinausgehen mußten, sondern auch über seine Möglichkeiten einer effektiven Kontrolle. Man wird ihm viele Fehler in Taktik und Strategie vorwerfen können – und zwar Fehler von genau entgegengesetzter Art als jene, die ihm italienische und französische Kommunisten spießig vorzuwerfen begonnen haben, als sie vor kurzem, gerade zurückgekehrt von einer Reise nach Chile, seine Regierung wegen ihrer »Nachsichtigkeit« gegenüber den Linken« angriffen. Es ist die schwere Verantwortlichkeit Allendes, daß er anfangs – wie vom MIR wiederholt angeprangert – die ökonomischen Mechanismen des Kapitals unterschätzte, indem er die Einflußmöglichkeiten eines halben Staatskapitalismus mythifizierte und die autonome Verhandlungsmacht der Massen zugunsten einer althergebrachten Illusion von der Partei beschränkte, und daß er später, nach der Oktoberkrise und vor allem nach den Wahlen im März 1973, keine Entscheidung zu treffen wußte oder vermochte, als eine Entscheidung unumgänglich war, daß er an einen Kompromiß geglaubt hatte, als jeder Kompromiß bereits ausgeschlossen war. Es war gewiß nicht Mangel an persönlichem Mut, sondern die Überzeugung von dem ungleichen Kräfteverhältnis, was Allende hinderte, eine Abschaffung der traditionellen Armee ins Auge zu fassen, was ihn noch zögern ließ – und gemeinsam mit ihm die Kommunisten, deren Verantwortlichkeit noch größer ist –, als Zögern bereits nicht mehr realistisch war. Nach dem Putschversuch vom 29. Juni die Legalität zu verlassen, wäre ein großes Risiko gewesen: Nicht einmal der MIR hatte sich mit diesem Vorschlag hören lassen. Doch was gestern geschehen ist, gibt zu bedenken, ob es inzwischen nicht unerläßlich geworden war, den nicht länger vermeidbaren Bruch mutig ins Auge zu fassen, obwohl der Sieg keineswegs sicher war.

Das Zögern war fatal, doch daß es mit dem »Putsch« endete, darf uns über eines nicht täuschen: Es bedeutet ohne Zweifel das Ende des »chilenischen Weges«, nicht aber das Ende der chilenischen Revolution. Auch sollte man keine vorschnellen Urteile über die Reaktion der Massen fällen: Erstens wissen wir darüber kaum etwas, und zweitens könnten eventuelle Vorbereitungen für den Widerstand unmöglich einen bewaffneten Kampf gegen die *gesamte* Armee vorausplanen (falls diese geschlossen reagiert), sondern zunächst nur den Übergang zu einem Untergrundkampf, dessen Stärke wir ja bald sehen werden. Günstig für diesen Kampf ist die politische Schwäche der Militärjunta, die nicht imstande gewesen ist, der Christdemokratie jenen »sauberen Putsch« zu schenken, den diese benötigte. Die chilenische Armee ist aus der Legalität getreten, um die Tradition der Nazis fortzusetzen; nicht zufällig ist sie international sogar von ihren eigenen, wahren Verbündeten isoliert wie einer, der das Kainsmal trägt. Seit 24 Stunden müht sie sich verzweifelt, eine »zivile« Unterstützung zu finden; sie findet keine. Hinter den Kulissen versteckt, wagt Frei sein Gesicht nicht zu zeigen, da es für immer von der Ermordung Allendes gezeichnet ist. Chile ist eingetreten in eine neue Phase des Übergangs, die sich zwangsläufig weiter zuspitzen muß.

Seit gestern beginnt die chilenische Revolution von neuem, verletzt und zugleich bereichert durch die Gesamtheit der Lehren, die – im Guten wie im Schlimmen – der Allendismus ihr erteilt hat. Nie wieder wird sie zurückfallen in ihre kurze Illusion vom Legalismus, mag es auch immer noch einige geben, die sie nähren. Nie wieder wird sie ihre Autonomie vergessen, ihre Entdeckung der Komplexität einer radikalen gesellschaftlichen – nicht nur politischen – Umwandlung, von der sie für immer geprägt ist. Wenn in diesen schmerzlichen Stunden nicht deutlich wird, wo, versteckt unter den Panzern und verheimlicht von der Zensur, die Schützengräben verlaufen, in denen die Klasse in Chile kämpft, so allein deshalb, weil Santiago, Concepción, die Arbeiter der *cordones* so weit entfernt sind und abgeschnitten von jeder Kommunikation mit der übrigen Welt. Aber diese Gräben sind tief ausgehoben worden, überall, in den handgreiflichen Gewinnen an Macht und Bewußtsein, von den Fabriken bis zu den *poblaciones*. Um dies alles zu liquidieren, bedarf es mehr als eines Massakers. Unsere chilenischen Genossen stehen mitten im Kampf; es soll ihnen nicht an unserer Stimme fehlen, unserer Solidarität, unserer Fähigkeit, hier in Italien den gemeinsamen Gegner zu bekämpfen, für uns selbst wie für sie.

IV. Was zu tun und was zu lernen ist*

Seit einer Woche verfolgen wir Stunde um Stunde die chilenische Tragödie. Ungenau, mit bruchstückartigen Informationen, mit wenigen politischen Hinweisen, an die man sich halten kann. Zwei dringende Reflexionen zwingen sich auf: Was ist zu tun, und welche Lehren sind zu ziehen?

Was tun? Inzwischen scheint klar, daß eine Widerstandsbewegung solide Wurzeln im Lande geschlagen hat. Dies wird deutlich an der ständig zunehmenden passiven Verweigerung jeder Normalisierung bei einem überaus großen Teil der Bevölkerung (all jene, die nicht an die Arbeit zurückgehen, die der Junta den Gehorsam verweigern), an der aktiven Besetzung von Fabriken, jenen Bastionen, die, wenn überhaupt, nur durch Waffengewalt bezwingbar sind, an den koordinierten Aktionen einer Stadtguerrilla, die mit großer Aggressivität und Effizienz vorgeht: Um die Erstürmung einer Kaserne in Santiago abzuwehren, mußte das Militär die Luftwaffe einsetzen, und auch dann noch konnte sich das Kommando ohne Verluste zurückziehen. Das bedeutet, daß

---

* *Che fare e cosa imparare* – Kommentar in *Il Manifesto* vom 20. September 1973; nachgedruckt in *Sul Cile*, a.a.O., S. 85 ff. (*Anm. d. Üb.*).

gegen die Junta auf verschiedenen Ebenen und in verschiedenen Graden von Organisiertheit operiert wird. Das Ganze gleicht weniger den sonstigen Stadtguerrillas als der italienischen Résistance unter deutscher Besatzung.

Auch handelt es sich um mehr als bloße Demonstration eines Kampfwillens, der zwar stark, aber ohne kurzfristige politische Perspektiven wäre. Mehrere politische Ziele von großer Tragweite sind bereits erreicht worden: Vor allem hat der Widerstand verhindert, daß der »Putsch« relativ schmerzlos vonstatten gehen und schon bald »verfassungsmäßige« oder »peruanische« Hüllen anlegen konnte. Er verhindert zur Zeit einen Übergang der Macht auf »Zivilisten«, der die Augen der Welt von der blutenden Wunde ablenken würde. Zudem hat der Widerstand eine rasch sich verschärfende Krise in Charakter und Ideologie der chilenischen Bourgeoisie aufgerissen: Hatten Armee und Christdemokratie zu Anfang noch hochheilig versichert, daß Allende nur massakriert worden sei, damit Chile seine Institutionen wiederbekomme, so sind sie nun durch eben jenen Mechanismus, den sie selbst in Gang gesetzt haben, gezwungen, laut zu verkünden, daß die Zeit der Institutionen und des »freien Dialogs« zwischen den politischen Kräften vorbei ist und niemals zurückkehren wird: Es sei dies, so schreiben sie, das *agotamiento,* das historische Ende des Parlaments, der Parteien und der Freiheit in Chile. Wie die Großhändler, die das Land zwei Jahre lang hungern ließen (der Schwarzmarkt war ihnen ja einträglich genug), heute die Wahrheit der gehorteten Waren ans Licht lassen, so enthüllt die Christdemokratie nun, kaum daß ihr die Institutionen aus der Hand gleiten, ihre nackte Entschlossenheit zur Aufrechterhaltung einer Klassenherrschaft ohne jede Vermittlung. Und die Tatsache, daß ihr die übrigen lateinamerikanischen Schwesterparteien auf diesem Wege folgen, wodurch sie sich noch weiter als die jeweiligen Regierungen nach rechts verlagern, hat bedeutsame Konsequenzen für die ganze reformistische und »desarollistische« Hypothese auf dem Subkontinent. Das Ergebnis ist eine fatale Schwächung des herrschenden Blocks – und zwar nicht nur in Chile. Mit Sicherheit sind Spannungen und Risse in rascher Folge zu erwarten. Wenn die Armee sich auch nicht gespalten hat, so wäre doch der Gedanke, sie sei politisch fest geschlossen, heute nicht weniger illusionär, als es gestern die Beschwörung ihrer gänzlich loyalen Einstellung war. Nicht in erster Linie der Abgang von General Prats, wohl aber die Krise im Oberkommando der Carabineros mit der Absetzung dreier Generäle, der inzwischen sichere passive Widerstand bei den im Süden stationierten Streitkräften, die Widersprüche in den Erklärungen der Militärs, ihre offensichtliche Unsicherheit in politischen Fragen beweisen, daß nichts anderes sie zusammenhält als das Blut, das sie vergießen, das Massaker, das sie alle gemeinsam zu verantworten haben. Doch ein derartig frontaler Bruch mit dem ganzen Land, in dem unwiderrufliche Wünsche und Bedürfnisse bereits geweckt worden sind – wie lange kann er vorangetrieben werden, ohne die internen und internationalen Schranken und Notwendigkeiten des Kapitals selbst anzutasten?

Die Christdemokratie war ja kein Ornament, sondern eine innere Notwendigkeit, ebenso wie der Reformismus eines Tomic in den sechziger Jahren. Die Herrschenden brauchen zwar Massaker, aber es müssen schnelle, wirksame und definitive sein, über die man rasch Gras wachsen lassen kann wie über die verscharrten Toten. Wo dies nicht möglich ist, verändert sich alles: die Manövrierfähigkeit, der gesellschaftliche Block, das Produktionsmodell, die internationalen Bündnisse des Kapitals – und was am Ende herauskommt, ist Brasilien. Also verbrennt die Christdemokratie, indem sie das Vorfeld der faschistischen Schrankenlosigkeit betritt, hinter sich die Schiffe einer zukünftigen gesellschaftlichen Vermittlung: Alle, von Frei bis Fuentealba, treffen ihre Klassenentscheidung – doch sie können es nicht, ohne zugleich einen Teil ihrer bisherigen Basis unter den Arbeitern und Bauern an die Résistance abzutreten. Die Hypothese einer durch Klassenmischung christdemokratischen Zuschnitts vermittelten Stabilisierung ist geplatzt.

Wenn dies stimmt, so gibt es vieles, was zu tun ist, und es geht weit hinaus über die bloße Bekundung von Solidarität mit denen, die im Kampfe stehen. Es kann bis zum gemeinsamen Kampf Seite an Seite mit dem chilenischen Widerstand reichen – und zwar mit dem *gesamten* chilenischen Widerstand. Zunächst, indem man ihn hier im Lande politisch lebendig macht durch Demonstrationen, Umzüge, Proteste;

indem man handgreiflich an ihm teilhat durch Sammlungen von Mitteln und vielleicht auch von mehr: In Argentinien war schon von internationalen Brigaden die Rede. Über diesen Punkt können nur die Chilenen selbst entscheiden, sofern er nicht von der militärischen Lage bereits entschieden ist: Anders als damals in Spanien scheint es in Chile nicht freie und besetzte Gebiete zu geben. Wenn der Widerstand zwar vielfältig und weitverzweigt in allen Fugen und Falten der Gesellschaft sitzt, aber zur Zeit noch nicht über eigene Stützpunkte verfügt, dann ist die direkte Hilfe, die man ihm bieten kann, von anderer Art. Als nächstes kommt es darauf an, den Widerstand hierher zu übertragen, mit den recht konkreten Zielen einer sofortigen Isolierung der Junta und eines entscheidenden Schlages gegen die hiesige Christdemokratie. Die italienische Regierung soll wissen – und sie weiß es besser, wenn die Massen und die Parteien, die diese zu repräsentieren behaupten, es ihr in aller Klarheit sagen –, daß eine Anerkennung der Junta sie um ihre derzeitige Koalitionsformel bringen würde. Die italienische DC muß nackt dastehen wie die chilenische, und die Sozialistische Partei muß sich entscheiden vor den Augen von Millionen von Arbeitern. Es gibt keine nationale Dringlichkeit, die das italienische Proletariat veranlassen könnte, eine Anerkennung der Junta ungehindert durchgehen zu lassen. Besser noch wäre, soviel um der Klarheit willen, die diplomatischen Beziehungen zu Santiago ganz abzubrechen, sobald die Botschaften nicht mehr als politische Asyle fungieren können – und dies wird bald der Fall sein –, um damit klar und unzweideutig anzuzeigen, daß der einzige politische Gesprächspartner Italiens in Chile die Résistance ist. Zusätzlich muß ein Abbruch der Handelsbeziehungen und aller finanziellen Unterstützungen ins Auge gefaßt werden.

Frei hatte umfangreiche Hilfen von Italien erhalten, die dann, als Allende kam – und auch das gehört zu den Schändlichkeiten des *Centro-Sinistra* –, sofort eingefroren wurden. Die Regierung soll wissen, daß sie, falls dieses Eis jetzt schmelzen sollte, weder leichten noch ruhigen Stand haben wird. Und auf der Hut sein sollten auch die Arbeiter bei Fiat, Pirelli, Ceat und anderen Großabnehmern des chilenischen Kupfers: Der Widerstand gegen die Junta kann sehr wohl auch durch Sabotage bei uns hindurchführen. Aber das »Was tun?« impliziert auch, daß wir das Geschehen in Chile, mehr als es früher möglich war, als unser eigenes Problem erfahren, als das Problem der gesamten Arbeiterbewegung. Vor einiger Zeit schrieb uns ein Genosse der sozialistischen Linken aus Santiago: »Ihr, die ganze europäische revolutionäre Linke, seid nicht solidarisch mit uns; und vielleicht ist das auch ganz richtig so, solange wir uns eure Solidarität nicht verdient haben.« In Wahrheit freilich hat die europäische Linke ihre Vorstellung von Chile aus den Bildern entnommen, die von den Kommunistischen Parteien übermittelt worden sind. Wer daran glaubte, hat Friedlichkeit und Indifferenz daraus abgeleitet, wenn nicht gar die Perspektive eines immer gemütlicheren Übergangs zum Sozialismus. Wer an die gemütlichen Übergänge nicht glaubte, neigte eher dazu, Chile insgesamt auszuklammern, als wirklich zu begreifen, welches höhere Kampfniveau, welche Freisetzung von Kräften und welches Aufflammen die chilenische Erfahrung provozierte. Wir sind allesamt mitschuldig an jenem Mangel an Solidarität, der vor allem darin bestand, die wirklichen Grundzüge dieses politischen Geschehens nicht erkennen zu wollen oder nicht begreifen zu können. Und wenn wir heute wieder beginnen, mit größerem Ernst darüber nachzudenken, so heißt das nicht, aus der Distanz die Fakten anderer auseinanderzunehmen, sondern unnachsichtig uns selbst zu analysieren.

Denn der Ausgang des chilenischen Experiments stellt eine ganze Reihe von Pseudowahrheiten in Frage. In der *Unità* vom letzten Sonntag geben Bufalini und Giuliano Pajetta beide zu: *de te fabula narratur,* von uns ist die Rede, beziehungsweise von ihnen, den Kommunisten. Auch nimmt Bufalini für sie in Anspruch, sie hätten schon immer gewußt, daß die Bourgeoisie zur Verletzung der Legalität bereit ist. Doch zu der Frage, *wie* man die Bourgeoisie daran hindern kann, wissen beide nur eine noch vorsichtigere Taktik zu empfehlen und sehen sich bestätigt in ihrer These von der Notwendigkeit des Dialogs mit der Christdemokratie und den Mittelschichten, beide als potentielle Verbündete für ein *nationales* Idealprogramm aufgefaßt. Und was die Verantwortung für die Zuspitzung der Krise angeht, so werfen die beiden Kommunisten sie – wenn auch mit weniger Geschrei als früher – ganz auf die Ungeduld und die Provokationen der sozialistischen

Linken und des MIR. Keine Spur mehr von einer Klassenanalyse, nicht einmal die schlichten Fakten werden zur Kenntnis genommen: Wer war denn tatsächlich ungeduldig? Wer hat denn provoziert? Wo hat denn der wirkliche Zusammenstoß stattgefunden? Nicht mit Parolen des MIR ist die *Unidad popular* zum Bruch mit der Christdemokratie gelangt, sondern anhand von zwei wohlbekannten Punkten: der Festlegung der Bereiche des Staatseingriffs und der Bestimmung der Befugnisse einer Kontrolle durch die Arbeiter. Was den ersten Punkt betrifft, so hat die *Unidad popular* paradoxerweise den größtmöglichen politischen Preis für die geringstmögliche reale Veränderung bezahlt: Sie hat das chilenische Kapital alarmiert, bevor sie es wirklich geschlagen hatte; sie hat lediglich 74 Betriebe verstaatlicht – und nicht die strategisch entscheidenden für ein Zehntel der industriell Beschäftigten –, ohne jedoch in irgendeinem Sektor die Kontrolle über die Mehrheit des Produktionssystems zu gewinnen (außer in der Papier- und Zelluloseindustrie). Im zweiten Punkt war die *Unidad popular* von vornherein politisch im Rückstand: Allende wurde getragen von einem Arbeiterblock, den die Gewerkschaftstradition in hohem Grade korporativ gemacht hatte und der dann, als er seine Borniertheit zu überwinden begann, zwangsläufig auch die Grenzen der Einheitsgewerkschaft und der traditionellen Parteien strapazieren mußte. Mithin hat die *Unidad popular* den kapitalistischen Akkumulationsprozeß heftig genug angegriffen, um das traditionelle Klassenbündnis zwischen Unternehmern und privilegierten Industriearbeitern zerbrechen zu lassen, aber nicht heftig genug, um den Unternehmern die Kontrolle über Produktion und Distribution aus den Händen zu reißen, so daß diese unkontrollierbar und ungezügelt reagieren konnten. Und parallel dazu mußte die *Unidad popular* ihre eigene Wählerschaft umwandeln: von einer losen Gruppierung, die bis Ende 1970 weder zu einer Autonomie noch zu Bündnissen fähig war, zu einem realen gesellschaftlichen Klassenblock.

Dies sind die Tatsachen, und sie sind gar nicht so schwer zu erkennen: Chile bietet eine außerordentlich reiche Dokumentation, die sogar unseren Marxismus-Professoren an den Universitäten zugänglich ist. Sie erlaubt, die Frage der Christdemokratie und der Mittelschichten konkret zu definieren. Die

Kommunisten müssen aufhören mit ihrem Gerede von der Notwendigkeit einer Einigung mit der Christdemokratie: Sie müssen sagen – wie es übrigens die chilenischen Kommunisten gesagt haben –, daß es darum ging, den Zusammenstoß mit dem privaten und dem US-Kapital zu vermeiden dank einem Rückschritt in der Frage der Verstaatlichungen und der Arbeiterkontrolle. Die Kommunisten müssen aufhören mit ihrem Gerede von der Notwendigkeit eines Zusammengehens mit den Mittelschichten (bei dem ihnen heute sogar Lucio Colletti unerwartet zu Hilfe eilt, indem er darlegt, daß die Diktatur des Proletariats, insbesondere heute, da das Proletariat angeblich kaum noch existiert, den Konsens der überaus breiten und mit widersprüchlichen Interessen vollgestopften Mittelschichten mehr als je zuvor brauche...): Sie müssen klar sagen, was genau sie mit ihrer Strategie eines Bündnisses mit den Mittelschichten »für den Sozialismus« meinen – denn wenn man danach von Sozialismus nicht mehr reden kann, dann können ja alle beruhigt nach Hause gehen. Wenn man *ernsthaft* über die Bündnisfrage sprechen will, so muß man zuerst einmal die Mittelschichten differenzieren in Kleinproduzenten, Händler, kleine bäuerliche Eigentümer und Lohnabhängige im Dienstleistungssektor und muß dann genau hinsehen, wer, wo und wie viele sie in Chile sind.

Täte man dies, so würde man entdecken, daß es lächerlich ist, von einem Bündnis mit den Eigentümern der Transportgesellschaften zu sprechen; sie beuten ihr Personal erbarmungslos aus und hängen aufs engste mit dem ganzen bürgerlichen Distributionsprozeß zusammen; das gleiche gilt für einen Großteil der ähnlich organisierten Händler. Sehr ernsthaft wäre dagegen, von einem Bündnis mit jenem Heer der übrigen Schichten zu sprechen, die objektiv proletarisiert sind und nicht umsonst zu immer größeren Teilen (nicht zu immer geringeren: alle vergessen die letzten Wahlen!) für die *Unidad popular* gewonnen werden konnten. Die Kommunisten müssen sagen, ob es richtig war, auf die Verstaatlichung des Transportwesens zu verzichten, wie es ihre chilenischen Kollegen gewollt hatten, ja sogar darauf, wenigstens *einen* Transportbetrieb in öffentliche Regie zu nehmen, um nicht das ganze Land einem unternehmerbeherrschten Mafia-Syndikat auszuliefern. Sie müssen sagen, ob es richtig war, sich gegen die Einrichtung einer zentralen Distribution der Grundnahrungsmittel zu stemmen, wie es ihre chilenischen Kollegen getan haben, auch gegen die Errichtung öffentlicher Verteilungsstellen, die, ausgestattet mit wirklichen Vollmachten, den Arbeiterfamilien Lebensmittelpakete zuteilen sollten. Die Kommunisten müssen sagen, ob sie der Ansicht sind, daß *selektive* Maßnahmen gegen die Inflation notwendig waren, um einen soliden Bündisblock zu bilden, oder ob es realistischer war, dem Traum von der Neutralisierung aller, der Unternehmer wie der Ausgebeuteten, nachzulaufen. Sie müssen schließlich auch sagen, was für die Arbeitslosen und Randgruppen zu tun war – oder werfen sie diese, mitsamt ihren Bedürfnissen und Bündnisforderungen, einfach mit den Mittelschichten in einen Topf?

Ohne Zweifel reißt man tiefe Spannungen auf, wo immer man in gesellschaftliche Zusammenhänge eingreift, noch dazu unter den Bedingungen der Unterentwicklung: Es entstehen Reaktionen, und es bilden sich gegensätzliche Interessenblöcke, die neu sind im Vergleich zu den Gegensätzen vor dem Eingriff. Das Problem ist nur – und es wäre ernsthaft, ruhig und wohldokumentiert zu diskutieren –, ob die *Unidad popular* mit einer klaren Strategie in jene Attacke hineingegangen ist, die sie auf jeden Fall auslösen mußte. Ob sie sich nicht dadurch geschwächt hatte, daß sie zuerst den Krieg erklärte und sich dann, nach 1972, allmählich auf den Rückzug begab, sogar auf ökonomisch-sozialem Gebiet, bis sie schließlich im Augenblick ihres größten politischen Triumphes – am 11. März 1973 – auf dem Tiefpunkt ihrer Fähigkeit zu Angriff und Einfluß auf die ungezügelten Kapitalmechanismen, den Handel, die Christdemokratie und die Armee angelangt war. Manche meinen heute, wenn die *Unidad popular* aggressiver gewesen wäre, dann wäre der Putsch noch früher gekommen. Der »Putsch«, liebe Genossen, *ist* gekommen, und zwar genau in dem Augenblick, als die Aggressivität der *Unidad popular* auf ein Minimum abgesunken war – und damit auch die reale, grundlegende strategische Einheit der chilenischen Linken. Er ist gekommen, als das Wahlergebnis von jedem anders ausgelegt wurde, von Kommunisten, Allende, linken Sozialisten und MIR jeweils gegensätzlich, und – wie wir meinen – auch von der Regierung und vom Volk. Von diesem Augenblick an hat jeder nur noch auf eigene Rechnung gehandelt: Die Kommunisten liefen hinter den Christdemokraten her, Allende hinter der Armee, und die sozialistische Linke und der MIR bemühten sich, wie es mehr nun wirklich nicht ging, *nicht* zu provozieren (man denke nur an ihr besonnenes Verhalten und ihre Parolen angesichts der Unternehmerhetze, als sie auf bewaffnete Gegenschläge gegen die faschistischen Kommandos verzichteten, um nur ja nicht die Disziplin zu verletzen), sondern in unermüdlicher Arbeit einen Block der Arbeiter und der Massen aufzubauen, mitten in den Fabriken und den Stadtvierteln, in verzweifeltem Wettlauf mit der Zeit.

Der »Putsch« hat stattgefunden, nicht nur, weil diese neue Kraft heranwuchs, sondern weil die ganze *Unidad popular* größer wurde, weil die DC keine Verfassungsreform durchbringen konnte und sich in der Gefahr sah, ihre Mehrheit 1976 an Allende zu verlieren – trotz der ökonomischen Krise. Und er hat stattgefunden, als DC und Bourgeoisie erkannten, daß innerhalb der *Unidad popular* tiefe Unsicherheit über Vorgehensweisen, Grenzen und Etappen des Prozesses herrschte: Sollte man ihn vorantreiben, wie Altamirano verlangte, oder stillhalten und Zeit gewinnen, wie Allende sagte, oder gar zurückweichen, wie Millas vorschlug? Dieses Zögern hatte böse Folgen, denn es verhinderte auch, daß jenem anderen Teil der Streitkräfte – den Wehrpflichtigen, den einfachen Soldaten – ein fester Bezugspunkt gegeben wurde, etwas, woran man sich halten und dem man ohne Zögern folgen kann. Die Verantwortlichkeiten in der Unsicherheit der politischen Führung während der letzten Monate, insbesondere nach dem Putschversuch Ende Juni, liegen auf der Hand und verraten tiefe innere Spannungen im Regierungsgefüge.

Dies ist der Stand der Dinge. Gewiß, wenn Allende zurückgetreten wäre, so hätte es den »Putsch« nicht gegeben; will sagen: die Toten durch Erschießungskommandos. Die Gewalt wäre über die *Unidad popular* hereingebrochen wie eine Flut – das Kapital versteht sich sehr gut darauf, auch ohne Gewehre, und sein Sieg wäre unbegrenzt gewesen. Wenn er es heute nicht ist, so deshalb, weil im Widerstand etwas weiterlebt: nicht der Extremismus, sondern das, was bewaffnet

übriggeblieben ist von einem bedeutenden Ansatz zur Strategie, zur proletarischen Reifung, zur Formierung eines historischen Blocks. Es sind dies Begriffe von Gramsci, nicht nur von
Lenin: Wir sollten sie nicht vergessen.

V. Der Genosse Präsident*

Ich habe nur einmal mit Salvador Allende gesprochen. Ist es
erlaubt – drei Stunden Konversation sind wenig –, in diesen
Tagen noch einmal darauf zurückzukommen, ohne sich täuschen zu lassen von der Erinnerung, von der Emotion, von
dem Bedürfnis, den überhöhten Sinn eines Zeugnisses hineinzulegen? Ich weiß es nicht. Ich weiß, daß der Leichnam
Allendes in dem kleinen Saal gefunden wurde, in dem wir
damals auf den Präsidenten gewartet hatten, Sweezy, Gutelman und ich, ein wenig verlegen die wenigen Möbel, die
weißen Mauern und die Bilder an der Wand betrachtend.
Hier fand man ihn, das Gesicht nur noch eine blutende Masse,
ausgestreckt auf dem gelb bezogenen Sofa, wo er damals
neben mir gesessen hatte, bevor wir in den Speisesaal gingen.
Dort hatte ich den ersten Eindruck von ihm: Er war gedrungener, röter im Gesicht, unruhiger und erschöpfter, als er auf
den Fotos erscheint, die ihn alle verfälschen, weil sie ihn
schwerer machen. Dort fand ihn nun – mit Befriedigung, wie
man sich denken kann – jener Journalist und Fotograf vom
Mercurio, seinem mächtigsten Feind in der chilenischen Presse.
　Der Palast ist, anders als ihn die Nachrichtenagenturen
heute gern erscheinen lassen, weder besonders eindrucksvoll
noch luxuriös. Die Bühne ist nicht die der Tragödie, und die
Rolle des Doktor Allende war auch nicht die des emphatischen Kriegers. Beides läßt eher an politisches Geschehen von
traditionellerem Zuschnitt denken, an einen Sozialismus, wie
er bei uns zuhause ist, an weniger grausame Menschenschicksale. Und doch, als gestern die Agenturmeldungen von Stunde
zu Stunde immer schneller hereinströmten, schien mir nichts
mehr ganz unerwartet oder unwahrscheinlich; oder besser, es

* *Il compagno presidente – Il Manifesto* vom 14. September 1973; nachgedruckt in *Sul Cile,* a.a.O., S. 81 ff. (*Anm. d. Üb.*).

war nicht schwer, in der Häufung von Nachrichten auseinanderzuhalten, was wahr und was unwahr ist, was wirklich geschah und was die Militärjunta gern geschehen machen möchte. Es war nicht unwahrscheinlich, wenn man sich Allende vorstellte, wie er, älter und abgespannter, als ich ihn 1971 gesehen hatte – und abgespannt war er schon damals –, morgens um halb neun eintraf, abgehetzt, vielleicht noch in der Annahme, die Meuterei der Marine in seinem Valparaiso sei eine letzte Zuckung, die abzufangen ihm wieder einmal gelungen sei. Es war nicht unwahrscheinlich, wenn man sich vorstellte, wie ihm dann einige Minuten später klar wurde, daß mit der Formierung einer Junta aus drei Stabschefs (allen außer dem loyalen Montero) die Lage sich gewandelt hatte, daß diesmal die Armee auf endgültige Liquidierung ausging. Es ist nicht unwahrscheinlich, wenn man sich vorstellt, daß Allende schon in diesem Augenblick, bevor noch die Truppen den Palast umzingelt hatten, ehe die Mörser ihn beschossen und Flugzeuge ihn mit Brandbomben eindeckten, daran gedacht hat, daß er sterben werde; daß dies die Stunde war. Kein Chilene, der – in dem entspannten Konversationston, wie er diesem Lande der klug abwägenden Argumentierer eigen ist – diesen Gedanken nicht auf die Waagschale einer möglichen Zukunft gelegt hätte. Es ist nicht unwahrscheinlich, daß er in diesem Augenblick bereits sich anschickte, im Kampf zu sterben – er, der gesetzestreue Gegner jeder Gewalt. Seine letzten Worte: »Ich werde mich nicht einer vernunftlosen Gewalt ergeben«, fassen die Vision eines Lebens ohne Brüche der Kontinuität bündig zusammen.

Unwahrscheinlich war dagegen die Vorstellung eines Allende, der mit den Militärs feilscht über eine Botschaft an die Chilenen, in der sie aufgefordert werden sollen, den »Putsch« als vollendete Tatsache hinzunehmen – so unwahrscheinlich, daß sie nur erneut bestätigt, wie unvergleichlich dumm die Faschisten stets auch sind. Und unwahrscheinlich ist ebenfalls – nach allem, was er mir in den letzten Jahren gewesen zu sein scheint –, daß der Doktor Allende, der sich des Symbolwertes seiner letzten Worte und Gesten so vollkommen bewußt war, den Lauf einer Pistole in den Mund geschoben und sich selbst erschossen haben soll – etwa um einer Gefangenschaft zu entgehen, die er doch – ähnlich wie Che – als politischen

Multiplikator hätte nutzen können, oder um eine Niederlage einzugestehen – er, der so sicher war, daß kein »Putsch« imstande sei, den »chilenischen Prozeß« für immer anzuhalten, jene mächtige Woge, die er auf lange Sicht für unaufhaltsam hielt? Salvador Allende ist nicht der Kubaner Eddy Chibas, der sich dramatisch erschießt inmitten einer letzten Radioansprache, wie die buddhistischen Mönche in Saigon sich verbrennen als Zeichen äußerster Ohnmacht und Anklage. Eher schon kann man sich Allende vorstellen, wie er sein Jackett ablegt, seine Krawatte lockert, sich einen Helm überstülpt – er, der pedantisch-korrekte Kleinbürger – und mit einem Gewehr in der Faust auf die Soldaten wartet; wie er sie dann, als sie zwei Stunden später endlich die kurze Treppe heraufstürmen und die Tür eindrücken, mit Schüssen empfängt, um so seinem Volk zu zeigen – er, der Arzt und Pazifist –, was als einziges heute zu tun bleibt.

In der Tat, wenn er bei denen, die ihm begegnet sind, einen markanten und bleibenden Eindruck hinterließ, so den seines präzisen Bewußtseins von der Rolle, die er zu spielen berufen war und die er inzwischen restlos mit seinem persönlichen Schicksal gleichgesetzt hatte, ergänzt um eine obstinate Entschlossenheit, die nichts von Optimismus an sich hatte. Daß er ein absoluter Reformist war oder, besser, ein Reformator, hieß keineswegs, daß er eine rosige Vision von der Welt, einen geruhsamen Begriff von allmählichem Fortschritt gehabt hätte. In meinen Notizen von unserem Gespräch im Oktober 1971 finde ich zwei bezeichnende Akzente seiner vorausschauenden Sorge.

Wenige Tage vor unserer Begegnung hatte die Christdemokratie ihm angekündigt, daß sie in der Kammer einen Gesetzesentwurf zur Beschränkung der staatlichen Eingriffe in die Wirtschaft vorlegen werde. Motiv: Das bedrohliche Nachlassen der Investitionstätigkeit erfordere, daß dem Kapital sofort und klar gesagt werde, wie weit die Regierung zu gehen beabsichtige beziehungsweise, noch deutlicher, wohin *nicht* zu gehen sie sich verpflichtete. Man wollte damit ein für alle Mal die Grenze der Staatsinterventionen festlegen und für alles, was hinter ihr liegt, die Privatinitiative garantieren. Allende hatte diesen Entwurf abgelehnt: Er, der keineswegs vorhatte, ganz Chile zu verstaatlichen, und der eine ungetrübt gradualistische Vorstellung von den notwendigen Maßnahmen hatte! Was ihn gegen diesen Gesetzesentwurf so sehr sich versteifen ließ, war weniger eine bestimmte Idee von der Ökonomie des Übergangs – die Fragen der Theorie waren ihm völlig gleichgültig, und er schämte sich dessen auch nicht – als vielmehr die Gewißheit, daß man die Bewegung nicht von vornherein einschränken kann, indem man sie in den Käfig einer starren Gesetzlichkeit zwängt. In diesem Punkt ist er nie weich geworden, seit damals, als er mir sagte, er werde im Falle einer Billigung der christdemokratischen Vorlage durch das Parlament zunächst sein Veto einlegen und dann auf die Volksabstimmung zurückgreifen. Doch in seinem Ton war nicht mehr jenes übermütige Selbstvertrauen, in dem er ein Jahr vorher mit Régis Debray über seine Machtbefugnisse gesprochen hatte. Er sah, daß sich ein Kampf abzeichnete, und zwar ein harter. Als ich ihn fragte, ob er auf eine Spaltung in der Christdemokratie hoffe, kam die Antwort ohne Umschweife: »Nein. Sie sind inzwischen alle dagegen.« – »Auch Tomic?« – »Alle.«

Der zweite Akzent einer Besorgnis, den ich bei ihm viel ausgeprägter als bei anderen fand, betraf die Armee. Die Chilenen, so schien mir damals, lebten in einem merkwürdigen Doppelbewußtsein: Einerseits stieß ich an jeder Ecke auf Politiker und Soziologen, die mir mit vielen Argumenten lang und breit auseinandersetzten, wie außerordentlich verfassungstreu und loyal die chilenische Armee sei, und andererseits sprachen alle vom *golpe,* vom Putsch der Armee, so wie man hierzulande vielleicht von vorgezogenen Wahlen spricht, also von einer zwar schlimmen, aber durchaus im Rahmen des Möglichen liegenden Hypothese. Allende war jedoch – jedenfalls mir gegenüber – sehr viel bestimmter: Die Armee machte ihm Angst, und es machte ihm auch Angst, daß der MIR – seiner Ansicht nach – in ihr herumbohrte, sie aufreizte mit seinem Versuch einer Unterwanderungsarbeit zur Aushöhlung der hierarchischen Strukturen. Der »Genosse Präsident« war überzeugt, daß die Armee, sobald ihr Privileg angetastet würde, sich ganz natürlich auf die Seite des »Putschismus« schlagen werde. Was er von ihr für sich gewinnen wollte, war ihre »Neutralität«, mehr nicht. Und er wähnte nicht im geringsten, sie bereits fest in Händen zu haben.

Im Lichte dieser Einschätzungen werden viele seiner späteren Schritte verständlich. Was ihn von den chilenischen Kommunisten unterschied, war gerade, daß diese mehrfach entwaffnende und revisionistische Strategien ausgearbeitet haben, einmal für die Begegnung mit den Katholiken, ein andermal für die mit den Militärs, während Allende sich stets nur gefragt hatte, wie man die einen und die anderen besser hinhalten könnte. Dies ist der Grund, warum er stets zum Dialog mit der Christdemokratie bereit war, aber faktisch ihr kein einziges Zugeständnis gemacht hat, das hinreichend relevant gewesen wäre, um sie zufriedenzustellen und ein Stück Neutralität von ihr zu gewinnen.

Schwächer wurde Allende, wenn überhaupt, erst in diesem aufreibenden Stellungs- und Bewegungskrieg, der ausschließlich auf Gipfelebene geführt wurde und in dessen Verlauf die Christdemokraten sich keineswegs spalteten, wie er richtig vorausgesehen hatte – außer freilich an ihrer Basis unter den Arbeitern, auf die Allende jedoch bedeutend weniger zählte, als er sagte und wohl auch selber ernstlich glaubte. Dasselbe gilt für die Armee: Seit September 1972 steuerte Allende ein Manöver an, mit dem er – halb kühn, halb verzweifelt – versuchte, die Armee gegen die Christdemokraten aufzubringen. »*Soldado amigo – el pueblo está con tigo!*« riefen die Sprechchöre in den Demonstrationen der *Unidad popular*. Skeptischer bemühte sich indessen der Präsident, den Soldaten mehr Fleischrationen und größere Solderhöhungen als jeder anderen gesellschaftlichen Gruppe zu garantieren, um zu verhindern, daß sie in eine hitzige Einheit mit der extremen Rechten gerieten.

Alle seine Entscheidungen erklären sich mithin als defensiv und zugleich unnachgiebig. Der Doktor Allende hat nie geglaubt, man könne die Christdemokraten oder die Armee mit dem »chilenischen Prozeß« verbünden. Er hat geglaubt, man könne das Schlimmste verhindern, wenn man auf jenem einzigen Terrain verbliebe, das er im politischen Kampf für entscheidend hielt: das der Abkommen oder der Konfrontationen zwischen den Spitzen der Macht. Und hier tritt der tiefste Widerspruch, die wirkliche Grenze des Doktor Allende ans Licht: eine redliche Liebe zum Volk, doch wie die eines Vaters zu seinem minderjährigen Kind: Es gilt ihm als unfähig zu selbständigem Handeln, es muß durch die Vermittlungen der »Erwachsenen«, der delegierten Politiker, vertreten werden. In diesem Punkt grenzte Allendes Skeptizismus an Borniertheit – erklärlich durch seine Erziehung im klassisch aufgeklärten Bürgertum; der Großvater war ein antiklerikaler Lehrer (»der rote Allende«), der Vater ein freiberuflicher Akademiker mit Verbindungen zu Marmaduke Grove*, er selbst hervorgegangen aus der Studentenbewegung. Die Unselbständigkeit der Klasse, des Volkes – bewundernswert in seiner Aufopferung, gerecht in seinen Forderungen, aber mehr eben nicht – stand für ihn außerhalb jeder Diskussion; und es ist ziemlich wahrscheinlich, daß in dieser Frage seine Beziehungen zu jenem Flügel seiner Partei immer gespannter wurden, den Carlos Altamirano anführte und der in der Radikalisierung des Klassenkampfes die einzige Garantie gegen den »Putsch« erblickte. Allerdings war dies nicht nur eine Schranke seiner Erziehung, sondern auch eine ausgereifte Überzeugung, die er – und er scheute sich nicht, wenn auch mit Vorsicht, es laut zu sagen – aus der Erfahrung der sozialistischen Revolutionen gewonnen hatte. Sein Versuch bestand darin, den Sozialismus durch Ausnutzung demokratischer Mechanismen zu erreichen, alter und neuer Mechanismen, die ihm erlauben sollten, jener autoritären Phase zu entgehen, die anderswo durchschritten worden ist. Allende war keineswegs ein »Blockfreier«, insbesondere für Kuba empfand er eine tiefe und sichere Bewunderung. Aber er wollte nicht dasselbe. Oder besser, er wollte »dasselbe, aber mit anderen Mitteln«, wie ihm Che einmal freundschaftlich geschrieben hatte. Allendes »Gradualismus« nährte sich auch hieraus: nicht aus der Illusion, daß der Weg zur Revolution leichter sein werde, sondern aus dem, was *nach* der Revolution weniger schmerzlich sein würde. Insofern war er wahrhaftig ein Mann der Zweiten Internationale, ein radikaler Sozialist, kein Leninist zweiten Grades, eine ideologisch ungetrübte Figur, ohne Verstellungen, festgenagelt zwischen der langfristigen Gewißheit der großartigen und fortschrittlichen Zukunft des Volkes und der kurzfristigen Gewißheit seiner Unreife. Darin ist er eine tragische Gestalt, wie ja überhaupt Tragik das Merkmal

---

* Mitbegründer der sozialistischen Republik 1932, Organisator der Sozialistischen Partei, progressiver Militär (*Anm. d. Üb.*).

vieler Revolutionen oder revolutionärer Versuche unserer Zeit ist. Die Geschichte wird vielleicht zu Recht ein strenges Urteil über ihn fällen, weil er das Volk in einen tödlichen Krieg ziehen ließ, ohne es ausreichend bewaffnet zu haben. Auch wird sein Tod ihn nicht gänzlich davon freisprechen können. Aber hätte der Doktor Allende denn einen Freispruch beantragt? Vom alten Sozialismus ist ihm ein sicheres Erbe geblieben: die Positivität, die Hartnäckigkeit, bis zum Letzten zu gehen. Bevor wir uns verabschiedeten, sagte er zu mir: »Wenn ich scheitere, wird es Indonesien sein.« Und er ließ keine mildernden Umstände gelten.

Bibliothek Suhrkamp

edition suhrkamp